범죄학

김 상 균

형지사

머리말

범죄학개론서를 저술한 지 벌써 8년의 세월이 지났다. 새로운 범죄학교과서를 출간하고자 결심하게 된 이유는 범죄학을 처음 접하는 독자들에게 범죄학을 학문적으로 쉽게 다룬 교재가 한 권쯤 필요하다고 여겼기 때문이다. 전국의 여러 대학에서 『범죄학』을 전공과목으로 개설하고 있지만 범죄사회학, 범죄심리학, 범죄생물학 등 관련 이론을 바탕으로 한 최근의 범죄양상과 이론을 포함한 범죄학교재를 찾아보기 어려워 평소 과거의 범죄학교재에 강의노트와 연구논문을 중심으로 새롭게 책을 출간하게 되었다. 특히 이 교재는 범죄학적 기초가 부족한 학생들이나 일반 독자, 그리고 경찰특채, 경비지도사를 준비하는 분에게 수험용 범죄학교재로 손색이 없도록 범죄경향, 범죄이론, 범죄대책 등을 총마라하여 쉽게 이해할 수 있도록 구성하였다.

전반부에는 범죄학의 정의, 범죄학의 역사 등 범죄학의 기초지식에 대한 소개를 하였고 중반부에는 범죄학적 이론들이 범죄학에 어떻게 접목될 수 있는지에 초점을 맞추어 저술하여 범죄학을 처음 접하는 독자들에게 범죄학 전반을 쉽게 이해할 수 있도록 편성한 점과 연쇄살인의 심리 등 개별범죄 내지 범죄자를 중심으로 범죄심리를 분석하였고, 또 Criminal Profiling 등 범죄심리학의 응용부분을 다루고 있으며 후반부에서 범죄문제에 어떻게 대응해야 할 것인지에 대한 과거의 범죄대책, 현재와 미래의 범죄예측과 예방방안 등을 기술한 것이 이 책의 특징이다.

나름대로 책의 완성도를 높이고 범죄학을 처음 접하거나 범죄학에 대한 학문적 관심이 많은 독자 여러분들에게 『범죄학』 교재로서의 가치를 제공할 수 있도록 최선을 다했지만 저자의 학문적 소양과 시간의 촉박함 때문에 부족한 부분도 없지 않았다. 다행히 여러 독자들의 성원에 힘입어 생각보다 이른 시기에 새롭게 책을 정리하여 출간하게 되었다. 아무쪼록 이 교재가 범죄학의 학문적인 발전과 한국사회의 범죄문제를 해결하는 데 조금이나마 도움이 되기를 간절히 바란다. 졸저의 조기 출간을 도와주신 형지사의 관계자 여러분께 진심으로 감사드린다.

2023년 11월

저자 씀

차 례

제 2 부 범죄의 원인

제 3 부 피해자학

제 4 부 미래의 범죄학

제 1 부

범죄학의 기초

제 1 장

범죄학 입문

제 1 절 범죄와 범죄학

1. 범죄의 개념

1) 범죄의 정의

우리가 일상생활에서 범죄라는 용어는 광범위하게 사용되고 있다. 사전적으로 범죄란 '저지른 죄' 혹은 '법률에 의해 형벌을 받아야 할 행위'를 지칭하는 말이다. 그러나 범죄라는 용어는 그 의미가 매우 가변적으로 사용되고 있다. 살인, 강도, 강간, 절도, 사기, 회령 등과 같이 동서고금을 막론하고 범죄로 간주되는 이른바 '자연범죄'가 있는가 하면, 시대와 지역에 따라서 금지된 행동과 허용되는 행동이 뒤바뀌는 경우도 얼마든지 있다.

특정의 행위가 범죄에 속하는지 여부가 명백한 경우도 많지만, 범죄에 해당하는지 여부가 분명하지 않을 때도 많이 있다. 범죄자로 체포되었던 사람이 무혐의로 석방되거나 재판과정에서 치열한 법정공방전이 벌어지는 사례가 많다는 사실은 범죄의 정의를 한마디로 말하기가 매우 어려움을 나타내 주는 것이다.

일반적으로 사회적 질서를 파괴하고 남에게 육체적 혹은 정신적 고통을 주거나 다른 사람의 재산 또는 명예에 손상을 입히는 일체의 행위를 범죄로 지칭하는 것이 보통이다. 적어도 이론상으로 다양한 규범들 가운데 '법규'에 위배되는 행위가 범죄에 속한다고 이해하는 것이 가장 합리적일 것이다.

법학자들은 형식적 의미의 범죄와 실질적 의미의 범죄를 구분하여 정의하고 있다. 즉, 형식적 의미란 '형벌법규에 의하여 형벌을 과하는 행위'라고 정의하며, 실질적 의미의 범죄란 '사회적 유해성' 내지 '법익을 침해하는 반사회적 행위'라고 정의한다. 한편 범죄를 합의적 관점, 갈등적 관점, 상호작용주의적 관점으로 구분하기도 한다.

범죄의 정의

범죄의 정의는 범죄학자가 불법 행위의 원인과 그것에 대한 통제 문제를 보는 방식에 영향을 미치고, 그들의 연구 지향을 결정한다.

합의적 시각

- 법이 범죄를 정의한다.
- 불법행위의 정의에 대한 동의가 있다.
- 법은 모든 시민에게 동등하게 적용되어야 한다.

갈등적 시각

- 법은 지배계층의 도구다.
- 범죄는 정치적으로 정의되는 개념이다.
- '실제 범죄'는 불법적이지 않다.
- 법은 하류층을 통제하기 위해 사용된다.

상호작용주의 시각

- 도덕적 십자군이 범죄를 정의한다.
- 행위는 사회가 그런 식으로 정의하기 때문에 범죄가 된다.
- 범죄자의 낙인은 삶을 변화시키는 사건이다.

2) 범죄의 성립요건

어떤 행위가 범죄로 간주되기 위해서는 기본적으로 다음과 같은 3가지 요건이 충족되어야 한다. 우선, 그러한 행위를 금지하거나 의무로 규정한 법 조항이 존재해야 하고, 법을 위반한 사실이 인정되어야 하며, 행위자가 자신의 행동에 대하여 책임을 질 수 있는 입장에 있어야 비로소 범죄가 성립하여 처벌이 가능한 것이다. 범죄의 성립요건을 이루는 3가지 기본요소를 구성요건 해당성, 위법성, 책임성이라고 한다. 그런데 이론상으로 위의 3가지 요건만 충족되면 범죄가 성립하지만, 실제로 특정의 행위가 범죄인지 아닌지 여부를 단정적으로 말하기가 곤란할 때가 오히려 더 많다.

그 이유는 먼저 국가와 어떤 조직에 따라 법률에 정한 구성요건이 각기 다른 경우가 많기 때문이다. 한국에서는 음주를 하더라도 그 자체는 범죄가 되지 않는다. 그러나 이슬람교도가 다수를 차지하는 중동지역의 국가들은 음주자를 엄하게 처벌하고 있다. 또 일반사회에서 가출은 범죄가 아니지만 군인이 군무이탈을 하는 것은 죄가 성립된다.

둘째, 행위의 동기나 목적에 따라서 같은 행위라도 적법한 경우나 위법한 경우가 있다. 일상생활에서 다른 사람의 생명, 신체, 재산, 명예에 약간의 손상만 입혀도 범죄가 되지만 전쟁상황에서는 적군을 많이 살상하고 중요한 물건을 많이 노획한 군인은 오히려 영웅의 대접을 받게 된다. 또 태권도 시합에서 상대방을 발로 차거나 권투에서 상대방의 얼굴을 가격하는 것은 정당한 행위로 처벌의 대상이 되지 않지만, 길거리에서 상대방을 때리는 행위는 폭행 또는 상해죄에 해당하여 처벌을 받게 된다.

셋째, 행위자의 자격이나 직업에 따라서 동일한 행위가 적법으로 되기도 하고 위법으로 되기도 한다. 일반인이 다른 사람을 부상을 입히면 상해죄가 성립하지만 의사가 수술을 위해서 신체에 상처를 입히는 행위는 정당한 의료행위가 된다.

넷째, 같은 국가의 국민이면서도 특정행위의 위법성에 대한 인식이 판이한 경우가 많다. 정부와 대다수 국민들은 반체제운동들을 국법질서를 어지럽히는 중대한 범죄자로 간주되는 반면에 국민 가운데 이들을 민주주의를 위해 투쟁한 지식인으로 추앙하는 사람도 있다.

다섯째, 범법행위를 하였더라도 행위자의 연령이나 정신상태, 신체적 조건 등에 따라서 형사책임을 물을 수 없거나 책임을 경감해 주어야 하는 경우도 있다. 강력사건을 범한 범인의 연령이 14세 미만이면 형사미성년자에 해당되어 형사책임을 물을 수 없거나 책임을 감경해 주어야 하는 경우도 있다.

마지막으로 국민의 한사람으로 당연히 이행해야 할 의무를 이행하지 않거나, 위급한 상황에서 마땅히 취해야 할 조치를 취하지 않음으로써 처벌의 대상이 되는 경우도 있다. 예컨대 산모가 배가 고파 울고 있는 아이에게 수유를 하지 않아 아이가 사망하는 결과를 초래하였다면 법적 책임을 면할 수 없으며, 사고를 당하여 구조를 기다리는 사람을 보고 신고 등 필요한 조치를 취하지 않아도 책임을 면하기 어렵게 되어 있다.

2. 범죄학의 개념

범죄학은 범죄행위를 연구하는 과학적 접근법이다. 범죄학은 현실적인 범죄현상과 그 원인 및 규명의 과학이다. 형법학이 당위의 학, 즉 가치학인데 대하여 범죄학은 존재의 학, 즉 사실학이며 양자는 독립한 인접학문으로서 상호관련성이 많은 관계에 있다. 범죄학은 형법학의 가치개념과 규범을 세우는 데 필요한 존재기초의 지식을 제공하는 것이다. 그러나 범죄학의 개념과 체계는 학자에 따라 차이가 있다. 범죄학은 본질적으로 다학제적인 학문이고, 범죄학자는 다양한 분야에서 훈련을 받아 왔기 때문에 범죄학적 관심이 다양한 영역에 걸쳐있다.

범죄학자인 에드윈 서덜랜드와 도널드 크레시는 이렇게 말한 바 있다.

"범죄학은 범죄라는 사회현상에 대한 지식의결합체이다. 그것은 법을 만들고, 법을 위반하고, 법규위반에 대해 반응하는 과정을 그 영역으로 하고 있다. …… 범죄학의 목적은 이런 법, 범죄, 처우의 과정에 대한 일단의 일반적이며, 입증된 원리와 다른 유형의 지식을 발전시키는 것이다."

1) 협의의 범죄학

협의의 범죄학이라 함은 범죄원인론을 지칭하는 것이며, 법률적, 사회적 사실로서의 범죄와 범죄자를 연구하여 그 사실관계를 정확하게 파악하고 기술하여 설명, 통제하려는 학문이다. 즉 협의의 범죄학은 범죄원인론만을 뜻한다.

2) 광의의 범죄학

광의의 범죄학이라고 함은 범죄에 관한 법률사회적 현상일반을 연구하는 학문 즉 범죄에 관한 입법, 사법(검찰, 재판) 및 행정(주로 행형, 보호관찰, 방범경찰)을 연구하는 형사정책까지 포함하는 의미로 사용된다. 범죄학을 광의로 사용하여 소위 형사기술학, 예를 들어 법의학, 수사감식, 채증심리 등까지 포함시키기도 한다. 물론 이런 과학은 형사재판을 위한 보조과학이기는 하나 그 대부분은 자연과학의 영역에 속할 성질의 것이며, 범죄학의 영역에 포함하는 데는 다소 무리가 있다. 범죄학의 대표적 학자라고 할 수 있는 서덜랜드는 「범죄학은 사회현상으로서의 범죄에 관한 지식의 일체이다. 이것은 법의 형성, 법의 위반 및 법 위반에 대한 반작용의 제 과정을 연구영역으로 포함된다」고 말하고 일본의 길익(吉益)은 「범죄학은 현실적인 범죄현상과 그 규명의 과학」이라고 말하였다. 한국의 범죄학발전에 지대한 영향을 끼친 신진규는 「범죄학은 범죄라 불리는 인간행위의 현실적 현상에 관한 과학으로서 현상론, 원인론, 대책론을 연구과제로 하는 학문이다」라고 정의한 바 있다.

〈표 1-1〉 다양한 범죄학적 관점

관점	결정요인(힘)	내용
고전적 · 선택적 관점	상황적 힘	범죄는 자유의지와 개인적 선택간의 함수관계이며, 처벌이 범죄를 억제한다.
생물학적·심리학적 관점	내적인 힘	범죄는 화학적·신경학적 · 유전적인 특성과 성격, 지능, 정신적 특성의 함수관계이다.
구조적 관점	생태학적 힘	범죄율의 침입-지배-계승의 생태학적 관점에서 이웃지역의 조건, 문화적인 요소, 규범의 갈등의 함수이다
과정적 관점	사회화의 힘	범죄는 양육환경, 학습과정, 통제의 함수로 구성되며, 또래, 교사, 부모의 행위에 영향을 받는다.
갈등적 관점	경제적/정치적 힘	범죄는 제한된 자원을 쟁취하기 위한 경쟁과 권력의 함수이며, 계급갈등이 원인이다.
발달적 관점	복합적 힘	생물학적 · 사회심리학적 · 경제적 · 정치적인 힘 등이 범죄를 발생시기키 위해 연합할 수 있다.

3. 범죄학의 체계

1) 범죄원인론의 체계

(1) 범죄생물학

범죄생물학은 범죄자의 행동에 영향을 미치는 생물학적 요소로서의 범죄를 연구하는 학문이다. 범죄자의 성격의 생성과 본성이 연구의 중심이 된다. 범죄자의 생물학적 구조와 과정에 중점을 두고 연구를 한다. 예컨대 신경계, 호르몬, 뇌 등 범죄자의 심리와 행동에 영향을 미치는 생물학적 요소가 연구대상이 되는 학문이다.

(2) 범죄사회학

사회현상으로서의 범죄를 기술하고 이것을 사회적 조건하에서 이해하는 학문이다. 개인의 생활에 있어서 질병과 사망이 불가피함과 같이 범죄는 불가피한 현상이다. 범죄가 「존재하는 것」이 문제가 아니고 「그렇게 존재함」이 문제이다. 즉 범죄사회학은 사회의 구조와 과정이 범죄에 어떤 영향을 미치는지를 연구하는 학문이다. 예컨대, 가정환경, 사회환경, 학교환경 등 사회환경적 요인과 기후, 지리적 공간 등 자연적 환경 등이 범죄자와 범죄행동과의 관련성을 연구하는 학문이다.

〈그림 1-1〉 범죄학의 체계

(3) 범죄심리학

범죄심리학은 범죄와 범죄자의 행동과 정신과정을 심리학적으로 연구하는 학문이다. 범죄사회학이 범죄자를 둘러싸고 있는 외부환경에 중점을 둔 연구라면 범죄심리학은 범죄자의 심리적 특성과 그것이 범죄에 어떤 영향을 미치는지를 연구하는 학문이다. 예컨대, 범죄자의 성격, 지능, 인지적 특징, 사고방식 등을 연구하는 학문이다.

(4) 범죄정신병리학

범죄심리학의 일분과이며 광의의 범죄생물학에 속하고 병적 정신현상으로서의 범죄를 연구하는 학문이다. 여기서 병적 정신현상이란 넓은 의미에서 이상정신현상과 같은 의미로서 정신병에 국한하지 않고 정신박약이나 이상성격(정신병질)이나 이상정신반응까지 포함한다. 예를 들어 범죄자의 뇌장애, 정신병, 정신병질적 요소와 범죄와의 관계를 연구한다.

(5) 범죄인류학

생래성범죄자설을 주장한 롬브로조(C. Lombroso)가 대표적인 범죄인류학자로 불린다. 그의 연구방법이 인류학적이기 때문에 붙여진 이름이다. 생래성범죄자란 일정의 신체적 및 정신적 징표에 의하여 식별되는 하나의 특별한 인종이며 특별한 인류학적 변이이며 격제유전에 의한 것이다. 이와 같은 인간은 환경과는 관계없이 필연적으로 범죄를 범하게 될 운명에 있다는 것이다.

2) 범죄통제론의 체계

(1) 범죄수사학

공소의 제기 및 유지를 위하여 범인 및 증거를 발견・수집하는데 직결되는 과학이다. 예컨대 지문 및 족흔적 감식, 유전자 감식, 탐문수사, 수법수사 등 범인을 검거하고 유죄를 입증할 수 있는 증거를 수집하는데 필요한 학문을 말한다. 법의학, 범죄과학, 법정의학 등이 여기에 속한다.

(2) 형벌학

형벌의 현실적 형성에 관한 학문이다. 즉 행행제도의 효과, 구금의 심리현상, 재소자의 직업지도의 연구, 범죄교육학 등이 여기에 속한다. 형벌학은 형사정책학의 일분과에 속하는 학문으로서 이외에도 사법정책학, 보안처분론 등이 형사정책학에 속한다.

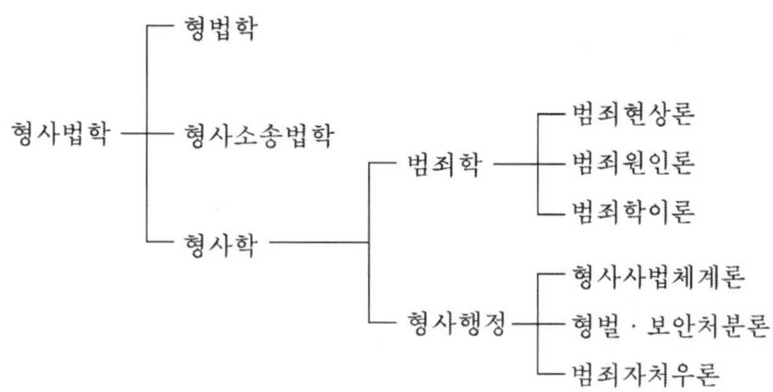

〈그림 1-2〉 형사법학의 체계

제 2 절 범죄학의 대상

위에서 범죄의 개념과 구성요건 등에 대해서 설명하였지만 범죄학의 대상은 형법학의 대상에 반드시 일치하지 않고 더욱 넓은 범위에 미친다. 따라서 범죄학을 논하는 것은 그 대상의 범위를 어느 정도 명확히 하는 것이 필요하다.

1) 범죄

범죄학 연구의 중심은 「범죄」이다. 형법학에서는 범죄를 「형벌법규에 정해진 구성요건에 해당되고 위법하고 유해한 행위」라고 정의하고 있다. 현재 우리나라에는 700개가 넘는 형벌법규가 존재하고 거기에는 1,000개를 넘는 수의 범죄가 규정되어 있다.

노상범죄(street crime)

영·미의 범죄학에서는 절도, 강도, 폭행·상해 등의 전통적인 범죄 유형을 노상범죄(Street Crime)라 부른다. 이것은 과거 이런 범죄가 노상에서 일어났기 때문에 이름지어진 것이지만 오늘날에는 기업범죄(기업활동에 따라 이루어지는 범죄)나 화이트칼라 범죄(사회적 지위가 높은 이들에 의해 이루어지는 범죄)등 현대형의 범죄와 대비하는 의미로 점점 사용되고 있다. 이 책에서도 영·미의 범죄학 이론을 소개하는 사이에 이 말을 사용한다.

2) 형사책임이 없는 행위

형법학에서는 구성요건에 해당하는 위법행위를 행하여도 행위자가 정신장해자, 약물중독자, 음주에 의한 취객, 형사 미성년자(14세 미만의 자)의 경우에는 책임이 조각되어 범죄가 되지 않는다. 하지만 이들의 행위에 대한 형법상의 책임은 없다 해도 그 현상을 정확히 파악해 대책을 강구할 필요가 있다. 따라서 이런 형사책임이 결여된 행위에 대해서도 범죄학상의 대상에 포함된다.

3) 새로운 일탈행위

또한 범죄학에서는 종래 형사법상의 규제대상이 되어 있지 않다고 해도 사회의 변화에 따라 형사법상의 대책이 요구되는 일탈행위에 대해서는 그 대상에 포함된다. 가령 1990년대 이후 국민의 관심의 대상이 되고 있는 환경문제나 컴퓨터상에 벌어지는 다양한 일탈적 행위들은 예컨대, SNS상의 살인예고글, 악성댓글, 인신공격성 악성루머 등 범죄로 규정하기에는 모호하지만 최근에는 심각한 범죄문제로 취급하여 법적으로 대응하고 있는 추세이다. 또 악덕상인은 소비자 보호 법제에 의해 일정의 규제를 받고 있으나 이런 법망을 피해 많은 소비자가 피해를 입고 있다. 예를 들어 전세사기 등 선량한 시민들에게 막대한 경제적 피해를 입히는 사기범들에 대한 철저한 수사와 엄정한 처벌이 필요하다. 즉 형법학에 있어서는 범죄로서 법률에 규정되어 처음으로 그 대상에 포함된 것에 대해 범죄학에 있어서는 사회에 존재하는 반사회적 일탈행위의 전부에 대해 형사법상의 대책이 필요한 것이 아닌가라는 수준에서 논의하기 시작하였다.

4) 형사학이 필요로 하는 법 영역

이와 같이 범죄학이 포함해야 할 영역은 넓은 범위에 미쳐 있다. 때문에 대책을 검토할 때 형법전의 조문만으로 해결하지 않고 가정폭력방지법, 정신보건법, 청소년보호법 또는 일련의 소비자보호법제 등 많은 형태의 법률의 이해가 필요하다의 의미에는 범죄학은 법률학에 대한 깊은 이해가 필요하다고 할 수 있다.

제 3 절 범죄학과 현대사회

범죄학은 현대사회의 역동적인 변화에 대응을 하면서 발전하여 왔다. 때문에 범죄학에는 역동성과 생동감이 있는 학문이라고 말하는 사람들이 많다. 여기서는 이런 현대사회의 변화와 범죄학의 움직임을 정보화, 국제화, 고령화의 3가지 관점으로 살펴보기로 한다.

1) 정보화사회와 범죄

현대는 정보화사회라고 불린다. 미디어 산업의 발전이나 초고속 인터넷을 비롯한 통신망의 발전에 의해 우리들은 알고 싶은 정보를 용이하고 신속하게 접할 수 있게 되었다. 이런 사회의 변화는 우리의 일상생활에 유익한 것만 주는 것이 아니라 범죄라는 면에서도 많은 질적 변화를 가져왔다. 가령 컴퓨터범죄의 전문화와 현대화이다. 1990년대 이후 급속히 컴퓨터가 보급된 이후 컴퓨터를 이용한 범죄가 사회문제가 되었다.

이런 문제에 대처하기 위해 형법이 개정돼 컴퓨터를 이용한 업무의 방해나 컴퓨터에 대한 사기가 범죄로 규정되었다. 하지만 컴퓨터통신을 통하여 타인의 컴퓨터에 무단으로 접속하여 컴퓨터 데이터를 보거나 바꾸는 해킹은 가장 심각한 컴퓨터 범죄이지만 지금까지 충분한 법적 대책은 갖추어져 있지 않다.

또 컴퓨터 데이터나 파일을 파괴하는 프로그램(컴퓨터 바이러스)의 사용에 대해서도 효과적인 대응방법 없이 신종 바이러스가 발생할 때 백신소프트의 개발이 행해지는데서 그친다. 또한 최근에는 사이버범죄가 범죄대책상 시급하고 중요한 문제로 등장하게 되었다. 즉 세계의 총 이용 인구의 절반이상이 사용하고 있는 인터넷에 의한 음란 영상데이터가 인터넷상에 유포되거나 악질적 상거래가 이루어지는 것이 문제가 되고 있다.

모방범죄
정보화 사회를 배경으로 한 범죄현상에 대해 컴퓨터 범죄 이외에 매스미디어 범죄를 들 수 있다. 이는 실제 일어난 범죄가 보도됨에 따라 많이 모방돼 범죄의 유행현상을 낳는 것이다. 이런 범죄의 대량화는 많은 사람이 범죄의 수법을 알게 되어 가능하게 된 현상이다. 또 정보화 사회의 부산물이라고 불린다. 가령 2023년 신림동 흉기난동사건이나 서현역 살인사건, SNS를 이용한 살인·테러예고 글 등에서 보듯이 동일한 수법의 흉기난동 사건이 계속 일어나는 것은 일종의 모방범죄의 한 형태라고 할 수 있다.

2) 국제사회와 범죄

현대사회를 이해하는 데에는 「국제화」도 중요한 키워드가 되어 있다. 현대사회의 국제화는 정치 뿐 아닌 무역이나 국제간의 인적교류 등 여러 형태로 변화하고 있다. 오늘날에는 약 296만 여명의 외국인이 우리나라에 거주해 있고 매년 300만명 이상이 여러 가지 이유로 우리나라를 체류하게 된다. 이런 국제사회 속에 범죄도 국제화의 움직임이 보인다.

범죄도 정보와 비슷한 형태로 국경을 넘어 활발한 움직임을 보여 「Borderless」 즉 국경 없는 범죄로 변화되어 가고 있는 경향을 보이고 있다. 현재 불법체류 외국인도 약 41만 여명을 넘고 있다(법무부 출입국외국인정책본부 2022년 10월말통계). 불법체류는 출입국관리법 위반의 범죄이자 이렇게 한국에 체류하기 위한 범죄만이 아닌 한국에 사는 동안의 범죄이자 범죄 목적으로 한국에 온 자의 범죄도 최근 급속히 증가하고 있다. 국가통계포털(KOSIS)에 의하면 2022년 기준 30,954건이고 이중 강력범죄는 851건, 절도범죄는 2347건, 폭력범죄는 6,721건이 발생하였으며, 범행의 동기를 보면 유흥비, 도박비, 허영사치심 등 이욕이 다수를 차지하였으나 현실불만, 우발적인 범행도 눈에 띄게 증가하고 있었다.

형법범에는 폭력과 절도, 지능범이 많고, 한국에 온 외국인의 형법범 검거 인원은 매년 증가하고 있는 추세이다. 또 살인, 강도, 폭행, 강간 및 성폭력, 마약류, 교통사범 등의 범죄가 최근 증가하고 있는 추세이다. 또한 매춘이나 약물범죄 등 외에도 국내 조직폭력배와 외국의 조직폭력단이 조직을 연계하여 활동하는 경향도 눈에 띄게 증가하고 있는 경향을 보이고 있다.

3) 고령화사회와 범죄

고령화사회의 도래에도 주목할 필요가 있다. 통계청 자료에 의하면 우리나라의 총 인구 중 65세 이상의 고령자는 약 9,499천여명으로 약 18.4%로 1970년의 2배 가까운 수치를 나타낸다. 또 고령화는 이후 독거노인 비율은 9.1%, 노인우울증 환자는 약 13.5% 등 우리한국도 노령화비율이 급격히 증가하고 있는 추세이며 이로 인한 범죄문제도 심각한 수준에 이를 것으로 예상된다.

이런 급속한 고령화에 대한 사회복지・보장제도의 부실은 부정할 수 없고 사회적 약자인 고령자는 풍요로운 사회 속에서 충분한 보호를 받지 못하는 상황이다. 이런 사회의 틈은 고령 범죄자의 증가에도 영향을 미치게 된다. 65세 이상의 고령자 검거인원은 2022년 기준 127,231명이며 이중 남자가 96,383명이고, 여성이 30,848명으로 남성이 여성노인의 약 3배가량 많았다. 구체적으로 보면 고령자가 비교적 많은 범죄는 폭력, 지능범죄, 절도의 순으로 많았다. 즉 폭력범죄는 21,107명, 사기, 횡령등 지능범죄는 13,735명, 절도범죄는 12,915명이었으며, 기타 특경법, 교통범죄 등이 다수를 차지하고 있었다. 노인범죄는 살인이나 방화는 흉악한 이미지가 강하나 실제로는 방법에 따라 체력이나 완력이 필요없기 때문에(예로 독약이나 라이터 등 으로도 가능) 약자의 범죄라고도 불린다. 이에 대해 고령자가 적은 비율을 차지하고 있는 범죄는 강간, 강도, 상해 등이나 강제추행이나 미성년자 약취유인 등의 범죄가 다수 발생하고 있다.

고령화사회에서 간과할 수 없는 문제는 바로 범죄피해자화의 가능성이다. 노인은 범죄를 방어할 수 있는 능력이 부족하기 때문에 금전적 이유로 인한 살인, 강도, 사기 등의 피해를 입을 가능성이 훨씬 높다.

국가통계포털(KOSIS)에 의하면 2022년 노인(노인범죄피해 통계는 년령별 구분이 60세 초과로 분류하고 있으며, 65세 이상으로 분류하고 있지않음)의 범죄피해 통계를 보면, 172,209명이며 이중 남성노인은 106,356명이고 여성노인은 65,697명이었다. 이중 강력범죄피해자는 1,453명이고 그 중 여성노인이 1,063명으로 73.1%로 절대 다수를 차지하였고, 절도피해는 28,742명으로 남성노인이 절반이 넘는 60%의 비율을 보였으며, 폭력범죄 피해는 34,117명이었으며 이중 남성노인의 피해가는 66.8%로 훨씬 많았다. 특히 사기범죄 피해를 보면, 2022년 기준 46,046명으로 단일범죄로 가장 많은 수의 피해를 보였다. 갈수록 노령화가 빨라지고 있는 현실을 고려해 보았을 때 노인의 범죄문제와 피해문제에 대한 종합적인 대책과 피해자화를 방지할 수 있는 형사정책적인 노력과 이에 대한 연구가 활발히 이루어져야 할 것이다.

제 2 장

범죄학의 연구방법

1. 범죄학의 연구목적

범죄학이란 범죄현상을 과학적으로 연구하는 학문이다. 범죄학은 범죄와 범죄자란 무엇인지를 알고 이해하기 위해 존재하는 범죄학은 범죄자의 행동을 설명하고 예측하고자 한다. 더 나아가 범죄자의 심리와 행동을 설명하고 예측함으로써 얻어진 결론을 통해 범죄자의 행동과 심리를 통제하려고 한다. 이러한 과정을 통해 범죄학은 인간과 사회의 복리를 증진시키고, 궁극적으로는 인간과 사회의 진리와 선을 달성하고자 한다. 범죄학은 결국 두 가지 목적을 가지고 있는 셈이다. 그 하나는 범죄자의 심리와 행동을 설명, 예측, 통제하려는 학문적 목적이다. 다른 하나는 학문적 목적의 달성을 통해 인간과 사회의 복지를 증진시키고 인간과 사회의 진리와 선을 달성하려는 궁극적인 목적이다.

범죄학은 범죄와 범죄자의 심리와 행동을 정확히 측정(기술)하고 설명한 것을 바탕으로 궁극적으로는 범죄와 범죄자의 심리와 행동을 예측하고자 한다. 따라서 정확한 설명을 바탕으로 범죄와 범죄자의 심리와 행동을 설명하고 예측하려는 목적 이외에도 범죄와 범죄자의 행동을 통제하려는 목적이 있다. 여기서 통제라는 말은 부정적인 의미가 아니라 어떤 현상을 설명하고 예측함으로써 얻어진 정보를 인간과 지역

사회의 안녕과 질서를 위해 사용하려는 의도를 말한다. 즉 경찰이 범죄예방활동과 다른 형사사법기관의 범죄통제활동이 여기에 속한다.

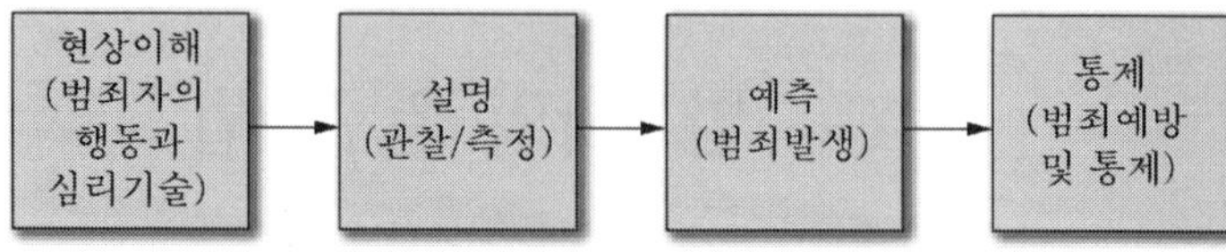

〈그림 2-1〉 범죄학의 목적

2. 범죄학의 연구방법

1) 질적 방법과 양적 방법

범죄에 대한 과학적인 연구방법의 역사는 우리나라의 경우 길지 않다. 1960, 70년대에는 미국의 이론을 소개하는 수준에 머물렀으며 1980년대에 접어들면서 경험적 연구가 조금씩 발표되기 시작하였다. 90년대에 들어서면서 범죄에 대한 사회적 관심이 높아지면서 본격적인 연구가 시작되었다 해도 과언이 아니다. 범죄학을 연구하는 방법론은 크게 질적 방법과 양적 방법으로 대별할 수 있다. 두 가지 방법론을 구별하는 기준은 모호한 면이 있으나 일반적으로 참여관찰, 사례연구, 심층면접 및 집단면접 등은 질적 연구로 분류할 수 있는 한편, 실험, 실증조사 등을 양적 방법으로 분류한다. 질적 방법을 흔히 불간섭적 방법이라고도 한다. 이는 질적인 연구방법이 조사대상의 생활세계에 상당히 밀착해서 자료를 수집하기 때문에 그들 세계에 끼칠 수 있는 연구자의 영향을 배제하고 그들과 상호작용도 최대한 억제하는 방법이기 때문이다. 그래서 비반응적 연구라고도 한다. 이에는 흔히 사람들이 남긴 물리적 흔적을 연구한다든가 보존되어 있는 각종 자료를 분석한다든가, 또는 참여관찰 시에도 은밀한 관찰만을 수행하는 방법들이 있다. 한편 양적 연구를 계량적 연구라고도 한다. 계량적 연구는 연구대상이 개인들의 특성이건 전체사회의 특성이건 간에 모호하지 않게 정의되고 묘사될 수 있다는 가정에 근거한다. 더 나아가서 이러한 대상의 특성들은 연구자에 의해 객관적으로 범주화될 수 있고 그러한 범주에 숫자를 적용함으로써 측정될 수 있다는 점이다. 즉 계량적 범죄연구에서는 범죄와 형사사법의 문제들을 객관적 현상으로 바라보고 통계적 분석이 가능한 것으로 취급된다.

2) 연구의 방법

(1) 공식 범죄통계

이 연구는 1차 자료를 이용한 대표적인 방법이다. 범죄현상을 파악하는 데 있어서 가장 기본적인 수단은 수사기관이 발간하는 범죄통계를 보는 것이다. 수년간에 걸쳐 발생한 각종 범죄의 발생추이, 당해 연도의 죄종별 범죄발생상황, 범인검거상황, 범죄자의 형사처분 결과 등을 집계하고 있으므로 범죄에 대한 대량 관찰이 가능하다. 이런 범죄통계들은 범죄학 연구를 위한 통계라기보다 수사기관들이 독자적인 목적을 위해 작성한 것들이다.

하지만 범죄학을 연구함에 있어서도 유용하게 활용된다. 첫째, 일정기간동안의 범죄발생동향을 확인하거나 범죄의 발생특성을 알아보는 데도 긴요하다. 즉 범죄현상에 관한 정보들을 종합적으로 수록하고 있는 셈이다. 둘째, 범죄 통계의 분석을 통해 치안수요를 예측할 수 있으며 범죄가 많이 발생하는 계절이나 시각에 따라 탄력적인 치안 인력의 운용을 할 수 있다.

범죄통계가 가지고 있는 단점도 많다. 첫째, 범죄통계는 수사기관이 인지한 사건을 산술적으로 집계한 데에 지나지 않는다. 따라서 범죄는 발생했으나 고소·고발이 없었거나 수사기관이 인지하지 못한 암수범죄를 파악하지 못하는 한계가 있어 현실적인 범죄현상을 설명할 수 없다. 둘째, 범죄의 질적인 특성을 알 수 없다. 예를 들면, 절도행위라 하더라고 배가 고파서 하는 절도와 유흥비 마련을 목적으로 하는 절도는 질적으로 차이가 있을 수 있다. 셋째, 범죄통계의 신뢰성 문제이다. 수사기관이 실적을 올리기 위해 범인검거 건수를 늘릴 수도 있으며 지역치안의 양호성을 알리기 위해 범죄를 은폐하거나 축소할 수도 있다.

범죄통계는 취약점이 있지만 범죄현상을 진단하는 데는 가장 유용하므로 독재국가를 제외한 대부분의 나라가 범죄통계를 발표하고 있다. 미국의 경우 형사사법통계국이 발간하는 「형사사법통계자료집」과 FBI가 발간하는 「종합범죄보고서」 등이 있다. 독일의 경우는 독일연방수사국이 발간하는 「경찰범죄통계」가 있고 일본은 법무총합연구소가 발간하는 「범죄백서」가 있다. 우리나라는 경찰청이 발간하는 「범죄분석」과 대검찰청이 발간하는 같은 이름의 「범죄분석」이 있는데 이 두 개가 우리나라의 범죄통계를 대표하고 있다. 법무연수원에서는 대검찰청의 「범죄분석」을 재정리하여 간략하게 범죄발생추이와 동향을 보여주는 「범죄백서」를 발간하고 있다.

(2) 조사법

조사법이란 흔히 조사연구법이라고 하며 질문지를 주된 도구로 사용하기 때문에 질문지법이라고도 한다. 넓은 의미에서는 면접을 통한 조사도 조사법에 포함된다. 일반적으로 조사법은 실험이나 관찰법, 사례법을 통해 알 수 없는 연구를 행하는데 많이 사용된다. 조사법이 신뢰롭고 타당하게 하려면 무엇보다 조사에 응한 표본이 전체 모집단의 특성을 잘 나타낼 수 있도록 대표성을 가지게 하는 것이 중요하며 자료분석이 통계적으로 잘 이루어져서 해석에 오류가 없어야 한다. 범죄학에서 조사법이란 범죄자의 일부를 표본으로 추출하여 이들에 대해 정밀히 관찰하고 조사한 결과를 범죄자에게 유추적용하여 전체상황을 파악하는 방법이다. 이것은 범죄자 전체에 대한 자세한 관찰이 사실상 불가능하기 때문에 생겨난 방법으로서 범죄학의 연구에서 자주 사용되는 방법이다.

조사법에서 흔히 사용되는 질문지법은 범죄에 대한 규명하고자 하는 연구문제에 관해서 일정한 방식 및 내용의 질문지를 작성하고 이를 조사대상자에게 제시해 그 반응을 얻어서 그 결과를 연구자료로 사용하는 것을 말한다. 질문지법은 조사자와 피조사자의 관계에 있어서 개인적 접촉이 없거나 있다 하더라도 깊거나 강한 것이 아니기 때문에 조사자가 피조사자에 미치는 영향이 없는 방법이다.

한편 면접법은 피조사자와의 접촉을 통해서 직접 자료를 수집하는 방법이다. 피조사자는 사적이고 내밀한 내용은 기술하려고 하지 않기 때문에 자유스런 분위기에서 신뢰감을 가지고 질문의 취지와 목적을 설명하여야 한다. 면접에 임하는 피면접자는 불안과 불신을 가질 우려가 있으므로 면접 시작에서부터 마음을 편하게 하고 친화관계(rapport)를 조성해야 한다.

이 연구방법의 자료들은 주로 설문지, 면접 또는 전화접촉 등으로 얻어지는데 비교적 쉽게 자료를 계량화하여 실험집단과 통제집단의 차이를 밝힐 수 있다는 장점이 있다. 반면에 이 연구방법은 통계조사가 갖는 일반적 허상을 그대로 안고 있다는 점이다. 즉 수치가 나타내는 것에 대한 맹신과 발견된 사실들 간의 상호연결관계가 명확하지 않은 상태에서 결론이 도출된다는 점이다.

(3) 실험법

실험법은 자연과학에서 널리 활용하고 있는 연구방법이다. 일정한 조건을 인위적으로 설정하고 그 속에서 발생하는 사실을 관찰함으로써 어떤 가설의 타당성을 검증하고 새로운 사실들을 밝혀내는 방법이다. 이 방법은 상황의 모든 조건이나 피험자의 조건을 통제하여 특정의 행동을 인위적으로 일어나게 하거나 반복하게 함으로써 주어진 조건과 행동의 인과관계를 밝히는 방법이다. 범죄학 연구에 있어서도 유력한 연구방법의 하나로 활용되고 있는데 통상 실험할 집단의 동질성을 확보하고 사전과 사후조사를 통하여 문제점을 최소화하며 실험집단과 통제집단의 차이를 비교 분석하는 것이다.

이 방법은 연구에 영향을 미치는 요인들을 통제하는 데 가장 유리한 방법으로 비교적 빨리 그리고 적은 비용으로 쉽게 계량화할 수 있는 자료들을 확보할 수 있다. 즉 연구자 자신이 자극·환경·처우시간 등을 통제할 수 있는 반면에 단순한 자연적인 사실이 아닌 범죄자, 즉 인간에 관한 연구에서 실험쥐와 같이 인위적인 환경을 설정하고 연구를 수행하기가 쉽지 않다는 단점이 있다. 즉 실험여건이나 실험대상을 확보하기가 쉽지 않고 연구결과에 대한 외적 타당성이 확보되지 않기에 일반화하기 어려운 측면이 있다. 범죄학에서 실험법의 좋은 예는 폭력물(또는 음란물)과 범죄(또는 비행)와의 관계를 밝히는 논문 등에서 많이 볼 수 있다.

(4) 사례법

사례법은 한사람 또는 소수의 사람들을 대상으로 깊이 있는 연구를 실시하며, 연구기간도 비교적 오래 걸린다. 실험법이나 관찰법 등이 현재를 중심으로 진행되는 연구라면 사례법은 과거 중심적인 연구방법이다. 사례법은 특정범죄자에 대하여 그의 성격, 성장과정, 사회생활, 범죄경력 등과 같은 자료를 종합적으로 분석하여 범죄와 범죄자에 대하여 보다 정확한 정보를 얻으려는 연구방법이다. 이 방법은 한가지 사례 혹은 몇 가지 사례에 대한 깊이 있는 정밀조사를 목표로 한다. 만약 특정범죄자의 사례사를 연구하게 된다. 생애사 연구를 위해서는 일기, 편지, 자서전, 전기, 신문보도내용 등이 분석대상이 될 때도 있다. 사례연구나 생애사 연구의 장점은 깊이 있는 질적 자료의 수집이 가능하다는 점이다. 이를 바탕으로 차후에 유사한 사건이 발생하였을 때 수사의 참고자료로 활용할 수 있을 뿐 아니라 범죄자의 행동과 범죄원인을 규명하는 자료로도 활용이 가능하다. 단점은 연구자의 주관이 개입될 가능성이 많고 연구의 결과를 일반화하기 어렵다는 점이다. 예를 들어 한사람의 살인범에 관한 연구결과를 다른 살인사건에 그대로 적용할 수 없다는 점이다. 즉, 사례법을 통해 얻어진 자료는 범죄학이론에 기초를 제공해 줄 뿐 아니라 동일수법의 범죄수사에 효과적으로 이용될 수 있어 수사실무적인 측면에서도 유용한 연구방법이라고 할 수 있다.

(5) 관찰법

관찰법은 실험법이 가지고 있는 단점을 보완할 수 있는 연구방법이다. 더구나 범죄자의 행동을 실험실에서 연구할 수 없고 처치를 연구자의 임의대로 할 수 없기 때문이다. 관찰법은 연구자가 범죄자의 행동을 관찰하고 기록함에 있어서 어떤 외부적인 영향이나 통제를 가하지 않고 자연적인 상황에서 연구하는 방법을 말한다. 관찰법은 연구자가 직접 범죄세계에 뛰어들어 그들과 같이 생활하면서 범죄자의 생태·태도·가치관 등을 살펴 범죄의 원인을 해명하는 방법이다. 이 방법은 원래 인류학자들이 원시사회를 연구하는 방법으로 개발되었는데, 미국의 사회학자들이 범죄자, 마약중독자, 부랑자, 흑인, 빈민가, 갱단 등 특수집단을 연구하기 위하여 활용하였다.

관찰법은 직접 범죄자 세계의 일원이 되어 실제 행하고 보고들은 것들을 정리한 것으로 범죄현장의 실제상황을 가장 생생하게 전달할 수 잇다는 장점이 있다. 다른 연구방법들은 상당한 시간이 경과한 이후를 조사하던가, 여러 가지 변화를 겪고 난 후의 범죄자들을 관찰하는 경우가 많으므로 범죄자의 범행에 관한 직접적인 자료의 수집이 어렵다. 하지만 관찰법도 몇 가지 단점이 있다. 먼저 연구의 윤리성문제이다. 연구를 위해서 연구자가 직접 범죄행위에 가담할 수 있고, 범죄행동을 방관하는 문제이다. 만약 그렇다면 연구의 윤리성이 문제로 대두될 수 있고 당해 범죄행위에의 가담에 대한 처벌의 문제도 간과할 수 없다. 또 연구자의 신변위협의 문제이다. 특정집단의 구성원들에게 이들을 연구하러 온 것이 발각되었을 경우에는 신변의 위협도 문제이다. 그리고 관찰법은 연구자의 주관적인 편향이 개입될 가능성이 많다. 피관찰자들의 인격상태에 관한 객관적이고, 전문적인 관찰이 불가능하다 관찰도구나 실험 등을 할 수 없는, 즉 성격검사와 같은 객관적인 관찰방법의 적용이 어려워 주관적인 편견이 개입될 여지가 많으며 사실이 왜곡될 소지도 있다. 하지만 관찰법은 자연적인 상황에서 범죄행동을 관찰하는 기회 그 자체가 주어지기 때문에 가장 생생한 자료를 얻을 수 있는 장점을 가지고 있다. 예를 들어 학교폭력, 집단따돌림, 범죄조직 등의 세계를 관찰법을 이용한다면 조사법이나 실험법에서 얻을 수 없는 자료를 수집할 수 있을 것이다.

제 3 장

범죄학의 탄생

제 1 절 마신론과 자연주의적 경험론

인류역사에 있어 범죄 없는 사회는 존재하지 않는다. 고로 '우리 인류는 항상 왜 인간은 범죄를 일으키는가'라는 문제에 직면하여 그 설명을 위해 여러 가지 가설을 세워 왔다. 범죄를 이론적으로 고찰하고자 하는 노력은 18세기 후반 고전파 범죄학(Classical Criminology)에서 시작되었다. 하지만 범죄를 과학적으로 분석하려는 근대적인 범죄학 접근은 19세기 후반의 실증주의 범죄학(Positivist Criminology)의 탄생에서부터 시작되었다 해도 과언이 아니다.

범죄와 범죄성에 대한 과학적 연구는 비교적 최근에 시작되었다. 비록 성문화된 형법이 오래 전부터 존재하여 왔지만, 이것은 범죄를 정의하고 형벌을 규정하는 것으로 제한되어 발전하여 왔다. 중세(개략 1200~1600년대)에는 미신과 악마의 홀림에 대한 두려움이 인간의 사고를 지배하도록 강요받아 왔던 시기이다. 그래서 사회적 규범과 종교적 관습을 위반한 사람들은 마녀이거나 악마의 저주를 받은 것으로 간주되었다. 이런 관행은 적어도 17세기까지 지속되었다. 18세기 제러미 밴담 등 철학자들은 인간의 행위가 합리적 사고의 결과라는 견해를 주장하기 시작하였다.

그럼 이들의 연구가 출현하기 이전에는 범죄, 그 중에서도 범죄의 원인에 대해 어떠한 견해가 생겨났을 것인가? 이 점에 대해 크게 2가지의 견해로 분류할 수 있다. 하나는 마신론(Demonology)이고 하나는 자연주의적 경험론이다.

1. 마신론

마신론(魔神論)은 원시사회에서의 애니미즘에 기원을 둔 것으로 여기는 범죄는 악마의 소행이라 생각하고 있다. 고대에 있어서는 범죄자의 두개골에 구멍을 내어 악마의 혼을 빼내는 穿頭術(천두술, trephing) 등 여러 가지 악마 퇴치의 의식이 행해졌다. 또 鞭刑(편형)을 시작으로 한 신체형도 악마를 쫓는 하나의 수단이었다. 중세기 중엽에서 근대에 걸친 마녀재판(Hexenprozeß)은 악마론의 극단을 보여주고 있다. 또 19세기에 들어와도 영국의 형사재판에서는 범죄행위만이 아닌 악마에 의해 유발되고 선동되어 신의 구원을 저버리는 것도 추궁의 대상이 되었다. 이와 같은 마신론은 비합리적인 것이나 현실에는 역사상 지울 수 없다.

〈그림 3-1〉 마녀화형

마녀재판

마녀재판은 13세기 말에서 17세기에 걸쳐 유럽 각지에서 일어나 악마와 관계가 있다는 여성(때론 남성)이 재판을 받아 처형되었다. 마녀재판에서 처형된 수는 몇 만인지 몇 십만인지 정확치 않다. 마녀재판의 목적으로 ① 악마 퇴치 ② 이교도 탄압 ③ 정신 장애자 배제 등이 거론되나 마녀재판이 절정이던 11세기~17세기의 유럽은 전염병인 패스트유행, 농작물 흉작 등으로 민중의 불만도 절정이었다.

그 불만을 위정자가 마녀에게 향하게 한 시대 배경이 그 근저에 깔려 있다고 생각한다. 또 한 마녀재판은 18세기 후반 급속히 그리고 조용히 종결되었다. 그 이유는 명확하지 않지만 일반적으로 교회세력의 쇠퇴가 지적되고 있다. 또한 산업혁명의 시대를 맞이해 사회・경제 등이 안정화된 것도 있을 것이다.

2. 자연주의적 경험론

자연주의적 경험론(自然主義的 經驗論)은 신비주의나 종교적 드라마를 배제하고 경험적으로 관찰된 견해를 기본으로 범죄의 소질・환경적 원인을 찾으려는 노력은 기원전 고대 그리스로 거슬러 올라간다. 예를 들어 아리스토텔레스는 관찰을 하지 않은 이론은 공허하다고 하면서 일탈자들의 행동을 주의 깊게 관찰했다.

아리스토텔레스는 범죄성의 유전에 주목하여 신체적 특징(두개골이나 인상)과 정신상태와의 상관관계를 주장하는 한편 나쁜 습관이 악성을 조장한다는 의견을 제기하였다. 이런 견해에 대하여 직감적인 견해에 지나지 않다고 하는 설도 있지만 오늘날의 과학수준에서 불충분한 것 일뿐 당시에는 상당한 수준인 생물학적 깨달음에 기초하고 있다.

중세에는 봉건사회의 성립과 함께 교회의 지배와 신권 정치의 시대로 들어가 아리스토텔레스와 같은 과학적인 자연주의적 견해는 후퇴하고 오히려 마신론을 기본으로 한 주장들이 주류를 이루었다. 하지만 근대에는 다시 근대 과학의 발달에 의해 이른바 「과학혁명」의 시대(17세기)에 들어감에 따라 경험주의적인 견해가 지배적이 되어 실증주의 범죄학의 탄생으로 이어지게 된다.

제2절 고전파 범죄학

중세에서 근대 초기에 걸쳐 유럽의 형사재판은 국왕을 정점으로 한 당시 지배세력(승려, 귀족 등)에 의해 자신들의 이익이나 입장에 맞게 운영되었다. 이런 앙샹레짐(구제도)에 의해 형사재판이나 형벌제도의 특색으로서는 다음 3가지를 들 수 있다.

첫째는 형사재판의 자의적 운용이다. 형사재판에서 범죄나 형벌의 내용이 확실하지 않고 재판관에게 지나친 재량권을 주었다.

둘째는 형법의 불평등한 적용이다. 형법이 승려, 귀족, 시민, 농민 등의 신분에 따라 불평등하게 적용되었다.

세 번째는 가혹한 형벌의 부과이다. 당시의 형벌은 사형 혹은 신체형이 중심이 되어 일반 사감들에게 본보기를 보이기 위한 목적으로 이루어졌다. 이와 같은 형사사조를 통렬히 비판하고 개혁의 봉기를 든 이론가가 베까리아와 벤담이다. 이 두 사람의 주장은 합리주의를 표방하는 계몽사상을 보강한 것으로 범죄학상 고전파 범죄학이라 불린다.

1. 베까리아

고전파 범죄학의 선구적 업적의 하나로서 이탈리아의 베까리아(Ceasare Bonesana Beccaria : 1738～1794)가 1964년에 쓴 범죄와 형벌(Dei Delitti e delle Pene)을 들 수 있다. 베까리아가 경제학자이기 때문에 법률학에 정통한 것은 아니나 계몽사상의 영향을 받아 범죄와 형벌에서 당시의 형사 정책에 날카로운 문제제기를 했다.

그의 주장의 요점은 다음과 같다.

(a) 국가가 개인을 처벌할 수 있는 근거는 오직 사회계약에 있다. (b)

베까리아

범죄와 형벌을 정하는 법률을 창설하는 권한은 입법자에게 있다. (c) 재판관은 입법자가 아니기 때문에 법률을 해석하는 권한은 없다. (d) 형벌의 무거움은 범죄에 의해 생긴 사회적 손해에 비례하여야 한다(범죄와 형벌의 양은 균등하지 않으면 안 된다). (e) 신분에 따른 차별적 형법 적용은 폐지되어야 한다(동일 범죄에는 동일 형벌). (f) 범죄를 처벌하는 것보다는 예방하는 것이 바람직하다. (g) 범죄의 예방은 엄격한 처벌에 의한 것이 아닌 신속하고 확실한 처벌에 의해 이루어져야 한다. (h) 형사 재판에서 피고인의 권리는 보호되어야 한다. (특히 고문은 금지되어야 한다.) (i) 사회 계약 시 사람은 생명에 대한 권리까지 국가에 양도하지는 않기 때문에 사형은 폐지되어야 한다.

베까리아의 저서 「범죄와 형벌」은 당시로서는 급진적인 내용을 갖고 있었기 때문에 익명으로 출판되었지만 유럽에 까지 큰 반향을 일으켰다. 이 책은 이탈리아, 프랑스의 가톨릭교회의 금서 리스트에 지정돼 격렬한 비난을 받는 한편, 형사법 개혁의 바이블로서 그 후 각국의 입법 과정에 영향을 주었다.

그의 주장을 하나씩 보면 형벌의 기초론(a와 i)은 1762년에 루소(Jean Jacques Reusseau : 1712~1778)가 쓴 「사회계약론」을 기초로 둔 한편, 그 외의 제도 개혁의 제안(b~h)은 주로 1748년에 몽테스키외(montesqueu : 1689~1755)가 쓴 「신의 정신」에 의거하고 있어 특별히 창조적인 제안은 아닌 것이다. 그러나 책에 일관되게 흐르는 정열과 패기 넘친 휴머니즘은 많은 이의 마음을 움직여 당시의 봉건 체제에 대한 레지스탕스 운동의 도화선이 되었다.

2. 벤담

벤담

고전파 범죄학의 다른 한 명의 대표적인 사람은 영국의 벤담(Jeremy Bentham : 1748~1832)이 있다. 벤담은 계몽사상을 구체화 한 법률학자로서 최대 다수의 최대 행복이라는 공리주의 원리를 전면에 두고 법 개정과 법전화를 적극적으로 장려하였다.

벤담은 법 개정, 그 중에서도 형법 개정에 중점을 두고 다음과 같이 주장했다. (a) 범죄는 형법의 불비에서 생겨나며 범죄 없는 사회를 실현시키기 위해서는 형법 개정이 필요하다. (b) 형벌의 목적은 ① 본보기 ② 개선 ③ 격리 ④ 피해자 보호 ⑤ 경제성이 있다. (c) 형벌은 인위적인 고통이고 따라서 보다 큰 해악의 여지가 보증될 때에 한해서 정당화된다.

이런 관점에서 이끌어 가는 부당한 형벌로는 이하 4가지의 사례가 지적될 수 있다. ① 근거 없는 형벌(범죄행위 자체에 해악성이 없는 케이스) ② 유효성 없는 형벌(형벌에 의한 범죄 행위 저지가 불가능한 케이스) ③ 고가의 형벌(범죄의 해악보다 형벌이 상회하는 케이스) ④ 불필요한 형벌(다른 방법으로 범죄를 방지할 수 있는 케이스)

벤담의 주장은 베까리아의 견해에 큰 영향을 주고 있지만, 한편으로는 형사 입법을 통해 계몽주의적 사회개혁을 실천적으로 장려한 특징이 있다. 「벤담시대 이후의 법 개혁에서 그의 영향을 받지 않은 것은 한 가지도 없다.」라고 불리우고, 특히 1825년부터 1827년경까지 법 개혁을 「벤담주의의 시대」라 부를 정도이다. 또 형벌론에 한정시키면 벤담의 주장은 포이에르바하의 심리강제설(Psychologische Zwangstheorie, 형벌의 위협만이 행위자가 범행을 저지르지 않게 단념시킬 수 있다는 설)에 기인한 일반예방을 본받지 않고 범죄자의 개선과 갱생이라는 특별예방을 주장하고 있다. 또 한편으로 범죄피해자의 구제나 비용·편익론(Cost-Benefit theory)도 포함하여 「피해가 없다면 형벌도 없다」는 원칙을 관철한 탁월한 기능주의적 형벌사상이라 말할 수 있다.

파놉티콘(Panopticon, 원형교도소)

벤담은, 죤·하워드의 감옥사정에 영향을 받아, 감옥 개혁에도 힘을 기울여 1791년에 「페노프티콘」을 제안하였다. 파놉티콘이란 벤담이 만든 말로 벤담이 구상한 정다각형(또는 원형)의 건축양식을 가리킨다. 벤담은 이 건축 양식이 감옥 설계에 있어서도 적용된다고 말하고 있다. 구체적으로 효율성과 경제성을 중시한 형무소 운영의 관점에서 두 지점의 배치를 주장했다. (a) 형무소 중앙에 감시소를 두고 그 주위에 독방을 배치해 효율적인 감시를 가능케 한다. (b) 독방의 안과 바깥에 창을 두어 빛의 각도를 이용해 감시자는 수형자를 볼 수 있으나 수형자는 감시자가 보이지 않도록 한다. 이런 벤담의 파놉티콘 계획은 재정적 지원을 얻지 못하여 중단되나 이후 유럽 각지 형무소 운용에 큰 영향을 주었다. 또 파노티콘은 민간인에게 형무소 운영을 위탁하는 것을 원칙으로 하고 있어 요즘의 형무소 민영화의 선구라고 할 수 있다.

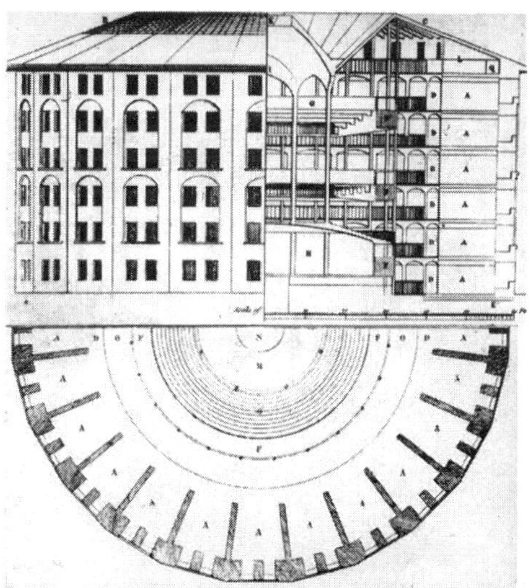

3. 고전파 범죄학의 평가

고전파 범죄학은 18세기 후반에서 19세기 초의 유럽에 있어 왕권신탁설을 기본으로 한 절대 왕정이 무너지고 근대사회가 성립되는 시기에 등장했다. 이 학파는 형법학에 있어 고전학파(혹은 구파, 특히 전기구파)라고 불린다. 베까리아와 벤담의 많은 제안은 그 후 유럽 여러 나라의 입법작업에 영향을 미치게 되었다.

구체적인 형사 입법으로서는 ① 1789년 프랑스 형법전 ② 1791년 프랑스 형법전 ③ 1810년 나폴레옹 형법전을 들 수 있다. 그들의 주장 중 근대 형법의 기본 원칙으로 구체화된 것은 ① 죄형법정주의 ② 죄형균등 ③ 신분 형법 폐지 ④ 형벌의 인도주의화 ⑤ 형사절차의 정당화 등이 있다. 이렇게 보면 베까리아와 벤담은 「범죄대책이라는 실천적 문제는 무관심하여 형사정책논의에 적극적인 공헌을 하지 않았다」는 주장은 사실과 다르다는 것을 알 수 있다.

베까리아와 벤담

지금까지 본 것처럼 벤담과 베까리아는 사상적으로 지극히 유사하다. 이것은 양자가 공리주의를 사상의 기초로 하고 있기 때문이다. 단, 구체적인 주장을 개별적으로 보면 벤담은 고문을 꼭 부정하지 않은 것과 묵비권에 소극적 입장을 취하는 것에서 베까리아와 다른 입장에 선 것은 주의해 볼 필요가 있다. 이것은 베까리아가 예를 들어 공리주의적 관점에서는 유효해도 사회제약의 취지에서는 고문이나 묵비권의 제한에 의한 무고한 사람이 형벌을 받게 되는 부정적인 요소보다 많은 범죄자에게 형벌을 부과하는 것이 가능한 긍정적인 면이 더 많아면 이런 가능성을 인정하는 것도 좋다는 입장에 선 것과 같다.

고전파 범죄학의 제안은 형이상학적인 사고에서 생긴 것이 아닌 당시의 형사 재판이나 형벌에 대한 날카로운 비판 정신을 기본으로 실제적인 제도 개혁을 목적으로 하고 있었다. 또 고전파 범죄학의 일반예방론의 기본인 쾌락·고통설은 오늘날 과거의 유물이라는 견해가 있으나 오늘날에도 형사정책적 관점에서 형벌의 위화효과에 지대한 영향을 미치고 있다고 해도 과언이 아니다.

첫째로 1960년대 이후 미국의 경제학자가 사형의 억지력에 대한 대규모 연구를 행했는데 그 기본 모델은 쾌락·고통설이었다. 둘째는 최근 주목되는 합리적 선택 이론이 그리는 인간상도 쾌락·고통설이 그것과 같고, 이 이론은 고전파 범죄학의 재사용에 불과하다.

제 3 절 실증주의 범죄학

근대 계몽사상의 대두로 고전학파의 범죄학과 형벌론은 많은 지지를 얻었고 실제 여러 나라의 형사정책에도 적지 않은 영향을 끼쳤다. 하지만 19세기 후반에는 실증주의 범죄학(Positivist Criminology)이 등장해 고전학파의 등장과 형벌의 사고방식을 정면으로 비판하기 시작했다.

1. 실증주의 범죄학 탄생의 배경

19세기 중반부터 유럽 각국에는 범죄(특히 재산범)가 급증하면서 누범자와 소년 범죄자의 출현이 주목되어 그때까지의 형사정책의 방법에 의문이 제기되었다. 이와 같은 범죄증가 현상은 자본주의 경제가 초기 단계를 탈피하는 과정에서 공업화나 도시화가 진행되면서 대량실업자와 빈곤자가 발생한 것이 그 배경으로 작용하였다.

범죄의 "큰 파도"라 불리는 이 현상을 두고 고전학파 범죄학이 주장한 죄형균등을 원칙으로 한 형법으로는 형이 가볍고, 또 일반예방에도 범죄자의 개선 갱생에 도움이 되지 않은 것인가?라는 의문이 실증주의 범죄학이 탄생하게 된 배경이다. 19세기 후반 과학적 방법이 유럽에 뿌리를 내리기 시작하면서, 순수한 사고와 이성에 의존하기보다 세계가 움직이는 방식을 이해하기 위해 자연현상에 대한 주의깊은 관찰과 분석을 하기 시작했다. 찰스 다윈(1809~1882)의 인류진화에 대한 연구는 인간행위가 과학적 원리에 의해 입증될 수 있을 것을 요구하는 일종의 과학숭배(cult of science)를 자극하기에 충분하였다.

또 교도소를 출소한 후 범죄를 다시 저지르는 경우가 많아지면서 벤담이나 베까리아가 구상한 감옥으로는 재범 방지가 어렵다는 회의론도 고개를 들기 시작하였다. 이런 고전학파 범죄학에 대한 회의를 재빨리 그리고 강하게 주장한 이가 실증주의 범죄학의 할아버지라 불리는 롬브로조(Cesare Lombroso : 1896~1909)이었다.

실증주의는 두가지 요소를 갖고 있다고 할 수 있다. 첫째, 인간의 행위가 개인의 통제를 초월하는 힘의 결과이라는 신념이다. 이런 힘은 일부는 경제적 부와 계층의 효과 등 사회적인 요소도 있고, 일부는 전쟁과 기아 등 정치적이며 역사적인 것도 있다. 또 다른 힘은 인간의 뇌의 구조와 생물학적 체격, 정신적인 능력 등 개인적이고 심리적인 것이다.

실증주의의 두 번째 특성은 연구를 수행하기 위해 과학적인 방법을 사용한다는 점이다. 실증주의자는 가설을 검증하기 위해 엄격한 경험적 방법을 사용한다. 즉 조건과 사건에 대하 사실적이고 직접적인 관찰과 측정을 신뢰한다. 이러한 원리가 실증주의자의 범죄에 대한 연구에 적용되기 시작하였다.

2. 롬브로조의 생래성범죄자설

롬브로조는 감옥이나 정신병원에서 의사로서 풍부한 경험을 갖은 법의학자이며 1876년에 「범죄인」을 출판해 범죄인류학의 기초를 만들은 인물이다. 이 책에서 그는 고전파 범죄학의 추상적인 범죄자론을 벗어나 당시 유행했던 「인체측정학」의 방법을 이용해 개별적으로 범죄자를 조사하고 구체적인 사실을 기본으로 생래형 범죄자의 존재를 실증하려고 시도하였다.

1) 생래성범죄자설

롬브로조

롬브로조가 제안하고 있는 생래성범죄자설(生來性犯罪者說)은 3가지 가설로 이루어져 있다. (a) 범죄자는 태어날 때부터 범죄를 저지르도록 운명되어졌고 인류학상의 돌연변이(범죄인류)이다. (b) 범죄자라는 신체적 혹은 정신적 특징을 갖고 있어 이것으로 일반인과 식별할 수 있다. (c) 범죄자는 야만인으로 되돌아간다. 혹은 퇴화된 자이다.

생래성범죄자설은 당시로서는 선진적인 임상방법을 이용해 도출된 것이었다. 롬브로조는 ① 66인의 남자 범죄자의 해부학적 조사 ② 832명의 현재 범죄자의 신체측정 ③ 868명의 군인 및 90명의 정신질환자의 신체적·정신적 특징에 관한 조사를 진행하는 한편, 전기고통 측정기에 의한 고통의 정도, 맥박계에 의학 감정의 상황을 측정했다.

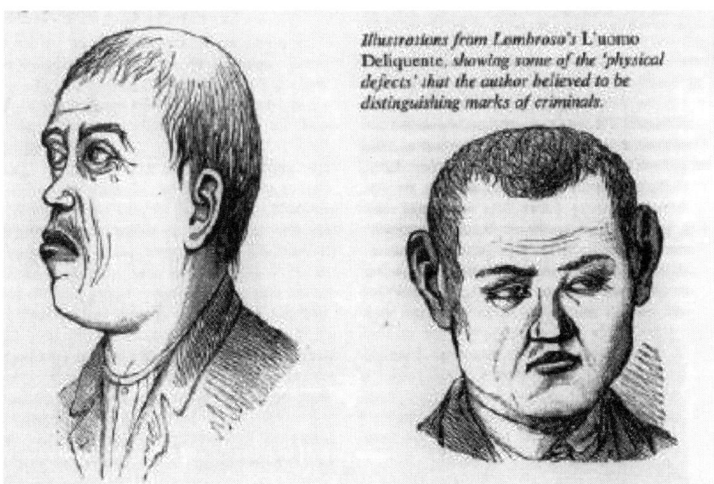

〈그림 3-2〉 롬브로조의 상상 속의 범죄자상

이런 조사의 결과 롬브로조는 범죄자는 선천적으로 신체적·정신적 특징이 존재한다는 결론을 지었다. 롬브로조에 의하면 생래성범죄자의 신체적 특징으로서 ① 작은 뇌 ② 두꺼운 두개골 ③ 큰 턱 ④ 좁은 이마 ⑤ 큰 귀 ⑥ 비정상적인 치아배열 ⑦ 매부리 코 ⑧ 긴 팔 등을 제시하였다.

이러한 범죄자의 신체적 특징을 들면서 롬브로조는 오랜 기간의 동물연구 성과를 덧붙여 원숭이, 다람쥐, 쥐, 뱀 등의 동물의 형상적 특징을 상기시켰다. 또 범죄자의 정신적 특징으로서 ① 도덕감각 결여 ② 잔인성 ③ 충동성 ④ 태만 ⑤ 낮은 지능 ⑥ 고통의 둔감 등을 지적하였다. 이렇게 롬브로조가 그린 생래성 범죄자의 이미지는 크로마뇽인의 모습을 하고 유사 이전의 인류의 뇌를 가진 「반인반수(半人半獸)의 괴물」이고 구체적으로 미개민족, 어린아이, 간질환자, 정신장애자라고 할 수 있다.

또 롬브로조는 이런 생래성범죄자설을 근거로 해 미국 나일강 상류에 사는 몇 개의 부족을 조사했다. 그 결과, 그들에게 생래성 범죄자의 특징이 많이 존재함에 따라 그들 부족은 범죄가 일상적이 행동일 것이라고 추리하기도 하였다. 또 롬브로조는 확실히 「자연이 범죄를 만든다」, 「사회는 범죄를 저지르기 위한 도전을 주는데 불과하다」 등의 운명적 범죄관을 기초로 하나, 모든 범죄자를 태어날 때부터 범죄자라고는 생가하지 않았다는 것에 주의할 필요가 있다.

그의 생래성범죄자는 전체 범죄자의 60%에서 70%정도라고 생각했다(후에 35~40%로 수정했다). 또 이외의 범죄자 유형에 대해서는 ① 정신장해 범죄자 ② 간질성 범죄자 ③ 후퇴성 범죄자 ④ 격정성 범죄자로 나누었다. 여기서 말하는 후퇴성범죄자는 생래성범죄자와 일반인의 중간 범주에 속하는 형으로서 오늘날의 정신질환자에 가까운 개념으로 이해할 수 있다.

그 외에 롬브로조의 형벌관은 철저한 사회 방위와 범죄자 개선을 목적으로 한 것이다. 생래성 범죄자에 대해서 사형이나 종신 구금제를 주는 한편, 다른 범죄자에 대해서는 부정기형, 벌금형 및 정신 병원 수송을 주어야 한다고 주장하기도 하였다. 이외에도 보다 가벼운 처분으로는 ① 질책, 단식 ② 냉수욕 ③ 신체형 ④ 자택 구금을 주장했다.

그 외에도 범죄인류학에 대한 롬브로조의 생각과 아이디어를 채택한 논문과 책으로 미국에도 영향을 미쳤다. 생물학적 결정론에 대한 그의 통찰은 많은 추종학자들을 만들었으며, 그의 지식은 범죄인류학에 지대한 영향을 끼쳤다. 하지만 롬브로조의 이런 주장들은 시간이 지날수록 그 영향을 잃어 갔으며, 그 자신 조차도 나중에 범죄자는 생물학적 격세유전적 특성을 갖는 것이 아니라는 사실을 인정하였다. 이 같은 사실들은 이후에 범죄는 신체적 특성과 정신적 특성, 그리고 사회환경 등 다양한 변수들의 상호작용적 관계를 연구하는 생물사회적 이론(biosocial theory)이라는 새로운 학술적 용어를 탄생시키기도 하였다.

제 4 절 생래성범죄자설의 원류

생래성범죄자설은 범죄 증가에 고민 중이던 유럽 각국에 큰 기대를 가지게 해 범죄 인류학파를 형성하여 범죄학 사상 「코페르니쿠스적 발전」이라고까지 평가되었다. 오늘날에는 이 설은 기상천외한 학설로 보고 있지만 19세기 후반의 여러 과학적 발전을 감안하고 보면 돌연변이적으로 나타난 것이 아님을 알 수 있다.

범죄학적인 관점에서 보면 생래성범죄자설은 범죄 통계학과 골상학의 두 가지 연구성과를 집대성한 것이라 볼 수 있기 때문이다. 또 자연 과학 측면에서 보면 범죄자가 진화 이전의 유인원으로 돌아가거나 퇴화된 존재라는 발상은 다윈의 「종의 기원」의 진화론을 기본으로 하고 있다. 또한 생래적 범죄자 설의 심리학적인 측면은 다음 장에서 다룰 「부분적 망상론」에서 강한 영향을 받았다.

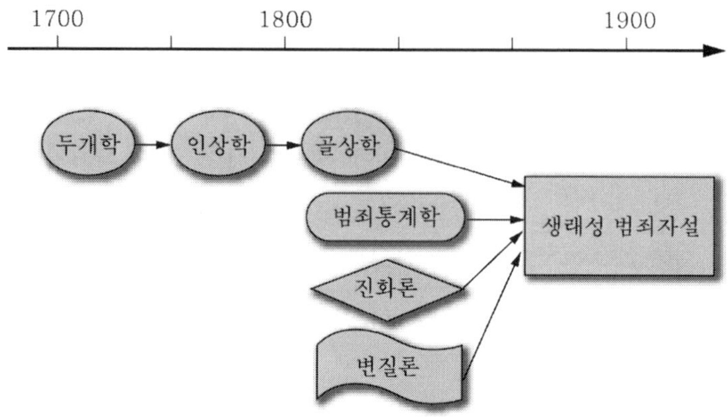

〈그림 3-3〉 생래성범죄자설의 원류

1) 범죄 통계학

롬브로조가 범죄자의 개별 데이터를 집계해, 통계적인 수치에 의해 스스로의 가설을 세운 것은 범죄 통계학의 영향에 많은 영향을 끼쳤다. 범죄통계학은 통계학적 수법을 사용해 범죄 현상을 해명하려는 학파이고, 대표적 학자로서 프랑스의 게리(Andre-Michel Guerry : 1804~1866)와 벨기에의 게틀레(Adolphe Quetelet : 1796~1874)를 들 수 있다. 유럽에서 통계적인 기록이 정비되기 시작된 것은 16세기로 초기의 통계는 출생과 사망을 중심으로 한 것이었다.

범죄에 관한 최초의 공식통계가 발간된 것은 1827년의 프랑스로 이후 범죄에 관해 통계분석이 본격화되었다. 게리는 사법대신을 지낸 법률가로 프랑스의 도덕 통계(1883)에서 1825년에서 1830년의 통계를 이용해 범죄율에 의한 농도를 분류한 범죄 생태지도를 작성해 특히 사회적 여러 현상과 범죄의 관계를 분석했다. 책은 범죄 통계를 사용하고 지표를 충분하게 사용한 대작으로 범죄 사회학의 최초의 업적이라 불리고 있을 뿐 아니라 그 후 범죄 통계의 발전에 많은 기여를 했다.

게틀레는 천문학자면서 수학자로 「인간과 그 능력의 발달-사회 물리학시론(1833년)」에서 게리의 통계적 기법을 정밀화해 연령・성별・계절·빈곤·교육 및 인종 등의 여러 조건과 범죄와의 관계를 고찰하여 다음과 같은 결론을 얻었다.

첫째, 범죄항상설의 제창이다. 그는 범죄의 반복이 놀라울 정도로 일관적인 현상임을 착안하여 「범죄는 일정사회에서 항상적 법칙성을 갖고 반복된다」라 하고 감옥이나 처형장의 비용은 정확히 산정할 수 있다고 주장했다.

둘째, 범죄의 사회적 요인에 대한 강조이다. 「범죄를 준비하는 것은 사회이다. 범죄자는 그것을 실행하는 도구에 불과하다」는 게틀레의 유명한 말이다.

〈표 3-1〉 연도별 범죄율의 차이 : 범죄자항상설

연도	기소건수	범죄종류		유죄건수	유죄율(%)
		인신범	재산범		
1826	6,988	1,907	5,081	4,348	62
1827	6,929	1,911	5,018	4,236	61
1828	7,396	1,844	5,552	4,551	61
1829	7,373	1,791	4,475	4,475	61
합계	28,686	7,453	21,233	17,610	61

출처 : P. Beirne & J. Messerschmidt, Criminology(1991), p. 300. 재인용.

셋째, 온도법칙설의 제창이다. 대인 범죄는 유럽의 남부에 더 많고 절도죄 등 재산범은 북부(특히 추운 계절)에 많다고 지적되었다.

넷째, 범죄률은 사람의 음주습관에 따라 영향을 받는다는 통계도 제시한 바 있다. 게리와 게틀레는 범죄통계를 사용해 과학적으로 범죄의 원인을 찾으려 한 것이기 때문에 범죄 현상에 관한 최초의 실증적 연구라고 평가받고 있다.

범죄 통계학은 실증주의 범죄학 탄생의 하나의 기초가 되면서 나중에 설명할 시카고 학파에 큰 영향을 주었다. 또 게뜨레는 범죄가 사회의 필연적 산물임을 강조하는 한편 범죄의 생물학적 요인(예를 들면 범죄성의 유전)을 중시하고 있었음을 유념할 필요가 있다.

2) 두개학, 인상학, 골상학

범죄자가 생물학적 이상을 가리키는 신체적 특징을 가지고 있다는 발상은 오래된 고대까지 거슬러 갈 수 있지만 학문적 체계로 나타난 것은 18세기 전반의 두개학에서 찾을 수 있다. 그리고 두개학은 18세기 후반에 인상학, 19세기 초에 골상학으로 발전되었다.

(1) 두개학(頭蓋學)

두개학은 두개골의 형상적 특징에 의해 동물과 인간의 지능 정도를 측정할 수 있다고 생각했다. 이것을 「안면각이론(顔面角理論)」이라 부른다. 초기의 「안면각 이론」을 간단히 설명하면 다음과 같다. 우선 두개골을 측면에서 관찰해 ① 코 밑둥에서 귓불까지의 사이와 ② 이마 돌출부에서 턱 앞까지의 간격에 선을 긋는다. 2개의 선이 교차해 만든 각도가 지능의 정도를 표시하는 지표가 된다. 바꾸어 말하면 이마가 높은 사람은 두뇌가 보다 더 발달되어 있으나 이마가 뒤쪽으로 발달된 사람은 뇌가 압박되어 발달에 방해가 된다고 보았다.

안면각 이론의 주창자인 칸퍼에 의하면 유럽 사람의 얼굴 각도는 80도, 원숭이는 42도에서 50도라고 한다. 또 흑인의 얼굴 각도는 70도로서 인간과 원숭이의 중간적 존재라고 생각할 수 있다. 두개학파의 사람들은 두 개 용적이 크고 작음에 따라 지능을 측정하려 했다.

(2) 인상학(人相學)

인상학은 인간의 얼굴 각 부분의 특징을 찾아 성격이나 지능정도를 분명히 하려한 것이다. 사바트(J. K. Lavater : 1741~1801)가 쓴 「인상학시론(1775년)」은 전4권으로 된 대작으로 당시의 인상학의 성과를 체계적으로 담고 있다. 이 책을 쓰게 된 목적은 사람의 귀, 코, 눈의 모양과 각각의 간격이 반사회적 행위와 관련되는지 알아보기 위해 범죄자의 얼굴특성을 연구하기 위한 것이었다. 그는 이 책에서는 반사회적 행동을 취하는 자의 특징으로 (a) 남성은 턱수염이 없다. (b) 여성에게 턱

수염이 있다. (c) 눈매가 교활한 것 같다. (d) 턱이 가냘프다. (e) 오만하다 등을 제시하고 있다.

(3) 골상학(骨相學)

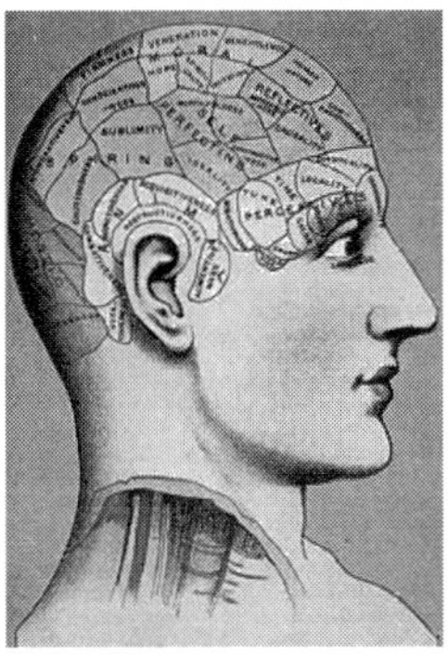

골상학의 성격분석도

골상학은 두개골의 각 부분에 성격의 표출이 있다고 생각했다. 즉 신체적 특성이 범죄 행위와 연관이 있는지를 알아보기 위해 두개골과 머리에 있는 혹의 모양을 연구하였다. 골상학은 해부학자 F・갈(Franz Joseph Gall : 1758~1828)과 그 제자 J・슈플스하임(Johann K. Spurzheim : 1776~1832)에 의해 비약적으로 발전했다. 갈(Gall)은 아동시절 성적이 좋은 친구가 눈이 크고 튀어나온 점에서 이것은 뇌의 어느 부분이 이상하게 발달되어 눈을 누르고 있는 것이라 생각하고, 뇌의 발달과 지적 기능이 밀접한 관련이 있다고 주장하였다. 골상학의 가설은 3가지이다. (a) 뇌는 사고와 감정의 중추이다 (b) 두개골의 형태는 뇌의 형태 따라 결정된다. (c) 두개골 전체를 손으로 만져보면 그 돌기 부분에 따라서 성격을 알 수 있다.

갈(Gall)은 두개골을 27로 구분해 그 중 어디가 돌기되었나에 따라 성격을 알 수 있다고 생각했다. 예를 들면 눈 위에 색감이 있어 그 부분이 돌기되어 있으면 뛰어난 색감을 갖고 있다고 했다. 동일한 구분은 슈플스하임에 의해서도 주장되었는데 그는 35로 구분했다. 그에 의하면 파괴성을 가리키는 것은 오른쪽 귀 후면에 있어 여러 가지 돌기부가 있으면 폭력성향을 보인다고 하였다.

갈과 슈플스하임은 인간의 정신작용은 대뇌피질에서 야기된다고 생각했다. 이런 생각은 정신을 신비한 힘으로 본 중세 크리스트교 사회에서는 받아들일 수 없어 당시 오스트리아 정부가 골상학의 금지를 명했다. 때문에 그들은 파리로 이주해 골상학의 보급에 노력하였다. 그들의 노력에 힘입어 19세기 전반 미국을 중심으로 연구가 활발해졌다.

(4) 생래성범죄자설에 미친 영향

이런 두개학 → 인상학 → 골상학의 흐름은 롬브로조의 생래성범죄자설이 주장하고 있는 신체적 특징에 큰 영향을 미쳤다. 이들 학문은 당시에 일정 과학성이 인정돼 사회적으로 인지되었다라고 할 수 있다. 아리스토텔레스 이후 「정신작용의 중심은 심장에 있다」는 생각에 지배적이었으나 18세기에서 19세기 초에 걸쳐 이들 학문이 등장함에 따라 「정신작용의 중심은 대뇌 피질에 있다」는 생각이 일반화되었다. 골상학은 「추상적 사고의 과학」의 전형적이며 오늘날 대뇌 생리학의 발달에 많은 영향을 미쳤음을 간과할 수 없다.

3) 다원의 진화론

(1) 자연선택설(自然選擇說)

다원은 「종의 기원」에서 자연선택설을 제창하여 인간을 포함한 생물이 진화의 과정을 거쳐 오늘날의 모습에 이르렀다고 주장했다. 다원 이전에도 진화론은 존재했으나 당시는 크리스트교의 영향이 강한 창조설(이 세계 만물은 신에 의해 만들어졌다는 설)이 일반적으로 믿고 있었기 때문에 다원의 자연선택설은 사회적으로 큰 반향을 불렀다.

다원의 자연선택설은 생물의 진화과정을 다음과 같이 설명한다. ⒜ 생물은 일반적으로 높은 번식력을 갖고 있으나, 자손을 남기는 것은 혹독한 자연 환경에 적응하여 생존 경쟁에서 살아남은 일부 개체에 불과하다. ⒝ 통상 같은 종에 속해 있는 생물간의 적응력에는 큰 차이가 없으나 무언가의 이유로 돌연변이가 발생한 개체는 다른 개체보다 적응력이 높을 수 있다. ⒞ 변이가 일어나 적응력이 높은 개체는 자손을 남길 가능성이 약간 높아지기 때문에 수백 세대, 수천 세대 후에는 변이종 중에서 다수를 점하게 된다. ⒟ 그 결과 새로운 종이 탄생한다.

이런 다원의 견해는 마르크스의 「인구론」(빈곤과 범죄의 원인은 인구 증가의 비율과 식량증산 비율에 큰 괴리가 존재한다)의 주장에 힌트를 주었다고 하나, 빅토리아 시대의 영국에서 전성기를 맞이한 자유방임 자본주의의 「강자생존」이나 「적자생존」의 가치관과 일치해 강한 지지를 받게 되었다.

(2) 자연선택설의 영향

다윈 자연선택설은 진화론에서 그치지 않고 그 후의 유럽문화에 지대한 영향을 주었다. 첫째, 기독교적 가치관의 붕괴를 촉진시키는 역할을 했다. 둘째, 자유방임 자본주의 경제 하에서의 경쟁을 정당화하는 근거가 되었다. 셋째, 강자생존의 사고를 사회활동의 모든 작용에 적용하여 사회적 약자를 버리는 것을 주장하는 「사회다위니즘」이나 인류의 생존력의 유지를 위해 우수한 자가 자손을 남겨야 한다는 「우생학사상」을 낳는 계기가 되었다. 넷째, 미국 원주민을 백인보다 진화가 늦은 인종이라 파악하여 인종차별을 긍정하는 근거를 주었다. 이전 여러 가지 영역으로의 영향과 더불어 다윈의 자연선택설은 롬브로조에게도 강한 시사를 주었다. 롬브로조는 인류의 진화를 전제로 생래성범죄자를 퇴화된 존재라고 파악하였다.

제 4 장 범죄학의 전개

제 1 절 범죄학의 전개

롬브로조에 의해 실증주의적 범죄학이 제창된 후 19세기 후반에서 20세기 후반에 걸쳐 범죄학은 급속히 발전하였다. 이러한 발달의 과정은 ① 범죄 생물학 ② 범죄 심리학 ③ 범죄 사회학이란 3가지로 나누어 파악할 수 있다. 이 3가지를 축으로 하여 전개된 가설은 오늘날에도 현대 범죄학에 지대한 영향을 미치고 있다. 여기서는 3가지 접근방법에 대해 개별적으로 살펴보고 그것들이 가지고 있는 의미를 알아보고자 한다.

제 2 절 범죄생물학의 전개

롬브로조가 제창한 생래성범죄자설은 당시 최고의 과학적 견해를 통해 범죄의 원인을 실증적으로 설명하려고 시험해 본 것이다. 생래성범죄자설은 그 후에도 많은 연구자에 의해 계승되어 범죄인류학으로 발전했다. 범죄인류학은 영국의 C. 고링 등에 의해 여러 차례로 혹독한 비판을 받았으나 20세기에 들어와 체계를 새롭게 해 범죄 생물학으로 발전했다.

1. 범죄인류학

앞에서 기술한 롬브로조의 생래성범죄자설은 여러 가지 수정을 거쳐 가면서 그의 문하인 이탈리아의 페리와 가로팔로에 의하여 또한 진행돼 범죄가 인류학으로서 발전을 이루었다.

롬브로조에 이어 범죄 인류학의 제창자로서 페리(Enrio Ferri : 1856~1929)를 들 수 있다. 페리는 롬브로조에게 사사를 받은 형법학자이고 1884년에 「범죄사회학」을 저술했다.

1) 페리

(1) 페리의 범죄원인론

페리(Enrio Ferri : 1856~1929)는 범죄의 원인으로 ① 인류학적 요인(연령, 성별 등)만을 보지 않고 ② 물리적·풍토적 요인(인종, 기후, 지리, 계절, 기온 등) 및 ③ 사회적 요인(인구밀도, 관습, 종교, 정치의 형태, 사회적·경제적 조건 등)을 들어 「범죄원인의 3원설」을 주장했다. 또 그는 범죄자의 자유 존재의지를 부정하고 범죄자는 자신들의 사회적 위험성에 대해 상응한 책임을 부담해야 한다는 사회적 책임론을 주장했다.

또 그는 「범죄포화(犯罪飽和)의 법칙」을 제시하기도 하였다. 이것은 「일정 온도에서 일정량의 물에서 일정량의 화학물질이 용해되고 그 이상은 한 개의 원자-많지도 적지고 않게-도 용해되지 않는다」라는 것과 같이 「일정한 개인적, 사회적 조건이 갖추어진 일정한 사회에서는 반드시 일정량의 범죄가 이루어지고 그 이상의 범죄는 - 많지도 적지도 않게 - 발생하지 않는다는 것이다」.

이 견해는 게틀레(Adolphe Quetelet : 1796~1874)의 범죄항상설(犯罪恒常說)과 비슷하나 그 사상적 기반에는 고전학파의 형벌관(刑罰觀)에 대한 비판이 포함되어 있음을 간과해서는 안 된다. 즉 범죄는 그 원인이 존재하는 경우, 필연적으로 발생하는 것으로 범죄에 상응하는 형벌을 범죄자에게 부과해도 문제의 근본적 해결은 되지 않는다는 주장이 포함되어 있다.

(2) 페리의 범죄대책론

페리(Enrio Ferri : 1856~1929)의 범죄대책론에서 주목할 것은 첫째, 범죄자의 분류에 따른 대책론이고, 또 하나는 범죄예방을 목적으로 한 사회개혁의 제안이다. 범죄자 분류에 대해 페리는 5종류의 범죄자 유형을 들어 각각의 범죄자 유형에 맞는 대응을 제시했다.

또 사회개혁안에는 다음과 같은 제안을 내세웠다. ① 무역의 자유화 ② 시장 독점금지 ③ 근로자에게 주택공급 ④ 서민을 위한 은행설치 ⑤ 가로 조명 개선 ⑥ 출산제한을 제안하였다. 또 페리는 1921년에 이탈리아 형법초안(페리초안)을 기초했다. 거기에는 도의적 책임에 대응한 응보형의 개념을 배제하고 범죄자의 위험성에 대응하는 보안처분(사회방위 처분)의 일원주의가 관철되어 「제재」라는 말로 통일되었다. 그 때문에 책 초안은 「책임과 형벌에 관한 형법전」이라 불렀다.

페리는 전술한 「범죄사회학」의 저자라는 인상이 강해 일반적으로 범죄사회학의 할아버지라고도 불리고 있다. 그러나 오히려 페리는 롬브로조의 범죄생물학의 최대의 옹호자라 해도 과언이 아니다. 확실히 페리는 범죄의 원인에 대해 롬브로조와 같이 인류학적 요인에 한정하는 접근은 편협하다고 생각했다. 그러나 한편으로는 인류학적 요인이 범죄원인론의 중추라고 확신하여 페리의 주장에는 범죄인류학에 대한 강한 긍정을 엿볼 수 있다.

「사회 환경은 범죄에 대한 형태를 주나 범죄의 요인은 반사회적인 생물학적 구조 속에 있다」라는 페리의 유명한 말이 있다. 또 「생래성 범죄자」란 용어의 창시자도 페리라고 불리고 있다. 그럼 왜 페리는 범죄의 사회적 요인도 강조했는가? 이점에 대해 페리는 사회학자인 동시에 막시스트(Maxist)여서 1894년에 대학을 그만두고 사회당에 입당한 것도 관련이 있다고 생각되어진다.

〈표 4-1〉 페리의 범죄자유형과 대책

유 형	대 책
생해성범죄자	무기한 격리
정신장애범죄자	정신병원수용
격정범죄자	손해배상명령 이주명령
기회범죄자	농장형무소훈련 손해배상명령 이주명령
상습범죄자	(개선가능한 경우) 농장형무소훈련 손해배상명령 이주명령 (개선불가능한 경우) 무기의 유형(流刑)

즉 페리는 당시 범죄증가를 자본주의 사회의 모순의 결과라고 생각하여 사회 변혁을 통해 사회악(가령 빈곤)을 해소시키는 것이 범죄의 감소로 이어질 것이라고 생각한 것이다. 또 페리의 저서 「범죄사회학」이란 저명은 원래 책의 제3판에 붙은 것으로 본래 제목은 「형법 및 형사 소송법의 새로운 전개」였음이 페리의 견해를 간접적으로 설명하고 있다. 페리는 만년에 당시 파시스트 정권에 협력적인 자세를 보였다.

2) 가로팔로

범죄 인류학의 발전에 기여한 인물로서 가로팔로(Raffale Garofalo : 1852~1934)도 언급하지 않을 수 없다. 가로팔로는 페리와 같이 롬브로조 문하의 형법학자이고 재판관으로서 실무 경험을 갖고 있다.

(1) 가로팔로의 범죄학이론

가로팔로(Raffale Garofalo : 1852~1934)는 1885년에 「범죄학」을 쓰고 의지 자유 및 도의적 책임론을 부정하고 범죄자의 위험성에 대응한 처우 확립을 주장했다. 그의 이론의 최대 특징은 「자연범(delitto naturale)」의 개념을 내세워 「법정범(delitto legale)」과의 구별을 제안했다는 점이다. 여기서 자연범이란 애타심이 결여된 행위를 가리킨다. 자연법을 어긴 자는 애타심이 결여되어 있기 때문에 저항감 없이 범죄를 실천한다고 설명하고 있다. 이 같은 애타심의 결여는 가로팔로에 의하면 유전에 의한 신체기관의 이상이 기초가 되는 것이고 범죄자는 이상한 신체적 특징을 가지고 있다.

〈표 4-2〉 가로팔로의 범죄자유형과 대책

범죄자 유형	특 징	대 책
살인자	애타적 정조가 가장 많이 부족한 자	사회적 적응가능성이 희박한 자는 사형
폭력범죄자	정이 부족한 범죄자의 전형	원칙적으로 무기한의 유형(流刑)이 적용되어야 함, 청소년의 경우는 농장형무소에 수용
절도범죄자	성실성이 부족한 범죄자의 전형	
성범죄자	상습범의 경우는 폭력범죄자와 유사	부정기형의 유형(流刑)
그 외 기타	애타적 정조가 없는 정도가 낮은 경우(장래에 범죄위험성이 있는 자임)	손해배상명령

(2) 가로팔로의 범죄대책론

가로팔로(Raffale Garofalo : 1852~1934)의 범죄자 상은 인류학적으로 퇴화된 결과 애타적 정조가 결여된 자이다. 그 때문에 그의 대책론은 범죄자를 사회적으로 도태시키려는 발상이 강하다. 이것은 말할 필요도 없이 당시의 사회다위니즘의 영향을 받은 것이다. 가로팔로에 의하면 자연범의 구체적 범죄자 유형은 4가지로 분류된다. ① 살인자 ② 폭력 범죄자 ③ 절도 범죄자 ④ 성 범죄자 그리고 가로팔로는 이 4가지 범죄 유형의 각각에 대해 구체적인 대책을 제시했다.

(3) 가로팔로에 대한 평가

가로팔로의 이론을 보면 자연범·법정범의 구분을 지은 점에서 법률가로서의 모습이 보인다. 한편 애타심이라고 하는 범죄자의 심리적 측면을 중시하여 자연범을 설명하고 있다는 점에서 범죄심리학의 선구적인 모습을 볼 수 있다. 또 가르팔로의 주장도 페리와 같이 롬브로조의 범죄인류학의 흐름을 따른 것은 아니라는 점을 명심할 필요가 있다.

왜냐하면 애타심의 결여를 설명할 때에는 전술했던 것처럼 유전적 요소와의 관련을 강조해 범죄자 고유의 신체적 특징이 있다고 설명한 점에서 생래적 범죄자 설의 범주에 들어가기 때문이다.

2. 범죄인류학에 대한 비판

롬브로조 등의 범죄인류학은 지지자를 증가시키는 한편 혹독한 비판 대상도 되었다. 「범죄인」의 출판 초기부터 인류학의 입장에서 범죄인류 등을 말하는 것은 존재치 않는다는 비판이 나온 외에도 범죄학 내부에서도 범죄의 사회적 요소를 중시하는 라칼사뉴 등의 환경학파, 또 범죄의 심리학적 요인을 중시하는 따르드 등의 비판이 잇달았다. 그 중에서 영국의 고링의 비판은 롬브로조의 학설을 뿌리째 흔들었다.

1) 고링(Charles Goring : 1870~1919)의 비판

롬브로조의 학설을 대규모 통계적 조사에 의해 검증하고 비판한 것은 영국의 교정의사(矯正醫師)인 고링이었다. 즉 고링은 「영국범죄자-통계적 연구」에서 근대 수리통계학을 이용하여 「범죄자는 일반인과 다른 형태학적 특징을 갖고 외형적으로 식별 가능하다」라는 롬브로조의 생각에 반증을 제시했다. 조사대상은 ① 약 3천명의 남자 수형자 ② 비범죄자 그룹(캠브리지, 옥스퍼드의 대학생, 근위병, 정신병원 환자 등)으로 양쪽을 96번에 걸쳐 비교 대조했다. 고링은 특히 37개의 신체적 특징을 비교한 결과, 결론으로 ①과 ② 그룹의 유의미한 차이는 보이지 않아서 롬브로조의 학설은 부정되어야 한다고 주장하였다.

2) 고링의 평가

고링(Charles Goring : 1870~1919)의 「영국범죄자-통계적 연구」의 출간은 롬브로조의 생래성범죄자설에 치명적인 타격을 주어 논쟁으로 결말이 났지만 고링이 롬브로조와 완전히 다른 입장에서 비판을 전개했다고 이해하는 것은 잘못이다. 확실히 고링은 생래성범죄자설을 결국 롬브로조의 직관적 관찰에 의지한 것으로서 과학적 검증이라고 할 수 없지만 통계학적 수치로 검증한 점에서 높이 평가해야하고 범죄통계학의 불후의 업적인 것은 의심의 여지가 없다고 주장하였다.

하지만 고링이 통계결과에 예외를 인정 ①의 범죄자 그룹에 대해서 (a) 체격이 왜소하다(폭력 범죄자를 제외하고 신장 1~2센티, 체중 3~7kg 부족하다). (b) 지능적 결여가 있다 (c) 도덕적 결여가 있다고 지적하고 이들이 유전에 의한 것이라 인정한 것을 간과해서는 안 된다.

더구나 고링은 당시의 사회다위니즘과 우생학 운동에 강한 영향을 받아 「악인의 배제」로 국민의 삶의 질 향상과 대영제국의 권위를 부활시키는 것을 목적으로 했다. 또 고링은 당시 유명한 통계학자 C. 피아슨의 협력을 얻었다고 소개되고 있는데 피아슨 자신도 과격한 우생학자였다. 이와 같이 보면 고링과 롬브로조의 기본적 입장에는 큰 차이는 없고, 고링도 범죄인류학의 기조를 가지고 있다고 평가할 수 있을 것이다.

3. 범죄인류학에서 범죄생물학으로의 발전

롬브로조, 페리 및 가로팔로의 범죄인류학은 20세기에 들어와 독일, 미국을 중심으로 범죄생물학으로 한층 발전했다. 범죄생물학이란 범죄자는 생물학적으로 결정되어 있다는 전제하에 범죄행동의 요인과 메커니즘을 유전학, 체형학 및 생리학의 지식을 응용해 가면서 설명하는 학문이다. 범죄생물학파의 발전 흐름은 크게 나누어 3가지로 구분해 볼 수 있다. 즉 ① 범죄성 유전의 연구 ② 범죄자의 체형 · 생리의 연구 ③ 범죄에 관한 인류학적 사회학 연구가 그것이다.

1) 범죄성 유전의 연구

첫 번째 흐름은 「범죄성 유전」에 관한 조사연구이다. 이것은 범죄성은 유전된다는 생래성범죄자설의 기본 주제를 발전시킨 것으로 주요 연구로서 범죄자의 가계연구와 쌍생아 연구이다. 전자는 범죄자를 많이 배출한 가계를 조사, 가계도에 의한 유전과 범죄의 관계를 규명 하려했다. 범죄가 유전되는 것이라면 범죄자가 많이 있는 가계가 있을 것이라고 생각했다.

저명한 가계연구로서 19세기 말 미국의 덕데일(Richard L. Dugdale)이 쓴 「주크(*Jukes*)가의 연구(1875)」를 들 수 있다. 쌍생아 연구는 유전학의 성과에 입각해 일란성과 이란성 쌍둥이를 비교하여 범죄와 유전의 관계를 밝히려 하려했다. 범죄성이 유전된다면 쌍둥이가 다 범죄자일 가능성이 완전히 같은 유전자를 갖고 있는 일란성 쌍생아 쪽이 다른 유전자를 갖고 있는 이란성 쌍생아보다 높은 것이라 생각했다. 저명한 쌍생아 연구로서 독일의 랑게가 쓴 「운명으로서의 범죄」(1929년)를 들 수 있다.

2) 범죄자의 체형 · 생리의 연구

크레취마

두 번째 흐름은 「범죄자의 체형 · 생리」에 관한 조사 연구이다. 이 연구는 범죄자가 일정한 신체적 특징이 있다는 생래성범죄자의 기본 주제를 발전시킨 것으로 주요 연구로서 체형연구와 내분비 연구가 있다. 전자는 인간의 체형과 범죄의 관련성을 밝히려 한 것이다. 특정의 체형이 직접 범죄에 연결된다는 것이 아니라 인간의 성격을 분류화해서 성격별로 저지르기 쉬운 범죄가 있는 한편 각각의 성격이 특정체형에 연결될 가능성이 높다고 생각했다. 저명한 체형과 범죄 연구로 독일의 크레취마가 1921년에 쓴 「체격과 성격」을 들 수 있다.

내분비 연구는 엔슈(Warter Jaensch)의 연구가 유명하다. 엔슈는 갑상선 등의 이상과 범죄의 관련성을 밝히려 했다. 갑상선의 기능의 강약이 성격의 차이를 낳고 범죄 성향의 차이에도 관련 있다고 주장했다.

3) 인류학적 사회학의 연구

제3의 흐름은 「범죄에 관련된 인류학적 사회학」이라 불리는 조사 연구이다. 생래성범죄자설을 기반으로 환경적 요소를 혼합한 롬브로조의 말년의 발상을 발전시킨 것으로 주 연구로서 하나는 범죄자 인격형성 연구이고 또 하나는 인격의 생래성과 환경요소의 상호관계에 관한 연구가 있다. 전자는 범죄원인을 인격에서 구해 범죄자의 인격 형성과정을 연구했다. 인격을 유전과 환경의 복합체로 파악하고 범죄자가 범죄를 저지르는 인격을 형성함에 지대한 원인을 유전과 환경 양쪽에서 탐구했다. 범죄자 인격형성에 관한 저명한 연구로 독일의 A. 렛시가 1927년에 쓴 「범죄생물학 원론」을 들 수 있다.

후자는 유전적으로 결정된 인격과 그 인격에 영향을 준 환경 요인이 어떻게 범죄를 발생시키는가를 연구한 것으로 범죄가 다양하게 발생하는 원인은 인격과 환경적 요인의 복합이 여러 가지 모습이어서 가능하다고 생각했다. 인격의 생래성과 환경요소와의 상호관계에 대한 유명한 연구로 1930년의 독일의 로딩의 「현대범죄학의 롬브로조의 의의」를 들 수 있다. 그는 유전적으로 결정된 범죄자의 존재를 인정하나 그것은 「범죄자로서」 태어난 것이 아닌 「범죄자가 되도록」 태어난 사람이라고 생각했다.

신 롬브로즈학파

미국 하버드 대학의 인류학자 E. 포튼은 고링이 롬브로조에 대한 비판을 반박하여 「영국의 범죄자」에 비교되는 대규모 통계조사를 행하여 1939년에 「미국의 범죄자」를 발간했다. 이 연구의 조사대상은 ① 약 14,000명의 수형자를 중심으로 한 범죄자그룹 ② 약 3천의 비범죄자그룹(대학생, 소방사, 경찰관, 병원환자 등)이고 33항목에 걸쳐 상세히 비교조사를 했다. 그리고 포튼은 범죄자그룹을 비 범죄자그룹과 비교해 결론으로 다음과 같이 서술했다. 「범죄자는 생래적으로 열등하다. 범죄는 저급한 인간관계에 대한 환경의 영향의 결과로서 생긴다. 범죄의 소지는 신체적, 정신적, 도덕적으로 부적절한 사람들을 근절시키거나 혹은 그들을 사회적으로 무균(無菌) 환경에 격리시킴으로서 달성된다.」 포튼의 결론은 롬브로조의 생래성범죄자설을 계승한 것으로 New 롬브로조라 불린다.

제 3 절 범죄심리학의 전개

롬브로조의 생래성범죄자설이 제시한 범죄자의 선천적, 신체적 특징에 대해서는 혹독한 비판으로 그 지지를 잃어 갔으나 정신적 특징은 탄탄한 지지를 받아 오늘의 범죄심리학의 발전으로 이어졌다. 단, 범죄심리학이 범죄인류학의 흐름에서 파생되었다고 보는 것은 단면적인 해석에 불과하다. 롬브로조의 생래성범죄자설의 발표 이전에 범죄심리 연구가 서서히 시작되었기 때문이다. 오히려 18세기 말부터 범죄심리학을 규명하기 위한 초기의 실험들이 롬브로조에 영향을 주어 생래성범죄자설을 거쳐 범죄심리학으로 그 결실을 보았다고 해야 옳을 것이다.

1. 범죄심리학의 원류

범죄의 심리학적 요인이나 범죄자의 정신적 특징을 찾으려는 노력은 18세기 말에서 19세기에 걸쳐서 정신의학자를 중심으로 시작했다.

그 중에서 근대 정신의학의 창시자인 프랑스의 피넬(Philipe Pinel)은 1793년의 프랑스 혁명기에 쇠사슬에 묶인 정신병원의 환자를 해방시킨 것으로 유명하지만(피넬의 혁명이라고 불린다) 동시에 범죄자가 일정의 선천적인 정신적 특징을 갖고 있음을 밝힌 정신의학자로도 알려져 있다. 또 그 제자인 에스퀴롤(Jean Esquirol)은 1816년에 자신의 「monomanie : 부분적 망상」론에서 피넬의 주장을 옹호하고 독일의 정신과 의사 그돌만도 1818년 피넬설을 옹호하는 입장을 밝혔다. 또 19세기 중엽에서 말까지 오늘날의 범죄심리학의 원류라 할 수 있는 이론이 나타났다. 이런 정신의학의 진보가 「형벌은 미친 사람을 일반인과 구별하지 않는다」라는 19세기 초기까지의 사상적 경향에 수정을 가하기를 강조하고 있다.

1) 도덕적 정신방해설과 변질설

우선 19세기 중반에 오늘날의 범죄심리학에 연결되는 2가지 주요이론이 제기되었다. 첫번째는 영국의 프리차드(James Prichard)의 「도덕적 정신방해=배덕증(moral insonity)설」이다. 이 설에서는 범죄자는 도덕감각이 마비돼 선악의 구별이 없이 범죄에 빠져 일정의 도덕적 광인(狂人)이 된다고 생각했다.

두 번 째는 프랑스의 정신의학자 모렐(Benedict Morel)의 「변질설」이다. 이 설은 범죄자는 원시인의 수준으로 퇴화돼 신체적, 정신적인 변질징후를 가진 자로 이들 징후는 유전된다고 생각했다. 프리차드의 「도덕적 정신방해자설」을 발전·계승시킨 사람은 영국의 정신의학자 모즈리(Henny Mauclsley)이고, 그는 기질론적인 입장에서 정신방해의 개념을 파악해 도덕성과 뇌기관과의 관련성을 설명했다.

또 모렐의 변질설을 발전 계승시킨 사람은 프랑스의 마니안(Vanentin Magnen : 1835~1916년)이고, 당시의 진화론이나 골상학의 성과를 합쳐 「평균 상실자(정신 밸런스가 결여된 자)」의 개념을 제시했다. 또 이런 도덕적 정신방해설이나 변질설의 흐름을 탄 다수의 이론과 연구가 출현하고 롬브로조의 생래성범죄자설에 영향을 주고 그 후의 정신병질 개념의 정립으로 연결되었다.

또 1827년에는 범죄심리학이란 서명을 쓴 최초의 책으로서 독일의 에빙(Kraft Ebing)이 「범죄심리학의 기초」를 출판했다. 1898년에도 그로스(Hans Von Gross)가 「범죄심리학」을 출판해 범죄심리학의 흐름이 정착되었다.

2) 가브리엘 타르드의 모방의 법칙

따르드

프랑스의 사회학자인 타르드(G. Tarde;1843~1904)는 리용학파에 속한 사회학자이나 재판관으로서의 실무경험을 갖고 후년에는 법무성의 범죄통계 국장에 취임했다. 타르드는 「범죄자를 제외한 모든 이에게 죄가 있다」는 철저한 환경 중시 입장에서 라까사뉴와 함께 롬브로조를 통렬히 비판했다. 즉 타르드는 롬브로조의 생래성범죄자는 직업 범죄자에 불과하고 일정 신체적·정신적 특징이 있어서 숙명적으로 범죄를 저지르는 자는 존재하지 않는다고 비판했다.

사회는 모방이며 모방은 일종의 몽유상태라고 주장한 타르드는 범죄의 원인으로 빈곤(영양 부족이나 병)등 사회적 요인을 중시해서 「가난한 자와 약자의 쇠퇴한 환경을 개선하면 범죄자의 수가 감소한다」를 주장했다. 또 타르드는 재판관의 경험을 바탕으로 도의적 책임론을 지지했다. 이런 그의 비판은 범죄인류학의 기초를 격렬히 흔들었다.

또한 범죄학사에 그의 이름을 남긴 것은 범죄심리학의 기초를 세운 것이다. 특히 타르드의 모방설은 당시 학계에 반향을 불러일으켰다. 모방설은 3가지 가설로 이루어졌다. (a) 거리의 법칙 : 모방설의 정도는 사람과 사람과의 거리에 정비례해 밀접한 심리적 접촉이 있으면 모방하기 쉽다. 예를 들면 시골보다 도시에서 범죄의 유행이 생기기 쉽다. (b) 방

향의 법칙 : 모방이 퍼지는 방향은 「높은 곳에서 낮은 곳으로」처럼 사회적 상위의 자에서 하위의 사람에게 미친다. 예를 들면 과거 왕족의 범죄였던 독살이 서민층에서 퍼진다는 것이다. (c) 삽입의 법칙 : 모방이 넓어지는 형태는 유행 → 관습이라는 형태로 진행 새로운 「유행」으로서 종래의 모방 속에 삽입되어 예로부터 어떤 관습이었던 모방이 변화한다. 예를 들어 총기에 의한 범죄가 증가하자 칼을 이용한 범죄는 감소했다. 모방의 법칙은 사회현상은 모방에 의해 발전한다고 한 것으로 귀스타브 르 본의 책 「군중 심리학」과 더불어 대중심리 연구사에 중요한 위치를 차지하고 있는 고전이자 사회 심리학의 고전으로 평가받고 있는 저서이다.

타르드의 모방설에 대하여 경제의 영향과 같은 특별한 사회적 동기를 무시한 것이며, 유전법칙, 자연도태이론 등을 소홀히 했다는 점, 새로운 사회현상에 대해서는 모방에 의해서 설명이 곤란하다는 점 등의 이유로 뒤르껨(Durkheim), 봉거(Bonger) 등 많은 학자들의 비판을 받기도 하였다. 하지만 모방설의 아이디어는 모방이 적어도 범죄현상을 설명하기 위한 중요한 방법론의 하나로 인정되었으며, 심리학의 영역에서 나중에 학습이론으로 결실을 맺는 한편 범죄학의 영역에서는 직업범죄자의 존재를 지적한 것 또 후술한 서덜랜드의 분화적 접촉이론의 발전에 기초가 된 것은 기억해 두어야 할 것이다.

2. 20세기 전반의 범죄심리학

19세기에 프리차드, 모렐, 타르드 등에 의해 전개된 범죄심리학적 접근법은 20세기에 들어와 비약적으로 발전했다. 20세기 전반에 전개된 범죄심리학적 접근의 세 영역으로서 ① 정신측정학파 ② 정신병질학파 및 ③ 정신분석학파 3가지가 있다.

1) 정신측정학파

정신측정학파는 범죄의 주요 원인으로 정신박약(지능의 결함)을 들었다. 이 학파에 의하면 범죄자는 지능에 결함이 있어 그 결함은 유전적으로 계속된다고 주장했다.

(1) 고다드의 가계조사

정신박약(지능의 결함)이 범죄의 주요원인이라 생각한 것은 미국의 고다드(Henry Goddarad)이다. 고다드는 두 가지의 저명한 가계조사를 행하였다. 하나는 1912년의 카리캇크가(家)이다. 조사대상이 된 것은 두 개의 가계였다. ① 남북 전쟁에 종군했던 뉴저지주의 카리캇크(가명)와 정신박약 여성과의 사이에서 태어난 아이의 자손(480명) ② 카리캇크와 쿠에카교도의 여성과의 사이에서 난 아이의 자손(490명)을 대상으로 조사하였다. 정신박약 여성 사이에 태어난 자손 480명 중에서 정신박약자 143명, 성적 비행자 33명, 알코올중독 24명, 간질 3명, 범죄자 3명, 매춘업 관리자 8명 등으로 나타났다. 이에 배해 쿠에카 교도의 여성 사이에 태어난 자손 490명 중에서는 겨우 3명만이 비정상이었고 나머지는 전부 정상으로 밝혀졌다.

다른 하나의 연구는 1914년 「정신 박약원론」이다. 여기서 고다드는 비네(Binet)식 지능측정법을 사용한 방법으로 소년원 16개소에 수용되어 있는 피수용자를 조사한 결과, 각 시설에는 28~89%의 범위에서 정신박약 소년이 수용되어 있고, 평균 50%의 소년이 정신박약이었다.

고다드는 이들 조사결과를 기본으로 「범죄자 = 정신 박약자설」을 제시했다. (a) 거의 모든 범죄자는 정신박약자인 동시에 잠재적인 범죄자이다. (b) 정신박약자는 법률위반의 결과 및 법의 의의를 이해하지 못한다. (c) 정신박약은 멘델의 법칙에 의해 유전한다. (d) 정신박약자는 단종 또는 격리시켜야 한다.

(2) 고다드의 평가

고다드의 연구는 당시 학계의 반향을 불러일으키기에 충분하였고 범죄자, 비행소년의 정신측정에 기초를 둔 많은 조사연구가 뒤를 이었다. 또 한편으로는 「범죄자 = 정신 박약자설」은 롬브로조의 생래성범죄자설과 닮은 점이 많이 있다. 고다드가 실시한 1914년의 조사는 실제로는 574시설에서 지능테스트를 행한 것에 불과한 불완전한 연구라는 비판이 많았다.

또 1차 세계대전시 군대에서 실시한 몇 개의 지능 테스트 결과를 이용하여 병사와 수형자를 비교한 결과 수형자쪽이 지능 지수가 높다는 보고가 나온 이후 고다드의 주장한 가설이 크게 흔들렸다. 이런 사정을 배경으로 지능과 범죄라는 테마는 종식되었다.

그러나 1980년대에 지능과 범죄의 관계에 대한 논쟁이 다시 부활해 범죄학에 서 격렬한 논쟁이 계속되고 있다. 또 「정신박약원론」에 게재했던 사진은 우둔하게 보이게 하기 위해 고다드가 사진을 고의적으로 수정한 것이 판명되기도 하였다.

2) 정신병질학파

프리챠드의 도덕적 정신장해설이나 모렐의 변질론은 19세기 말에서 20세기에 걸쳐 유전적인 문제에 편중되어 있다는 비판을 받았고, 당시 우생운동의 고조로 지지자가 증가했다. 그러나 20세기에 들어와 정신장해의 개념을 엄정하게 정의하여 정신의학을 체계화하는 기운이 고조되어 도덕적 정신장해설이나 변질론 대신 정신병질이란 용어가 사용되는 빈도가 높아졌다. 정신병질 개념의 연구는 크게 나누어 두 가지 흐름이 있다.

(1) 코호의 정신병질개념

첫 번째 흐름은 정신병질을 정신병과 정상과의 중간 상태라고 이해하는 입장으로 코호(J. Kooch)가 그 선구자이다. 코호는 정신병질을 다음과 같이 설명했다.

「선천적이든 후천적이든 관계없이 개인의 생활에 큰 영향을 두는 정신이상으로 가장 안 좋은 상태에서도 정신병은 아니고 가장 가벼운 경우에도 정상적 행동능력을 가진 것으로는 보이지 않는다」라고 설명하였다.

코호는 이전의 정신병이나 정상과의 중간에 위치하는 존재를 가리키는 개념으로 「저급성 정신병질」을 사용했다. 첫번째 흐름을 지지한 학자로는 찌엔(T. Ziehen), 크래페린(E. Kraepelin), 번바운(K. Birnbaun), 크레취마(E. Kretschmer)가 있다.

(2) 슈나이더의 정신병질개념

두 번째 흐름은 정신병질을 질병과 관계없이 「정상에서 변이 · 일탈한 상태」로 파악하는 입장으로 슈나이더(Kurt Schneider)가 선구자이다. 슈나이더는 다음과 같이 말한다. 「인격의 이상성에 스스로 고민하거나 또는 그 이상성 때문에 사회가 고민하는 이상인격」이 정신병질이다. 슈나이더는 또 10가지 유형으로 세분화하여 파악해야 한다고 제창했다.

① 발양(發揚)형 ② 억울(抑鬱)형 ③ 자기불확실형 ④ 광신(狂信)형 ⑤ 자기현시(顯示)형 ⑥ 기분이변(易變)형 ⑦ 폭발(爆發)형 ⑧ 정성(情性)결여형 ⑨ 의지(意志)결여형 ⑩ 무력(無力)형이 있다. 이 입장을 지지한 학자는 글루웨(Hans Gruwe)가 있다. 나중에는 슈나이더의 정신병질 개념이 주류를 이루는 개념으로 자리를 잡았다.

3) 정신분석학파

의식(意識)하의 심층심리를 분석함에 따라 범죄에 도달하는 메커니즘의 해명에 힌트를 얻은 것이 정신분석학파이다. 그 주창자는 오스트리아의 프로이트(Sigmund Freud : 1856~1939)이다. 프로이트는 범죄행동만을 초점에 두지 않고 임상의(臨床醫)로서의 체험을 기본으로 인간행동 전반에 대해서 해명을 시도했다.

(1) 프로이트의 정신분석학

프로이트

프로이트(Sigmund Freud : 1856~1939)는 인간의 심층심리 구조는 3가지 요소로 되어 서로 엉켜 있다고 생각했다. ① 이드(Id, 생래적 · 원시적 행동, 쾌락의 원리) ② 자아(Ego, 현실의 원리) ③ 초자아(Superego, 양심, 도덕의 원리)이다. 성욕, 식욕, 공격행동 등의 본능인 이드가 무의식의 세계에 존재하고 그것을 초자아가 제어하면서 인간은 일상생활을 보낸다(초기에 프로이트는 초자아를 의식세계에 위치시켰으나 후에 무의식세계로 변경했다). 그리고 자아가 이드와 초자아 사이에서 양쪽의 조화를 유지시키나 이드나 초자아가 너무 강하면 자아는 양쪽으로 압박을 받아 신경증이 생긴다고 생각했다.

프로이트는 「아이는 범죄자로서 이 세상에 태어났다」고 설명하면서 인간은 본래 리비도라 불리는 성적 에너지에 의해 지배를 받아 끊임없이 이드에 의한 본능적 욕망대로 살려는 경향이 있다고 생각했다.

하지만 한편으로 이드는 성장에 따라서 의식적으로 초자아에게 제어돼 자아가 이드와 초자아 사이의 조화를 유지한다고 했다. 즉, 범죄를 저지르는 것은 이드나 초자아가 너무 강해 자아가 양자에 끼여서 「신경증이 생긴 자」나 「성장했음에도 무언가의 이유로 초자아가 이드를 충분히 제어하지 못하는 자」라고 설명했다.

(2) 오이디푸스 콤플렉스

프로이트는 인간정신 구조의 성장과정을 5단계로 나누었다. ① 구순기 ② 항문기 ③ 남근 음핵기 ④ 잠복기 ⑤ 성기기가 그것이다. 이 중 이드와 초자아의 발달에 중요한 시기는 남근음핵기이다. 오이디푸스 콤플렉스나 일렉트라 콤플렉스의 형성시기이다. 오이디푸스 콤플렉스는 남성이 모친에 대한 성적 감정(근친상간 욕망)과 부친에 대한 적대 감정(살인욕망)을 일컫는 말이다.

일렉트라 콤플렉스는 여성이 페니스가 없는 자신이 남성보다 열등하다고 생각하는 것을 의미한다. 이것은 자신을 낳은 모친에 대한 실망과 부친의 아이를 임신하고 싶은 환상을 가리킨다.

많은 아이는 잠복기의 시기에 사회적 법규에 동조하여 콤플렉스를 극복하나 극복에 실패한 아이들은 무의식중에 신경증적 죄악감이 생겨 거기서 도망가기 위해 처벌요구가 생겨 범죄(자기처벌적 범죄)에 이른다. 프로이트는 이런 심리기제에 의해 범죄를 저지르는 현상을 「신경증범죄자」 혹은 「죄악감에서의 해방범죄자」라 불렀다.

또, 프로이트의 설은 성욕을 중시하여 「범성욕설」이라고도 불렀다. 또, 프로이트 문화의 제자인 아들러(Alfred Adler)는 오이디푸스 콤플렉스 대신 열등감을 기본개념으로 범죄에 이르는 심리과정을 다음의 도식처럼 파악했다.

① 낮은 기질적 · 사회적 지위 → ② 정신적 열등감 → ③ 권력추구와 남성적 반항 → ④ 과잉보상심리→ ⑤ 범죄행동이 그것이다. 또, 헬멘은 프로이트이론을 범죄학에 도입하여 롬브로조의 생래적 범죄자설에 정신분석학적 이론을 접목하였다.

한편, 1930년대에 활약한 힐리(William Healy)는 정서장해이론(情緖障害理論)을 주창하였다. 이 이론은 비행을 자기실현의 일종으로 보아 이상한 관점으로 보는 것은 피해야 한다는 점을 강조하고 있다. 그리고 비행원인을 어린 시절의 부자(父子)관계를 시작으로 한 애정관계의 결여에서 기원하는 정서장해에서 찾았다. 이처럼 프로이트를 중심으로 한 정신분석학의 주장은 많은 지지를 받았으며 그 후의 이상심리학, 역동심리학, 임상심리학의 발전에 크게 기여하였다.

제 4 절 범죄사회학의 전개

범죄에 대한 사회학적 접근방법의 원류는 1830년대의 게리나 게틀레로 거슬러 올라간다. 사회학에 있어 이 시대는 도래기라 칭해지는 시기로 사회학의 아버지라 불린 꽁트(A. Comte : 1798-1857)이 「실증철학 강의(1940년)」를 써 사회학의 기초를 세웠다. 그 후 사회학이 별로 발전하지 못하다가 17세기 후반에 범죄사회심리학이 등장해 20세기에 들어와 서구에서 큰 발전을 했다.

1. 초기의 범죄사회학 이론

19세기 후반에는 초기 범죄사회학이론이 형성되어 갔으나 그 원동력이 된 것은 프랑스의 리용 환경학파와 뒤르켐이었다.

1) 리용 환경학파

(1) 리용 환경학파의 주장

범죄사회학이 하나의 학파로 형성된 것은 프랑스의 라까사뉴를 정점으로 한 리용환경학파가 범죄인류학파에 대항해 등장한 19세기말이었다. 리용대학의 법의학 교수인 라까사뉴는 로마에서 열린 제1회 국제범죄인류학회의에서 강력하게 롬브로조설을 비판한 이후 범죄의 환경요인을 중시하는 입장에서 「사회는 범죄의 배양기이고, 범죄자는 박테리아다」라고 주장했다.

또 라까사뉴는 범죄자의 정신적, 신체적 이상도 「빈곤이란 병」으로 보았다. 그는 환경적 요인 중 특히 경제상태를 중시했다. 예를 들면 그는 1828년부터 1876년 사이 루가의 불황시기와 재산범의 증가시기가 일치한 것을 실증하고 빈곤이 범죄의 원인이 됨을 주장했다. 라까사뉴의 생각을 지지하는 학자로는 마누베리아, 로단, 마스세 등이 있고 범죄인류학파에 대해 큰 동요를 주었다. 그들은 롬브로조의 이탈리아 학파에 비해 프랑스의 리욘학파라 칭했다.

(2) 리용 환경학파와 범죄인류학

하지만 이 「범죄자는 박테리아」라는 표현에서도 밝혀지듯이 라까사뉴는 범죄인류학을 완전히 부정한 것은 아니다. 여기에는 롬브로조 학파가 큰 영향을 미친 것으로 보인다. 라까사뉴에 의하면 인류학적 요인이 환경적 요인을 포함하고 있는 경우에는 정신장애라도 범죄자가 아니다라고 했다. 또 리용 환경학파가 범죄대책론으로서 사회환경 개선을 제창한 점에서 〈자본주의 경제의 변화 → 사회주의의 수립〉을 목표로 한 주장이 포함되어 있는 것으로 생각된다. 이 점에서 리용 환경학파는 후에 사회주의 범죄학파의 출현계기가 되었다고 볼 수 있다.

2) 뒤르켐

뒤르켐

에밀 뒤르켐(Emile Durkheim : 1858~1917)은 콩트이론을 계승해 철저한 실증주의를 관철한 프랑스의 유명한 사회학자이다. 뒤르켐은 많은 제자를 얻어 뒤르켐학파 즉, 프랑스사회학파라 칭해지는 학파를 형성했다. 또 뒤르켐을 라까사뉴와 함께 리용환경학파에 포함시키려는 견해도 있으나 지지받지 못하였다. 뒤르켐의 견해에 의하면 범죄는 「집합의식(concience collective)을 침해하는 행위」이고, 형벌은 집합의식에 규범을 중시하도록 사회연대를 강화하는 것이다.

집합의식(후에 집합표상으로도 불렸다)은 사회의 대다수가 도덕적 감정이 있고 구체화시켜 법이 있다. 뒤르켐의 집합의식 제창에는 두 가지 목적이 있었다. 하나는 법을 위반하는 범죄자하나 법이 존재하지 않는 미개 사회에서의 범죄행위를 설명할 수 없어 범죄학 고유의 정의를 제시하는 것이 첫 번째 목적이었다. 또 하나는 루본의 「군중심리론」이나 따르드의 「모방설」에서 인간의 사회학적 행동을 설명하는 것을 심리학적 관점에 있기 때문에 사회학적 관점을 전면적으로 내세우는 것이 목적이었다. 결론적으로 말하면 그의 주장하는 목적은 사회학 고유의 입장에서의 접근을 진행시키는 점이다. 뒤르켐은 많은 주장을 후세에 남겼지만 범죄학과 관련에서는 범죄정상설과 아노미론 두 가지가 가장 주목을 받고 있다.

(1) 범죄정상설

뒤르켐은 1895년 「사회학적 방법의 기준」에서 범죄는 피할 수 없는 정상적 행위이고 유용(건전)한 것이라 했다. 뒤르켐에 의하면 범죄는 출산, 결혼, 사망과 마찬가지의 사회현상으로 사회에서 항상 일정 수치를 가지고 있어 특별한 이상현상은 아니라고 보았다. 단, 뒤르켐이 「일정량을 훨씬 넘는 범죄건수가 발생하면 이상이다」라 한 점에 주목할 필요는 있다.

범죄정상설은 케틀레의 범죄항상설(犯罪恒常說), 페리의 범죄포화의 법칙과 유사한 점이 있다. 뒤르켐은 한발 더 나아가 범죄는 사회에 있어 불가결하고 유용하다고까지 주장하였다. 이 의미는 범죄는 사회를 창조적으로 발전시키는 에너지를 내포하고 있는 것으로 범죄 없는 사회는 병적으로 과도하게 통제된 사회이라도 주장하기까지 하였다. 그는 또 범죄자에 대한 처벌은 법을 준수하는 시민에게 도덕적 우월감을 주는 동시에 사회가 해악을 진압하는 힘만을 유지하고 있음을 상징적으로 나타내는 것이라 생각한다.

19세기 후반에는 범죄인류학파가 범죄를 병리현상으로 보고 범죄자 개인에게 범죄원인을 찾았다. 뒤르켐의 의견은 이런 생각에 통렬한 비판을 포함하고 있을 뿐 아니라 리용학파에 대한 비판도 내포하고 있다. 즉, 리용학파도 범죄를 일종의 병리현상으로 보고 그 원인을 사회내의 개별적인 여러 요인에서 구한 것과 달리 뒤르켐은 사회 그 자체가 범죄를 낳은 구조를 겸한다는 생각을 하고 있는 것이다.

(2) 아노미론

뒤르켐은 1897년의 「자살론」에서 아노미론을 전개했다. 일반적으로 자살은 극히 개인적인 행위로 이해되나 뒤르켐은 자살발생률에 지역차가 존재한다는 것에 주목해 자살의 발생은 개인적 원인만이 아닌 사회의 연대성 강약에 따라 영향을 받는다고 생각했다.

뒤르켐은 사회를 ① 동질의 것이 서로 독립하려는 기계적 사회(원시사회) ② 분업이 진행되는 사회구조 등에서 이질적인 것이 상호 결합되어 있는 유기적 사회(근대사회) 등 두 가지로 나누었다. 특히 기계적 사회에서 유기적 사회로의 전환기에는 전통적인 사회규범의 시스템이 붕괴되어 사회의 연대성이 약해짐과 동시에 아노미(무규범 상태)가 생겨 자살이나 범죄 등의 사회병리현상이 발생한다고 하였다. 뒤르켐의 의견은 프랑스 혁명 이후 사회가 근대화하면서 사회 연대성이 약해져(사회해체) 범죄증가를 초래했다며 연대의 재강화를 주장하는 실천적 의도가 내포되어 있다.

뒤르켐의 이론은 그 후 특히 미국의 범죄학에서 개화하여 사회해체론, 머턴의 아노미론, 긴장이론, 낙인이론 등에 계승되어 감과 함께 고유의 이론으로 불후의 영향력을 가지게 되었다.

2. 20세기 전반의 범죄사회학

20세기 들어오면 범죄사회학은 이론, 조사연구의 양면에 있어 한층 발전을 보였다. 이 전개상황을 유럽과 미국으로 나누어 보면 다음과 같다.

1) 형사사회학파와 사회주의 범죄학파

19세기 후반의 범죄사회학의 전개는 주로 이탈리아와 프랑스를 중심으로 한 것이나 20세기 들어와 독일, 오스트리아, 네덜란드, 벨기에 등 여러 나라로 넓혀져 새로운 움직임이 나타났다. 주목되는 것은 리스트를 중심으로 한 형사사회학파와 본가를 중심으로 한 사회주의 범죄학파이다. 전자를 우파 범죄사회학, 후자를 좌파 범죄사회학이라고 부르기도 한다.

(1) 형사사회학

리쯔

형사사회학의 중추가 된 리쯔(Franzron Listzi : 1851~1919)는 형법학에 있어 근대학파의 총수인 동시에 범죄학과 형사정책면에서도 큰 공헌을 남겼다. 리스트는 범죄의 사회적 요인을 중시해 「최선의 형사정책은 가장 좋은 사회정책이다.」라 말하였다. 또 그는 고전학파의 행위중심의 철학을 비판하고 「벌 받아야 하는 것은 행위가 아닌 행위자이다」라는 행위자 주의를 표방함과 동시에 특별예방을 중시하여 개별 범죄자의 위험성에 대응하는 형벌(목적형)을 주장했다.

구체적인 범죄자 유형에 맞추어 보면 ① 우발 범죄자, 기회범죄자에 대한 위화형 ② 개선 가능한 범죄자에 대한 개선형 ③ 개선 불가능한 범죄자는 사회적 무해화(無害化)를 목적으로 한 사형, 종신형을 주어야 하고 형벌의 개별화에 의한 사회방위를 추진해야 한다고 하였다.

또한 리스트는 1889년 벨기에의 프린스, 네덜란드의 하멜과 함께 국제형사학 협회(IKR)를 설립한 것으로도 알려져 있다. 또 제1차 대전 이후 독일을 중심으로 범죄사회학적인 실증연구가 발표되기 시작하였다. 여기에는 전쟁과 범죄의 관계에 대한 연구가 주류를 이루고 발전하였다. 주요 연구 성과로서 리프만의 「독일에 있어서 전쟁과 범죄(1929)」 엑스너의 「오스트리아에 있어서 전쟁과 범죄(1930)」 자우아의 「범죄사회학(1933)」이 있다.

(2) 사회주의 범죄학파

사회주의 범죄학파는 1890년대에 등장했다. 리용 환경학파의 주장에는 전술했던 것처럼 자본주의 경제의 변혁이 포함되었지만 사회주의 경제학파는 마르크스의 원리를 전면에 내세웠던 점이 다르다. 이 학파의 기본적 입장은 마르크스(Karl Marx : 1818~1883)나 엥겔스(Friedrich Engels : 1820~1895)의 공산당 선언이나 자본론에서 전개된 사상을 범죄학의 영역으로 확산시킨 것이다.

즉 범죄의 근원은 자본주의 사회의 모순(생산수단의 사유, 노동착취)에 있고 사회주의 사회가 실현되면 범죄는 근절될 것이라 하였다. 이 입장의 목적은 범죄의 사회성을 밝히는 것이 아닌 사회의 범죄성을 밝히는 데 있다고 할 수 있다. 이런 학파에 속하는 학자로서는 초기에는 독일의 베벨(1840~1913), 라팔그(1842~1911), 이탈리아 제3학파라 불린 시라티(1859~1932), 코라야니(1847~1921)와 같은 학자들이 있지만 가장 저명한 사람은 네덜란드의 봉거(William Adrian Bonger : 1876~1940)이다.

범죄사회주의 학파는 범죄증가는 경제적 조건, 특히 빈곤에 의한 것임을 통계적으로 밝히려 했다. 자본주의 경제의 해악성이 범죄를 야기시킨다는 것과, 또 사회주의 경제체제가 실현되면 빈곤은 없어지고 범죄의 유인이 소멸된다고 주장했다.(경제적 결정론) 단, 이런 생각에 대해 단순히 「경제주의적 일원론」이고 마르크스의 주장에 의구심을 품는 견해가 있다. 확실히 봉거의 주장은 오늘날에는 고전적 맑스주의에 속하는 것이지만 당시 학계 상황에서는 범죄인류학을 정면으로 부정하는 한편 리옹 환경학파와는 다른 제3의 입장을 표명해 중요한 역할을 했다. 사회주의 범죄학파는 사회주의국가에 있어 독자적인 발전을 이루었으나 국제적으로 큰 반향을 주지는 못했다.

2) 시카고 학파

범죄사회학 이론은 미국에 건너가 개화하여 1920년대는 대규모적 범죄사회학적 연구가 차례로 발표되었다. 특히 범죄현상을 생태학(生態學)의 시점에서 분석하는 학파를 시카고 학파라 불렀다.

(1) 시카고 학파의 기초이론

당시 시카고는 19세기 후반의 상공업의 발전, 이민인구의 증가로 인해 도시화가 진행되고 여러 가지 사회문제가 발생하였다. 그 중 에서도 제1차 세계대전 후에는 대공황과 함께 「범죄의 물결」이 밀려와 범죄는 중요한 사회문제가 되었다. 또 금주법 하에서 갱들의 범죄가 사회적 이목을 모았던 시기이기도 하다.

이런 상황 중에서 파크(Robert Ezra Park : 1864~1944)는 생태학의 관점을 인간행동의 분석에 응용할 것을 제안했다. 이 제안은 일정한 자연환경 하에서 동·식물의 생태를 조사하는 방법을 이용하여 급격하게 도시화하는 사회에서의 인간행동에 접목하는 것을 「사회생태학」 또는 「인간생태학」이라 불렀다. ㉠ 시카고학파의 인간 생태학은 1920~1930년 대에 미국의 사회학자들은 인간의 생태학(ecology)에 깊은 관심을 가졌다. 이들 중의 대표적인 학자들은 파크(Robert Park), 버제스(Ernest Burgess) 그리고 맥킨지(R. D. Mckenzie), Wirth 등과 시카고 대학의 사회학과를 들 수 있다. 시카고의 사회 및 도시구조를 생태학적 측면에서 분석했다. 시카고 지역에 대한 조사연구를 통하여 생태계에 일어나는 침입, 계승, 지배의 과정이 사회 내에서도 그대로 일어나 인구의 지리적 분포는 경쟁 ⇒ 갈등 ⇒ 적응 ⇒ 동화의 주기로 순환되는데, 주거구성이나 직업에 따라 분화된 도시의 특정구역인 자연지역(natural area)을 형성하게 되고, 그 과정에서 일정한 문화적 갈등이 야기된다고 보았다. 쇼우와 맥케이는 시카고 지역에서 비행자들의 거주지역을 조사하여 범죄에 대한 생태학적 이론(ecological theory)을 발전시켜 소위 『범죄지도』를 만들었고, 1942년에는 『소년비행과 도시지역』(Juvenile Delinquency & Urban Areas)라는 책을 내놓았다. 물론 이러한 생태학적 연구는 이미 1920년대 시카고 학파의 창시자인 Robert Park와 Ernest Burgess에 의하여 제창되었으나, 이에 대한 체계적 조사가 이루어진 것은 위 두 사람 쇼우와 맥케이의 공적이라고 할 수 있다.

또 버제스(Ernest wastson Burgess : 1886~ 1966)은 동심원이론(Concentric Zone Theory)이 관점에서 도시의 발전을 동심원상에 그려 중심에서 원심으로 도시가 확대해 가는 모습을 지적했다. 동심원이론(Concentric Zone Theory)을 제창한 버제스는 다음과 같이 시카고가 5개의 성층으로 구성되었음을 밝혔다. 지역Ⅰ= 중심상업지역(Zone Ⅰ: Central Business District): 이것은 도시의 중심부에 위치하는 상공업 기타 각종 직업의 중심업무지역을 말한다. 지역Ⅱ = 퇴행변이지역(Zone Ⅱ: Zone in Transition): 이 지역은 도시발전의 결과, 많은 중심부 사람들이 교외지역으로 옮겨감에 따라 퇴화 과정을 걷게 된 지역으로 이곳에는 구식건물이 그대로 남아있고 불결·불량한 조건들이 성행하고 이른바 빈민가(slum area)를 형성한다. 술집·매음가가 성행하고 각종 실패자가 넘쳐난다. 개개 중심업무지역 주변에 띠모양으로 산재한다. 범죄학상 가장 문제시 되는 지역이다. 지역Ⅲ = 노동자계층지역(Zone Ⅲ: Working Class Zone): 이곳은 2~3세대가 한 건물 안에서 공동 거주하는 예가 많고 저소득의 노동자들이 많이 거주하는 곳이다. 지역 Ⅳ = 중간계층지역(Zone Ⅳ: Middle Class Zone): 대개 2세대씩 주택을 이루고 살며 중간계층 이상의 고소득층의 사람들이 거주하는 곳이다. 지역 Ⅴ = 교외 및 도시외곽지역(Zone Ⅴ: The Suburbs and Urban Fringe) : 도시의 주변지대로 정기통근권지역이라 한다. 버제스의 이론은 도시구조를 분석적 시각에서 종족과 계층 그리고 사회적 지위에 따른 거주지역의 분포와 각 지역의 하위문화를 해명했다는 점에서 탁월하다고 할 것이다. 그리고 그의 이론은 Park의 "한계인"(marginal man) - 갈등적 문화환경 속에서 완전한 소속감을 갖고 있지 않아서 통합이 되지 않은 상태의 사람 - 에서 아이디어를 얻었다고 한다.

(2) 쇼우와 맥케이의 연구

쇼우(C. Show)는 맥케이(H. Mckey)의 함께 파크와 버제스의 방법을 사용하여 시카고시의 비행소년의 거주지 분석을 조사하여 연구성과를 발표했다. ① 쇼우의 「비행지역」 ② 쇼우·맥케이의 「소년비행의 사회적 요인」 ③ 쇼우·맥케이의 「소년 비행과 도시지역」을 각각 연구하였다. 여기서 얻은 귀결은 (a) 비행률은 상공업 중심지역에서 높다. (b) 비행률이 높은 지역은 경제수준이 가장 낮고 동시에 이 지역은 미취학률, 어린이 사망률, 결핵의 감염률 및 정신장해의 발생확률이 높은 것과 같은 사회문제를 가지고 있다. (c) 비행률이 높은 지역을 인구 구성비로 보면 외국 이민 1세와 흑인이 많고 인구 이동이 심했다.

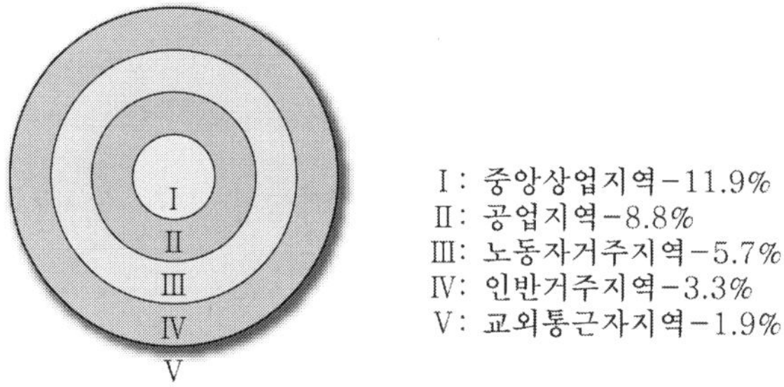

〈그림 4-1〉 동심원에 따른 비행률

이 조사결과는 생태학이 말하는 〈침입 → 지배 → 탈취〉라는 동·식물 세계의 변화 과정과 일치한다는 사실을 확인하였다. 즉 새로운 이민집단의 침입이 진행되어 그 지역은 지배되고 탈취가 완료되는 과정 중에서 일반적인 공생관계가 붕괴되고 사회통제 시스템이 붕괴되어 비행이 증가하게 된다는 것이다. 이런 조사 결과는 〈사회이동 → 사회통제의 이완 → 범죄의 증가〉라는 사회해체론의 공식을 실증한 것이다.

이 사회해체론은 말할 것도 없이 1900~1906년과 1917~1923년을 비교해 비행 발생지역이 시대의 흐름과 이민집단의 구성비의 변화에 관계없이 높은 비행률을 유지하는 데에 착안해 반사회적인 가치체계는 개인-집단과의 직접 접촉에 의해 전달된다는 생각을 제시했다. 이것을 문화전승이론이라 한다.

(3) 시카고 학파의 평가

쇼우와 맥케이의 일련의 연구는 생물학의 일부분인 생태학의 논리로서는 인간행동을 분석하는 것이 불가능하다라든가 분석의 기초가 오직 공식통계에 기초를 두고 있다는 비판을 받았으나 그들의 연구에 자극을 받아 그 후 여러 가지의 생태학의 관점을 응용한 범죄연구가 다수 발표되었다. 또 쇼우와 맥케이 이외의 시카고 학파의 대표적인 연구로서 토마스와 즈나니에키의 「유럽의 폴란드 농민」 코마스의 「부적응 소녀」 슬랏스의 「갱」, 와스의 「겟토」 등을 들 수 있다.

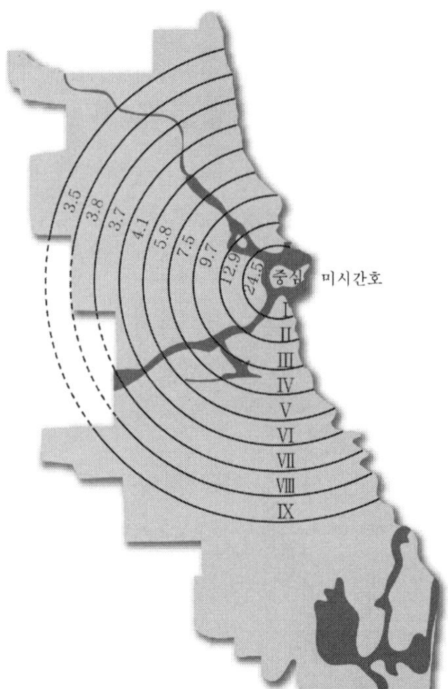

주 : 아라비아 숫자는 남성의 일탈률을 나타낸다.
출처 : Clifford R. Shaw, et al., *Delinquency Areas* (Chicago : University of Chicago Press, 1929), p. 99.

〈그림 4-2〉 쇼와 맥케이의 동심원 지대 시카고 지도

시카고 학파의 이런 조사연구는 빈곤, 병, 범죄의 발발이 유전적인 요인에 의한 것이 아니라 사회해체의 결과인 것을 밝힌 점에서 중요한 의의를 찾을 수 있다. 당시 미국에는 사회적으로 단종법(斷種法)이나 이민제한법이 제정되는 등 이른바 우생학적인 사상이 깊게 침투하였다. 그런 중에서 시카고 학파는 범죄의 환경적 요인의 중요성을 지적해 우생학적인 사상에 대한 반대논리를 제시해, 그 후의 미국에 범죄사회학의 기초를 세운 점에 높게 평가할 수 있다.

이처럼 쇼와 멕케이가 확립한 사회해체이론은 이후 범죄학계에 지대한 영향을 미치며 시대를 풍미해왔다. 문화적 조건이나 사회적 조건이 변하는 동안에도 그들의 중요한 발견(범죄율은 근린의 구조에 상응한다)은 여전히 유효하다. 그들은 범죄는 하류층의 도시 지역에서 작동하는 파괴적인 사회적 힘의 결과라고 확신하였다. 지역적 조건이 범죄의 원인이라고 하였다. 범죄자는 생물학적으로 열등하지 않으며, 심리학적으로 문제가 있는 것도 아니다. 범지가 거주지역의 인종이나 민족의 정체성과 상관없이 빈곤지역의 일정한 고정장치라는 믿음을 심어주었다. 그들이 주장하는 범죄의 원인은 근린의 해체(반통합)와 도심 슬럼지역의 조건이 범죄행동의 주된 원인이라고 주장하였다. 이런 주장은 범죄는 사회적 압박의 '정상적 반응'이라고 하는 뒤르켐의 주장을 반영하고 있다고 할 수 있다.

이러한 연구성과에도 불과하고 그들의 연구결과는 비판과 도전을 받았다. 첫째 경찰의 기록을 사용하였다는 점에서 비판을 받았다. 상대적으로 높은 범죄율을 보이는 지역은 경찰의 철저한 감시대상이라는 점이다. 둘째, 사회적 지위가 경찰의 체포에 결정적 요인일 수 있다는 점이다. 사회적 지위가 낮을수록 경찰의 체포가능성은 높고 중산층이상일 경우에는 경찰의 체표가능성은 적어진다는 점을 주장하였다. 그럼에도 불구하고 쇼와 멕케이의 연구는 범죄행동의 원인을 이해하는데 귀중한 공헌을 하였다는 점이다.

제 5 장

범죄학의 관점

-현대범죄학의 세 가지 흐름-

제 1 절 범죄사회학 발전의 배경

제2차 세계대전 이후 범죄학은 비약적인 발전을 보였다. 특히 미국에서의 범죄사회학은 눈부신 발전을 거듭하여 많은 이론이 제시되어 현대 범죄학의 관점에 기반을 형성했다. 이 시기 미국에서 범죄사회학이 발달된 배경으로서 각국에서 도시화가 급속히 진행되었고 그 중에서 지역별 혹은 사회계층별로 범죄율이나 범죄 형태가 현저히 다른 것이 밝혀진 것을 중요한 이유로 들 수 있다.

이와 같은 지역이나 시회계층과 범죄의 관계를 거시적으로 분석하려는 사회학적 관점이 대두되는 한편 역으로 범죄생물학이나 범죄심리학에 의해 범죄자의 개성에 중점을 두는 미시적 관점의 연구들이 시들해졌다. 미국에서 발달한 범죄심리학의 이론은 크게 ① 사회구조(social structure)적 접근 ② 사회과정(social process)적 접근 ③ 사회갈등(social conflict)적 접근으로 나누어 볼 수 있다.

제2절 사회구조적 접근

사회구조적 접근은 뒤르켐의 사회학이론(특히 아노미론)에 편승하여 사회구조(사회계층이나 문화 등)가 범죄를 유발하는 요인을 내재하고 있다고 생각했다. 이 접근방법에는 ① 아노미론 ② 비행하위문화론 ③ 분화적 기회구조론 (①과 ②의 총합론)의 3개의 계열이 있고 근년에는 「긴장이론(strain theory)」이라 부르는 경우가 많다.

1. 머턴의 아노미이론

사회구조적 접근방법은 첫째 계열은 아노미론이다. 아노미라는 개념은 뒤르껭(Durkheim)이 1897년에 발표한 '자살론'에서 처음 사용한 개념이며, 정신분석학자들이 말하는 초자아의 기능이 마비된 정신상태를 의미한다고 말할 수 있으며 일탈행위를 설명하는 개념으로 처음 사용되었다. 이 개념은 전술한 시카고 학파의 쇼우와 맥케이의 사회해체론을 신호로 발전해 머턴(Roberto King Merton)의 아노미론에 의해 1950년 대 후반에 이론적 완성을 이루었다.

1) 아노미이론의 정의

Robert Merton이 아노미이론을 체계화·일반화를 하였다. Merton은 자신의 소망을 성취하는 데 필요한 수단이나 조건을 갖추지 못해 방황하는 사람들의 심리상태를 아노미(Anomie)라는 용어로 함축하였다. 그는 출세에 필요한 적절한 수단을 찾지 못하는 상황에서 상대적 박탈감을 심하게 느껴 일체의 규범의식을 상실한 심리상태를 아노미상태라고 부른 것이다. 머턴은 「사회적 이론과 구조(1968년)」라는 저

머턴

서에서 사회의 인간들에 공통하는 목표(=「문화적 목표」 예를 들면 부를 얻고자 하는 욕구)가 그것을 달성시키려는 수단 사이에서 불협화음을 발생시키는 것을 아노미론이라 불렀다. 현대사회에 있어서 「경제적 성공」이 만인에게 목표로서 강조되었으나 다른 한편 모든 이가 부를 얻으려는 합법적인 수단을 사용할 수 없고 많은 제한이 따르게 된다. 이 때문에 합법적인 수단으로 목표를 달성할 수 없는 자는 목표를 달성시킬 수 없다는 아노미적인 긴장상태에 도달하게 되고, 그 긴장상태에서 벗어나기 위해 범죄행위를 통하여 목표를 달성하려 한다. 즉 머턴에 의하면 준법의식을 상실한 사회구조에서 범죄가 발생한다고 주장하였다.

2) 긴장의 발생원인

Merton은 모든 사람들이 문화목표들을 성취할 수는 없기 때문에, 제도화된 수단들을 따르는 것이 매우 중요하다고 주장했다. 주된 만족감은 그 목표를 성취하는 것보다는 오히려 그 제도화된 수단들을 따르는 것에서 나온다는 것이다. Merton은 개인이 범죄를 범하도록 만드는 문화적 힘들과 그 개인이 범죄를 범하지 않도록 억제하는 문화적 힘들 사이의 불균형의 관점에서 미국 사회의 높은 범죄수준을 설명했다. Merton은 미국에서 하위계층 사람들이 상위계층 사람들보다 더 높은 범죄율을 지니고 있는 이유를 설명하기 위해서 문화가 아닌 사회적 구조를 이용했다. 특히 사회구조 내에서 제도화된 수단들을 통하여 부를 성취하는 합법적인 기회들의 분배에 초점을 두었다. 그러한 기회들은 상위계층에 상대적으로 집중되었으며 하위계층에는 상대적으로 부족했다. 그로 인하여 하위계층에 심각한 긴장이 발생되고, 그들은 범죄를 범하는 것이다. 아노미이론은 범죄정상설의 변형이라고 말할 수도 있다.

3) 아노미에 대한 반응유형

머턴은 이런 아노미 상황에 처했을 때의 사람의 대처방법(적응 형태)을 ① 동조(문화적 목표를 제도적 수단을 이용해 달성: 한 사회가 안정되어 있는 동안에는, 그 사회 내에 있는 대부분의 사람들은 동조(conformity)을 선택할 것이며, 동조는 문화목표들과 제도화된 수단들 양자의 승인을 의미한다. 이러한 사람들은 중산계층 가치들의 승인된 방법들을 통하여 부를 획득하려고 노력하며 그들이 성공하든 않든지 간에 계속해서 그렇게 할 것이다.) ② 혁신(문화적 목표를 합법적 수단을 사용치 않고 달성 : 사회 내에 존재하는 대부분의 범죄는 아마도 혁신(innovation)의 형태를 띨 것이다. 혁신하고자 하는 사람들은 부를 획득하는 문화목표를 그대로 보유하고 있으나 제도화된 수단들을 통해서는 이를 성취할 수 없다는 것을 알게되었다. 이들은 사기와 허위진술을 수반하는 화이트칼라 범죄들을 고안해 낼 것이다. 노동자들은 체계적으로 물건을 훔치며, 빈곤한 사람들은 도박·매춘·마약판매와 같은 불법적인 활동을 개발할 것이며, 주거침입강도를 범하고 노상강도를 행할 것이다. 이러한 경우들 각각에서 개인은 문화목표를 계속해서 갖고 있으나, 승인되지 않는 수단들을 통하여 문화목표를 추구하고 있다.) ③ 의례주의(문화적 목표를 방치, 합법적 수단을 지킴 : 의례는 근면·정직 등의 제도화된 수단을 계속해서 지키지만 부를 성취하고자 하는 문화목표를 거절하는 것을 수반한다. 이것은 '안전해'지고 싶어하는 사람들의 적응방식이다. 그들은 그 목표들을 포기했기 때문에, 문화목표들을 성취하지 못한 것에 대해 실망하지는 않을 것이다. 동시에 그들은 모든 문화규범들을 준수하기 때문에 어떤 곤란한 일에도 처하지 않을 것이다.) ④ 회피(문화적 목표 방치, 합법적 수단에도 따르지 않음 : 퇴행은 문화적 목표들을 추구하지도 제도화된 수단들에 따라서 행동하지도 않는 것을 의미한다. 이러한 적응을 선택하는 사람들은 정신병자 · 자폐성환자 · 부랑자 · 방랑자 · 깡패 · 매춘부 · 만성알콜중독자 · 마약중독자들이다. Merton은 이러한 적응방식은 필연적으로 그 문화에 대한 참여가 부족한 데서 발생한다고 지적했다. 또한 이 유형은 목표와 수단 양자에 대한 강한 헌신이 있으나 성공을 획득할 실질적 가능성이 없을 때에도 발생할 수 있다.) ⑤ 반항(문화적 목표를 새로운 것으로 바꾸는 것 : 반역은 좌절에 대해서, 사회의 가치들을 새로운 가치들로 대체함으로써 반응한다. 이러한 새로운 가치들은 정치적인 것이며, 문화목표들은 사회주의 사회를 성취하는 것이며, 승인된 수단들은 폭력적인 혁명을 수반하는 것일 수도 있다. 이러한 사람은 현재 존재하는 사회의 구성원으로 기능하는 것을 그만두고 새로운 대체문화 속에서 살기 원한다.)의 5가지로 유형화했으나 그 중에서 혁신의 형태가 거의 범죄를 유발한다고 했다. 그 외 도피의 형태에는 약물범죄 반항의 형태는 정치 범죄가 생기기 쉽다고 주장했다.

〈표 5-1〉 아노미의 적응 형태

적응형태	문화적 목표	제도화된 수단
동조(同調)	+	+
혁신(革新)	+	−
의례주의(儀禮主義)	−	+
회피(回避)	−	−
반항(反抗)	±	±

+=수용, −거부, ±현재가치의 부정 또는 새로운 가치의 대치

머턴은 이 아노미론에 의한 전통적인 범죄의 대부분이 하류계층에 속하는 자에 의해 실행되는 사실을 설명하려 했다. 이 이론은 범죄학상 높은 평가를 얻어 과거 25년간의 일탈 범죄학에 가장 영향력을 많이 끼친 이론으로 평가받게 되었다.

4) Durkheim의 이론과 Merton의 이론의 차이

Durkheim은 사회규범이 급격한 사회변화·전쟁·사태·소요 등의 기간 동안에 제대로 작용하지 못하여 붕괴하는 상태를 '아노미'(Anomie)라고 명명하면서, 이러한 무규범·억제력의 상실상태에서 범죄가 발생한다고 하였다. Merton의 아노미개념과 Durkheim의 아노미개념의 공통적인 내용은 '아노미'라는 것은 개인의 욕구에 대한 규제를 약화시키는 사회 내의 한 상태라는 것이다. 그러나 두 개념 사이에는 주요한 차이점이 있다.

Durkheim은 아노미를 급속한 경제변화의 시기 동안에만 발생하는 것으로서, 그리고 사회 전체에 걸쳐 비교적 균등하게 배분되어 있는 것으로 보았다. 그러나 Merton은 아노미를 최하위의 계층에 대해서 불균형적인 효과를 미치는 것으로 보았다. 그리고 Durkheim은 범죄를 발생시키는 힘(the driving force)은 인간 본성에 내재해 있는 욕망(appetites)과 충동(impulses)이라고 주장했다. 억제력들(restraints)은 급속한 사회 변화의 기간 동안에 약해졌으며, 그 결과 더 많은 범죄가 발생했다는 것이다.

Merton의 아노미이론은 범죄로의 충동은 문화에 있는 것이지 인간 본성에 있는 것이 아니라는 점에서 더욱 충실한 사회학적인 이론이었다. 그는 미국 사회에서는 부를 축적하는 목표에 대한 지나친 강조 때문에 개인들이 범죄행위로 나아가도록 만드는 힘들이 더 강했다고 주장했다. 개인이 범죄를 범하지 않도록 억제하는 방법은 제도화된 수단들을 고수하는 것이다. 富라는 문화목표를 성취하는데 있어서 제도화된 수단들이 강조되지 않았기 때문에, 그러한 억제력들이 미국 사회 내에서 약화되었다.

문화는 또한 모든 개개인들이 문화목표를 추구할 때 따를 것으로 예상되는 승인된 규범들, 즉 제도화된 수단들(institutionalized means)

을 제시해 준다. 이러한 수단들은 문화 속의 가치들에 기초를 두고 있다. 예를 들면 미국문화에서 부를 성취하기 위하여 이용되는 제도화된 수단은 '중산계층의 가치들'이나 '신교도의 윤리'라고 볼 수 있다. 그것들에는 근면·정직·교육·인내 등이 포함된다. 그리고 부를 획득할 수 있는 더욱 효과적인 방법인 무력과 사기의 이용은 금지된다.

Merton의 아노미이론은 하류가정 출신자들이 상대적으로 범죄를 많이 저지르는 이유를 설명하기에 적합하다는 평가를 받아 1950년대의 범죄학연구에 활력을 불어넣어 주었다. 그러나 자기보고(self-report)식 조사연구를 통해 중·상류가정의 구성원들도 하류가정 출신자들 못지않게 범죄를 저지른다는 사실이 밝혀지면서 이론의 설득력이 약화되었다. 이런 점에서 이론 자체에 대한 다음과 같은 비판이 꾸준히 제기되었다. ① 사회의 모든 구성원들은 동일한 사회적 목표를 공유한다는 가정이 반드시 현실과 일치하는 것은 아니다. ② 동일한 조건하에서 사람들이 각기 다른 행동양식을 취하는 이유를 밝히지 않았다. ③ 사회적으로 성공하고 싶은 욕망과 상관없이 순전히 순간적인 재미를 위해 저지르는 청소년 비행의 원인에 대해서는 아무런 설명이 없다. ④ 지극히 정상적인 일상생활을 영위하던 사람이 순간적 격정이나 원한에 의해 살상행위를 저지르는 형태의 범죄행위에 대해서도 아무런 설명이 없다. ⑤ 구조적 긴장이 극도로 높은 하류계층의 일탈행위는 설명할 수 있으나, 중상류층의 범죄나 일탈에 대해서는 의문이 많다. ⑥ 일탈의 원인을 문화와 사회구조 속에서 파악하려한 나머지 집단 또는 개인들 간의 상호작용이 일탈행위에 미치는 영향을 과소평가 또는 무시하고 있다는 점이다.

2. 비행하위문화론

사회구조적 접근방법의 두번째 계열은 비행하위문화론이다. 이 계열은 대항 문화론(Counter culture)의 흐름의 입장에서 1960년대와 1970년대에 걸쳐 많은 연구가 진행되었다. 비행하위문화론의 주창자는 코헨(Albert K. Cohen)이다.

1) 비행하위문화론

코헨

비행하위문화론이란 전통적 문화에 반항하는 비행집단에 고유한 생각이나 행동양식을 총칭하는 것이다. 코헨의 문제의식은 「왜 비행소년의 다수가 하류계층의 소년에 집중되어 있는가?」였다. 코헨은 실제 소년비행이 ① 하류 계층의 소년에 의해 집단적으로 이루어진다는 점 ② 경제적 이익과는 연결되어 있지 않은 점을 지적하면서 하류계층의 소년비행은 중류계층과 달리 「경제적 성공」이란 사회 전체의 공통 목표를 위한 것이 아닌 「비행집단 내의 지위향상」이란 개별 목표를 위해 실행된다고 설명했다.

그리고 이 목표는 「전통적인 문화에의 적대감정에서 생긴 그들 자체의 하위문화」로 통용된다고 지적했다. 하류 계층의 소년은 지배적인 중류계층의 문화 중에서 불리한 입장에 놓여 있기 때문에 지위를 상승시키기 위한 시도가 점점 감소함에 따라 전통적 문화에 대하여 적대적인 감정을 품고 그 반동형성으로서 고유의 하위문화(Subculture)를 낳고 비행에 이르게 된다. 코헨은 비행문화의 특징으로 ① 비공리성(특별한 목적을 위해서가 아니라, 단순히 상대방을 곤경에 빠뜨려 동료들로부터 인정받고 싶은 심리에서 비행을 저지르는 속성) ②악의성(다른 사람이 고통을 당하는 모습에서 쾌감을 느끼는 심리적 속성) ③ 부정주의(사회적으로 널리 보편화되어 있는 중산층의 가치관(야심, 책임감, 인내심, 기술습득, 취업근로, 근면·성실, 겸손, 폭력 배척, 건전한 여가활동, 공동체 의식 등)을 거부하는 심리적 속성) ④순간적 쾌락(장래를 위해 학업에 열중하거나 기술을 연마하는 대신 말초신경의 만족감을 추구하는 데 열중하는 심리적 속성) ⑤ 집단으로서의 독자성(내적으로는 강한 단결력과 외적으로는 적대감을 나타내는 속성)을 들었다. 특히 Cohen의 이론은 비행소년들의 자기존중(self-esteem)과 부적절감(feelings of inadequacy) 등에 관해서도 설명하고 있으므로 사회학과 심리학 사이의 갭을 메우려 한 학자 중의 한 사람으로 평가되고 있다. 또 Cohen의 비행적 하위문화이론은 세계 각국의 범죄사회학자들로부터 대체로 긍정적인 평가를 받았으며, 청소년 비행의 원인에 관한 연구가 활성화되는 계기를 마련해 주었다. 이러한 가치에도 불구하고 그들의 이론을 비판하고 있는 것은 아래와 같은 몇가지 이유이다. ① 비행소년집단에 소속된 청소년들이 보편화된 중류층의 가치관을 부정한다는 가설을 입증할 자료가 없다. ② 비행하위문화에는 Cohen이 지적한 요소 외의 다른 요소(흥분과 신바람)도 포함된다. ③ 노동자계층 소년들이 빈번하게 저지르는 절도행위를 맹목적이고 부정적인 비행문화 의 탓으로 돌리는 것은 옳지 않다. ④ 중류계층이나 상류계층들이 저지르는 비행이나 범죄는 설명하지 못한다. ⑤ 하위계급 출신의 소년 중에서도 비행을 저지르지 않는 소년이 많다는 사실을 간과하였다. ⑥ 하위계급 출신들이 저지르는 비행중에서 가장 많은 것이 절도인데, 이는 비공리성·악의성·부정성 등의 비행적 하위문화의 영향보다는 공리적·계산적·이성적으로 저질러질 때도 많다. ⑦ 하위계급 소년들이 자신들의 하위문화에 의해 비행을 저지르면 행위에 대한 자부심이나 만족감을 가지고 있고 죄의식이나 수치심을 느끼지 않아야 하는데, 실제 체포된 소년의 대부분은 자기 행동을 후회하고 있다. 이는 비행소년들이 항상 비행적 하위문화의 지배를 받는 것은 아니라는 것을 시사해 준다.

2) 하류계층문화론

또한 이런 코헨의 견해에 새로운 두 개의 흐름이 생겨났다. 하나는 W. B. Miller(1958)의 하류계층 문화론(Lower Class Culture)이다. 그는 하류층이 중산층 문화와 구별되는 별개의 독특한 문화를 갖는다고 하였고 그 문화가 중산층 문화처럼 오랜 전통이 있다고 주장했다. 밀러(Miller)는 하류계층의 비행소년이 비행에 도달하는 것은 코헨이 말하는 중류문화계층에 의한 적대감정이 아니라 하류계층 문화의 적응에 따른 소산이라 생각했다. 또 밀러는 하류계층민의 주된 관심사(forcal concern)로 ① 말썽부리기(Trouble, 말썽자체가 이들의 주된 관심사이다) ② 강인함(Toughness, 남성다음, 육체적, 정신적인 강인함, 끈기, 힘) ③ 영악함 도는 재치(다른 친구들을 능가하는 기술, 높은 지능지수보다 그때 그때의 현장에 맞게 대처하는 기술) ④ 스릴(위험을 피하지 않음, 오히려 쓰릴을 즐김) ⑤ 운명주의(사람들에게 발생하는 모든 것들은 자신의 통제 밖에 있다. 자신의 힘으로는 어떻게도 할 수 없다는 것) ⑥ 통제에 반발(권위, 규칙에 대해 적대심을 갖고 있음)을 제시하였다.

3) 상대적 결핍론

코헨의 견해에서 나온 또 하나의 이론은 S. 스탁 등의 상대적 결핍론(ralative reprivation)이다. 상대적 결핍론은 정치사회학의 이론으로 W. 란시만에 의해 제창된 것이나, 급진주의 같은 범죄학자에 의해 범죄원인론에 적용되었다. 여기서 말하는 상대적 결핍론은 자신을 다른 사람과 비교해서 불만이나 실망이 생기는 것을 말한다. 이런 상태는 하류계층의 사람만이 아닌 중・상류계층의 사람들에게도 생긴다. S. 스탁은 이 상대적 결핍이 범죄의 원인이 되는 것이라 주장하였다.

즉 상대적 결핍 상태에 있는 이가 자신의 나쁜 상황을 정치적 수단으로 극복할 수 없다고 생각하거나 그런 수단을 쓰는 것에 대해 불만을 가지게 되는 경우 불평등의 관점을 범죄행위를 이용하여 달성하려 한다고 주장했다. 확실히 물질적으로 풍족한 사회에서도 불만이나 실망은 생긴다. 이것은 「풍요로운 사회에서의 긴장이론」이라고 불릴 수도 있는 것으로 예를 들면 이 이론의 기본은 국민의 경제적 불평등감이 높은 국가에서는 범죄율은 높고 작은 나라는 범죄율이 낮은 것이라고 생각된다.

3. 차별적 기회구조론

아노미론의 세 번째 계열은 아노미론과 비행하위문화론의 통합시도였다. 대표적 이론은 크로워드(Richard Andrew Cloward)나 오린(Lloyd E. Ohlin)의 분화적 기회구조(differential opportunity)론이다. 크로워드나 오린은 후술하는 서덜랜드의 차별적 접촉이론을 모방하면서 아노미론과 비행하위문화론의 장점을 살리려는 시도를 했다. 그들은 개인이 목표를 달성할 시에 합법적 수단을 사용하는가 않는가는 그 사람이 어느 정도 비행하위 문화에 접촉해 비행을 학습하는 기회를 갖고 있는가에 결정된다고 생각했다.

또 크로워드나 오린은 비행하위문화를 3가지로 분류했다.

첫째, 범죄적 하위문화(목표달성을 위해 비합법적 수단을 취하는 것이 일상화된 사회구조 중에서 형성된 문화) ㉠ 불법적인 수단이나 방법으로 물질적인 이득을 취하거나 사회적 지위를 획득하는 것을 하나의 생존방식으로 인정하는 전통을 일컫는다. ㉡ 범죄적 하위문화에 감염된 소년들은 직업적 절도범이나 화이트칼라 범죄자들과 수시로 어울리며 지내는 것을 일종의 자랑으로 받아들인다. 그들을 접촉하는 과정에서 성인 세계의 왜곡된 가치관을 전수받고 그것을 토대로 자신들의 가치관을 형성한다. ㉢ 범죄적 하위문화는, 지역사회 내에 다양한 유형의 모델 범죄자가 산재해 있고, 연령층별 범죄자들 사이에 연계성이 유지되고, 성공에 필요한 합법적인 수단이 제한되어 있는 사회에서 생성되고 전승된다.

둘째, 갈등적 하위문화(목표달성을 위해 합법적 수단을 취할 수 없는 사회구조 중에 형성된 문화) ㉠ 폭력을 휘두르거나 기물 등을 파괴하지 않고서는 불만감을 해소할 수도, 성공의 기회를 포착할 수도 없다고 믿는 가치 전체를 지칭한다. 한마디로 폭력사용을 능사로 여기는 것이다. ㉡ 갈등적 하위문화는 주민들이 욕구불만을 해소할 수 있는 적절한 기회나 수단이 마땅치 않고, 그렇다고 범죄조직이 기승을 부리는 것도 아닌 지역에서 생성되고 전승된다. 즉, 빈민 거주지역과 같이 주민이동이 빈번하고 사회해체의 정도가 심한 지역에서 갈등문화가 생성되고 전승된다.

셋째, 퇴행적(도피적) 하위문화(합법적 수단도 비합법적 수단도 할 수 없는 사회구조 중에 형성된 문화) ㉠ 사회적으로 성공하기를 포기하고, 말초신경계통의 만족감을 위해 알코올이나 마약을 섭취하는 데만 몰두하는 행동양식을 일컫는다. 마약사용문화(drug-use subculture)라고 부르기도 한다. ㉡ 퇴행적 하위문화는 이른바 이중실패(double failures)에서 생성의 근원을 찾을 수 있다. 즉, 범죄를 통해서라도 성공하고 싶지만 ① 내면에 형성된 금기의식 때문에 실행에 옮기지 못하여 1차로 실패감을 느끼고 ② 마음을 고쳐먹고 범죄를 저지르려고 해도 지역 사회의 강한 결속력 때문에 실행의 기회를 포착할 수 없어 2차로 실패감을 느끼면 퇴행문화에 감염되는 것이다. ㉢ 퇴행적 하위문화는 절도범죄와 밀접한 관련이 있다. 알코올이나 마약류에 탐닉하기 위해서는 구입비용이 필요하게 마련이므로, 수중에 현금이 없으면 절도를 통해 필요한 비용을 마련하는 경우가 많기 때문이다.

그리고 그들은 범죄적 하위문화에서는 재산범죄가 갈등적 하위문화에서는 가벼운 정도의 폭력범죄가 퇴행적 하위문화에서는 약물범죄가 발생하기 쉽다고 설명하였다.

긴장이론

아노미론, 비행하위문화론이나 분화적 기회구조론이론 등의 사회구조적 접근을 긴장이론이라 불렀다. 여기에서 말하는 긴장은 개인 내부의 생리적 반응이 아닌 사회적 반응으로서 긴장이다. 구체적으로는 일정의 사회구조 중 생긴 사회적 압력(아노미, 지위의 상승시도의 좌절, 성공기회의 결여 등)에 의해 욕구불만이나 화가 생긴다. 사회구조적 접근에서는 이를 긴장이라 부른다.

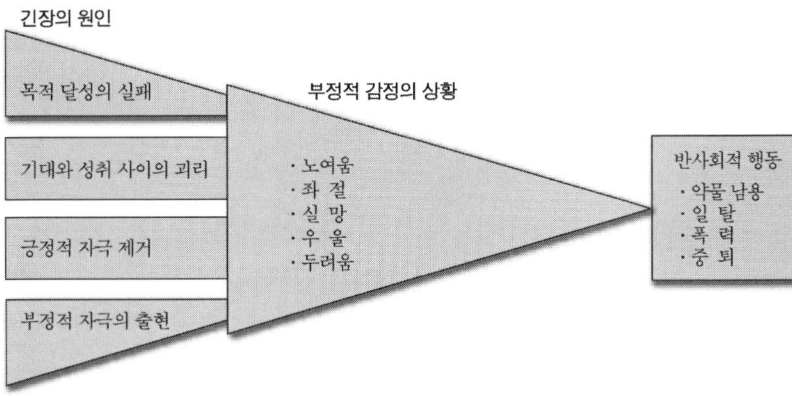

〈그림 5-1〉 일반긴장이론의 요소

4. 사회구조적 접근방법에 대한 평가

사회구조적 접근방법(긴장이론)은 1960년대에서 1970년대에 걸쳐 비행의 상황을 설명하는데 유용한 것이었다. 이런 접근방법에 근거한 많은 조사연구가 이루어져 당시의 범죄학발전에 크게 기여하였다. 구체적으로 이들의 리서치에는 ① 대도시에 있는 슬럼가 ② 하류계층 ③ 유색인종 등이 소년에 의한 범죄율이 높음과 상관관계가 있는 것을 밝혔다. 하지만 다른 면에서 사회구조적 접근방법에 여러 가지 이론적 문제점이 지적되기도 하였다.

첫째, 아노미론에 대해 아노미적 상황 하에서 압력을 받는 이들 중 범죄에 도달하는 자가 있는 한편 범죄에 도달하지 않는 자가 있는 것은 왜인가? 하는 의문이 제시되었다.

둘째, 비행하위문화론은 왜 중류계층에는 적용되지 않는가 하는 의문이 제시되었다.

셋째, 분화적 기회구조론에 대해 「기회」의 개념이 애매하다든가 비행하위 문화의 3유형은 단순한 이념에 지나지 않으며 현실에 맞지 않는다는 비판도 있었다. 또 일본의 범죄 상황에 사회구조적 접근방법을 맞추어 보면 2차 세계대전 직후의 범죄증가는 전후의 사회적·경제적 혼란에서 생긴 아노미에 의한 것이라 볼 수 있다. 또한 일본에서는 소년갱은 존재 않고 소년비행의 중심은 중류계층의 일반 가정 소년에 의해 이루어지고, 사회 구조론을 그대로 맞출 수는 없다고 할 수 있다.

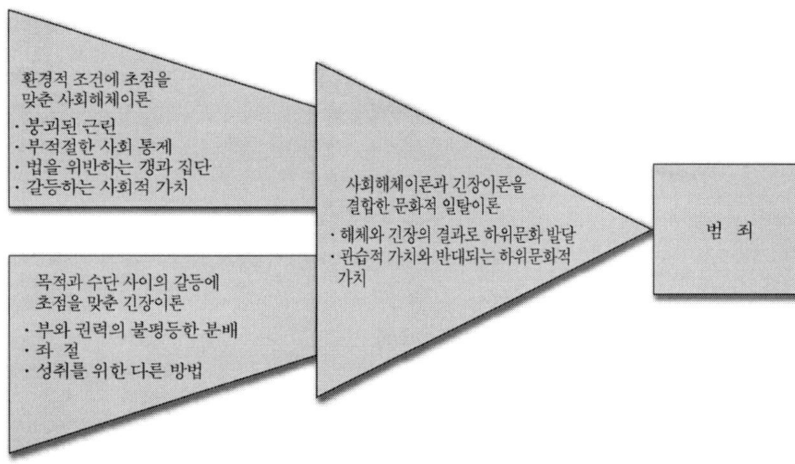

〈그림 5-2〉 사회구조이론의 세 가지 분류

5. 사회구조적 접근법의 정책적 시행

1) MFY

사회구조적 접근방법은 이론에 멈추지 않고 1960년대 미국에서 현실의 비행 방지대책으로서 실시되었다. J. F 케네디 대통령 밑의 당시 법무장관이었던 케네디는 분화적 기회구조론을 적용하여 오린(Ohlin) 등에게 소년비행 대책의 구체적인 시안을 의뢰해 1961년의 소년비행 예방 및 규제법으로 그 결실을 보았다.

이 법은 당시 미국정부가 추진한 「빈곤에 대한 도전」정책의 하나로서 교육·의료의 충실·근로 기회의 확대 및 하류계층용의 주택건설 등의 시책을 장려하고 소년비행 대책을 위해 활동프로그램을 실시하려는 것이었다.

이 취지에 기본으로 뉴욕시에서 「청소년동원계획」(Mobilization for Youth=MFY)이라 불리는 청소년 비행방지 프로그램이 실시되었다. 또한 존슨 대통령도 「위대한 사회」 추진 계획의 일환으로 「빈곤과의 싸움」을 선언해, 대규모 예산을 동종의 활동프로그램에 투입했다. 그러면서 이들의 비행정책은 오린 등의 의도인 「합법적 기회」의 확대에는 도달하지 못하고 실패로 끝났다.

2) CAP과의 비교

소년비행 대책으로서 상기의 연방정부에 의한 정책과 비교된 것은 쇼우를 비롯한 시카고학파에 의해 이루어진Chicago Area Project(CAP)이다. 1930년대에 시작된 이 프로젝트(CAP)는 어느 정도 성공을 거두었다고 평가받고 있다. 이에 비해 연방정부의 정책(MFY)은 '왜 실패로 끝난 것인가?' 이 점에 대해 일반적으로 CAP가 커뮤니티의 재조직화를 무시한 것에 비해 MFY는 슬럼가의 해체에 중점을 둔 것에서 실패의 원인이 있다 할 수 있다. 또한 현실적인 이유로서 연방 행정당국 내의 부패가 유발되었기 때문에 프로젝트가 효과적인 기능을 못하고 또 시민의 비판을 받은 것도 한가지 이유라고 할 수 있다.

3) 실태조사의 활성화

이와 같은 실제 정책면에 영향과 병행해서 1960년대 후반에서 1970년대에 걸친 사회구조적 접근방법에 기초를 두고 조사연구가 진행해 다음과 같은 비판도 강해졌다. 첫째, 자기보고식 연구가 활성화된 것에 의해 소년비행은 하류계층만이 아닌 중·상류계층에도 보인 것이 밝혀졌다. 둘째, 형사사법기관에 의한 비행처리과정의 연구에 의해 하류계층이나 흑인의 비행률이 높은 것은 형사사법기관의 차별적 대응에 그 원인 있는 것이 아닌가라는 목소리도 높았다. 셋째, 하류계층의 인식에 관한 연구에서 그들도 형사사법기관에 의한 범죄방지 활동이나 구속의 강화를 원한다는 것이 밝혀졌다. 넷째, 비행하위문화의 실증연구에서는 하위문화론이 지적한 「Sub-Culture」의 존재가 명확히 입증되지 않았다.

즉 지금까지 사회구조적 접근방법에 초점을 맞춘 것은 하류계층 출신의 흑인소년 갱이었으나 1970년대에 들어와 중류계층이나 백인들도 소년비행이 증가해 소년범죄 그 자체가 변동되었다고 할 수 있다. 또한 사회의 가치관이 다양해져 감에 따라 머톤이 말하는 목표 자체가 다양화되어 가고 있고 독특한 고유의 비행하위문화의 존재 자체가 의문시되어졌다.

이처럼 사회구조적 접근방법에 대한 평가는 정책면의 실패와 실증면에서 소기의 연구성과를 내지 못하게 됨에 따라 1970년대에 학자들의 활동이 미약해지고 그 영향력은 약해졌다. 그 후 정책면에서는 닉슨 정권 하에서 사회구조개혁을 축으로 비행대책은 어둠에 묻히고 범죄학의 이론 면에서는 1970년대에는 사회구조적 접근방법 대신 사회과정적 접근방법이 각광을 받기 시작하였다.

제 3 절 사회과정적 접근방법

사회과정적 접근방법은 타르드의 일탈설의 흐름을 따른 것으로 말하자면 범죄행동의 학습이 범죄를 유발한다고 생각하였다. 이 접근방법의 문제의식은 개인이 어떤 사회심리적 과정을 거쳐 범죄에 도달하는가에 있고, 사회구조적 접근방법과 비교해 범죄자의 심리요소를 중시한 것이다. 사회과정적 접근방법의 대표적인 이론으로 서덜랜드의 분화적 접촉이론이 있으나 그 원형은 같은 시카고학파인 쇼우와 맥케이의 문화전달이론이다. 또 사회과정적 접근방법은 넓은 의미에서는 후술하는 낙인이론이나 통제이론도 포함되어 있으나 여기서는 학습이론을 축으로 한 사회과정적 접근방법에 한정하여 논하고자 한다.

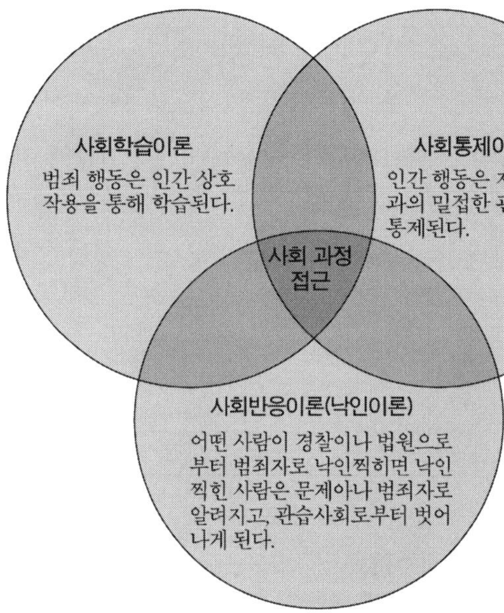

〈그림 5-3〉 사회 과정 접근

1. 분화적 접촉이론

서덜랜드(Sutherland)는 1939년 「범죄학의 원리」에서 분화적 접촉이론을 명확한 형태로 내세웠다. 이 이론은 문화전달이론을 기초로 미드의 상징적 상호작용론이나 학습이론을 혼합시킨 것이다.

1) 분화적 접촉이론의 기본명제

분화적 접촉이론(differential association)은 9가지 명제로 되어 있다.

서덜랜드

(a) 범죄 행동은 학습된다.

(b) 범죄행동의 타인과의 상호작용으로 커뮤니케이션과정에서 학습된다.

(c) 범죄행동 학습의 중요한 핵심은 친밀한 사적 집단에서 발생한다.

(d) 학습된 내용은 범죄수행의 기술 외에도 특수한 동기, 충동, 합리화 및 태도가 포함된다.

(e) 동기나 충동 등은 법률을 호의적으로 또는 비호의적으로 보는가와 같은 다양한 관점으로부터 학습된다. 즉 법률에 대한 관념에 따라 학습의 형태는 다양하다.

(f) 법률위반을 즐기는 정의가 즐기지 않는 정의를 압도할 때 범죄자가 생긴다.

(g) 분화적 접촉은 빈도, 기간, 우선순위 및 강도 등에 있어서 다양할 수 있다.

(h) 범죄행동의 학습과정에는 다른 모든 학문에 포함되어 있는 메커니즘과 같이 모든 학습기제를 포함한다.

(i) 범죄행동과 비슷하게 비범죄 행동도 욕구나 가치관의 표현에 있는 것이기 때문에 욕구나 가치관에 의해 범죄 행동을 설명할 수 없다.

이들 9가지 명제 중 (f)가 가장 중요하다. 서덜랜드의 주장은 「붉은 색과 어울리면 붉게 된다.」는 말과 같이 많은 사람들의 일상활동 과정에서 이루어진다. 이 이론은 범죄행위 자체는 유전되는 것이 아니라 학습의 과정을 통하여 전승되는 것이다. 학습은 1차적 친근집단 구성원과의 접촉을 통하여 이루어지며, 학습의 내용에는 범죄행위 기술과 동기 · 욕구 · 합리화 및 태도의 구체적 관리법이 포함된다. 특정 개인이 범죄자가 되는 것은 법의 위반을 호의적으로 해석하는 정의들과의 접촉이 법의 위반을 거부적으로 해석하는 정의들과의 접촉을 빈도 · 기간 · 우선성 · 강도면에서 능가할 때이다. 서덜랜드의 이론이 사회구조적 이론과 구별하여 다음과 같이 세 가지 면에서 기여를 하였다. 첫째, 모든 범죄형태에 공통되는 범죄원인의 일반이론을 정립하였다. 둘째, 범죄의 소질요인(인격결함이나 정신장해)을 중시하는 견해를 배제하고 범죄학의 중점을 사회학적 환경요소에 옮겼다. 셋째, 사회해체론이 남긴 의문점(사회해체된 지역에서도 왜 범죄가 일어나는가)을 범죄행동의 학습이란 사회심리학적 개념으로 설명하고 있다는 점이다. Sutherland가 제창한 차별적 접촉이론은 다음과 같은 이유로 동료학자 혹은 후학들로부터 비판을 받았다.

우선 Sutherland는 모든 하위집단과 그 속에 정착한 문화는 각 집단에 소속된 구성원 모두를 성공적으로 사회화시킨다고 보았다. 즉, 특정한 하위집단의 구성원들은 누구나 자신이 소속한 집단의 문화와 가치를 자연스럽게 내면화하고 실천한다는 것이다. 따라서 그의 주장에 의하면, 비행을 긍정적으로 받아들이는 문화권에서 성장한 사람은 자신의 행위가 비행에 속한다는 사실을 알지만 그 행위가 지역사회에서 받아들여질 수 있다고 믿고 비행을 저지른다는 것이다. 그런데 우리주변에는 두 사람이 똑같은 환경에서 성장하였지만 각기 다른 행동양식을 나타내는 경우를 얼마든지 찾아볼 수가 있다. 즉, Sutherland는 차별적 반응(differential response)의 문제를 극복해야 할 과제로 남긴 것이다. 학습의 측면만을 강조함으로써 인간 본성을 백지로 본 점, 범죄가 이루어지는 기능적이고 역동적인 상황을 무시하고 있는 점, 개인별로 타인과의 접촉에 대한 반응이 다르다는 점을 경시하고 있다는 점 등에서 비판이 가해지고 있고, 쇼트(Short)는 실증적인 검증을 통해 이 이론을 비판한 바 있다.

다음으로 Sutherland는 범죄가 집중적으로 발생하는 지역에는 범죄친화적 전통(traditions)이 확립되어 있어서 그것이 교제·접촉의 과정을 통하여 다른 사람에게 전승되고 있다고 설명하였다. 그런데 그의 이러한 설명은 다음과 같은 두 가지 이유 때문에 타당성을 인정하기 어렵다. 첫째, 범죄가 많이 발생하는 지역에는 범죄전통이 실제로 존재한다는 사실을 뒷받침하는 객관적 근거를 제시하지 못하였다. 예컨대 그러한 지역에서는 전설적인 범죄자가 우상화되어 있다든지, 범죄자들이 사회적으로 대접을 받는다든지, 아니면 장물의 유통과정이 잘 발달되어 있다든지 하는 식으로 범죄 친화적 전통의 존재를 입증해줄 수 있는 객관적 증거를 제시하지 못하고, 단순히 범죄율을 비교하는 데 그쳤다.

둘째, 교제·접촉을 통하여 범죄친화적 전통이 전승되는 것과 범죄를 실행하는 것과는 무관한 듯 보인다. Sutherland의 설명에 의하면 특정지역에서 범죄가 많이 발생하는 이유는 그 지역에 존재하는 범죄적 전통이 지역 내의 여러 사람들에게 학습을 통하여 전승되기 때문인 것으로 되어 있다. 그런데 범죄와 전혀 접촉을 하지 않고도 범죄를 저지르는 사람이 많다는 사실은, 학습을 통하여 범죄의 전승이 이루어지기 때문에 범죄가 많이 발생하는 것이 아니라 어떤 환경이나 조건 때문에 잠재적 범죄자들이 일정지역으로 모여들어 결과적으로 그 지역에서 범죄가 많이 발생하는 것일 가능성을 배제하기 어렵게 만든다.

2) 분화적 접촉이론의 수정

분화적 접촉이론은 당시의 범죄학에 큰 영향을 주었으나 동시에 해명하지 못한 문제를 남겼다. 그것은 범죄행동(범죄문화)에 접촉해도 '어떤 이는 범죄를 행하고 어떤 이는 범죄를 행하지 않는 이유는 무엇인가?'이다. 분화적 접촉이론에 대한 이런 의문점에 답하기 위해 이 이론에 대한 여러 가지 수정이 시도되었다.

분화적 접촉이론 수정의 대표적인 시도는 그래저(Daniel Glaser)에 의해 이루어졌다. 그래저는 「개인이 범죄행위에 접촉해 그것에 동화될 때 범죄를 일으킨다」라는 분화적 동일시(differential identification)이론을 제창했다. 여기서 말하는 동일화는 타인의 가치관에 공감해 그 가치관에 따라 자신의 행동을 결정하는 것이다. 또 동일화는 사람과 사람과의 직접적인 접촉에 그치지 않고 매스미디어 등의 간접적 접촉도 포함시켰다. 또한 그 후 그래져는 자신의 이론을 수정하여 분화적 기대이론을 전개했다. 이 이론은 「기대가 행동을 결정한다」는 가설을 세워 범죄로 얻어지는 플러스 기대가 마이너스 예상을 초과할 때 범죄가 이루어진다 보았다. 또 하나의 비판은 Robert L. Burgess와 Ronald L. Akers(1966)인데 이들도 분화적 접촉이론에 대하여 두 가지 일반적인 비평을 가하였다. 첫째, 그 이론의 개념들(상황정의)이 실제로 측정하기 어려운 정신적 현상을 가리킨다는 것이다. 둘째, 일탈행동을 배우는 과정이 모호하게 설명되어 있다는 것이다.

먼저 분화적 동일시 이론을 구체적으로 살펴보면 다음과 같다.

(1) 분화적 동일시이론(Differential Identification Theory)

Sutherland의 이론은 범죄자인 동료나 친구와 일상적으로 접촉하는 사람은 학습을 통하여 자동적으로 범죄에 개입하게 된다는 가설을 기초로 하고 있다. 그런데, 그는 차별적 반응의 문제를 극복하지 못하여 동료와 후학들로부터 많은 비판을 받았다. 이러한 상황에서 글래저는 분화적 동일시라는 개념을 가지고 차별적 접촉이론의 한계를 극복하고자 시도하였다.

그는 사람은 누구나 자신을 - 비록 그 대상은 각기 다르지만 - 누군가와 동일화시키려는 경향이 있으며, 자신의 범죄행동을 수용할 수 있다고 생각되는 실제의 인간이나 관념상의 인간에게 자신을 동일화시키는 경우에 범죄를 저지르게 된다고 주장하였다. 문화전달의 주체를 직접 접촉하는 사람뿐만 아니라 멀리 떨어져 있는 준거집단(reference group)이나 준거인에까지 확장함으로써 문화전달의 범위를 보다 탄력적이고 광범위한 것으로 보았다.

그는 Sutherland가 이론의 한계를 극복하지 못한 이유는 직접적(객관적)인 상호작용(접촉)의 개념에 집착하였기 때문이라고 믿었다. 그리하여 우선 범죄성의 학습은 반드시 직접적인 교제나 접촉을 통해서만 이루어지는 것이 아니며, 원거리의 대상물로부터도 이루어질 수 있다고 생각하였다. 사람들은 단순히 어떤 범죄적 행동양식과 접촉함으로써만 범죄를 습득하는 것은 아니며, TV · 영화 · 소설 등에 등장하는 주인공의 모습과 자신의 이상형을 일치시킬 때도 관념적 동일시의 과정을 거쳐 범죄를 학습할 수 있다고 믿었던 것이다.

글래져는 사람은 누구나 이러한 차별적 동일화 과정을 통하여 자신의 태도를 합리화하고 강화하기 때문에 이 개념을 이해하면 Sutherland가 해결하지 못한 차별적 반응의 문제를 해결할 수 있다고 하였다. 분화적 동일시의 적용대상에는 격정범이나 성도착자가 포함되지 않는다고 선언한 점을 고려하면 Sutherland 이론이 지니는 적용범위의 제한성 문제도 상당히 고려한 것으로 보인다. 글래져의 분화적 동일시이론에 대한 비판은 다음과 같다. 첫째, 사람은 어떻게 해서 특정 모델에 더 끌리기도 하고 끌리지 않기도 하는가? 라는 의문을 해결하지 못하였기 때문이다. 둘째, 왜 어떤 사람은 비행형 모델에 관념적으로 동일시하고 어떤 사람은 정상적 모델에 동일시(이질적 동일시)하는지도 설명하지 못하였다 점은 지적할 수 있다.

(2) 분화적 강화이론(Differential Reinforcement Theory)

Robert L. Burgess와 Ronald L. Akers(1966)는 분화적 접촉이론이 내포하고 있는 전반적 아이디어를 정신적 현상에 대한 연구가 강조되지 않는 행동주의적(behavioristic)관점에서 개념화한다면, 보다 더 견고한 이론적 토대 위에서 차별적 접촉이론을 세울 수 있을 것이라고 주장한다. 전통적으로 행동주의자들은 정신적 현상은 정확히 관찰될 수 없으므로 과학의 일부분이 될 수 없다고 주장해 왔다. 그리고 연구자들은 관찰될 수 있는 것. 즉 행동에 관심의 초점을 맞추어야 한다고 주장했다. 따라서 다양한 행동주의 이론이 발달되었다.

Burgess와 Akers(1966)가 이용한 조작적 조건이론(operant

conditioning theory)에 의하면 행동은 보상(rewards)과 처벌(punishments)에 대한 반응(response)이라고 한다. 어떤 행동에 따른 보상이 증가하고 처벌이 감소하면 그 행동을 하는 빈도는 증가한다. 그리고 어떤 행동에 따른 보상이 감소하고 처벌이 증가하면 그 행동을 하는 빈도는 감소한다는 것이다. 그들은 일탈행동이 다른 행동과 전혀 다르지 않다고 주장한다. 일탈행동도 보상과 처벌에 대한 반응으로 이해될 수 있다는 것이다. 일탈행동에 따른 보상이 증가하고 처벌이 감소함에 따라서 일탈행동을 하는 빈도는 증가한다는 것이다.

확실히 Burgess와 Akers가 재구성한 이론은 Sutherland의 원래 이론을 변형시킨 것이다. Sutherland의 이론은 시카고대학의 사회학자들의 관심을 반영하고 있으며, 이 이론은 문화의 의미 또는 문화적 정의(cultural definitions)를 강조하고 있다. 그러나 차별적 접촉이론을 정신적 현상을 중요시하지 않는 행동주의적 관점에서 재구성함으로써 이러한 문화적 의미나 문화적 정의라는 개념들의 뜻이 애매해졌다. 나아가서 사회화는 일차적 친밀집단에서 일어난다는 Sutherland 이론의 강조점도 그들의 재구성에서는 중요하지 않은 것으로 취급되고 있는데, 그들에 의하면 행동은 다양한 원천으로부터 다양한 보상(돈과 사회적 위세 등)이 따를 때 학습된다는 것이다.

2. 사회과정적 접근방법의 평가

서덜랜드의 분화적 접촉이론은 그 후 범죄사회학 이론에 많은 영향을 끼쳤다. 사회과정적 접근방법은 사회구조적 접근방법과 같이 사회구조나 사회계층이란 추상적 개념이 아닌 가까운 사회집단에 초점을 맞추었다. 그 설명은 일반적으로 받아들이기 쉬운 개념들이다. 또 분화적 접촉이론에 관한 실증적인 연구도 진행되었으나 그 결론을 지지하지 않는 연구결과들이 많았다.

오늘날에도 분화적 접촉이론의 기본적 관점은 범죄학에 있어 무시할 수 없다. 하지만 분화적 접촉이론은 사회심리학적인 측면이 강하기 때문에 검증불가능한 요소가 많은 것도 사실이지만 실증적인 증거가 충분하다고는 말하기 어렵다. 또 분화적 접촉이론으로 잘 설명되는 범죄 주로 화이트칼라 범죄나 소년비행이고, 그 외의 범죄에 대해서는 이 이론에 대해 적절히 설명할 수 있는가는 의문이다. 또 이 이론은 우발범, 격정범에 대해서는 맞지 않는 것 같다.

제 4 절 사회갈등적 접근방법

사회갈등적 접근방법은 사회에 있어 여러 가지 갈등이 범죄를 유발한다고 생각했다. 사회적 갈등을 사회구조의 일부로 풀어보면 오늘날의 범죄학에는 독립적인 접근방법으로 이해되었다. 사회갈등적 접근방법에는 두 가지 계열이 있다. 하나는 1930년대 후반에 나타난 세린(Thorsten Sellin)의 문화갈등이론이고, 하나는 1970년대 전반에 나타난 퀴니(Quinney)와 터크(Turk) 등의 투쟁이론의 계열이다.

1. 문화갈등론

1) 문화갈등론의 태동

문화갈등론의 주창자인 세린은 범죄의 원인을 문화갈등에서 찾았다. 세린의 문화갈등론의 주요내용은 다음과 같다. 사회 내에는 다양한 문화가 있으며 이러한 문화의 중심을 이루는 중류계층의 다수문화의 표현이 바로 형법이며, 이러한 중류계층의 문화와 서로 충돌관계를 이루는 하위문화(subculture)가 존재하는 경우 이들 하위문화가 범죄행위가 된다는 이론이다. 이러한 문화갈등의 현상은 사회변동이 급격하게

세린

이루어지는 장소 또는 시대에 더욱 심하게 나타나며 이러한 곳이 범죄행위가 서식하기 좋은 환경이라는 주장이다. 하층계급에서는 독자적인 문화규범이 존재하고 이에 따라 행동하는 자가 보다 넓은 사회의 법규범, 특히 중류계층 문화의 법규범에 위반함으로써 범죄가 생기게 된다고 주장한다.

Sellin은 도시 지역마다 범죄발생비율이 차이나는 것은 시민들 사이의 행위의 표준(standards), 관습(customs) 및 가치(values)가 상이하기 때문인 것으로 설명하였다. 특히 외국에서 이민 온 사람들의 집단 거주지는 미국의 일반문화와는 다른 그들 고유의 문화 속에서 살게되므로 소위 "하위문화의 섬"(subcultural islands)이 미국의 일반문화와 뚜렷한 대비 속에 발견된다고 했다. 이런 섬들의 산재는 도시지역 내에서 문화갈등의 근본요인이 되며, 이것이 바로 반사회적 · 반규범적 문화로 나타나게 된다는 것이다.

이 문화갈등에는 제1차적 문화갈등과 제2차적 문화갈등으로 나누어 볼 수 있다. 제1차적 문화갈등은 상이한 문화체계를 갖는 지역 사이에서 생기는 갈등을 의미한다. 하나의 문화체계를 갖는 국가가 다른 문화체계를 갖는 국가를 병합하였을 때, 그 병합을 받은 국가의 백성들이 병합한 국가의 법률문화에 대하여 느끼는 문화갈등, 그리고 한 문화체계 속에 살던 사람이 전혀 다른 문화체계의 국가 또는 사회로 이주하였을 때 느끼는 문화갈등과 같은 것이다. 이 경우에 갈등을 느끼는 사람은 반규범적 행동을 하기가 쉽다.

이질적인 문화와의 충돌(예를 들면 이민이나 원주민 문화의 충돌)에서 생긴 갈등인 것에 대해 제2차적 문화갈등에는 문화적 격차(가령 상류계층과 하류계층과의 생활양식이 다르다)에서 생기는 갈등이다. 동일문화 내에서 한 사회가 분화되어 감에 따라 개인적 · 경쟁적 문화를 가진 수많은 사회집단, 경합하는 여러 이익, 개인간의 관계 약화, 사회적 익명성, 규범 혼란 등의 특성을 가진 사회로 변천함에 따라 생기는 갈등을 의미한다. 신・구 세대간의 문화・가치관의 갈등 또는 도시인과 촌락인간의 문화・ 규범의 갈등 등이 이에 속한다. 이 경우 신세대의 사람들은 구세대의 사람들이 정한 법률규범에 대하여 갈등을 의식한 나머지 범법행위를 하기 쉽고 또 촌락지대에서 살던 사람이 갑자기 도시사회로 이주해 옴에 따라 규범갈등을 일으켜 각종 비행에 쉽게 빠진다.

이러한 문화갈등의 현상은 역시 사회변동이 심한 곳에서 그리고 그러한 변동이 급격한 시대에 더욱 심하게 나타날 것임에 틀림없다. 세린에 의하면 이 문화갈등이 행위규범의 갈등을 낳고 개인의 규범의식이 불안정해 범죄에 연결된다고 생각했다. 세린은 이민이나 하류계층의 범죄율의 높음은 이런〈문화갈등 → 행위규범의 갈등〉에서 설명이 가능하다고 하였다. 세린은 스웨덴의 우프사라에서 미국으로 이민한 자신의 체험을 힌트로 이 이론을 세웠다. 시대배경으로도 당시 미국에는 이민이 대량으로 유입되어 복합적 문화가 형성되었다는 것에서 범죄학자의 공감을 불러 서덜랜드의 분화적 접촉이론과 함께 1930년대를 대표하는 범죄학이론이 되었다. Sellin의 이론은 미국 사회의 이질성・다원성・복합성을 밝혀냄으로써 집단 간의 하위문화의 다양성을 해명하고, 이러한 하위문화들이 지배계층과 피지배계층의 문화갈등을 초래하여 범죄나 비행을 이끄는 주요 원인이 된다고 했다.

2) 문화갈등론의 전개

또한 세린의 문화갈등론은 그 후 2가지 형태로 발전했다. 하나는 볼드(George B. Vold : 1890~1907)의 집단갈등이론이 그것이다. 이것은 1958년의 「이론범죄학」에 근하여 제창한 이론으로 집단 간의 이해관계의 대립이 범죄의 요인이 된다는 설이다. 집단갈등이론은 사회학자 짐멜의 갈등사회학의 영향을 받은 것이라 한다. 볼드는 범죄를 「충분한 권력을 갖지 못한 사회집단이 그들의 이익을 취득하기 위해 투쟁하는 것」이라고 정의하였다.

Vold의 집단갈등이론(Group Conflict Theory) 이론은 기본적으로 집단이익의 갈등에 기초하고 있다. 인간은 자신의 집단이익을 극대화하고 전체 사회집단 속에서 그들 집단의 위치를 향상시키기 위해 끊임없이 투쟁하게 된다. 그리고 그 결과는 사회적 투쟁의 지속적 상태라고 할 수 있다. 그러므로 각 집단이 자신의 사회적 위치를 방어하고 우월성을 유지하기 위해서 경쟁하고 노력하는 것이고 그렇기 때문에 집단 간 갈등이 초래되는 것이다.

집단갈등과 범죄는 다음과 같이 관련시켜 볼 수 있다. 법이란 집단 간 투쟁에서 이긴 정치지향의 집단이 자신들의 이익과 권한을 보호·방어하고 상대집단의 이익을 제거·방해하기 위해 만들어진 것이다. 그래서 입법적 다수를 점한 집단이 국가경찰권에 대한 통제력을 갖게 되는 것이다. 또한 법률위반에 가담할 확률이 높은 자를 결정짓는 정책을 내리는 것이다. 소수집단은 권력투쟁에서 패했기 때문에 입법과정에서 자신들의 이익을 보장받고 방어 받을 수 있는 의견을 반영하지 못하는 것이다. 그렇기 때문에 범죄행위란 대개 소수권력집단(minority power group)의 행위일 확률이 높아지는 것이다.

Vold가 주장하는 범죄가 집단갈등의 소산이며, 소수집단의 행위라는 사실은 범죄의 집단화와 청소년비행을 통해서 잘 입증되고 있다. Vold의 이론은 다음의 네 가지 종류의 범죄에 가장 적합한 설명이라고 할 수 있다. 첫째, 정치적 갈등으로 야기된 범죄로서 성공적인 혁명은 과거 집권세력이었던 정부관리가 범죄자로 되는 것이고, 반면에 실패한 혁명은 혁명지도자가 반역자로 되는 것이다. 둘째, 노사 간의 이익갈등으로서 파업과 파괴시 수반되는 폭력행위인데, 이 경우 양측 모두 자신들의 폭력행위를 어쩔 수 없는 것이라고 정당화한다. 셋째, 노동조합간의 관할권 분쟁으로서 이는 경쟁노조와의 갈등으로 인해 관련된 특정 노조에 대한 충성심의 표현으로서 협박과 폭력행위를 일삼는 것이다. 넷째, 인종적 갈등으로서 각종 인종차별에 저항하려는 시도와 폭력행위 등이 이에 속하며, LA지역의 흑·백 또는 한·흑 갈등으로 인한 폭동이 그 대표적인 예라고 할 수 있다.

집단갈등론의 주장에 대한 비판은 다음과 같다. Vold는 개인의 범죄행위가 다른 집단과의 투쟁에서 자기집단의 위치를 유지하려고 하는 행동의 과정에서 가장 잘 이해될 수 있다고 하여 자신의 이론이 상당수의 범죄를 설명할 수 있다고 주장하였다. 그러나 그의 이론은 집단구성원이 집단 내 위치를 충성을 다하여 지지하는 집단 간의 충돌로부터 야기되는 경우에만 범죄행위가 제한될 수밖에 없다. 따라서 조직화된 사회에서 상이한 이익집단간의 투쟁과 관련되지 않는 비이성적·격정적 범죄행위를 설명하는 데에는 적합하지 않다는 점이다.

2. 투쟁이론

투쟁이론은 다양한 의미로 이해가 되지만 여기서는 법은 대다수의 합의에 기본으로 한 것이라 생각할 수 있다는 「일치이론(Consensus theory」을 부정하는 것으로 1970년대 초에 등장한 각각의 이론을 다루고자 한다.

1) 사회실체론

퀴니

우선 퀴니(Richard Quinney : R. Quinney, Calss, State & Crime, 1977)는 「사회실체론(The Sosial Reality off Crime)」을 제창하고 다음과 같이 3가지를 주장하였다. (a) 법은 지배계급의 도구이다. (b) 범죄는 권력자에 의해 만들어진다. (c) 범죄는 권력자의 이익에 반하는 행위이다. 즉 (1) 퀴니에 의하면 국가와 법 및 그에 의해 실행되는 범죄통제는 지배계급이 기존의 사회경제질서를 유지하기 위해 사용하는 강압의 수단이며, 공식적인 범죄율은 그러한 강압 정도의 증거이다.

(2) 퀴니는 국가와 법을 경쟁하는 사회집단들의 다양한 이해를 조정하고 일반의지를 실현하는 중립적인 기관으로 보는 주류 범죄학의 입장을 반박하기 위해 밀리밴드(R. Miliband)의 도구주의적 국가이론을 수용하고 있다. 퀴니는 초기 저작에서 경제적 지배계급은 국가의 통치권력과 범죄통제기관의 주요 지위들을 직접 장악함으로써 자신들의 이해를 실현할 수 있게 된다고 주장하였다. 후기에 이르면 퀴니는 정통 마르크스주의에 기반을 두고 있는 초기의 국가이론에 일부 개념적인 수정을 가하고 범죄통제의 계급성을 밝히는 데 있어 초기에서와 같이 '누가 통제하는가'의 문제에 의해서가 아니라 범죄통제에 소요되는 국가예산(state expenditure)를 축으로 형성된 독점자본과 통제기관과의 연합을 폭로함으로써 밝히려 한다.

이것은 국가개입주의(state interventionism)에 관한 마르크스주의 내부논쟁의 중요성을 새로운 범죄학의 안으로 끌어들이려는 시도로서, 후기 자본주의의 변화된 상황을 준거로 하여 범죄통제에 관한 분석을 좀더 구체화시키려는 노력이라고 볼 수 있겠다.

(3) 퀴니에 따르면 형사사법체계란 자본주의국가가 지배계급의 자본축적을 보호하고 잉여인구와 계급투쟁을 억압하기 위해 출현한 제도라고 볼 수 있는데, 거기에 필요한 사회적 비용은 독점자본부문에 의해 충당된다. 더욱이 형사사법체계의 기능이 확대되고 거기에 필요한 비용이 증대됨에 따라 형사사법체계에 대한 독점자본의 개입은 더욱 늘어나게 된다. 이렇게 하여 '형사사법-산업복합체(criminal justice-industrial complex)'가 성립하게 되며 범죄통제 영역에서 국가와 독점산업 간에 연합이 이루어진다. 예컨대 독점자본은 자본을 축적하기 위해 점차 국가에 의존하게 되고 국가는 사회적 비용을 충당하기 위해 독점자본에 더욱 의존하게 되는데, 범죄통제는 이러한 공존관계

(symbiotic relationship)를 기반으로 지배계급의 이해를 옹호할 수밖에 없게 된다는 것이다.

(4) 퀴니에 의하면 미국은 재산범에 대해 엄격한 형벌이 내려지는 것으로 부를 가진 자를 돕고, 기업범죄에 대해 관용한 형벌이 내려져 권력을 가진 이의 착취를 용서하고 있다. 즉, 범죄의 개념은 권력자나 권력자의 이익보호를 위해 운용되는 형사사법시스템에 의해 통제되고 사람들이 권력자의 이익과 출동하는 행동을 할 때 형사사법시스템은 그것을 범죄라 하고, 범죄현상을 권력투쟁의 경쟁 속에 위치시켜서 논하는 것의 필요성을 주장한 것이다.

따라서 퀴니에 의하면 범죄자는 단순한 사회에의 부적응자가 아니고 성공을 위해 노력이 제대로 이룰 수 없는 자이다. 또 그는 부나 지위를 얻기 위해 혹은 계속 살기 위해 다른 수단이 필요해진 자에 의해 저지르지는 위법행위는 정치적 행위 혹은 초혁명적 행위로 나타날 수 있다는 것이다.

2) 범죄화이론

터크의 범죄화이론은 권력자와 비권력자의 갈등이 형법을 제정하여 사람을 구속한다고 하였다. 터크는 권력자와 비권력자 간에 생기는 갈등은 법(문화규범)과 그것의 집행(사회규범)에 대한 양자간에 이해의 괴리가 있는 경우 생긴다고 생각했다. 그리고 그 갈등이 비권력자의 행위를 범죄로 인정하는 것으로 연결되는 요인은 3가지를 들었다. ① 행위에 대한 법집행자(경찰, 검찰 및 판사)의 마이너스 평가가 일치하는 것 ② 법집행자의 힘이 저항하는 자의 힘에 비해 강할 때 ③ 갈등을 강화하는 듯한 비현실적인 활동(예를 들면 법집행자가 법의 집행을 위해 필요한 부담의 경감을 행하는 것이나 그것에 저항하는 자가 규범의 철회나 무력화를 구하는 것)이 법집행자나 저항자 어느 쪽에서 행해지게 된다는 이론이다.

터크(Austin Turk, Criminality and Legal Order, 1969)의 '범죄화의

요소'(elements of criminalization)는 다음과 같이 세 가지 요소로 이루어져 있다. 첫째, 범죄성이다. 터크에게 있어서 범죄성(criminality)이란 다른 사람들에 의해서 규정되고 부여된 지위 또는 신분(status)을 말한다. 즉 한 개인이 사법당국에 의해서 인지되고 평가되며 그리고 처리되는 특정방식에 의해서 규정된 하나의 사회적 신분 및 지위를 말하는 것이다. Turk에 따르면 우리 사회는 지배적인 의사결정부류인 권력자(당국)와 법에 의해서 영향을 받는 종속적 부류인 피지배자의 두 가지 부류의 사람으로 나누어 볼 수 있다. 범죄적 지위와 신분은 권력자가 피지배자들 중에서 범죄자를 만드는 법을 제정하기 때문이라고 한다.

둘째, 지배-복종관계의 유지이다. 궁극적인 권력자와 종속자는 우월적인 신분과 열등적인 신분의 소지자로서 그리고 지배적인 역할과 종속적인 역할의 수행자로서 끊임없이 상호작용하며 학습하고 재학습하게 되는데, 이 과정에서 권력자는 '지배의 규범'(norms of domination)을, 그리고 종속자는 '복종의 규범'(norms of deference)을 학습하기 때문에 우리 사회의 지배-복종관계가 유지된다고 주장한다. Turk는 우리 사회의 갈등과 그로 인한 범죄성을 지배와 복종의 관계에서 규명하려고 했기에 그의 이론을 '지배-복종'(authority-subject)이론이라고도 한다. 한편 이러한 지배-복종의 관계는 어떤 조건에서 갈등을 초래하며 이 갈등은 어떤 조건에서 범죄성을 야기시키는가에 대해 그 요소를 규명하였다고 하여 '범죄화의 요소'이론이라고도 한다.

세 번째, 법률갈등과 범죄화이다. 그는 그의 이론에서 법률갈등과 범죄화에 초점을 맞추었다. 따라서 어떠한 조건하에서 권력자-종속자의 문화적·행위적 차이가 법률갈등으로 전이되며, 어떠한 상황에서 법률이 집행되는가를 규명하고자 하였다. 즉, 어떠한 조건에서 법률을 위반한 사람이 범죄자화 되는가, 그리고 어떤 조건이 범죄자화와 관련된 박탈정도의 크기에 영향을 미치는지 규명하고자 하였다. Turk가 제기한 두 가지 의문 중 하나인, 권력자와 종속자간의 문화적·행위적 차이가 갈등을 초래하는 조건은 무엇인가? Turk는 우선 문화적 규범과 사회적 규범으로 구분하고,

문화적 규범이 가치의 언어적 형식화와 관련되며, 사회적 규범은 실질적 행동유형과 관련된다고 보았다. 즉, 그에 따르면 권력자에 의해 공표된 문화적 규범과 그들의 실질적 행위유형 간에 밀접한 합의가 있을 때, 그리고 그 속성을 소지하거나 그 행위를 범한 종속자가 그것을 평가하는 방법 및 그들의 사회적 규범간에 적합성이 높을 때 갈등이 일어날 확률이 가장 높다고 한다. 또한 갈등의 확률은 권력자와 종속자 양자간의 정교함과 조직화 정도에 따라 영향을 받는다. Turk에 의하면 조직화는 권력을 쟁취하고 유지하기 위한 하나의 전제이기 때문에 권력집단은 조직화되기 마련이지만, 종속자는 조직화될 수도 있고 그렇지 않을 수도 있다는 것이다. 그런데 종속자가 조직화될 때 갈등의 가능성이 높아지는데, 그 이유는 개인이 자신의 행위에 대해서 집단의 지지를 받을 때 가장 큰 힘을 가지기 때문이다.

그리고 세련됨(sophistication)이란 다른 사람을 이용하기 위한 행위유형에 대한 지식이라고 할 수 있는 것으로, 이 경우 종속자나 권력자가 상대의 약점과 강점을 잘 알고 있어서 서로를 이용할 수 있을 때에 이를 세련되었다고 규정할 수 있다. 따라서 양자가 세련되지 못할 때 갈등의 소지가 커지게 되는데, 이것은 세련된 종속자는 갈등을 야기시키지 않고도 자신의 목표를 성취할 수 있으며, 세련되지 못한 권력은 그들의 목표를 달성하기 위해 강제에 주로 의존해야 하기 때문이다.

따라서 종속자가보다 조직화되고 세련되지 못할 때 갈등의 소지가 많다고 가정할 수 있다. 어떤 조건에서 권력자와 종속자의 갈등이 종속자의 범죄성을 가장 많이 그리고 빈번하게 유발하는가? ① 우선 갈등이 범죄성을 야기하는 일차적 요인을 Turk는 법률적으로 규제 또는 금지된 행위의 의미 또는 중요성이라고 주장한다. 권력자에게 문화적으로 중요한 의미가 있는 법률규범일수록 집행될 가능성이 높다는 것이다. 권력자의 문화적 규범과 행위적 규범이 일치될 때 법규범의 집행가능성이 높아지는 것으로 가정할 수 있다. ② 범죄화에 영향을 미치는 두 번째 요인은 권력자와 종속자, 집행자와 저항자 사이의 힘의 상대성이다. 일반적으로 권력자 또는 집행자의 힘은 크고 반대로 종속자 또는 저항자의 힘이 약할 때 범죄화가 클 것으로 간주된다. 반대로 종속자 또는 저항자의 힘이 집행자의 힘보다 커진다면 그 법은 통상 바뀌게 마련이다.

③ 범죄와에 영향을 미치는 세 번째 요인은 바로 '갈등진행의 현실론'(realism of conflict move)으로 Turk는 표현하고 있다. 여기서 말하는 현실론·현실성이란 것은 법집행의 가능성에 영향을 미치는 위반으로서 앞에서 말한 세련됨과는 대치되는 표현이기도 하다. 즉, 양자가 현실적으로 갈등을 진행한다면 법집행의 가능성은 낮아지지만, 반면에 비현실적으로 갈등이 이루어지면 법집행의 가능성이 높아지게 되는 것이다. 구체적으로 권력자의 입장에서는 잔인함을 피하고 정상적인 법절차를 따르며, 상대에 대해 적개심을 내보이지 않는 등의 경우를 현실적이라고 할 수 있으며, 반대로 종속자의 입장에 대해서 그 공격성을 줄이며, 다양한 법집행기관간의 합의를 증대시킬 수 있는 행동은 자제하는 것이 현실적인 것이기 때문이다.

터크의 범죄화이론은 다음과 같은 비판을 받고 있다. 첫째, 이론적 개념과 명제가 불확실하게 설명된다는 점이다. 예를 들어, 갈등이라는 개념과 갈등과 범죄화의 관련성이라는 명제가 명확하게 설명되지 못하였다는 점이 지적된다. 둘째, Turk의 이론은 갈등과 범죄화의 관계에서 문화적 차이와 역할을 과대평가하고 있다는 사실이다. 이는 우리 사회에 있을 수 있는 가장 치열한 갈등이 사실은 같은 가치관을 공유한 사람들 간에 일어날 수 있기 때문이다. 세 번째는 경제적 차이가 문화적 차이에 미치는 영향을 무시하고 있음도 비판의 대상이 되고 있다는 점이다.

3. 사회갈등적 접근방법의 평가

이와 같은 투쟁이론을 상징하는 말로서 마키아벨리의 문장이 종종 인용된다. 「손수건을 훔친 자는 감옥에 가나 나라를 훔친 자는 후작이 된다.」이런 인용에서도 추측할 수 있듯이 투쟁이론은 후술할 영국의 신

범죄학(New Criminology)과 같은 사상적 기반에 서 있는 것으로 미국판 신범죄학이라고 하는 것이 정당한 평가이다.

사회갈등적 접근방법을 지지하는 연구로서 두 가지를 주목할 필요가 있다. 하나는 사회불평등이 현저한 지역에서는 재산범이 많은 반면, 주민의 좌절감이 높은 지역에서는 폭력범죄가 많다. 또 하나는 어린이의 사망률이 높음과 살인율과의 상관관계가 높다는 것이다. 하지만 사회갈등접근방법이 제시하는 개념은 애매한 것이 많고 「갈등」이 무엇을 의미하는 것에 대해 사회갈등론을 지지하는 학자 사이에서도 다툼이 있다.

또 이 이론은 연구의 결과를 일반화시키기 어렵다는 비판도 면하기 힘들다. 이런 비판이 높아져 최근에는 사회갈등접근방법의 존재자체를 인정하지 않는 경향을 보이고 있다. 하지만 무언가의 사회적 갈등이 범죄의 하나의 요인이 된다는 기본개념 자체는 부정할 수 없다.

또 퀴니는 페핀스키와 함께 투쟁이론을 발전시켜 근년에는 평화범죄학(Peace Making Criminology)을 제창했다. 여기에는 이때까지의 형사사법제도가 범죄와 투쟁해 온 자세가 비판되고 평화나 사회정의를 목표로 한 형사사법제도의 수립을 주장하고 있다. 단, 구체적인 내용들은 종래의 급진범죄학과 비슷하고 신선미가 부족하다는 지적을 받고 있다.

제 5 절 범죄사회학의 한계

이들 세 가지 접근방법의 원류인 시카고학파는 전술했던 것처럼 제1차 세계대전 후부터 1930년대에 걸쳐 미국에서 발전했다. 대공황을 맞은 당시는 여러 가지 자본주의의 모순이 노출되고 대도시의 슬럼화가 진행하는 중에서 집단적인 소년갱이 급증한 시기였다. 이런 현상을 설명키 위해 사회해체론, 분화적 접촉이론, 사회갈등론이 제시되고 많은 지지를 받았다.

하지만 1960년대에 미국에 경제적 번영이 오고 「풍요로움과 번영」의 시대를 맞이하였다. 여기서 주목할 것은 비행의 질적 변화가 현저하게 나타났다는 사실이다. 종래 이야기되던 사회적 긴장, 비행하위문화, 문화적 갈등에서 곧장 비행으로 이루어지는 설명은 1960년대 이후에는 없어져 시대에 뒤쳐지게 되었다.

또 3가지 접근방법에 속하는 각 이론은 본래 범죄학파의 이론이라기보다, 일반 사회학의 의견을 범죄분석에 응용한 가설이고 범죄학의 장면에서 충분히 검증되고 주장된 것은 아니었다. 또 이들 각 이론은 모든 범죄, 비행에 해당하는 일반이론이라기보다 주로 집단적인 소년비행, 조직범죄, 화이트칼라 범죄를 염두에 두고 주장한 것이다. 즉, 이들 각 이론은 「과잉단순화」에 그쳐 설명되지 않는 많은 범죄행위를 남겼다. 범죄대책 면에서 그다지 실용성이 없다는 비판을 피할 수 없고 세 가지 접근방법의 각 이론이 정교화된 1960년대 이후의 미국에서는 범죄와 비행의 증가로 고민하였다.

제 6 장

범죄학 관점의 전환

제 1 절 범죄학관점의 전환

종래의 범죄학은 각각의 이론에 의해 주장내용은 다르나 기본적 전제를 「인간의 의지는 환경에 의해 결정된다」는 사회학적 결정론에 두었다는 점에서 공통된다. 간단히 말하자면 일정한 사회적 구조(긴장)가 존재하는 곳이거나 혹은 사회갈등이 발생함에 따라서 사람들은 범죄를 저지르려 생각하고 있다는 관점이다.

하지만 1960년대 이후의 범죄증가를 배경으로 사회학적 결정론을 전제로 한 각 이론이 지지를 잃고 이전의 전제 자체에 의문이 제기되자 다른 관점에서 범죄원인이 탐구되었다. 관점의 전환은 여러 가지 각도에서 시도되었으나 3가지로 요약할 수 있다. (a) 의지결정론을 전제로 한 이론에서 부드러운 결정론(자유의지 + 유전 · 환경요인)을 전제로 한 이론으로의 전환(표류이론) (b) 범죄자 개인이 범죄를 행한 원인에 착안한 이론에서 형사사법기관이나 사회에 착안한 이론으로의 전환(낙인이론) (c) 범죄자 고유의 범죄요인에 착안한 이론에서 범죄에 도달치 않는 범죄통제의 메커니즘에 착안한 이론으로의 전환(통제이론)이 그것이다.

제 2 절 표류이론

1960년대를 맞이한 무렵까지 주류였던 사회학 결정론에 반기를 든 것은 맛샤(David Matza)의 표류이론(drift theory)이었다. 맛샤에 의하면 비행은 외재적인 환경요인이나 사회적 압력에 의해 필연적으로 일어나는 것이 아니라 비행자의 자유 의지에 근거하여 일어나는 것이다. 물론 표류이론도 완전히 환경적 요인을 무시한 것은 아니다 즉, 맛샤는 「(유전, 환경에 의해)결정되기보다 (자신의 의지에 의해)결정한다」라고 한 바 있다.

1. 두 가지의 「부드러운 결정론」

일본의 형법학에서 부드러운 결정론이라 하면 「사회적인 비난에 의해 의지가 결정될 가능성이 있다.」는 자유의지에 관한 헤이노 박사의 견해를 상기할 수 있다. 하지만 이것은 맛샤에 의해 제창된 부드러운 결정론에 일치하지는 않는다. 맛샤의 주장은 인간의 행동은 환경적 제약을 받아도 최종적으로는 자신의 자유의지로 결정하는 것이고 상대적 의사자유론에 가깝다.

2. 표류이론의 기본개념

맛챠(David Matza)는 『비행과 표류』라는 저서에 의하면 비행소년은 지배적인 합법적 가치체계를 완전히 부정한 것은 아니다. 즉, 비행소년은 때로는 합법적 가치체계에 따르고, 때로는 반항한다. 바꿔 말하면 비행소년은 합법적 가치체계와 비합법적 가치체계 사이를 왔다 갔다

하는 이른바 표류하는 것이다. 또 소년은 어느 시기에 범죄를 저질러도 생애범죄를 계속하는 것이 아닌 거의 일과성에 그친다. 표류는 통제가 느슨한, 그래서 비행소년이 인습적이거나 범죄적 힘에 자유롭게 반응할 수 있는 사회구조의 영역에서 발생한다고 보았다. 맛짜는 전통적 범죄이론들이 주장하였던 "열성적"이고 "상습적인" 비행소년이 존재함을 부정하지 않았지만 비행소년의 대부분은 아래 그림에서 보는 바와 같이 대부분은 표류자라는 점을 강조했다.

맛챠는 이런 현실을 설명 가능한 이론은 표류이론뿐이라고 역설하였다. 즉, 거의 모든 비행소년은 성인이 된 후 비합법적 가치체계 사회에서 합법적 가치체계의 사회에 도달하여 법을 준수하는 생활을 보내는 사실은 비행이 많은 소년에게 있어 표류중인 일시적 현상이란 점을 대변하는 것이다.

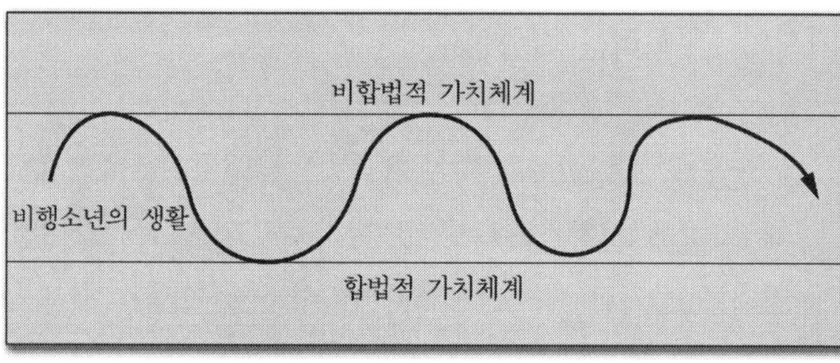

〈그림 6-1〉 표류이론에 따른 비행청소년의 생활

3. 중화의 기술

샤이크스(Greham M. Sykes)와 맛자(David Matza)는 Sutherland 이론이 가지는 차별적 반응의 문제를 중화기술이론으로 해결하고자 하였다. 비행자에게 이미 내면화되어 있는 규범의식이나 가치관이 중화 즉 마비되면서 비행으로 나아가게 된다는 견해이다. 또 사이크스(Gresham Sykes)는 맛챠(David Matza)와 와 함께 비행소년이 위법행위를 저지를 때 스스로의 행위를 정당화한다고 생각해 이것을 중화(neutraliztion)의 기술이라 불렀다. 중화기술이란 자신의 행위가 실정법상으로 위법함을 알지만 그럴듯한 구실이나 이유를 내세워 자신의 행위를 도덕적으로 문제가 없는 정당한 행위로 합리화시키는 능력이라고 정의될 수 있다. 이 중화기술은 5가지로 유형화된다. ① 자기책임의 부정(스스로 하는 것이 아닌 어쩔 수 없이 범죄를 저지름) ② 가해의 부정(누구에게도 피해를 주지 않는다) ③피해자에의 책임전가(나쁜 쪽은 오히려 피해자 쪽이다) ④ 비난자에 대한 비난(자신을 비난하는 자는 위선자이다) ⑤ 고도의 충성심에 호소(동료 간의 충성 때문에 범죄를 저질렀을 뿐이다) 즉, 소년들은 비행에 도달한 경우에 이런 중화기술을 이용, 스스로의 비행을 정당화시킨다. 반면, 이런 것에 의해 소녀들은 비합법적 가치체계의 사회에 그치지 않고 합법적 가치체계의 사회에 돌아갈 수 있다.

제 3 절 낙인이론

낙인이론은 1960년 중반에 벡커(Howard Becker)의 「아웃사이더」가 발간된 이래 각광을 받았다. 이 이론의 기초인 아이디어 자체는 프랑스 사회학자인 뒤르켐에 의해 영향을 받았다고 할 수 있다. 그러나 일반적으로 낙인이론은 역사학자 타넨바움(Frank Tannenbaum)이 「범죄와 커뮤니티」에서 처음 주장하였고 그 후에 레머트(Ediwin Lemert)의 저서 「사회병리학」에 의해 체계화가 시도되었다.

낙인이론이 주목을 모은 1960중반 미국에서는 기성의 전통적 가치관이 흔들리기 시작해 범죄가 급속히 증대했다. 이런 가운데 벡커 등이 제창한 낙인이론은 극히 신선한 것으로 받아들여졌다.

1. 낙인이론의 기본 개념

1) 낙인이론의 관점

레머트

중세의 범죄학이 거의 범죄자 개인에 초점을 두고 범죄자에 대한 형사사법기관이나 사회의 대응을 경시한 것을 반성하는 내용을 담고 있는 이론이 바로 낙인이론이다. 이 이론은 범죄는 본래적으로 존재하는 것이 아니고 누군가가 그것을 비난해 낙인을 찍기 때문에 범죄가 된다고 생각하여 형사사법기관이나 사회가 범죄자에게 낙인을 붙이는 과정에 착안하여 낙인(stigma)찍는 것을 재검토해야 한다고 하였다.

형사사법기관이 행하는 낙인찍기는 2가지 관점에서 문제가 된다. 우선 통제의 측에서 보면 「사회통제의 강화가 오히려 일탈행위를 조장한다」는 것이 아닌가가 문제가 된다. 또 하나는 범죄자 측에서 보면 사회통제의 강화가 일탈적 아이덴티티(identity)를 형성해 거기에 어울리는 생활 스타일을 취하는 것이 아닌가도 문제이다.

2) 낙인이론의 기본개념

낙인이론을 형성하는 기본개념으로 ① 사회적 상호작용론 ② 이차적 일탈 ③ 악의 드라마화 ④ 충족적 자기예언의 성취 ⑤ 싸움에 진 개의 이데올로기 등 5가지를 들 수 있다.

스티그마

스티그마라는 말은 고대 그리스에서 만들어진 것이다. 고프맨(Erving Goffman)에 의하면 고대 그리스인에 있어 스티그마는 제시자의 도덕적 지위나 이론적 상황에 있어 어떤 이상이나 부정적 평가를 가리키기 위한 신체적 징표이었다.

사인은 몸을 베거나 태워, 노예, 범죄자 또는 배신자 등 비난받아야 할 자, 특히 공공의 장에서 비난해야 할 자라는 것을 알렸다.

또 그 후 기독교가 보급된 세대에 두 가지 은유적 의미가 여기에 부여되었다. 하나는 사사를 받은 자라는 의미이고 다른 것은 신체적인 장해를 갖고 있는 자를 의미하였다. 오늘날에도 스티그마는 개인에 대한 불명예를 가리키는 징표라는 의미로 사용된다.

(1) 사회적 상호작용론

범죄는 소질적 요인이나 환경적 요인에 기본을 둔 것이 아닌 범죄자로서 낙인찍힌 자(범죄자)와 낙인을 찍는 자(형사사법 기관이나 사회 등)와의 상호작용 과정에서 나타난다.

(2) 이차적 일탈(일탈의 증폭)

최초의 범행(일차적 일탈)에 의해 생긴 범죄자 혹은 형무소출신이라고 낙인찍힌 개인이 사회적 핸디캡을 갖게 되어 낙인을 받은 자는 스스로도 부정적 자기관념을 굳혀 재범(이차적 일탈)을 벌인다.

(3) 악의 극화

범죄자가 주인공이고 형사사법기관이나 사회가 연출가나 관객이 되어 악의 드라마가 상영된다. 비행소년 대책의 요점은 이 악의 드라마화의 회피이다.

(4) 자기충족적 예언

개인에 대한 부정적 예언(예를 들면 교사가 어느 학생에게 비행소년이 된다고 지적)이 당사자에 대해 주위의 거부반응을 불러일으키고 당사자라도 일탈적 정체성을 굳혀 예언대로 일탈의 결과를 낳게 된다.

(5) 싸움에 진 개의 이데올로기

백커는 「누구의 편에 서는가?」를 논하는 논문 중에서 전통적인 범죄학자가 국가권력 측의 이긴 개(overdog)의 이데올로기에 기초를 둔 것을 비판, 범죄자는 싸움에 진 개(underdog)의 이데올로기측에 서야 한다고 주장하였다.

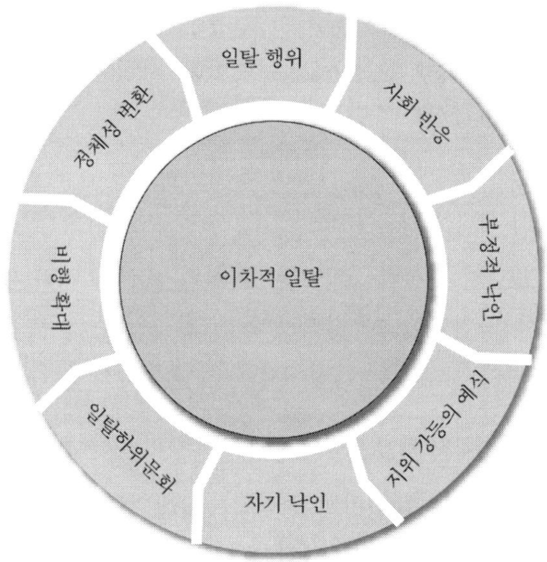

〈그림 6-2〉 일차적 일탈과 이차적 일탈

낙인의 효과

우리는 선입관이나 편견에 의해 안이하게 「불량」, 「비행」 등의 레테르를 타인에게 부여한다. 하지만 한번 부여한 레테르는 쉽게 벗길 수 없고 레테르에 어울리는 태도를 취하게 된다. 고프맨은 「레테르를 부여받은 일탈자는 그 stereotype(고정관념)에 어울리는 역할을 취한다고 보고하고 있다」라 하고 정신병 환자와 실습간호원의 사례를 들었다. 「정신병원에는 기이한 증세를 일부러 연기해 신입 실습간호원아 정상적 행동만을 보지 않도록 신경을 써주는 환자가 있다」

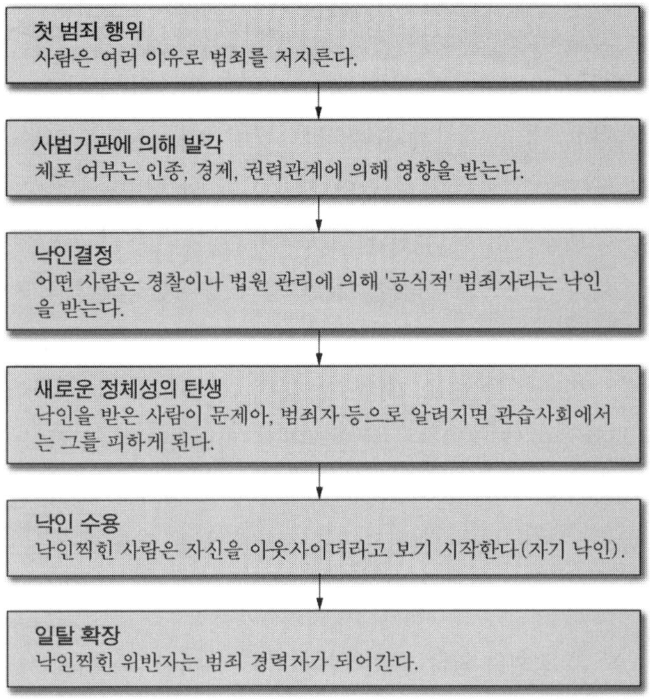

〈그림 6-3〉 낙인 과정

2. 낙인이론의 영향

낙인이론은 범죄학의 이론 면에 그치지 않고 범죄대책 면에 큰 공헌을 남겼다.

1) 이론적 영향

우선 이론 면에서는 낙인이론은 자기보고식 연구의 활성화를 촉구해 범죄는 특이한 소질이나 환경을 가진 이들에 의해 일어나는 것이 아니라는 것을 밝혀 「우리는 모두 범죄자인가」라는 관점을 제시했다(범죄는 인종, 계층을 넘어 보편적으로 보이는 현상이다). 또 범죄의 현실이나 통계간의 상관관계 조사를 촉구해 정신적 공황(Moral-Panic)론을 제기했다.

즉, 통계상에서는 범죄증가가 보여도 그것은 경찰이나 메스미디어에 의해 만들어진 국민의 정신적 공황에 의한 것이고, 범죄증가의 사실은 환상 내지는 신화에 불과한 것이 아닌가라는 의문을 나타낸 것이다. 또 이 이론은 이와 같이 경찰이나 메스미디어가 범죄에 관한 특정의 정보를 선택해 국민에 제공하여 일정 형태의 일탈행위를 부각시켜 사회적 반향을 과도하게 높인 것이 통제강화의 목적으로 이어진다고 비판하였다.

또, 낙인이론은 재량권을 많이 가진 형사사법기관이 범죄자 처리과정에 있어서 임의적으로 범죄자와 비범죄자를 선별하는 것이 아닌가라는 선택문제(selective section)의 관점도 제시했다. 특히 미국의 경우는 체포, 기소, 평결, 형량의 각 단계에 있어 인종이나 사회 계층에 관한 편견이 있는 것이 아닌가 문제가 되었다.

2) 정책적 영향

범죄대책 면으로는 〈사회통제의 강화-일탈〉이란 명제에서 형사사법기관은 「불개입주의원칙」을 취해야 할 것이다란 주장이 제기되었다. 여기서 구체화된 정책은 4D정책이라 불린다. 여기서 4D는 ① 비범죄화(decriminalization) ② 비시설화(deinstitutionalization) ③ 다이버전(diversion) ④ 적정절차(due process)를 의미한다. 이 4D 정책은 미국만이 아닌 유럽 각국에 1970년대의 주도적인 형사사조가 되었다.

3. 낙인이론의 평가

이처럼 낙인이론은 범죄학이론이나 범죄대책론의 양쪽에 있어 여러 영향을 주었으나 다른 면에서는 많은 비판도 보였다.

(a) 낙인이론이 아닌 단순한 관점의 권한에 지나지 않았다.

(b) 낙인이론은 이론적인 체계화가 곤란하다.

(c) 범죄의 소질적 요인을 전부 무시해 공상적인 이론이 중시된다.

(d) 최초의 범행(일차적 일탈)이 왜 일어나는가가 설명 불가능하다.

(e) 낙인이론이 경미한 범죄나 「피해자 없는 범죄」에 적용될 수 있는 이론이고 중대한 범죄에는 맞지 않는 것이 많다.

(f) 낙인효과는 마이너스 면만이 아닌 낙인이론을 긍정하는 연구와 부정하는 연구가 상반되어 있는 실정이다.

특히 「사회통제강화가 일탈을 낳는다」는 명제가 확실히 증명되지 않는 것은 주의할 필요가 있다. 형사사법기관의 보행과정에서 인종이나 사회계층의 편향적이고 차별적인 처우를 낳는 점도 실증되어 있지 않은 것이 낙인이론의 최대약점이다. 역으로 최근에는 범죄가 특정의 인종이나 사회계층에 집중되어 있는 것을 재확인하는 조사결과가 늘어나고 있다. 또 1970년 후반에서 급진적인 범죄학이론이 대두되 낙인이론이 자유주의적 범죄학이론에 그쳐 결국은 전통적 범죄학의 아류에 불과하다는 심한 비난도 받고 있다.

1980년대가 되면 「낙인이론은 죽었다」든가 「신구이론의 과도기의 이론에 불과하다」라는 비난도 받았다. 하지만 양적으로 검증이 되지 않는다하여 낙인이론을 폄하해서는 안 된다. 오히려 낙인이론은 실증적 검증과정에서 극단적으로 단순화시켜 본래의 모습을 왜곡시킨 감도 없잖아 있다. 낙인이론이 「범죄자=악, 비범죄자=선」이란 도식의 변경에 영향을 미친 사실을 잊어선 안 된다.

또 낙인이론이 형사사법기관의 움직임을 범죄학이론의 관점에서 활동할 수 있도록 영향을 끼쳤을 뿐 아니라 4D정책을 시작으로 1970년대의 범죄대책을 주도한 것은 불멸의 공적으로 평가되어야 할 것이다. 또 낙인이론이 퇴조경향을 보인 한편 그 흐름 속에서 「구조주의」란 사상이 대두되 주목을 모았다. 이 사상은 낙인이론 자체가 중세의 원인론적 발상을 일조하고 있지 않다고 비판하고 사회적인 문제(예를 들면 하나의 범죄사건)이 구조화되어가는 과정을-원인론적 발상을 배제하여-이론적으로 분석하려는 것이다.

제 4 절 통제이론

1. 사회적 통제이론

전통적인 범죄학이 오직 범죄자 고유의 범죄요인에 초점을 맞춰, 범죄에 대한 통제 메커니즘을 관심 밖에 둔 것을 반성하는 것이 통제이론이다. 이 이론은 「왜 범죄가 일어나는가」가 아닌 「왜 범죄는 일어나지 않는가」에 관심을 가지고 범죄에 도달치 않는 통제의 메커니즘을 탐구하려 했다.

즉, 이 이론은 인간은 누구나 범죄를 저지르는 가능성이 있다는 전제를 세워(성악설에 가깝다) 사람들이 법률에 따르는 이유를 찾으려 한 것이다. 낙인이론이 「통제의 강화가 일탈을 낳는다」라고 생각한 것에 비해서 통제이론은 「통제의 헤이함이 일탈」라 생각하였다. 통제이론은 예전 1950년대에 후술할 리스(Albert J. Reiss)나 나이(F Ivan Nye)에 의해 주장되었다. 특히 1970년대에 들어와 낙인이론이 후퇴함에 따라 급속히 지지자를 얻어 1980년대 미국에서는 지배적인 범죄학이론이 되었다.

1) 허쉬의 유대이론

사회통제의 약화가 일탈을 낳는다는 발상자체는 뛰르켐에서 시작되어 시카고학파, 아노미론으로 이어져 왔으나 현대의 통제이론의 주창자는 허쉬(Traris Hirshi)이다. 허쉬에 의하면 비행을 저지하는 4가지 사회적 끈(본드)이 있다고 한다(bonding theory). ① 애착(attachment)의 끈. 애착은 양친이나 교사에 대한 애정, 존경을 가리킨다. 예를 들면 그들에게 폐를 끼치고 싶지 않다는 기분이 비행을 저지르게 한다. ② 관여(commitment)의 끈. 노력은 범죄로 이어지는 이익득실을 비교형량해 합법적으로 목표를 향해 노력하는 것을 가리킨다. 가령 진학이나 취직을 위해 노력할 때 비행이 저지된다. ③ 참여(involvement)의 끈. 합법적 활동에 관련되어 비행을 할 시간이 없는 것으로 예를 들면 시험공부나 동아리활동에 열심히 활동할 때 비행이 억제된다. ④ 신념(belief)의 끈. 사회적 규칙에 따르지 않으면 안 된다는 의식이다. 예를 들면 당초 비행행위에 대한 회의의식이 강한 경우 비행이 억제된다.

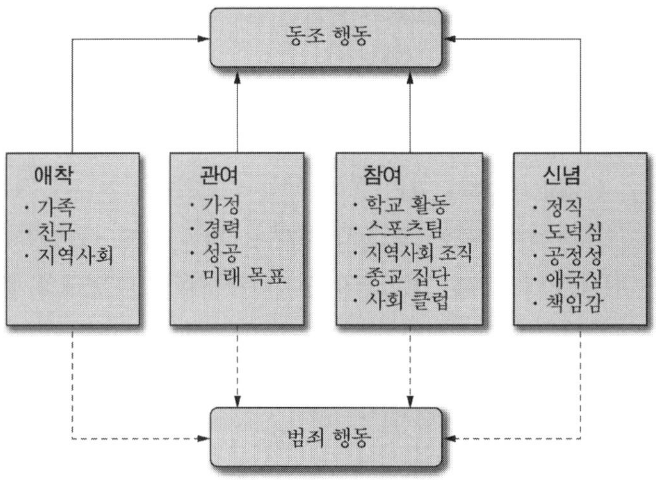

〈그림 6-4〉 사회유대의 요소

2) 통제이론의 기원

통제이론의 역사를 보면, 전술한 사회적 통제이론에 대해 리스(Albert Reiss)의 「자기통제능력」, 나이(Nye)의 「가족적 통제」를 들 수 있다. 또 레크레스(walter. C. Reckless) 등은 「범죄나 비행의 새로운 이론」과 「범죄의 문제」에서 제지이론을 제창하였다. 여기서는 범죄촉진요소와 통제요소가 나뉘어 고려된다.

범죄촉진요소로는 ① 사회적 압력(생활의 빈궁, 가정불화, 기회의 결여 등)이나 ② 사회적 유인력(친구, 비행하위문화, 매스미디어 등)이 있다. 이에 대해서 범죄의 제지요소로는 외적 통제력과 내적 통제력이 있다. 이에 전자는 가족을 시작으로 인간관계 등에서 자라나는 윤리관이나 소속의식, 주위의 기대, 끈기 등이 있다.

후자는 자기통제, 자아, 책임감, 목적의식, 상승지향 등을 가리킨다. 범죄의 촉진요소에 착안한 경우 자기관념이 「비행절연체」가 되어 스스로를 준법적이라 평가하는 자는 비행을 일으키지 않는다. 반면, 범죄통제요소에 착안하면 자기개념이란 내적 억제력이 늘어나 환경 같은 외부적 통제력을 겸해 준비한 자가 비행에 도달하기 어렵다.

3) 사회적 통제이론의 한계

사회적 통제이론의 가설을 절충하기 위한 조사연구는 꽤 있으나 긍정적 결론에 도달한 연구가 많다. 또 이 이론은 일반인에게도 받아들이기 쉬운 측면이 있는 것도 사실이다. 반면, 실증적 연구가 진행된 최근에는 통제이론은 스스로 표방한 바와 같이 일반이론(대이론, Grand theory)으로서의 역할을 하는 이론이 아니라 일부의 범죄영역을 설명하는 특수이론이 아닌가란 말도 있다. 이를 자세히 설명하면 다음과 같은 세 가지 지적이 있다.

첫째, 사회적 통제이론은 경미한 범죄는 설명가능해도 중대 범죄는 설명이 안 되는 것 아닌가? 둘째, 남성범죄보다 여성범죄를 설명하기 쉬운 게 아닌가? 셋째, 주요 적용 대상은 소년범죄이고 성인범죄는 설명이 안 되는 것은 아닌가? 또 허쉬의 유대이론에 대해서는 유대가 약해지면 일탈이 생기는 견해는 단편적인 것에 불과하고 범죄의 발생이 끈을 약하게 하는가 하는 점도 무시할 수 없어 「유대감과 범죄의 상호작용」론이 중요하지 않은가란 비판이 있다.

2. 자기통제이론

허쉬는 1990년대에 들어와 「사회적 통제이론에서 자기통제이론으로」란 슬로건을 내세워 갓프래드슨과 함께 자기통제이론을 주창했다. 그들은 1990년에 「범죄의 일반이론」에서 범죄의 요인을 「자기통제력(자기억제력)의 결여, 약화」에서 찾았다. 여기서 자기통제력이 약한 자란 누구인가? 그들에 의하면 자기통제력이 약한 자는 「충동적이고 무감각하고, 또 근시안적, 비언어적인 성향을 가진 자」를 의미한다. 허쉬와 갓프래드슨은 범죄를 저지르는 것은 이런 특징을 가진 자라 생각했다.

1) 자기통제이론의 개요

그들의 이론을 정리하면 그 내용은 9가지로 요약할 수 있다.

ⓐ 범죄는 순간의 욕망을 만족시키는 것이다(자기통제력이 약한 자는 순간적인 욕망을 만족시키려 한다.

ⓑ 범죄는 안이하고 단순한 욕망을 채우는 것이다(자기통제력이 약한 자는 근면성이나 인내심이 부족하다).

ⓒ 범죄는 자극적이고 스릴을 즐기는 것이다(자기통제력이 약한 자는 모험을 좋아한다).

ⓓ 범죄는 총체적으로 보면 이익이 적다(자기통제력이 약한 자는 결혼이나 일 및 대인관계 면에서 불안정하다).

ⓔ 범죄는 기술이나 계획성을 필요로 하지 않는다(자기통제력이 약한 자는 기술습득과 계획을 쉽게 포기한다).

ⓕ 범죄는 피해자에 고통을 준다(자기통제력이 약한 자는 자기중심적이고 피해자의 고통을 생각하지 않는다).

ⓖ 범죄는 즉시적인 쾌락을 추구한다(자기통제력이 약한 자는 범죄이외에도 흡연, 음주, 도박의 중독 또는 습관성을 가지고 있다).

ⓗ 범죄는 범죄자나 제물간의 상호작용의 결과이다(자기통제력이 약한 자는 사회성이 없다).

ⓘ 범죄는 초조함에 대한 해방이다(자기통제력이 약한 자는 인내력이 없고 갈등을 야기하고 말보다 폭력을 잘 사용한다).

2) 자기통제이론의 방향

허쉬나 갓프래드슨은 자기통제이론이어야 말로 모든 범죄에 적용 가능한 일반이론이고 이때까지 전통적인 범죄학이 범죄율의 차이를 인종차이, 환경의 차이, 성차 등에 의해 설명했으나 이것은 잘못된 것으로 인종간, 지역간 또 남녀간의 범죄율의 차이는 각각의 자기통제의 차이에 귀착시켰다. 또 그들은 범죄나 범죄성을 구별할 것을 제안했다.

자기통제가 결여된 자(범죄성이 있는 자)도 범죄기회와 주어지지 않는 한 범죄를 저지르지 않는다. 반면 범죄성 없는 자도 범죄기회가 주어지면 범죄를 저지른다. 이 자기통제이론은 제창 당시부터 주목을 모았으나 아주 일관적인 평가는 나 있지 않다. 하지만 이 이론을 모든 범죄자에 적용하기엔 무리이다. 왜냐하면 화이트칼라 범죄를 두고 생각해 보아도 고급관료나 기업경영자가 자기통제가 약한 자라고 일반적으로 볼 수 없을 것이다.

3. 통제이론의 평가

가정이나 학교교육의 실패가 범죄의 주요원인이라고 생각하는 사회통제이론과 자기통제이론측의 정책제언은 가정의 예의범절이나 학교교육을 엄격히 해 지역 간의 범죄대책을 추진하자는 주장으로 이어진다. 이런 주장이 1980년대 이후 미국에서 지지층이 늘어난 배경은 공화당의 레이건과 부시 대통령 밑에서의 정치 보수화나 「법과 질서」 캠페인을 들 수 있다. 「형사사법기관은 범죄의 감소에 효과적이 못하기 때문에 범죄방지는 공식적인 공동체 등에 의하여 통제되어야 한다」라는 근년의 범죄예방론의 주장도 사회적 통제론과 부분적으로 연관이 있다.

사회적 통제이론을 수정한 자기통제이론에서는 범죄자의 인격이나 성격에 주된 관심이 모여 있어 그 의미에서는 범죄심리학적인 색채가 짙다는 사실을 부정할 수 없다. 또 이 이론은 범죄를 통제하는 책임을 국가에서 일반시민으로 바꿔 놓을 가능성을 가진 점도 간과할 수 없다고 생각된다.

제 7 장

범죄학의 신경향(I)

제 1 절 합리적 선택이론 - 고전파 범죄학의 부활 -

영미에서는 1980년대에 접어들면서 합리적 선택이론이라 불리는 범죄학이론이 급속히 대두했다. 합리적 선택이론은 범죄학고유의 이론은 아니나 범죄에 관해서 다음과 같이 설명한다. 범죄자는 「범죄에서 얻은 이익(benefit)이 크게」 하거나 「범죄에 실패할 때의 손실(cost)이 적게」 하는 것을 고려해서 범죄의 유무, 방법, 장소 등을 선택한다. 이 이론에서는 범죄는 합리적인 인간이 자유의지에 기본으로 한 것이고 유전이나 환경의 산물이 아니라고 본다.

합리적 선택이론은 경제학의 호모・이코노믹의 가설(「인간은 기대되는 자기의 효용계수를 최대화하려 한다」)을 기초로 하고 있다. 이 이론은 18세기에 베까리아나 벤담이 주장한 고전파 범죄학과 비슷하게 범죄에 의해 야기되는 비용과 이익을 비교형량하여 범죄의 실행여부를 결정하는 합리적인 범죄인상을 전제로 하기 때문에 「고전파 범죄학의 부활」이라고도 평가되고 있다.

1. 합리적 선택이론 대두의 배경

합리적 선택이론이 1980년대에 대두하게 된 배경으로는 ① 의료모델(medical model)의 쇠퇴, ② 「범죄의 경경제학」의 출현을 들 수 있다.

1) 의료모델의 쇠퇴

1960년대 이후 미국에서는 범죄의 증가가 중대한 사회문제로서 인식되어졌다. 이 때문에 기존의 형벌시스템에 대한 회의론이나 비관론이 크게 증가하였다. 특히 당시의 형사사조(刑事思潮)의 주류인 의료모델에 대해 격렬한 비판이 이어졌다. 의료모델은 범죄자를 무언가 병을 가진 한 자로 간주, 사회에 있어 유익한 구성원으로 만들기 위한 처우의 일환으로 치료의 필요성이 있다는 생각을 기초로 하고 있다. 이 의료모델은 제2차 세계대전 이후 인권의식이 높아지면서 형사사조의 근간을 이루었다. 하지만 범죄의 증가 등 사회문제를 일으키는 사람들 중에서 상습범죄자 등 처우곤란자가 많이 차지하고 있다는 사실이 확실해지면서 「치료」로서의 처우효과의 한계가 지적되게 되었다.

미국 사회학자 마티든이 과거 범죄자 처우기법에 대한 231개의 연구를 검증한 보고에 의하면 치료프로그램이 범죄자의 교화에 「효과 없음(nothing works)」이라 결론짓고, 의료모델의 지지파에게 강한 충격을 주었다. 또 한편 「치료」란 미명 하에 범죄에 자에 대한 과잉처우로 인한 인권침해가 이루어진 것에 대한 비관도 높아졌다. 이런 특별예방을 목적으로 한 의료모델은 급속히 지지를 잃기 시작한 반면, 응보, 격리 혹은 제지를 중심으로 한 정의모델(justice model)이 대두했다.

재판에 의한 확정된 형벌의 엄격한 실행을 중시해 형벌의 효과를 행동의 자유제한에 한정하는 것을 주장했다. 바꿔 말하면 그 외 다른 무든 권리는 범죄자도 보장되어야 한다는 이야기다. 이 때문에 정의모델에서는 범죄자는 병인이 아닌 스스로의 의지에 기초로 사물을 결정하는 것이 가능한 합리적이 존재도 파악된다.

2) 범죄경제학의 출현

미국에서는 범죄의 증가에 의한 형사사법제도에 대한 불신감이나 정의모델의 대두에 그치지 않고 형벌의 억지력에 대한 실증적 연구가 활발해졌다. 당초 이런 연구는 범죄사회학자를 중심으로 이루어졌으나 1960년대 이후로부터는 연방정부의 원조를 받은 경제학자의 손에 의해 적극적으로 진행되었다. 이런 경제학의 범죄학으로의 진출은 「경제학의 침략」이라 불리기도 한다.

벡커

경제학 침략배경에는 두 가지 요인이 있다. (a) 당시 연방정부에서는 예산을 비롯한 여러 가지 정책에 대한 경제학적 방법론이 중시되었다. (b) 경제학자 중에서는 인간의 행동도 경제학의 원리로 설명가능 하다는 생각이 강해 그 실증영역을 범죄학에서도 찾았다. 초기의 「범죄경제학」의 주요 연구로는 벡커(Gary Becker)의 논문 「범죄와 형벌-경제학적 접근」이나 에리히(Isaac Ehrlich)의 논문 「위법행위에의 관여-이론적 · 경제적 연구」가 있다.

이들은 주로 형벌의 억지력에 대한 실증적인 연구였다. 그리고 이들 연구에도 당연히 범죄자는 형벌에 위하나 위협을 이해하는 합리적인 존재인 것인 전제가 되었다. 또 1960년대에 카라브레이시와 포프너 등 법학이나 경제학의 양쪽으로 뛰어난 견해를 가진 학자에 의해 법률문제를 경제학적 관점에서 분석 · 검토하는 「법과 경제학」이 긴 연구영역이 개척되어 1970년대 이후 급속히 발전을 한 것이 합리적 선택이론의 대두에 박차를 가했다고 볼 수 있을 것이다.

에리치의 형벌에 의한 억지력의 연구

에리치는 「사형의 저지효과」란 논문에서 1935년에서의 1969년의 미국을 대상으로 사형의 집행이 살인에 미치는 저지효과를 검증했다. 에리치는 체포가능성이나 형량 등 관련요소도 변수로 염두하고 사형의 억지력에 대해 계량적 분석을 시도했다. 그는 한번의 사형집행이 7. 8건의 살인 발생을 저지한다 결론지었다.

에리치의 연구는 미국이 사형의 합법성이나 존재에 흔들리는 시기에 보고되어 주목을 받았고 또 많은 경제학자, 범죄학자, 법률가들의 논쟁을 야기했다. 에리치의 연구는 기존의 기초 데이터의 신뢰성이나 분석방법의 단순성에 관한 논의의 수준에서 실증적인 논의의 수준으로 끌어올려 범죄분석에 경제학의 새로운 어프로치를 도입한 에리치의 공헌 그 결론의 시비에 관계없이 평가되고 있다.

2. 합리적 선택이론의 기초

합리적 선택이론에 의하면 행위자는 자신의 경험이나 학습한 지식을 기초자료로 활용하여 범죄를 선택한다. 이 범죄의 선택은 3단계로 나누어져 있다. 제1단계는 범죄행동의 선택이다. 범죄행동은 ① 범죄에서 얻어지는 이익을 ② 체포의 위험성이나 ③ 형벌의 중함과 비교하고 범죄를 실제로 행할지 여부를 결정한다. 즉 「① 범죄의 이익 〉 ② 체포시 위험성 × ③ 형벌의 중함」인 경우 범죄를 실행한다고 상정했다. 제2단계는 죄종(罪種)의 선택이다. 행위자는 입수한 정보를 분석해 범죄를 행할지의 여부를 결정한다. 제3단계는 범죄목표물의 선택이다. 행위자는 피해자를 아무 계산 없이 선택하는 것이 아닌 합리적인 계산에 기본으로 범죄목표물을 선택한다. 역으로 범죄를 실행치 않는다는 결정은 범죄자가 경제적인 이익이 얻어지지 않는다고 판단했거나 체포될 확률이 매우 높다 판단될 때 내려진다. 즉 「① 범죄의 이익 〈 ② 체포 위험성 × ③ 형벌의 중함」인 경우이다.

합리적 선택이론의 다양한 개념

합리적 선택

- 이론의 기본 가정은 위반자가 개인적 욕구와 상황적 요인(범죄에 따르는 어려움과 위험을 포함한)에 관한 정보를 파악한 후 법 위반 행동을 한다고 본다.
- 이론의 장점은 어떤 이유로 위험한 범죄자가 지속적으로 범죄에 참여하지 않는지를 설명한다는 점이다. 이는 청소년 비행통제정책과도 연관된다. 그리고 이는 범죄 설명에서 사회계층이나 다른 사회요인에 의해 제한되지 않는다는 장점을 지닌다.
- 연구는 위반 행위의 패턴으로 범죄가 어디서, 언제, 어떻게 발생하는지에 초점을 두었다.

상황적 범죄 예방

- 이론의 주요 가정은 특정 범죄의 위험과 범죄에 드는 노력이 크고 보상이 적을수록 범죄율은 줄어든다는 것이다.
- 이론의 장점은 주요 정책을 바꿀 필요 없이 특정 범죄를 특정 장소에서 어떻게 줄일 수 있을지를 설명할 수 있다는 점이다.
- 연구는 범죄 감소 전략의 효과성과 효율성을 밝히는 데 초점을 두었다.

일반적 억제

- 이론의 주요 가정은 이익이 비용보다 크다고 판단할 때 범죄와 비행을 저지른다는 것이며, 범죄는 처벌의 엄중성, 확실성, 신속성으로 설명된다는 것이다.
- 이론의 장점은 범죄와 처벌의 관계를 보여주며, 그것이 범죄의 진정한 해결책임을 제시한다는 점이다.
- 연구는 처벌의 인지도, 법적 제재의 효과, 처벌 가능성과 범죄율의 관계를 다룬다.

특수적 억제

- 이론의 주요 가정은 처벌이 충분히 엄중하면 범죄자는 불법 행동을 반복하지 않는다는 것이다.
- 이론의 장점은 범죄 감소 전략을 제시한다는 점이다.
- 연구는 재범, 범죄의 반복, 처벌 유형과 범죄의 관계를 다룬다.

무력화

- 이론의 주요 가정은 범죄자를 감금함으로써 범죄율을 낮출 수 있다는 것이다.
- 이론의 장점은 범죄 기회가 범죄의 주요한 역할을 하고, 이것이 만성 범죄의 해결점을 제시한다는 점이다.
- 연구는 교도소 인구와 범죄율, 형량 기간과 범죄의 관계를 다룬다.

1) 합리적 선택이론과 고전파 범죄학

합리적 선택이론의 전제인 합리적인 범죄자란 전제는 1980년대에 처음으로 주장된 것은 아니다. 합리적 선택이론의 기본적인 생각의 뿌리는 전술했던 바와 같이 베까리아와 벤담의 고전파 범죄학이다. 그들의 견해가 합리적 선택이론과 공통된 관점은 다음 두 가지 점이 중요하다. (a) 범죄자를 자유의지와 합리성을 가진 존재로 파악한다. (b) 그 행동기준으로서 쾌락을 추구하고 고통을 회피하는 공리주의에서 찾는다.

단, 고전파 범죄학의 견해나 합리적 선택이론 간에는 다른 것도 있다. 예를 들면 고전파 범죄학은 전제군주에 의한 인위적인 형사사법의 운용에 반발로 시작되었다. 그들은 어떤 범죄를 범하게 되면 어떤 형벌이 부여되는가가 명시되어 있다면 사람은 그것을 저지르는 않는다는 매우 성선설적인 시점에 서 있다. 이에 대해 합리적 선택이론은 범죄에 의해 얻어지는 이익이 손실을 상회할 때는 사람은 범죄를 실행한다는 매우 성악설적인 입장에 서있다. 또 고전파 범죄학은 합리적 선택이론과 비교해 범죄에 의한 손실에 초점을 맞추었다는 지적이 있다.

2) 범죄문제의 고찰

범죄학의 영역에는 1970년대 후반 이후「범죄자는 합리적인 사고를 가진 존재로 처벌을 무서워하기 때문에 범죄에 대한 형벌을 부여하는 자체에 의의가 있다」는 주장이 다수 나오게 되었다. 그런 동향을 상징하는 저서가 J. Q. 윌슨의「범죄문제의 고찰(*Thinking about Crime*)」이다. 윌슨은 책에서 우선「범죄는 빈곤 등의 환경적인 요인에 의해 발생하고 정책면의 대응에 의해 개선될 수 있다」는 종래의 실증주의적인 범죄학의 주장을 부정했다. 또 형벌이 상습범죄자의 개선효과에 대해서도 회의적인 태도를 취했다.

그리고 의료모델의 기본적인 생각과 달리 잠재적인 범죄자를 합리적인 판단을 가진 존재라 파악. 그들에 대해서는 엄격한 형벌이 필요하다 주장했다. 단, 윌슨에 의하면 잠재적 범죄자 중에는 일부는 자기억제력이 부족하고 범죄의 스릴을 즐기고 사회적 협조성을 중시하지 않기 때문에 형벌에 의한 위화가 유효하지 않다는 것도 사실이므로 일반예방론의 재검토를 주장했다. 이 책에는 그때까지의 자유주의적인 범죄학 사조를 부정하고 보수주의적인 사조가 범죄학의 주류로 등장하는데 선구적인 역할을 하였다.

3) 합리적 선택이론이 형사정책에 미친 영향

윌슨은 당시의 범죄대책은 엄격함이 부족하다고 지적하고 유화적이 형사사법기관의 태도가 「범죄는 수지가 맡는 사업이다」는 메시지를 범죄자에게 준다고 주장하였다, 이런 합리적 선택이론적인 관점을 부여한 윌슨의 주장은 1980년대의 레이건 대통령하의 미국의 보수화 정책과 연결되었으나 그 이후도 클린턴 대통령의 민주당 정권에 있어서도 미국에 있어 범죄대책의 기본개념으로 계속 계승되어 형사 정책으로 결실을 거두고 있다. 즉, ① 경찰예산증액 ② 경찰의 순찰강화 ③ 범죄예방정책 실시 ④ 정당한 응보에 의한 형량부여 ⑤ 형량 가이드라인의 도입 ⑥ 교도소 운영의 강화, 그 중에서 경찰예산의 증액, 경찰의 순찰강화, 범죄예방정책의 실시가 체포의 위험성을 높이기 위한 정책이고 ④, ⑤, ⑥은 형벌을 중시하는 정책이다.

3. 합리적 선택이론의 평가

1) 합리적 선택이론의 전개

합리적 선택이론을 기초로 한 연구가 진행돼, 범죄는 무계획적으로 일어나는 것이 아님이 밝혀졌다. 즉, 화이트칼라 범죄나 도덕범죄, 가두범죄나 약탈범 등도 주의 깊은 비용과 이익을 비교한 후에 실행으로 옮길 것인가 말 것인가를 판단한다는 주장이 설득력을 얻게 되었다. 또 범죄의 기회를 가지게 되는가 아닌가가 범죄의 실행에 있어 매우 중요한 요소임이 밝혀지게 되었으며 준법의식이 강한 자도 범죄기회가 있으면 범죄를 실행할 가능성이 있음이 지적되게 되었다. 또 합리적 선택이론을 범죄의 성공률을 낮춤으로써 범죄를 예방할 것을 목표로 한 환경범죄학의 주장에 강한 영향을 주었다. 예를 들면 크라크(R. V. Clarke)가 제창한 상황적 범죄예방론은 합리적 선택이론을 기초로 하고 있다.

2) 합리적 선택이론의 문제점

오늘날에는 합리적 선택이론을 실증적인 데이터에 의해 보완되어 높은 지지를 모으고 있으나, 한편으로 다음과 같은 문제점이 밝혀졌다.

첫째, 형벌의 저지효과는 충분히 실증되어 있는 것인가? 합리적 선택이론에 의하면 형벌이 심하면 심할수록 범죄는 감소한다. 그러나, 그런 결론은 이제까지의 어떤 실증연구에서도 밝혀지지 않았다. 특히 사형의 범죄억제력에 대한 충분한 효과가 밝혀져 있지 않다.

둘째, 인간행동에 대한 계량적 분석이 어디까지 가능한가? 예를 들면 경제분석의 한계가 지적되었다. (a) 재산범 이외의 범죄에 의한 이익을 수량화하는 것이 가능한가? (b) 체포확률이나 자유형의 무거움을 범죄에 의한 이익과 비교해도 구체적으로 설명이 가능한가? (c) 수량화가 곤란한 감정이 범죄의 실행유무에 영향을 주는 경우도 있지 않을까?

셋째, 합리적 선택이론에 의해 모든 범죄가 설명가능한가? 범죄유형별로 말하면, 특히 격정범 등에 합리적 선택이론에 의해 설명이 가능한가가 의문시되고 있다. 이와 같이 범죄현상의 경제분석에는 다수의 문제점이나 한계가 지적되고 있다. 「법과 경제학」의 영역에도 범죄현상의 경제분석에는 회의적인 견해도 강한 것에도 주의를 필요로 한다.

그럼에도 불구하고 합리적 선택이론은 미국에 있어서 무시할 수 없는 영향력을 유지하고 있는 것도 사실이다. 그 배경에는 범죄가 계속 증가되는 가운데 합리적 선택이론이 정부의 「법과 질서」 정책을 이론적으로 받쳐준 것과 그에 대한 다른 유력한 설명이 제시되어 있지 않은 점이 있다.

제 2 절 환경범죄학

환경범죄학이란 건물이나 지역 등의 환경이 가진 범죄유발 요인을 분석해 범죄기회의 감소를 목적으로 예방환경의 설계·관리를 제기한 새로운 범죄학을 말한다. 한국과 일본에서는 「환경범죄」란 용어는 공해나 환경파괴 등의 범죄를 가르치기 때문에 오해하기 쉬워 주의가 필요하다.

1. 환경범죄학의 대두

환경범죄학은 영·미를 중심으로 1980년대 후반 큰 주목을 받아 1990년대에는 범죄예방론의 대두를 배경으로 세력을 넓혀 왔다.

1) 환경범죄학의 생애와 발전

환경범죄학의 원류는 1920년대의 시카고학파에서 찾을 수 있다. 범죄발생의 지리적 요인을 찾는 발상 자체는 멀리 19세기 중반의 게리나 게뜨레의 범죄통계학파에 있으나 근대의 생태학적 기법을 사용해 범죄의 지리적 분포를 분석해 범죄나 환경에 대한 연구의 원형을 만든 것은 시카고학파였다. 하지만 전술한 것처럼 시카고학파는 주장의 기초가 된 사회생태학이론이나 연구방법에 대한 비판이 계속되어 1940년대 이후 급속히 자리를 잃었다.

범죄와 환경의 관계가 다시 각광받은 것은 1970년대 중반이다. 이 직접적인 계기를 만든 것은 범죄학자가 아닌 제이콥스나 뉴만 등의 건축학이나 도시설계의 전문가였다. 그 후 1970년대 후반에서 1980년대에 결쳐 미국에는 「환경설계에 의한 범죄예방(crime prevention through environment design=CPTED」이 연방 법무성을 중심으로 영국에는 「상황적 범죄예방(situational crime prevention)」이 내무성을 중심으로 범죄학, 건축학, 도시공학 전문가들에 의해 연구가 진행되어 현실정책으로 구체화되기 시작했다.

또 「환경범죄학」이란 용어는 캐나다의 범죄학자인 브랭팅햄(Brantingham)부부가 편집한 1981년의 동명의 저서에서 명명된 것이다. 단, 오늘날에는 환경설계에 의한 범죄예방, 상황적 범죄예방도 포괄하는 하나의 학파를 가리키는 말로 쓰인다. 그 후 1980년대에는 환경범죄학에 관한 많은 논문이 발표되는 한편 실태조사의 결과도 보고 되이론과 실천의 양면에서 폭을 넓혀갔다.

국제적 학회에서도 범죄예방을 테마로 한 보고나 세미나가 급속히 증가했다. 또 1990년대에 들어가면 환경범죄학의 국제연구그룹이 조직화되어 세미나가 매년 한번 개최되게 되었다. 또 1993년부터는 전문지 「범죄예방연구」가 출간되었다. 또 환경범죄학은 이런 경이적 발전을 거듭해 「시카고학파의 재편」이라고 평가되기도 한다. 이러한 평가들은 한편으로는 맞는 말이다.

보톰스

하지만 영국의 환경범죄학의 제일인자인 캠브리지대학 범죄학 연구소장 보톰스(A. E. Bottoms)는 환경범죄학은 시카고 학파가 비행소년의 거주율과 비행발생률을 구별하지 않은 점에서 치명적인 잘못이 있다고 생각, 환경범죄학파가 이런 잘못된 것을 고치는 이론을 전개한 점에서 양자는 구체적으로 다르다 지적했다. 영국 환경범죄학에서는 이런 관점에 서서 보톰스 외에 윌스나 베넷트 등에 의해 실증적인 연구가 확실히 쌓여 갔다.

신 시카고학파

시카고학파는 1920년대에 발전해 1940년대 이후 급속히 쇠했다. 하지만 1980년경에는 시카고학파의 방법론을 계승해 그 결점을 보완한 범죄의 사회생태학적 접근방법이 주장되게 되었다. 이것이 신 시카고학파이다. 신 시카고학파의 주장은 통일되지 않고 여러 가지이나 「사회해체」를 중시하여 해체된 사회에서 범죄나 비행을 저지르지 않는 사람들을 설명하기 위해 체계적 혹은 사회심리학적인 변수를 염두에 두어 양자의 요인이 맞을 때 범죄나 비행이 발생한다는 주장이다. 도시사회학이 활발한 미국에 있어 신 시카고학파의 주장이 어떤 평가를 받는가에 미루어 전개를 볼 필요가 있다.

2. 범죄예방론 대두의 배경

환경범죄학의 1980년대 후반부터 주목받게 된 것은 형사사조로서 범죄예방론이 대두된 1980년대 후반부터이다. 그럼 이 시기에 범죄예방론이 대두된 배경은 무엇인가? 이 점에 대해 3가지가 설명이 가능하다.

1) 형사사법시스템에 대한 실망

1970년대 이후 사회복귀모델이 후퇴하고 정의모델이 대두하게 되었다. 하지만 이 정의모델에서도 범죄는 계속 증가해 1980년대 이후 형사사법제도가 범죄의 증감에 차지하는 역할은 현실적으로 한정적인 것이 아닌가? 혹은 전혀 없는 것이 아닌가? 하는 주장이 강해지기 시작했다. 이런 상황 속에서 1980년 중반에 「범죄실행 후에 형사사법기관이 범죄를 사후 처리하는 시스템」에서 「커뮤니티(cummunity)를 기반으로 범죄실행 자체를 사전에 저지하는 시스템」으로의 전환을 주장하는 범죄예방론이 대두됐다. 따라서 영미의 형사정책이 1970년대에서 1980년대 전반의 「사회복귀사상의 후퇴→정의모델의 대두시대」에서 많은 변혁을 가져와 21세기에 걸쳐서 「커뮤니티를 기반으로 한 범죄예방론의 시대」로 전환하려는 시도도 있다.

2) 범죄원인론에 대한 실망과 합리적 선택이론의 대두

종래의 범죄원인론은 범죄요인을 생물학적·심리학적 접근 및 사회학적 접근방법에서 분석했다. 하지만 1980년대 전후부터 이들 접근방법에서는 범죄요인 탐구가 곤란할 뿐 아니라 요인을 안다 해도 쉽게 대책을 세울 수 없다는 비관론이 높아져 범죄의 원인탐구에서 범죄예방의 기대가 높아졌다. 한편 영미의 범죄학에 있어 합리적 선택이론이 강한 지지를 받는 것을 주시할 필요가 있다.

전술한 합리적 선택이론이 대두한 결과로서 두 개의 형사정책적 결론이 도출된다. 하나는 저지형 이론이고 하나는 범죄예방론이다. 즉 합리적 선택이론은 합리적 인간상을 전제로 하나, 합리적 인간은 형벌의 저지효과를 이해하는 측면이다. 범죄가 예방된다면(범죄성공률이 낮다면) 실행으로 옮기지 않는 측면을 가지고 있는 것이 전제된다. 하지만 억제이론에 대해서 효과가 실증되지 않았다던가, 사형이나 장기구금형의 증가를 부르는 역기능이 우려된다.

3. 환경범죄학의 기초이론

환경범죄학은 구체적으로 어떤 이론을 기초로 하고 있는가. 여기서는 주요이론에 대해 그 내용을 간단히 소개하면 다음과 같다.

1) 방어공간이론

방어공간이론(defensible space theory)은 제이콥스(J. Jacobs)와 뉴만(O. Newman)이 주장해 후술할 환경설계론의 선구가 된 이론이다. 미국의 건축저널리스트인 제이콥스는 1950년대 후반 뉴욕의 한 도시에 대한 구체적인 조사를 기초로 1961년에 「미국 대도시의 생과 사」를 출판했다. 이 책은 환경이 시민의 안전성에 주는 영향을 논한 최초의 저서로 평가받고 있다. 그녀는 당시 급격히 증가하는 주택의 고층화가 범죄를 유발한다 지적해 다음과 같은 범죄예방을 위한 기본원리를 제안했다. ① 공적공간과 사적공간을 명확히 구별한다. ② 가로의 시야가 확보되게 건물 방향을 연구한다. ③ 가로가 보색에 이용되게 한다 등을 주장하면서 그는 거리에 익숙한 사람이 범죄예방에 기여한다고 하였다. 이로부터 유명한 거리의 감시자(eyes on the street)개념이 제시되기도 하였다.

한편, 뉴만은 1972년에 「지키기 쉬운 주공간」이란 책을 썼다. 이 책은 제이콥스의 문제제기를 계승하여 주거환경에 대한 실태조사를 행한 것이다. 1950년대부터 1960년대에 걸쳐 미국에 고층공공단지가 세워졌으나 뉴만은 이들 공공주택이 범죄의 온상이 된다고 지적했다. 그리고 뉴만은 경찰력에 의한 것이 아닌 지역사회통제(community control)에 의한 범죄예방을 해야 한다는 입장에서 새로운 환경설계방법을 제안했다.

그에 의하면 지키기 쉬운 주공간의 4원칙은 다음과 같다. ① 영역성(territory)의 설정: 이것은 외부에서의 침입을 막기 위해 거주지를 블록화해 각 블록마다 영역성을 강하게 한다. ② 자연적 감시(natural surveillance): 이것은 건물배치 등의 환경설계에 의해 거주자가 구역을 일상적으로 감시할 수 있도록 하는 것이다. ③ 거주지의 이미지형성: 이것은 치안이 나쁜 거리라는 낙인이 붙지 않도록 거리를 가꾸는 것이다. 즉 범죄에 취약하게 보이지 않고 주변 지역사회로 부터 고립되지 않도록 이웃과 지역사회를 조성하는 것을 의미한다. ④ 입지조건(milieu)의 정비: 이것은 주택지를 안전지대에 인접시켜 배치하는 것이다. 주거단지의 입지조건은 범죄의 발생과 관계가 깊기 때문에 이를 배제하기 위해 건물군의 형태나 배치에 유의하고 주거단지를 안정성이 높은 지역에 배치하도록 배려한다. 랩(Lab)은 범죄가 적고 감시가 많은 지역 안에 거주지가 위치하는 것이 범죄예방에 유리하다고 설명하였다.

2) 방범환경설계론

제이콥스나 뉴만의 문제제기를 받아 환경설계의 테마에 최초로 손을 댄 이는 제퍼리(Jeffery)이다. 제퍼리는 1971년에 「환경설계에 의한 범죄예방」을 발간하여, 범죄실행 후에 범죄자를 처벌하는 종래의 형사사법 방법을 격렬하게 비판하고 범죄실행 전에 환경을 직접 통제하여 범죄예방을 해야 할 필요성을 주장했다. 그는 종래의 사회복귀모델이나 억제형론을 철저히 비판해 환경공학에 기반을 둔 방범환경설계론(=CPTED)은 뉴만의 「지키기 쉬운 주공간」이 주택지를 대상으로 한 것에 비해 주택지 이외의 학교나 상업지에도 시야를 넓힌 종합적인 환경설계를 목표로 한 것으로 그 후 많은 연구 프로젝트가 조직되고 이 개념의 체계화가 시도되었다.

단, 최근에는 제퍼리가 생물학적 관점도 혼합한 독자적 방범환경설계론을 전개하고 있어 실제로 추진되고 있는 CPTED에는 그의 영향은 미미하다. 또 최근의 방범환경설계론의 실용매뉴얼에 의하면 방범환경설계론은 4가지 전략에 기본을 두고 있다. ① 감시의 강화(예: 가로조명의 개선, 전자감시장비 이용) ② 외부인의 행동규제(예: 출입구축소, 열쇠나 철책담장 설치) ③ 주민에 의한 방범활동 원조(예: 활동을 위한 장소제공, 가두활동 지원) ④ 방범의식 계몽(예: 방범캠페인, 경찰과의 연계 강화)

3) 상황적 범죄예방론

상황적 범죄예방론은 1970년대 중반부터 영국 내무성 조사본부를 중심으로 조사연구가 진행되어 서서히 구체적 정책이 실시되었다. 주요 보고서는 1980년대의 크라크(Ronald Clark)와 메이휴(Pat Mayhew)가 공동으로 쓴 「설계에 의한 방범」, 1981년 힐(Kevin Heal)과 레이콕(Glaria Laycock)이 쓴 「상황적 범죄예방」, 1992년 크라크가 쓴 「상황적 범죄예방-성공사례의 case study」가 있다.

이 이론이 만들어진 직접적 계기는 비행소년을 수용하는 중간처우 등의 처분효과를 조사한 결과 「소년의 도주이나 일탈행위의 가능성은 소년들의 발달과정이나 성격에 의존하는 것이 아니고 시설에서 그때 그때의 상황(특히 도주, 일탈행위가 가능한가 아닌가)에 의존한다」는 결론을 얻었다.

상황적 범죄예방론은 이 조사결과를 기본으로 「범죄기회를 주는 상황」을 없애는 것이 범죄예방의 핵심이라고 주장하였다. 상황적 범죄예방은 4가지 기본원칙에서 이루어진다. (a) 범죄예방의 목적은 범죄의 기회를 감소시키는 것이다.(기회감소이론) (b) 범죄예방의 대상은 구체적인 특정의 범죄형태이다. (c) 범죄예방의 방법은 범죄자의 갱생이나 환경의 일반적 개선이 아닌 범죄발생의 가능성이 있는 환경에 직접 뛰어들어 관리, 설계 및 조작을 하는 것이다. (d) 범죄예방의 중점은 범죄를 실행할 때 들어가는 노력과 리스크를 높게 해서 범죄에서 얻는 이익을 감소시키는 것이다.

4) 일상활동이론

펠슨

일상활동이론은 펠슨(Marcus Felson) 등이 「사회문화와 범죄발생의 경향-일상적 활동적 접근」이라 쓴 논문에서 제시한 것이다. 펠슨 등은 범죄가 실행되는 기회는 일상생활에 있어서는 다수 있고, 범죄의 표적이 무방비에 방치되어 있는 경우에는 범죄가 발생하는 것이 아닌가와 문제의식에서 연구를 진행했다. 펠슨은 미국의 일상활동의 변화와 범죄율의 관계를 1947년부터 1974년의 자료를 근거로 검토했다. 그들은 1960년대 이후의 생활양식(Lifestyle)의 변화로서 ① 청소년 인구의 증가 ② 휴대용 소형 전자제품의 보급 ③ 맞벌이 가정의 증가와 전통적 사회연대의 약화를 들어서 이것이 1960년대 이후의 범죄증가에 기여했다고 결론지었다.

그들은 범죄를 발생시키는 구체적 요소로서 위에서 지적한 생활양식의 변화로 인하여 다음과 같은 세 가지 요소를 지적했다. ① 잠재적인 범죄자 ② 적당한 범죄 목표 ③ 감사자의 부재가 범죄발생요소이다. 이처럼 펠슨 등은 범죄는 일상적인 활동의 기회구조 중에서 발생한다고 생각해 범죄기회의 감소를 목적으로 생활양식을 변화시켜야 한다고 주장하였다.

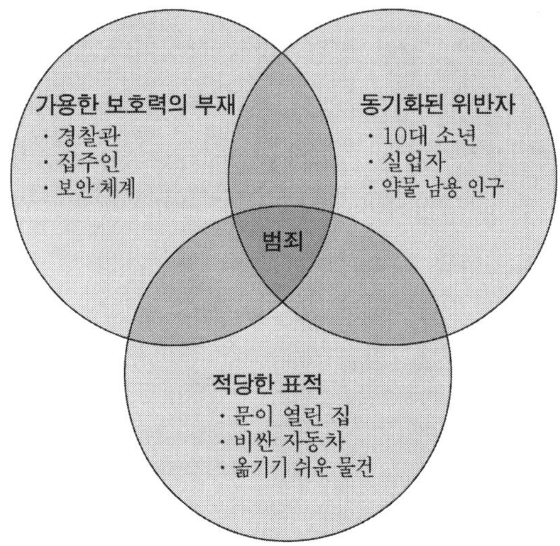

〈그림 7-1〉 일상활동이론 : 세 가지 요인의 상호작용

5) 깨진창이론

「깨진창이론(broken windows theory)」을 황폐이론(incivility theory)이라고도 불리고 있다. 하나의 깨진 창의 방치가 주민에게 나쁜 사회심리학상의 영향을 주고 그 결과, 거리전체가 황폐화된다는 이론이다. 즉 창의 파손이 방치되는 것은 한편으로는 그와 같은 행위가 주민에 의해 비난받지 않고 주민상호존중심이나 시민으로서의 의무감이 희미해지는 것을 의미한다.

그 때문에 이런 것이 계기가 되어 지역환경의 황폐가 광범위하게 퍼지게 되어 범죄의 증가가 되면서 지역전체의 방범환경의 의식이 낮아져 거리전체가 황폐화되는 것이다. 이 이론은 윌슨과 게링이 1982년에 발표한 논문 「깨어진 창-경찰과 지역안전(broken windows:the police and neighborhood safety)」에서 제창한 것이다. 또 그들은 여기에서 현실의 범죄 유무보다도 지역환경을 황폐화시키는 자의 존재가 지역주변에 범죄에 대한 불안감을 주기 때문에 경찰을 중심으로서 지역환경의 황폐화를 막고 지역사회전체를 지키는 것의 중요성을 역설했다.

4. 환경범죄학의 구체적 정책

환경범죄학이 급속한 발전을 이룩한 것은 지금으로부터 10년 전이다. 이 때문에 환경범죄학이 제안한 범죄예방책은 아직 시행단계에 있어 반드시 검증된 것은 없다. 하지만 요즘에는 지금까지의 연구를 모아 구체적인 정책이 적극적으로 제시되기 시작하고 있다. 환경범죄학의 1인자인 클라크는 「상황적 범죄예방 - 성공에의 초대」에서 12개의 범죄예방정책을 ① 범죄의 곤란함을 증가시키는 방책 ② 범죄에 따르는 위험성을 증가시키는 방책 ③ 범죄의 대가를 감소시키는 방책으로 분류・제안하고 있다.

1) 범죄의 곤란성 증가

범죄의 곤란함을 증가시키는 방책에는 범죄자를 범죄의 표적이나 범죄에 이용되는 도구에서 멀어지게 하는 것이 목적이다. 구체적으로 4가지 방책이 제시되고 있다.

(1) 표적의 강화(target hardening)

표적의 강화는 범죄에 대한 물리적 방벽설치 더욱 강화하거나 혹은 범죄의 표적이 되는 대상물의 약점을 보강하는 등을 통해 범죄의 실행을 곤란하게 하는 것으로 범죄의 기회를 감소시키는 가장 간편한 방법이다. 구체적으로는 열쇠・금고・철조망 등의 설치나 자동차의 핸들잠금장치시스템 도입 등을 들 수 있다.

(2) 시설의 출입제한(access control)

시설의 출입제한은 위에서 기술한 「표적강화」와 함께 예전부터 이용해온 범죄예방책의 하나이다. 오늘날은 기업이나 공장에서 출입문의 시건장치나 ID카드를 이용하는 등 자기조회 등의 방법으로 범죄예방책의 폭을 넓게 이용하고 있다.

(3) 범죄자의 이치(deflecting offenders)

범죄자의 이치(移置)는 일정지역에서의 탈세행위나 범죄를 묵인함으로서 다른 지역의 치안을 유지하는 것이다. 예로 특정 벽에 낙서를 허가해 다른 장소의 미화를 유지하는 것 또는 포장마차 영업을 일정지역에 한정시켜 다른 장소에서의 문제를 감소시키는 것과 같은 방책을 말한다.

(4) 범죄촉진수단의 제한(controlling facilitators)

범죄촉진수단의 제한은 범죄 촉진 기회나 도구를 입수할 때는 일정자격의 보유나 자기증명서 제시 등을 요구해 범죄기회를 감소시키는 것이다. 예로 총기 주점의 규제 외에 과거 폭력사건이 발생한 호프에서 유리형식 대신 플라스틱제품을 사용한 것도 이 유형에서 이해할 수 있다.

2) 범죄에 따르는 위험성 증가

범죄에 따르는 위험성 증가에는 감시나 감독체계를 강화해 범죄를 발견하는 것이 목적이다. 구체적으로 4가지 방책이 제안되었다.

(1) 출입구의 규제(entry/exit screening)

앞에서 설명한 「시설에의 출입제한」이 사람의 배제를 주요 목적으로 한 것에 비해 「입구・출구의 규제」는 입장의 조건에 일치되지 않는 자를 발견하는 가능성을 높이는 것이 주요목표이다. 여기서 말하는 출입의 조건은 금지된 물품을 소지하지 않거나 공식적인 출입증을 휴대하는 것을 의미한다. 입구・출구의 규제의 예로 세관이나 입국 심사를 들 수 있다.

(2) 공식적 감시(formal surveillance)

공식적인 감시는 경찰관이나 경비 등의 순찰로 잠재적 범죄위험성을 저지하는 것을 말한다. 최근에 「공식적인 감시」능력은 속도위반 단속에 사용되는 자동속도측정기나 불법침입자를 탐지하는 경보기 등 전자기기의 발달에 의해 급속히 높아져 그 역할의 증대가 기대된다.

(3) 종업원에 의한 감시(surveillance by employees)

종업원에 의한 감시는 종업원이 감시역할을 하는 것이다. 종업원이 많은 사람과 접하는 일에 종사할 때에는 감시범위가 넓어 범죄예방 효과가 높아진다. 예를 들어 호텔의 도어맨, 공원 관리인, 열차 차장 등 그 예이다.

(4) 자연적 감시(natural surveillance)

자연 감시는 일상 중에 사람들의 시선이 넓은 범위에서 미칠 수 있도록 하여 범죄의 예방을 꾀하는 생각을 말한다. 구체적인 예로 가로등을 설치하는 것을 들 수 있다.

3) 범죄 대가의 감소

범죄 대가의 감소에는 범죄에서 얻어지는 이익을 감소시키는 것이 주목적이다. 구체적으로 4가지 정책이 제안되었다.

(1) 표적의 제거(target removal)

표적의 제거는 범죄피해를 입기 쉬운 대상물을 입기 어려운 것과 교환하거나 입기 어려운 장소에 이전하여 범죄 발생을 막는 것이다. 예를 들어 편의점이나 상점 등에 현금 거래를 최소화해 절도나 강도를 어렵게 하는 것이 그 예이다.

(2) 소유물의 식별표식(identifying property)

소유물의 식별은 소유물에 이름이나 마크 등을 찍어 자신의 것임을 표시하는 것을 말한다. 이런 범죄예방책으로 가축의 소인을 찍어 자신의 소유임을 표시하는 것에서부터 유래되었다. 오늘날에도 기업의 로고 마크 등으로 폭넓게 사용되고 있다.

(3) 범죄유인 제거(removing inducement)

범죄유인의 제거는 범죄자의 흥미를 끌거나 범죄를 유발하는 것의 휴대나 설치를 피하는 것으로 강도가 발생한 일정지역에 외출할 때에는 고가의 귀금속, 화려한 옷입거나 고급외제차량을 한적한 곳에 세우는 것도 피해야 한다.

(4) 규칙의 설정(rule setting)

rule setting의 설정은 조직이 내부에서 범죄가 발생치 않도록 일정한 룰(rule)을 만들어 종업원 등 구성원의 행위를 규제하는 것을 말한다. 예를 들어 기업에서 사적 용도로 전화사용·현금거래·재고관리를 엄격한 룰을 세울 경우가 많다. 또 병원, 호텔, 레스토랑 등의 공적인 시설 혹은 버스·지하철 등 공공 교통기관은 고객의 행위에 대해서도 룰을 설정해 일정한 규제를 행하고 있다.

5. 환경범죄학 평가

1) 환경범죄학에 대한 비판

환경범죄학은 1980년대 후반부터 눈부신 발전을 이루었으나, 한편으로 엄격한 비판도 받았다. 많은 비판이 있으나 다음과 같이 세 가지 점으로 요약할 수 있다. 첫째, 급진주의 범죄학의 입장에서의 비판으로 환경범죄학의 제안은 표면적인 환경개선을 목표한 것에 불과하고 범죄의 진화요인인 사회적 부정(빈곤, 실업, 차별)을 덮어 진정한 문제해결은 되지 않는다. 둘째, 자유주의범죄학 입장에서의 비판으로 방범을 위한 환경설계를 추진하면 사회가 「요새화」하여 시민은 꽉 막힌 느낌이 강하게 들고 부자유스런 생활을 강요받는다. 셋째, 전통적 범죄학입장에서의 비판으로 미국의 방범환경설계론, 상황적 범죄예방론에 비해 실제 정책의 효과가 검증되지 않았다는 점이다. 이러한 비판은 종래 환경범죄학의 문제상황을 날카롭게 비판한 것으로 평가할 수 있으나 이들이 환경범죄학의 존재의의를 부정해 범죄예방을 소극적으로 보는 것이라는 오해를 살 수 있다.

확실히 환경범죄학은 범죄예방상의 모든 문제를 해결하는 만병통치약이 아니고, 또 범죄예방론의 한 학파를 형성하는 것에 불과하다. 또 범죄의 방지를 위한 환경설정이란 영역이 상식론적인 부분도 없지 않다. 하지만 범죄예방의 실천에 대해서는 귀 기울일 만한 구체적인 제언을 한 것은 의심할 수 없다.

근래는 국내외에서 범죄예방책이 일반 생활에서 급속히 이루어지는 것도 주목된다. 예로 국가수준으로는 영·미에 있어 지역사회경찰활동(community policing)의 필요성이 제기되어 한국에서도 지역에 밀착한 경찰활동이 근래 들어 추진되어 파출소의 치안서비스 센터화 및 지구순찰대의 중요성의 재인식되고 있다. 지역수준으로는 「자율방범대」가 주도적으로 지역사회의 범죄예방을 위해 주민자치적으로 방범순찰을 실시하는 등 지역주민에 의한 지역안전활동이 지속적으로 이어지고 있다. 또 관공서나 기업에서도 출입관리가 엄격해져서 방범카메라를 설치하거나 첨단출입전자장비를 설치하는 기업이 증가하고 있다(최근에는 지방자치단체수준에서 지역내 범죄취약지점에 방범카메라를 설치하는 예도 있다). 또 가정수준에서는 홈시큐리티 서비스가 보편화되면서 현관에 방범기기를 설치하고 경비업체와의 계약을 통해서 경비를 강화하는 가정도 적지 않다.

2) 환경범죄학의 과제

현재 이런 형태로 일상생활 속에도 범죄예방방책이 침투된 것이 환경범죄학의 제안에 따른 것이라고는 물론 말할 수 없지만 앞으로도 환경범죄학이 실질적인 연구결과를 기초로 다양한 범죄예방책을 제기하게 될 것이라는 기대를 해도 좋을 것이라 생각한다. 환경범죄학은 앞에서의 비판을 염두에 두고 범죄예방의 요청과 시민적 자유의 요청과의 균형을 염두해 유효한 정책을 보완해 나가야 할 것이다. 이를 위해서는 환경범죄학에 남은 과제가 많다. 첫째, 예전부터 지적된 「범죄의 전이(轉移, 풍선효과라고도 불림)」 문제가 아직 미해결 되어 있다. 즉, 어떤 범죄의 예방이 성공해도 시간적으로도 장소적으로도 다른 범죄발생에 전이되는 것이 아닌가란 문제가 있어 많은 연구가 행해져 아직 논쟁거리가 되고 있다.

둘째, 피해대상의 선택과정의 문제가 지적되고 있다. 범죄자가 범죄의 실행시 어떤 인식을 갖고 어떻게 피해대상을 선택하게 되는가는 일부 범죄유형을 빼고 아직 불투명하다. 이 점에 관한 리서치는 이제까지 침입도를 중심으로 재산 범을 대상으로 행하였다. 이에 대해 연구결과의 축적은 있으나 폭력범죄, 화이트칼라범죄 등에 대한 설명은 미흡한 실정이다.

셋째, 범죄예방에 구체적 정책의 한계가 지적된다. 환경범죄학이 제창하는 정책은 기회 범죄자에 대해서는 유효하나 상습범이나 화이트칼라범죄자에 대해서는 쓸모없는 것이 아닌가라는 것이다. 환경범죄학의 주창자는 그들에 대해서도 자신들이 제창하는 시책이 유효하다는 것으로 「범죄의 유형화(typology)」의 연구를 진행하고 있으나 범죄유형에 대한 범죄예방의 체계화는 아직까지 과제로 남아 있다.

제 3 절 새로운 범죄생물학

범죄생물학의 영역에는 20세기 전반부터 가계 및 쌍생아에 대한 많은 연구성과가 보고되었으나 1960년대에는 쇠퇴했다. 또 1960년대 중반에는 XYY염색체 연구가 일시적으로 각광을 받았으나 단명으로 끝나기도 했다. 이렇게 1970년대에는 범죄생물학에 대한 관심은 급속히 약화되어졌다. 하지만 유럽에서 1980년대 이후 범죄생물학이 새롭게 정비되어 부활한 사실은 흥미로운 일이 아닐 수 없다.

1. 새로운 범죄생물학의 특징

물론 1980년대에 주목받기 시작한 범죄생물학은 종래의 범죄생물학과 같지 않다. 새로운 범죄생물학은 종래의 범죄생물학의 문제점을 자발적으로 인식하고 그것을 극복하기 위하여 시도하였다.

1) 과거 범죄생물학 문제점

여기서 말하는 종래의 범죄생물학의 문제점으로는 3가지로 요약해 볼 수 있다. (a) 유전적 숙명론에 의존하여 현실의 범죄현상(예를 들어 인간의 성장에 의한 범죄율의 변화 등)을 충분히 설명하지 못하고 있다는 점이다.(이론적 문제점) (b) 조사대상의 표본수가 적고 통제집단과의 비교가 충분하지 못해 조잡한 분석방법이다.(방법론적 문제점) (c) 결국 범죄에 관한 악성의 생물학적 요소는 배제해 불량한 자손의 출산을 억제한다는 우생학적 사상으로 연계되기 쉽고 정치적으로 악용될 소지가 있다(정치적 문제점).

2) 새로운 범죄생물학의 기본입장

이에 대해 1980년대 이후에 등장한 새로운 범죄생물학의 기본적인 입장은 인간의 행동은 유전에 의해 일시적으로 결정되는 것이 아닌 유전과 환경의 상호작용에서 일어난다고 생각하였다. 즉 개인의 생물학정 특징은 유전만으로 일어나는 것이 아닌 환경에 의해서도 생기며 개인은 유전에 의한 요소에 규정된 것만이 아닌 환경에 선택적으로 적응해 간다고 생각하였다. 범죄생물학에 있어서 유전학적 특징이 그다지 강조되지 않고 생화학이나 신경생물학의 방법을 중요시하는 특징을 가지고 있는 것이 특징적이다.

2. 새로운 범죄생물학 대두배경

1) 새로운 범죄생물학 대두배경

새로운 범죄생물학이 1980년대 초에 활발하게 된 배경은 무엇인가? 여기서는 두 가지를 지적할 수 있다. (a) 1960년대 이후 미국을 시작으로 유럽 각국에 범죄가 급속히 증가해 범죄사회학에서는 이런 상황에 충분히 대응하지 못한다는 인식이 강해져 1970년대 후반에는 범죄학의 혼란기를 맞이했다. (b) 1970년대 후반에 생물학 분야의 새로운 운동으로 사회생물학이 대두되어 높은 관심을 모았다. 아래에서는 두 가지를 구별해서 상세하게 설명하고자 한다.

2) 범죄증가와 범죄학의 혼란

1960년대 이후 유럽 각국에는 범죄가 증가했다. 이 때문에 급증한 범죄에 대한 대응이 긴요한 과제가 되었다. 이런 상황에서 형사사조 중에서 의료모델에서 정의모델로 전환이 이루어졌다. 범죄사회학에는 코헨의 비행하위문화론, 밀러의 하류계층 문화론, 스탁의 상대적 빈곤론, 크로워드와 오린의 분화적 기회구조론 등 여러 가지 이론을 내세웠다. 또

맛차의 표류이론 베커의 낙인이론, 허쉬의 통제이론 등 종래와 다른 관점에서 범죄현상을 파악하는 이론이 많이 등장하였다. 이처럼 많은 이론의 등장으로 범죄사회학적 접근방법이 번창하게 되었다. 하지만 1970년대 후반에는 이런 범죄사회학의 관점만으로 범죄증가에 충분히 대응치 못한다고 비판이 제기되기 시작하였다. 특히 「범죄경력에 관한 연구」가 진행되어 소년기부터 청년기에 걸쳐 일관하게 범죄를 반복한 사람들의 존재가 확인되면서 범죄사회학적 접근만으로 범죄요인을 설명에 하기에는 한계가 있다는 사실이 확인되었다. 이 때문에 범죄사회학의 방법을 이용한 거시적 연구만이 아닌 미시적 생물학적 요인을 찾는 필요가 있다는 생각이 다시 고개를 들기 시작하였다.

3) 사회생물학의 대두

윌슨

1975년 미국의 생물학자인 윌슨이 「사회생물학-새로운 종합」에서 제창한 사회생물학의 주장이 1970년대 후반에 주목을 받아 범죄학에 적지 않은 영향을 주었다. 사회생물학의 기본적인 주장은 다음과 같이 요약할 수 있다.

(a) 자연선택이 생물의 진화에 의해 중요한 요인이라 해도 생물은 체질이나 구조뿐이 아닌 살아남기 위한 생활방식이나 행동양식을 유전적으로 이어갈 것이다.

(b) 따라서 동물의 사회적인 행동은 번식능력을 높이기 위해 유전적으로 환경에 적응한 결과로서 합리적 설명이 가능하다.

(c) 자연선택의 단위는 이제까지 생각한 것과 같은 종이나 개체가 아닌 유전자이다(따라서 개개의 생물은 새끼가 생겨 유전자가 다음세대에 복제되어 보존될 때까지의 일시적인 탑승물에 불과하다).

(d) 이상의 생각은 동물뿐이 아닌 인간에도 동일하게 적용된다(인간을 대상으로 사회생물학의 주장은 특히 「인간사회생물학」이라 불린다.). 즉 사회생물학은 인간을 포함한 동물의 사회적 행동을 「유전자의 자기

보전과 증식을 목적으로 한 진화결과」란 동일한 구조에서 설명하려 시도하였다.

이 「사회 생물학-새로운 종합」의 출간을 계기로서 미국을 중심으로 유럽 각국에서는 사회생물학의 주장에 대한 찬반논쟁이 확대되었다. 「사회생물학 논쟁」이라 불리는 이런 현상은 생물학자에 그치지 않고 철학자, 윤리학자, 종교학자, 사회학자를 포함해 1970년대 후반에서 1980년대에 걸쳐 활발히 이루어졌다.

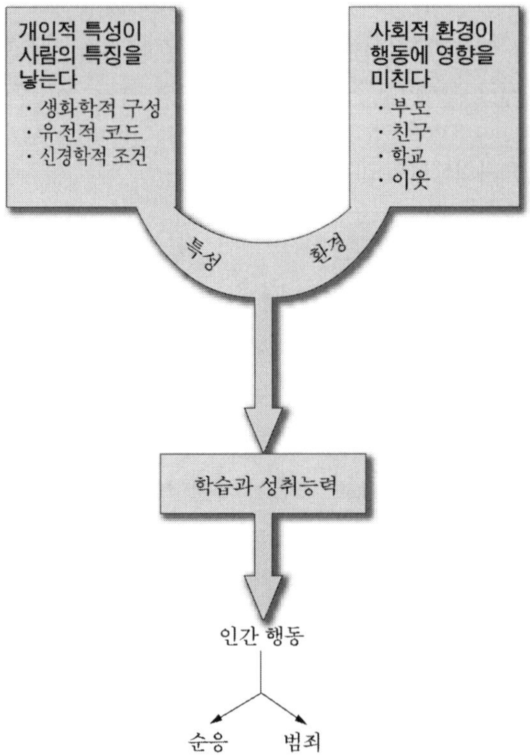

〈그림 7-2〉 범죄성에 대한 사회생물학적 관점

4) 사회생물학논쟁

이 논쟁 중에 전개된 사회생물학에 대한 비판은 많으나 다음과 같이 네 가지로 정리해 볼 수 있다.

① 사회생물학을 전제로 하는 자연선택에 의한 진화론(다위니즘)에 대한 비판 ② 진화의 단위를 유전자 수준에서 파악하는 것에 대한 비판 ③ 동물의 사회적 행동을 유전적 관점에서 설명하려 한 것에 대한 비판 ④ 인간의 사회적 행동을 유전적 관점에서 설명하려 한 것에 대한 비판이 그것이다.

이 중 가장 격렬한 쟁점이 된 것은 네 번째의 내용에 관한 것이다. 즉 사회생물학의 주장에 의하면 인간의 행동(범죄행동까지 포함)은 유전자에 의해 결정이 되는 것인데 이런 주장은 반사회적인 행동을 막기 위해서는 열성유전자를 도태시켜야 한다는 우생학이나 사회다위니즘에 부당한 근거를 줄 수 있다고 반사회 생물학자들은 주장하였다. 이 점에 대해 최초로 사회생물학을 비판한 것은 경제학자 새뮤얼슨이었다.

하지만 그 후 격렬한 비판을 확대한 이는 굴드나 레온틴의 좌익계 그룹 「인민을 위한 과학」에 소속된 과학자들이었다. 그들은 「뉴욕서평」지에 사회생물학을 과거 여러 유전결정론, 20세기 후반 미국의 단종법이나 이민제한법 등과 결부시켜 「반인륜적 시도」라 평가하고 윌슨을 생물학적 결정론자로서 규탄하면서 사회생물학자에 대한 통렬한 비난을 계속하였다.

5) 사회생물학의 평가

혹시 사회생물학이 반사회생물학자의 지적처럼 유전결정론이라면 이런 견해는 부정해야 한다. 하지만 사회생물학의 취지는 오히려 유전적 영향의 가능성을 시도한 데 있다. 또 사회생물학의 주창자의 일인자인 영국의 토킨스(영국에서는 사회생물학은 동물행동학이라 부른다)는 「이기적 유전자(利己的 遺傳子)」에 있어서 인간의 뇌는 유전자에 대항 가능할 만큼의 힘을 가질 때까지 발달하여 개인적 욕심이 없는 이타주의와 계획적으로 육성해 교육하는 방법을 가지는 것조차도 가능하다고 하였다.

반드시 사회생물학이 유전결정론으로 결론난 것은 아니다. 이런 주장은 광범위한 공감을 얻어 오늘날에는 사회생물학은 일정한 학문영역으로서 지위를 확립했다. 이런 인간의 사회적 행동은 1970년대 후반의 사회생물학에 의해 새로운 관점에서 파악하는 시도가 있었다. 그리고 그 중에는 이타적 행동(타인을 위해 자신을 희생하는 행동), 성별에 의한 분업시스템, 전쟁 등과 관련된 공격행동이 포함되었다. 그 때문에 사회생물학에 자극을 받아 유전적 요소를 가미한 범죄원인을 탐구하는 활동이 활발하게 진행되었다.

3. 새로운 범죄생물학의 방법

종래의 범죄생물학에는 유전학의 영향이 강했던 것에 비해 새로운 범죄생물학에는 후천적인 생물학적 요소에 착안하였다. 특히 생물학적 접근방법과 신경생리학적 접근방법은 그 급속한 발전에 뒤쳐진 범죄생물학에 있어서도 높은 주목을 끌게 하였다.

1) 생화학적 접근

생화학(生化學)이란 생물을 만드는 물질이나 생물의 생명현상을 화학적으로 연구하는 학문이다. 생화학은 20세기 중반부터 비약적인 이학기술의 진보에 의해 급속히 발전해 여러 가지 물질의 체내에 작용을 규명했다. 또 동시에 그런 작용이 인간의 심리나 외부적인 행동에 어떻게 영향을 주는가에 대해서도 연구가 진행되었다. 범죄원인에 대한 생화학적인 접근은 호르몬의 불균형적인 분비나 부적절한 영향의 섭취에 의해 체내에 무언가 생화학적인 이상이 발생해 범죄를 유발한다고 생각하였다.

2) 신경생리학적 접근

신경생리학(神經生理學)은 뇌나 척추 등의 중추신경과 신체 각 부위에 분포한 말초신경의 생리학적 역할을 연구하는 학문 영역이다. 종래,

살아있는 사람의 뇌나 신경을 연구하는데 한계가 있었다. 하지만 최근 신경생리학은 이학기술의 진보에 맞춰 급속하게 발전을 이루었다. 신경생리학 중 범죄자의 관련으로 주목받고 있는 분야는 「뇌파의 연구」와 「뇌장해에 관한 연구」이다.

제 8 장

범죄학의 신경향(II)

제 1 절 급진주의 범죄학

전통적인 범죄학에 대해 「자본주의 체제에 봉사하는 보수적 학문」이라고 비판, 사회변혁을 위한 이론의 수립을 주장한 급진주의 범죄학은 특히 영·미에서 1970년대에 각광을 받았다. 이 범죄학은 영국에서 「신범죄학(New Criminology)」이라 불리는 한편 미국에서는 「비판 범죄학(Critical Criminology」 등의 이름으로 사용되고 있다. 이런 급진주의 범죄학은 오늘날에는 변모를 거듭, 레프트·리얼리즘을 표방해 관념론에서 현실주의로의 전환을 주장하고 있다.

1. 초기의 급진주의 범죄학

새로운 범죄학의 움직임인 레프트·리얼리즘을 상세히 검토하기 전에 그런 전신인 초기 급진주의 범죄학의 동향에 대해 개관하는 것도 의미 있는 작업이라고 생각한다.

1) 급진주의 범죄학의 탄생

급진주의 범죄학의 탄생은 1986년 영국의 젊은 범죄학자들이 전통적인 범죄학에 대응할 목적으로 「NDC(National Deviancy Conference=전국일탈회의)」를 설립한 데서 기원을 찾을 수 있다. 그들은 전통적인 범죄학이 이른바 「실증주의 범죄학」에 그쳐 과학성을 표방하는 체제옹호의 학문에 불과하다고 비판하면서, 새로운 세대에 의한 새로운 범죄학의 수립을 주장하였다. 당시 그들의 방법론상의 기초이론은 주로 낙인이론이었다. 하지만 그 후 낙인이론은 변혁의 이론에 맞지 않다는 인식이 강해져 영국에서 테일러(Ian Taylor), 왈턴(Paul Walton), 영(Jock Young)의 「신범죄학(*The New Criminology*)」가 출간되었다. 혜성처럼 나타난 이 책은 급진주의 범죄학의 바이블이라 불리는 책으로 영국의 젊은 범죄학자들의 지지를 얻었다.

또한, 본서는 미국에 건너가 전통적인 범죄학에 답답함을 느끼고 있던 범죄학자들에게 강한 자극을 주게 되었다. 미국의 급진주의 범죄학자로서는 캘리포니아대학교 범죄학부의 타카기(Paul Takagi), 플렛(Anthony Platt), 스웨딩거 부부(Herman Schwedinger & Julia Schwedinger) 등 버클리 학파에 속한 이들과 투쟁이론의 퀴니(R. Quinney) 등을 들 수 있다. 미국에서 급진주의 범죄학이 큰 발전을 이룬 것은 ① 마르크스주의 연구의 역사가 짧기 때문에 급진주의관점(예를 들면 법의 계급제에 대한 비판)이 신선하게 비친 것. ② 1960년대부터 1970년대에 걸쳐 당시의 급변한 국내정세(베트남전에 대한 반전운동의 격화, 도시폭동, 공민권운동의 고조 등)가 지적될 수 있다. 미국의 급진주의 범죄학은 영국의 그것에 비해 전투적, 정치적 모습을 갖게 된 것은 이런 시대적 배경이 밑바탕에 있었기 때문이다.

2) 초기의 급진주의 범죄학의 주장

초기의 급진주의 범죄학의 내용을 요약하면 5가지로 설명할 수 있다.

(a) 형법 및 형사법은 자본가 계급이 근로자 계급을 억압하는 도구이다. (b) 범죄는 사회적 약자의 왕국에 대한 레지스탕스이다. (c) 비난받는 진짜 범죄는 전쟁, 인종차별, 공해(환경파괴), 대기업의 범죄(카르텔이나 탈세), 고급관료의 부정부패이다. (d) 범죄의 증가는 모럴-패닉(Moral-Panic)에 의한 환상이며 「법과 질서」정책을 정당화하기 위한 수작이다. (e) 범죄학의 최후목적은「국가나 형벌 없는 사회」의 달성이다.

3) 초기의 급진주의 범죄학의 평가

이러한 주장에 대해 전통적인 범죄학은 「하나의 패턴에 불과하다」든가 「현실의 형사정책에 거의 영향이 없다」 등 냉혹한 평가를 내리고 있었다. 또 급진주의 범죄학자를 둘러싼 연구환경도 반드시 풍요로운 것은 아니었다. 예로 영국에선 전통적 범죄학의 아성이라 할 캠브리지 대학 범죄학 연구소는 당시 「신범죄학자」에 대해 일관되게 무시하는 태도를 바꾸지 않았고, 또 신범죄학자들은 내무성과의 연결이 약해 연구자금이 궁핍했기 때문에 충분한 조사연구가 불가능한 상황이 계속되었다.

또 미국에서도 급진주의 범죄학자에 대해 정치적 압력이 격해져 1976년에는 버클리대학의 범죄학부는 없어지게 되었다. 이른바 「버클리 사건」이다. 한편으로 1970년대부터 1980년대에 걸쳐 급진주의 범죄학은 다음과 같은 격렬한 비판을 받았다.

첫째, 급진주의 범죄학이란 아무래도 그 이론적 기초는 낙인이론 혹은 마르크스주의 등 여러 가지이기 때문에 체계화가 곤란하고, 사상적인 혼란이 보인다는 점이다. 즉 급진주의 범죄학이 단일학파를 형성하는 것은 어렵고 신범죄학(New Criminologies)은 있어도 신범죄학자(New Criminologist)는 존재하지 않는다는 것이다.

둘째, 급진주의 범죄학이 지금까지 오직 이데올로기 분석이나 역사분석에 치우쳐 현실상의 범죄문제나 범죄대책에 대해 구체적인 해결책을 제시하지 않았다는 점이다. 즉 급진주의 범죄학은 제국주의, 독점자본주의, 계급착취 등 마르크스주의의 이념적 성향을 사용한 것뿐이고 문제해결을 위한 실제적 대안이 부족하다.

또한 1980년대 중반이후에 행해진 범죄실태조사가 급진주의 범죄학의 기초를 뿌리까지 흔들었다.

첫째, 급진주의 범죄학자는 전술했던 것처럼 범죄의 증가는 정신적 공황(moral-panic)에 의한 것으로 「법과 질서」정책을 정당화하기 위한 트릭이라고 주장했다. 하지만 실태조사가 밝힌 것은 암수범죄를 포함하면 실제범죄 건수는 높아서 많은 시민은 범죄자의 피해를 입는 한편 불안감을 갖고 생활한다는 사실이었다. 그 때문에 모랄-패닉론을 계속 고집하는 건 범죄학자로서 무책임한 것이 아닌가라는 반성이 급진주의 범죄학자들 사이에 넓게 인식하기 시작하였다.

둘째, 「범죄는 사회적 약자의 국가에 대한 레지스탕스」라는 급진주의 범죄학의 제안도 실제는 빈곤한 이들 사이에서도 훔치고 상처 입힌다는 사실도 많다는 조사결과 앞에 수정이 불가피했다.

셋째, 형사사법이 자본가 계급이 노동자계급을 탄압하는 수단이란 주장은 실증적인 근거를 증명하지 못했다.

폐지론자(abolitionism)

지금까지 범죄대책을 논하기 전에 형사사법 시스템의 존재는 당연히 전제되었다. 하지만 1980년대를 맞이할 무렵 북유럽을 중심으로 형사사법 시스템이 범죄자를 만들고 일탈자로 사회에서 배제시킨다는 주장이 유력하게 주장되어 주목을 끌었다. 그것이 아볼리셔니즘이다. 아볼리셔니즘의 이런 관점에서 종래 형사사법 시스템을 부정하고 대신 손해배상 등 범죄처리를 주장했다. 아볼리셔니즘의 이런 주장근거는 범죄증가 전에 효과적으로 대응 못하는 현행의 형사사법 시스템에 대한 비판론이 바탕에 있다. 살인을 포함한 모든 범죄를 형사시스템 외의 사회에서 처리하는 것은 현실에 맞지 않고 설득적이지 않다. 하지만 아볼리셔니즘은 범죄방지에 현저한 효과가 없는 현행 형사사법시스템의 문제의 심각함을 급진적인래관점에서 강조한 점은 범죄학사에 있어 일정지위를 획득했다고 할 수 있다.

2. 레프트-리얼리즘의 주장

급진주의 범죄학 중에는 1980년대 초 관념적인 신 범죄학은 「법과 질서」정책에 대항 못하고 굳어져 간다고 예측하고 빨리 현실적인 정책 논의에 참가해야 할 것이라고 주장하기도 했으나 소수에 그쳤다. 하지만 1980년대 중반 이후 일련의 범죄 실태조사를 직접계기로 「혁명이 필요한 것은 급진주의 범죄학이다」란 주장이 급진주의 범죄학 자체에서 많은 동조를 받게 되어, 레프트·리얼리스트 범죄학이 등장하게 되었다. 그리고 종래의 급진주의 범죄학을 「좌익 관념주의」라 비판, 현실주의로서의 전환을 주장하는 자도 나타났다. 대표적 주장자로 영(J. Young), 마듀(Roger Mathews), 리(John Lea)를 들 수 있다.

1) 레프트·리얼리스트의 탄생배경

1980년대 후반 레프트·리얼리즘이 탄생한 배경은 무엇인가? 여기에선 일반적인 배경에 주목할 필요가 있다. 세계적으로 사회주의 국가의 붕괴를 들 수 있다. 즉 독일의 베를린 벽 붕괴, 소련의 해체, 또 일련의 동구제국의 탈 사회주의화를 볼 때 급진주의 범죄학의 목표인 「국가와 형벌 없는 사회」의 건설자체가 환상이란 주장이 높아졌다. 영국에서 급진주의 범죄학을 중심으로 연구환경에 변화가 보였다. 즉 지방자치단체에 개혁적인 단체장이 많이 등장해 그들의 조사연구에 예산을 지원하여 주었다. 미국에선 종래 급진주의 범죄학과는 다르게 젊은 연구자들이 보수적 정치사조에 대항해 급진주의적인 관점에서 조사연구를 시작했다. 특히 페미니즘운동이나 인종차별 반대운동 등 시민운동의 고조에 종래 급진주의 범죄학이 충분히 대응치 못하는 것이 분명해졌다.

2) 레프트·리얼리즘의 주장

그럼 새롭게 대두된 레프트·리얼리즘 범죄학의 주장은 어떤 것인가? 이에 대한 설명을 ① 연구방법 ② 연구대상 ③ 범죄자관 ④ 범죄대책론 등 네 가지로 나누어 설명해 보고자 한다.

(1) 연구방법

추상적 용어의 나열에 불과하다는 비판이 강했던 관념적 논의에서 탈피를 꾀해 「도그마(이론)에서 리서치(조사)로의 전환」이 진행되었다. 범죄통계에 대한 급진주의 범죄학자의 종래 인식은 권력자가 지배하기 위해 조작한다는 부정적인 인식이 팽배하였으나 통계에 의한 사회학적 조사를 자신들도 해 보기로 하였다. 구체적 테마로서 소년비행, 약물범죄, 여성범죄 등의 범죄문제 또 경찰이나 형무소의 개혁문제 등에 주로 사회학적 방법을 이용하면서 접근하여 연구결과를 기반으로 전통적인 범죄학에 도전하였다.

(2) 연구대상

권력형 범죄에 멈추지 않고, 전통적 범죄에 대해도 연구가 진행되었다. 종래 급진주의 범죄학은 국가, 관료, 기업, 경찰의 범죄에 초점을 맞추었다. 하지만 범죄실태조사를 통해 일반범죄도 무시할 수 없다는 의식이 강해졌다. 즉 「약자가 약자를 상처 입힌다.」란 범죄실태가 명확해져 범죄를 사회적 약자에 의한 레지스탕스라고 평가하는 것은 힘들게 되었다. 또 이런 일반적 범죄가 노동자 계급의 단결력을 약화시키고 시민생활을 위협하는 것이 아닌가란 걱정도 가지게 되었다. 그 결과로서 시민 간의 일상적 범죄에 대한 연구필요성이 강하게 인식되게 되었다.

(3) 범죄자론

종래의 급진주의 범죄학은 범죄자는 국가에 대한 대항자로 로빈훗 같은 영웅 혹은 레미제라블의 주인공 같은 사회의 희생자로서 이해했다. 하지만 범죄실태조사를 해 볼 때 이러한 이해는 「패배한 이상화(理想化)」가 아닌가란 반성이 일었다. 그리고 범죄자는 「사회적 약자를 양식(糧食)으로 하는 이기적 인간」이고, 모든 사회적 비판을 받아야 할 존재로 생각하게 되었다. 예를 들어 가정폭력이나 아동학대에 대한 연구에서 근로자계급에서 일어날 발생확률이 높음이 분명해졌으나 이것을 급진주의 범죄학자 자신들의 손으로 밝힌 것은 좌익주의 터부와의 결별을 의미하였다.

(4) 범죄대책론

종래, 관념주의론자는 국가를 악으로 보고 형사사법제도 전체의 폐지를 주장했다. 하지만 경찰은 자본가만이 아닌 시민도 지킨다는 사실을 경시하는 것은 비현실적이란 인식이 대두되 경찰의 민주화나 교도소개혁을 목표로 주장의 전환을 시도했다.

3. 레프트 · 리얼리스트 범죄학의 평가

현대범죄학은 「신구범죄학 상호대립의 시대」에서 「전통적 범죄학에 대해 레프트 · 리얼리스트 범죄학이 논쟁을 도전하는 시대」로 바뀌었다. 또 최근의 영미의 보수화흐름 등에는 급진주의적 주장이 레프트 · 리얼리즘과는 관계없으나 젊은 연구자간에는 지지자를 확대하고 있다. 하지만 레프트 · 리얼리스트 범죄학자의 주장과 전통적 범죄학의 주장과를 비교해 보면 많은 점에서 큰 차이가 없어졌다는 것도 사실이다.

특히 레프트 · 리얼리스트 범죄학이 모랄-패닉론을 방치한 것은 급진주의 범죄학의 기본적 입장을 방치한 것과 같다고 생각된다. 이렇게 전통적 범죄학과의 차이가 불분명한 레프트 · 리얼리즘에 대해 상대적 결핍론에 가깝다는 평가도 있다. 또 범죄대책 면에서도 레프트 · 리얼리스트 범죄학과 같은 구체적인 대책이 나오지 않았다. 특히 레프트 · 리얼리스트 범죄학 대두에 의해 실증연구가 증가한 반면 종래의 이론연구가 희미해진 인상을 주고 있는 것도 사실이다. 따라서 레프트 · 리얼리스트 범죄학이 종래 급진주의 범죄학의 문제점을 극복하고 전통적 범죄학에 도전을 계속하는 것은 긍정적인 평가를 할 수 있으나 그 성과를 평가하는 것은 좀더 관망할 필요가 있고 생각한다.

제 2 절 페미니스트 범죄학

앞에서 설명한 것처럼 1970년대 이후 영·미의 범죄학은 전통적 범죄학과 새로운 범죄학이 대립하는 구도 속에서 발전을 거듭하였다. 하지만 그러면서도 최근의 영·미에서는 이런 종래의 - 신구범죄학 모두 - 범죄학의 방법 그 자체에 의문을 갖는 움직임이 대두되었다. 이것이 바로 페미니스트 범죄학이다. 페미니스트 범죄학도 여러 입장이 있으나 공통분모로 뽑아볼 수 있는 문제의식은 3가지로 요약할 수 있다.

(a) 지금까지 여성범죄연구는 여성에 대한 편견에 기초를 한 것이 아닌가? (b) 종래 범죄학이론에는 여성이 무시된 것이 아닌가? (c) 형사사법과정에서 여성은 부당하게 차별받는 것은 아닌가?

1. 페미니스트 범죄학 대두의 배경

페미니스트의 주장이 범죄학에서 주목을 받게 된 배경에는 사회적 페미니즘 운동의 증가가 뒤에 있다. 페미니즘에 관한 통일된 정의는 없으나 일반으로로는 남녀평등권이나 여성해방을 지향하는 사상을 의미하는 것이라 이해된다. 이런 사상은 프레-페미니즘(pre-feminism)이라 불리는 시대까지 거슬러 가면 유럽에서 200년이 넘는 긴 역사를 갖추고 있다.

현대적 의미의 페미니즘은 1960년대 이후 급속한 발전을 이루었다. 페미니즘 범죄학은 이런 페미니즘의 문제제기를 기반으로 1970년대에 주장되기 시작해 1980년대에 주목을 받기 시작했다. 페미니스트 범죄학의 선구자적인 업적은 크라민의 논문 「여성범죄의 원인론-관련문헌의

해부」와 스마트의 저서 「여성. 범죄 및 범죄학」이다. 그 외 저명한 페미니스트 범죄학자로는 하이대슨, 켈슴, 모리스(이상 영국), 체즈시 린다, 데일리, 크레스, 멧사슈미도, 심프슨(이상 미국) 등을 들 수 있다.

페미니스트 범죄학의 분류

페미니스트 범죄학은 그 주장을 상세히 보면 몇 가지로 분류해 볼 수 있다. S·신프슨은 페미니스트 범죄학을 3가지로 구분하여 설명한다.

① 자유주의 페미니즘(성적불평등은 제도적인 개선에 의해 쉽게 소멸될 수 있다.) ② 사회주의 페미니즘(성적차별이나 성적 탄압은 자본주의 사회의 중심적인 특징이고 전혀 다른 사회구조를 만들어야 극복할 수 있다.) ③ 급진주의·페미니즘(부권제도나 여성경시는 남성에 의한 여성의 「성」에 대한 침해행위 또는 통제이고 이런 성 침해나 성적 통제를 완전히 소멸해야한다고 주장한다.) 하지만 이들 3가지 입장에 마르크스주의 페미니즘(성적불평등의 근간에 사회계급이 존재하는 것을 강조하였다.)을 추가해 4가지로 분류하는 견해나 마르크스주의 페미니즘과 급진주의 페미니즘을 사회주의 페미니즘의 세분화로 이해하는 의견도 있어 통일되지 않았다.

2. 여성범죄연구에 대한 비판

여성범죄연구에 대해서는 그 숫자는 적으나 범죄학사상은 긴 역사를 가지고 있다. 여기서는 우선 이제까지의 대표적인 여성범죄연구에 있어서 여성범죄학자는 어떻게 이해하나를 정리해서 그것에 대한 페미니스트 범죄학의 비판을 알아보기로 한다.

1) 롬브로조의 여성범죄 연구

롬브로조는 당시 유행했던 「인체측정학」의 방법을 이용, 범죄자를 구별해 조사하여 구체적인 예를 기초로 생래적 범죄자의 존재를 실증하려고 시도했다. 전술과 같이 그 후 생래적 범죄자설 자체는 부정되었으나 롬브로조는 현재도 실증주의 범죄학의 원조라 평가받고 있다. 그는 인체측정학적 조사방법을 여성범죄자에 대해서도 실시해 페레로(Ferrero)와의 함께 「여성범죄자와 매춘부」에서 그 조사결과를 다음과 같이 설명하였다.

(a) 여성은 신체적·정신적으로 수동적이나 한편으론 냉혹하고 계산이 빠른 부도덕한 생물이다.

(b) 여성범죄자는 진화론으로 보면 퇴화된 존재로 동물에 가까운 존재이다. 또 형태학적으로 보면 보통 여성에 비해 남성에 가까운 특징을 가지고 있다. 예를 들어 여성범죄자는 체모가 엷다. 이것은 여성범죄자가 일반여성보다 진화된 것이 아닌 이상함을 나타낸 것이다.

(c) 여성범죄자는 범죄인류학상 신체적 특징을 가지고 있는 경우가 남성범죄자보다 높다(생래적 범죄자의 경우가 많다). 그리고 롬브로조는 여섬범죄자는 이처럼 정상인과 다른 것만이 아니라 일반여성과도 다른 이중의 의미로 특이한 존재인 「괴물(monster)」이라고 결론지었다.

2) 토마스의 여성범죄 연구

시카고학파의 토마스(Thomas)의 여성범죄자에 관한 언급을 보면 토마스는 「성과 사회」에서 여성은 진화에서 남성보다 느리고 하층인류이고 백인남자와 비교하여 현명함이 부족하다고 하였다. 또 토마스는 사례연구의 선구적인 업적인 「부적응 소녀」에서 여자소년의 성 비행을 조사한 바, 여성은 남성에 비해 수동적으로 사회적 변화에 적응하는 능력이 부족해 비행을 벌이기 쉽다고 결론을 이끌어냈다.

3) 폴락의 여성범죄 연구

폴락(Pollack)은 제2차 세계대전 후에 여성범죄자에 대해 다각적으로 검증한 연구자로 알려져 있으나 그 검증의 결과를 1950년에 쓴 「여성범죄」에서 기술하였다.

(a) 여성범죄는 발견하기 어렵다. 즉 은닉성이 강한 편이다. 더구나 형사사법 중에서 「기사도 정신」에 의해 관대하게 처리되었기 때문에 범죄수가 적은 것같이 보인다.

(b) 여성은 생래적으로 교활하고 영리하고 감정적으로 복수심도 강해 그 범죄성에 있어 남성에게 뒤지지 않는다. 즉, 여성은 생물학적으로 사기성이 강하다.

(c) 여성범죄의 피해자는 서로 아는 사이이거나 한정되어 있다. 여성범죄자의 피해자는 주로 자신의 주변사람들, 예를 들어 남편, 자녀, 가족, 연인과 같은 사람을 대상으로 하여 범행을 한다.

(d) 여성범죄자의 범죄수법은 비폭력적인 방법에 의한 경우가 많다. 여성에 의해 이루어지는 살인은 주로 독극물 등을 이용하는 경우가 많다.

(e) 여성범죄자는 주로 범죄에 직접가담하지 않고 그 배후에 있는 경우가 많다.

4) 그 외의 여성범죄 연구

이런 롬브로조 이래 일련의 여성범죄연구에 대해서 페미니스트 범죄학은 여성에 대한 편견을 기초로 한 것으로서 여성을 차별한 것이라고 격렬하게 비판했다. 우선 일련의 연구기초는 「여성범죄자는 보통사람(혹은 여성)과 동떨어진 인종이다」란 발상으로 이 점에 관한 정확한 실증연구는 없다. 또 종래 연구에선 여성범죄의 원인을 주로 생물학적·심리학적 요인에서 구해 환경적인 요인에서의 성별을 무시하였기 때문에 납득하기 어렵다.

이 점에 서 미국 범죄사회학의 원류라 할 수 있는 시카고학파에 소속된 토마스가 여성범죄자가 이상한 생물학적 요소를 갖고 있다는 주장을 한 것으로 알려져 있다. 또 사회학적 방법이 지배한 1950년대 미국에서 폴락도 범죄생물학적 발상에서 벗어나지 못하고 이데올로기적, 경험적인 연구에 그쳤다. 더구나 이들의 연구에는 매춘이나 성 비행을 여성범죄의 원형으로 보고 있어 이 점에서도 여성에 대한 편견이 보인다.

이 때문에 하이던슨은 이들의 연구에서 밝혀지지 않은 것은 여성범죄의 원인이 아니고 당시에 여성의 사회학적 지위가 낮았다는 사실과 여성에 대한 도덕적 기준이 남성과 다른 이중의 기준에 기초를 둔 사실 만이라고 주장하였다. 또 페미니스트 범죄학은 그 외의 범죄학에 의한 여성범죄 연구에도 비판을 하였다.

예를 들어 프로이트는 여성범죄자에 대해 다음과 같이 말하였다. 일반적으로 여성은 남자의 성기를 갖고 있지 않은 것에 항상 열등감을 갖고 있다. 더구나 여성범죄자는 엄마로서나 아내로서의 역할에 만족하지 못하고 신경증, 부적응 혹은 성적 부적응의 상태를 보인다. 그들의 행동원인은 건전한 여성적 태도를 갖추지 못하고 남성이 되기를 바란다. 페미니스트 범죄학은 이런 프로이트의 견해는 심리학의 관점에서 범죄원인론에 접근한 점에서 전술의 세 학자의 견해와 관점이 다르다고 할 수 있다. 그러나 결국 그 밑에는 근거 없는 여성편견의 관념이 존재하는 것은 변하지 않았다고 지적하였다. 또한 아들러는 「신여성 범죄자의 출현」에 있어 여성해방과 범죄와의 관계를 분석해 1970년대 중반에 여성해방·여성의 사회진출에 의해 여성이 남성화한 결과, 여성범죄가 폭력화되고 양적으로도 증가했다고 결론지었다. 하지만 페미니스트 범죄학의 입장에서는 아들러의 기초가 된 데이터의 출처가 확실치 않고 또 여성사회진출의 의미가 불명확한 것을 근거로 그녀의 주장이 추론에서 나온 것이 아닌가 비판을 표하였다.

3. 범죄학이론에 대한 비판

이제까지의 범죄학 중에서 여성은 어떻게 다루어졌는가? 이 문제에 대해서도 페미니스트 범죄학은 종래의 범죄학이론이 남성을 주로 연구대상으로 하여 여성의 존재를 무시한 것을 비판해 전 인구의 반수를 차지하는 여성을 사려(思慮)하지 않는 범죄학이론은 넌센스라고 주장하였다. 또 페미니스트 범죄학은 종래의 범죄학이론이 남자의 비행소년을 영웅화해 비행을 남성다움의 표현으로 이해한 반면, 여성비행에 대해서는 고정관념적인 여성스러움을 전제로 한 것이 아닌가 의문을 가지고 있었다.

그리고 페미니스트 범죄학은 여성을 포함하여 설명할 경우에 거의 모든 범죄학이론이 이론적으로도 체계적으로도 붕괴하였다고 주장하였다. 전통적인 범죄학이론의 여성취급에 대하여 페미니스트 범죄학의 비판을 제시하면 다음과 같다.

1) 시카고학파에 대한 비판

시카고학파는 생태학을 응용한 조사연구에 의해 미국 범죄사회학의 기반을 쌓았다고 평가를 받고 있다. 그러나 페미니스트 범죄학은 시카고학파의 연구를 비판하였다. 즉 쇼우와 맥케이는 「소년비행과 비행지역」에서 비행소년의 거주지들을 조사했을 때 여자소녀의 비행은 거의 다루지 않았다. 실제 같은 책에서 여자소녀에 다룬 페이지 수는 전부 합쳐 수 페이지에 불과하다. 또 조사결과에서 여자비행의 특징으로 ① 여자소녀의 비행은 남자의 비행에 비해 특정지역에 집중된다. ② 여자비행의 대부분이 성 비행이라는 두 가지를 지적하였으나 남자비행과 여자비행이 왜 다른가에 대한 고찰은 더 이상 설명하지 않았다.

2) 분화적 접촉이론에 대한 비판

서덜랜드는 「범죄학의 원리」에서 분화적 접촉이론을 명확한 형태로 제창하였다. 이 이론은 모든 범죄에 대해 적용 가능한 일반이론으로서 구성된 점에서 높은 평가를 받아 그 후 범죄학이론에 큰 영향을 주었다. 페미니스트 범죄학의 주장에 의하면 서덜랜드도 여성을 고려하지 않고 범죄원인론을 전개하였다라고 주장한다. 예를 들어 「범죄학의 원리」에서 여성은 갱 활동에 참가치 않는 것을 전제로 해 여성을 전혀 관심영역에 포함시키지 않았다. 또 스스로 제창한 분화적 접촉이론에 대해 서덜랜드 남성범죄가 여성보다 높은 이유를 제시하였다고 한다. 하지만 그 문제를 구체적으로는 논하지 않았다. 분화적 접촉이론을 주장하려면 서덜랜드는 여성이 남성과 다른 행동패턴을 학습하고 있는 이류를 분석할 필요가 있었으나 이 점에 대한 구체적인 기술이 없다.

3) 아노미이론에 대한 비판

머턴은 아노미론을 「사회적 이론과 구조」에서 주장하여 범죄학상 높은 평가를 얻었다. 이 아노미론에 대해 페미니스트 범죄학은 아노미론이 여성범죄에 적용가능한가를 검증치 않은 점을 비판하였다. 즉 머턴의 이론은 남성과 같이 아노미적 긴장 속에서 생활하면서도 불구하고 여성에 의한 범죄가 남성에 의한 범죄와 비교할 때 상대적으로 적은 점을 설명치 않고 공통의 목표를 「경제적 성공」이라 한 것은 남성에게는 적합해도 여성에게도 적합한가는 별도로 검토할 여지가 있다고 지적하였다.

4) 비행하위문화론에 대한 비판

비행하위문화론은 코헨이 머턴의 아노미론을 발전시킨 이론이다. 이 비행하위문화론은 이론자체가 높은 평가를 받았을 뿐만 아니라 그 후 밀러의 하류계급층문화론, 스탁의 상대적 빈곤론, 크로워드와 오린의 분화적 기회구조론 등에 계승되어 범죄학이론의 발전계기를 만들었다라는 점에서 높이 평가받고 있다. 하지만 페미니스트 범죄학은 비행하위문화론에 대해 남자소년에 초점을 맞추어 이론이 구성된 점을 비판하였다. 또 코헨의 저서 중 「여성에 의해 최대의 관심은 이성과의 관계이다」라든가 「여성의 성 비행은 이성관계가 막힐 때의 해결책이다.」 등 여성편견적인 설명이 엿보인다. 결론적으로 코헨의 하위문화론도 왜 여성범죄가 남성범죄보다 적은가, 여성이 범죄를 저지를 때 그것이 어떻게 이성관계에 연관되어 있는가란 의문에 대한 언급이 없고, 많지 않은 여성에 대한 언급도 고정관념적인 여성관에서 벗어나지 못하고 있다고 비판하였다.

5) 마르크스주의 범죄학 · 신 범죄학에 대한 비판

페미니스트 범죄학의 비판은 마르크스주의 범죄학이나 신 범죄학에도 향하였다. 첫째, 맑스 엥겔스는 범죄원인을 자본주의사회의 구조에서 찾았다. 하지만 그들은 자본주의사회에서 여성과 범죄의 관계를 충분히 검토하지 않았다. 그래서 여성에 관한 설명이 거의 없다. 그 때문에 페미니스트 범죄학은 그들이 목표로 한 사회구조의 변혁은 남성사회를 전제로 한 것에 불과하다고 지적했다.

둘째, 백커는 「Outsiders」에서 낙인이론을 제창했다. 낙인이론은 종래 범죄학이 오직 범죄자 개인에 초점을 맞춰져 범죄자에 대한 형사사법기관이나 사회의 대응을 경시한 점에 반성하고 범죄는 본래 있는 것이 아닌 누군가 그것을 비난해 꼬리표가 붙었기 때문에 범죄가 된다고 생각했다. 그리고 형사사법기관이나 사회가 범죄자에 꼬리표를 붙이는 과정에 착안해 낙인찍기(Stigma)의 방법을 재검토할 것을 주장했다.

셋째, 신 범죄학이 많은 전통적 범죄는 시민의 「체제에 대한 저항」인 한편 진짜 범죄는 전쟁이나 인종차별이고 이것이야말로 진짜 문제로 보아야 한다고 하면서 종래 범죄학의 문제의식을 비판했다. 하지만 테일러, 월튼 및 영이 쓴 「새로운 범죄학」에는 여성에 관한 기술은 한마디도 없다는 사실이다.

4. 형사사법과정에 대한 비판

형사사법절차에서 여성은 평등하게 다루어지고 있는가? 이 점에 대해 페미니스트 범죄학은 입법·행정·사법의 삼권이 이제까지 남성에 의해 지배되었기 때문에 법의 제정, 법의 집행 및 법의 적용의 모든 단계에 있어 여성의 입장이 경시되어 여성권리가 적절하게 보호되지 않았다고 지적한다. 즉 형사사법의 모든 과정에 있어 남성의 편견이 존재하고 있다. 그들은 형사사법이 「남성에 의한 남성을 위한 남성의 형사사법」이라 주장하였다. 또한 여성범죄자나 여성피해자를 보호하자는 주장도 남성지배를 위한 트릭에 불과하다고 혹평하였다. 형사사법과정에 대한 페미니스트범죄학의 비판을 정리하면 아래와 같다.

1) 입법에 대한 비판

입법에 대해선 동성애가 범죄라는 시대에는 그 주체가 남성에 한정되어 강간죄도 종래는 남성이 실행 가능하고 여성은 이제까지 피해자적 위치라고 생각하였다. 이런 입법 예로는 남성이 규제대상이 되었다. 또 역으로 매춘은 여성이 행한다고 하였다. 이런 여성에 대한 대응실태를 보면 입법기관은 여성에 대해 「성모로서의 이미지」(예로 강간의 피해자)나 마녀로서의 이미지(예로 매춘부)를 구분하여 사용해 후자에 대해 엄격히 대응하는 것이 아닐까? 예를 들어 입법의 시점에서 여성편견이 전제되어 있는 것이 확실한 것이다.

2) 수사와 재판에 대한 비판

폴락은 공식적인 통계에 있어서 여성범죄의 수가 적은 근거로 조사기관이나 재판소가 여성을 관대하게 다룬다는 점을 지적했다. 하지만 폴락의 이런 주장은 명확한 근거가 제시되어 있지 않고 추측에 불과하다. 오히려 여성이 남성보다 엄격히 다루어지는 것만이 아닌가하는 의문마저 생긴다. 즉 여성은 범죄를 저지를 경우 법률에 위반한 것만이 아닌 수사기관이나 법원이 기대하는 여성상에 반한 것에 대해서도 비난받는다.

그 결과로서 예를 들어 성적으로 불순한 이성교제나 가출 등에 대해서는 여자가 남자소년보다 엄격한 조치를 받는다. 또 성인여성이 범죄를 저지를 때에도 「아내나 엄마로서의 고장관념인 역할기대」에 반한 것으로 봐 똑같이 엄격한 조치를 받은 경우가 많다. 또 하이덴존은 법원에 대해 다음과 같은 네 가지를 비판하였다.

(a) 법원은 성적 행위에 대해 「이중의 기준」을 사용한다. 예컨대, 미성년자의 성교나 난잡한 성교에 대하여 여자에게는 과도하고 엄격한 태도를 보인 반면 남자에겐 관대한 태도를 보이는 경우가 많다.

(b) 법원은 여성의 범죄비행을 특히 성적 의미를 부여하는 경우가

많다.

(c) 여자소년은 반항적인 태도만으로도 형량 면에서 나쁜 영향을 미치고 꼬리표를 붙이는 대상이 된다.

(d) 법원은 일반적으로 인정된 일부일처제나 동성애금지의 규범을 받아들이지 않는 여성을 형량 면에서 엄격히 처벌하는 경향이 있다.

〈그림 8-1〉 19세기 여자형무소의 모습

3) 처우에 대한 비판

범죄자 처우에 있어 페미니스트 범죄학의 대상은 이제까지 주로 여자형무소에 향해졌다. 영미에서는 형무소 인구가 증가했으나 그 중에도 여자 수형자의 증가율이 남자 수형자의 증가율에 비해 극히 높았다. 이런 사실을 배경으로 1960년대 이후 여자 수형자에 대한 처우에 의하면 여성이 특히 남성보다도 자유형을 받게 되면 아버지와의 관계악화, 자식에게 나쁜 영향을 미칠 가능성이 너무 크다.

하지만 이런 비판은 가사(家事)나 양육(養育)을 여성의 역할이란 낡은 고정관념을 전제로 해 여성에 대한 편견을 제시하는 것으로 인정할 수밖에 없다. 물론 실질적인 문제점은 여자 수형자 처우 중에서 이런 고정관념적인 여성상이 강화된 점에 있다. 예를 들어 여자수형자에게는 수감 중에 가정내의 일을 배울 기회가 주어졌다. 하지만 출소 후에 취업과 직결되는 작업을 배울 기회는 남자수형자에 비해 적기 때문에 사회진출 가능성이 한정되어져 있다. 또 하나는 여자수형자에 대하여 편견을 가지고 다음과 같이 취급하고 있다는 점이다. 즉 여자 수형자를 사회에 대한 위험한 존재로 생각하기보다는 교육이나 지도가 필요한 「미성숙한 여성」으로 간주하려는 경향이 있다. 하지만 또 다른 한편 무거운 죄를 지은 여성을 「여성 고유의 악의나 부도덕성이 노출된 전형」을 보며 남자수형자와 등급상의 엄격한 처우를 받게 된다.

5. 형사법제에 대한 영향

최근에는 페미니스트 범죄학은 종래의 범죄학의 방법을 비판하는 것만이 아닌 실제 형사사법제도에 적지 않은 영향을 주었다. 그 중에서 유럽에서는 강간죄, 낙태죄 및 매춘부의 규제에 관한 법률개정을 위한 페미니스트 범죄학의 주장에 대하여 눈여겨 볼 필요가 있다.

1) 강간죄의 경우

페미니스트는 강간죄를 남성지배와 성적 불평등의 현실을 가장 상징적으로 제시한 범죄로 이해한다. 종래 미국에는 강간죄의 성립에는 피해자인 여성의 동의의 부존재가 요건이었다. 하지만 종래 실무에는 여성이 싫어하면서 동의한 경우와 일정시간 저항한 후 저항을 그만둔 경우에도 동의의 존재로 보았다. 하지만 이것은 가해자인 남성을 부당하게 보호하는 요건이라는 비판이 제기되었다.

또 종래 부부간의 강간의 경우에는 다음 3가지 이유에서 면책이 인정되었다. (a) 혼인자체가 성교를 동의하는 의사표시이다. (b) 강간사실의 입증이 곤란하다. (c) 가정내의 문제에 형법을 개입하지 않는다. 하지만 이런 면책은 결혼여성의 성적 자기결정권이나 프라이버시권을 불합리하게 좁게 해석한 것으로 부부간의 강간죄 성립도 인정해야 한다고 주장했다. 또 강간죄의 가해자를 남성에게, 피해자를 여성에 한정한 점이 성차별이라고 비판되었다. 여성에 의한 남성에 대한 강간도 고려해 범죄주체와 객체에 대한 규정이나 정의를 중성(中性)적인 것으로 고려해야 할 것이라 주장하였다.

미국에서는 1970년대 후반부터 이들 페미니스트 범죄학자들의 주장을 고려해, 강간죄에 대해 (a) 진정한 동의 외에는 동의존재를 인정치 않는다. (b) 부부간에도 강간죄가 성립한다. (c) 법률상 문헌을 중성화(中性化)하는 등의 법개정이 진행되었다. 이런 강간죄의 규정을 개정하려는 움직임은 유럽에도 보여져 영국에서도 1994년에 강간법의 개정이 이루어졌다. 또한 영미에서는 1970년대 초기부터 페미니스트 범죄학자들이 강간위기센터(Rape Crisis Center)의 설립이나 운영에도 적극적으로 이루어졌다. 여기서 강간의 피해자에 대한 카운슬링이나 전화를 이용한 정보제공 등의 원조가 실시되었다.

진짜 강간(Real Rape)

당시 하버드대학 로스쿨교수였던 S・에스트릿치는 그의 저서 「Real Rape」에서 자신의 피해경험을 바탕으로 모르는 남성이 폭력적으로 저질러진 행위만을 일반적으로 강간이라고 생각할 수 있으나 문제시되는 진짜 강간은 「가해자가 피해자와 안면이 있어 폭행・위협이 없는 강간(simple rape)」라고 주장해 종래 강간법이 여성보호라든가 남성보호 때문에 사용되었다 주장하고 있다. 이 주장은 「강간」의 개념 자체에 문제가 내재된 점을 지적한 것으로 사회에 큰 영향을 주었다.

2) 낙태죄

1970년대 이후 미국에서 인공임신중절을 규제하는 법률의 합법성에 대한 논쟁을 통하여 낙태죄의 개정에 대하여 논의가 있었다. 페미니스트의 주장은 많으나 실제 법규제의 개정과 관계된 두 가지 제언이 주목되었다.

(a) 여성의 중절결정권을 확대한다.

(b) 결혼여성의 경우 인공임신중절의 요건으로 되어 있던 「부의 동

의」를 배제했다. 그 중 (a)에 대해서는 인공임신중절을 원칙적으로 허용하는 한편, 인공임신중절이 금지된 기간(태아가 생존 가능한 시기)의 단축이 제창되어 임신에 의해 행동의 자유가 제한된 여성에 인공임신중절의 결정권을 가능한 한 주어야한다. 또 (b)에 대해 인공임신중절의 요건인 「부의 동의」는 여성의 자기결정권이 연결된 것으로 이것을 배제해야 할 것이다. 단, 인공임신중절의 허용문제는 미국에서 극히 종교적·정치적 색채가 강해서 그러한 동향을 하나의 요인으로 설명하는 것은 곤란하다. 하지만 그런 상황 속에서 페미니스트의 주장이 이 문제에 대해 어느 정도 영향력을 행사한 사실에 대하여 부정할 수 없다.

3) 매춘부의 규제

매춘부의 문제는 페미니스트의 내부에서도 그 대응방법이 나누어진다. 즉 매춘부에 대한 형법적인 규제는 여성의 행동자유를 제한하는 것으로 반대하는 견해가 존재하는 한편 여성을 경시, 성을 상품화하는 용서받지 못할 행위이므로 엄격한 규제가 필요하다는 주장도 있다. 단 형법상의 규제에 반대하는 논자들은 매춘여성을 처벌하는 것은 매춘문제의 근본적인 해결책이 되지 않고 약자를 침해할 뿐 아니라고 주장한다.

반면에 형법상의 규제를 지지하는 논자는 여성은 피해자로서 가해자인 매춘의 포주나 이용남성을 처벌하는 것을 주장하는 사실에는 주의를 요한다. 즉 매춘부의 규제에 반대하는 입장은 주로 여성에 대한 제재(制裁)를 중심으로 논하고 있는 것에 비해 이를 지지하는 입장은 남성에 대한 제재를 중심으로 논하고 있다. 따라서 따지고 보면 양자의 입장차이는 큰 차이가 없다. 형사법상의 규제에 의한 것인가 아닌가를 나누면 페미니스트는 매춘부를 일방적으로 여성을 상품화한 면과 다른 한편으로 여성을 경시하는 남성의 성적태도가 여실히 나타나는 「이중의 잣대」의 좋은 본보기로 보인다.

6. 페미니스트 범죄학의 평가

이제까지 페미니스트 범죄학의 주장을 개관했다. 그럼 현 시점에서 이런 주장에 대해 어떠한 평가를 내리는 것이 적절한 것일까?

1) 페미니스트 범죄학의 의의

페미니스트 범죄학에 주목할 때 우리는 종래의 범죄학이나 형사사법을 통렬히 비판하는 급진주의적인 측면에 현혹될 수 있다. 하지만 이것을 근거로 페미니스트 범죄학의 주장을 폄하하여 평가하는 것은 경솔하다고 생각한다. 오히려 페미니스트 범죄학의 취지는 범죄(특히 여성의 범죄)의 원인을 안이하게 생물학적 요인에서 구하거나 혹은 사회학적 요인에서 찾던 종래의 범죄학의 태도에 경종을 울린 점에 있다. 또 이제까지 형사사법이 고정관념적인 여성상을 전제로 해 「남성과 여성, 혹은 보통의 여성과 여성범죄자를 나누는 기준」에서 평가하던 지적도 중요한 문제를 제기한 것으로 받아들이면 안 된다.

페미니스트 범죄학에 대해서는 종래의 범죄학파로서 성립을 얻지 못했다고 비판도 받았다. 하지만 페미니스트 범죄학의 주장은 전술한 것처럼 실제 형사사법에도 일정영향을 주어 경시할 수 없다. 또 1980년대 후반에는 형사사법기관 등의 배려 부족으로 인한 피해자의 범죄피해도 심각하게 본 「제2차 피해자화」의 문제가 주목되나 여기에는 강간죄의 피해자에 대한 형사사법기관의 부당한 취급을 비판한 페미니스트 범죄학의 공헌이 있는 것도 잊어서는 안 된다.

2) 페미니스트 범죄학의 과제

단 이제까지 범죄학이 여성의 존재를 완전히 무시하였다는 페미니스트 범죄학의 주장은 사실과 다르다. 또 모든 범죄자 중에 차지하는 여성의 역할이 낮은 현실에서는 남성을 중심으로 한 조사연구가 실시되는 것도 어느 정도 이해가 된다. 또 종래 범죄학이 여성을 비하해서 바라본 것만은 아니라는 주장에도 귀를 기울일 필요가 있다. 즉 차별이나 편견을 말한다면 노인이나 소수민족 등도 포함해서 설명하지 않는다면 설득력이 부족하다.

다른 한편 형사사법에 대한 페미니스트 범죄학의 비판도 검증된 것이 아닌 것도 주의를 요한다. 형사사법에 대한 차별적인 취급이 성별에 의한 것이라는 명확히 실증한 자료는 이제까지 제시되지 않았다. 오히려 차별적 취급의 원인은 인종, 사회학적 지위, 범죄의 종류, 전과관계, 가정환경 등 다양한 요소가 복잡하게 포함되어 있다는 것을 염두에 두어야 할 것이 현대 범죄학의 통일된 의견일 것이다.

오늘날, 유럽만이 아닌 일본, 한국에서도 여성범죄의 패턴이 변화되어 가고 있음은 주목할 필요가 있다. 또 이에 맞춰 「여성범죄가 상대적으로 소수에 그치고 있는 원인은 생물학적 요인에 의한 것인가? 아니면 사회학적 요인인가?」란 논의도 재연될 움직임을 보이고 있다. 이런 현실에서 종래의 범죄학의 태도변화를 요구하여 남성적인 편견이 있었다는 사실에 대한 반성을 촉구하는 페미니스트 범죄학의 도전은 순수하게 받아들이자.

하지만 그러면서 한편으론 페미니스트 범죄학에 대해 「이론이라기보다 하나의 관점을 제시하는데 불과한 것이 아닌가?」란 비판도 강하다는 사실을 염두에 둘 필요가 있다. 페미니스트 범죄학에 대해 재차 밝혀진 문제점이나 한계를 극복하는 것이 이후의 과제로서 남아 있다. 페미니스트 범죄학은 「아직 완전히 개화되지 않았다」. 페미니스트 범죄학의 도전이 우리에게 새로운 그림을 제시할 수 있는 결실이 보일 것인가는 앞으로 관심 있게 지켜보아야 할 문제라고 생각한다.

특히 미디어에서 재현되는 여성범죄자 및 비행소녀의 표상에 대한 연구는 상대적으로 부족하다. 어떻게 여성범죄가 사회문화적 현실로 재구성되는지에 대한 연구는 앞으로 지속되어야 할 분야라고 할 수 있다.

제 3 절 문화주의 범죄학

1. 문화주의 범죄학의 대두배경

문화주의 범죄학(cultural criminology)은 범죄행위는 다른 일반적인 행위와 마찬가지로 인간의 행위이자, 본질적으로 하나의 문화적 현상이라는 전제에서 시작한다. 즉 범죄행위는 특정 개인이 아닌 일반적인 개인들의 일상생활과 관계되며, 한 사회의 사회적 질서를 반영하는 사회적 행위이다(Summer, 2004). 문화주의 범죄학은 범죄가 한 사회 내 불평등한 권력관계의 산물이라고 여기고 있으며, 타인의 행위에 대한 사회적 반응이라는 점에 주목하고 있다.

학생운동과 민권운동 및 여권신장운동이 활발하던 1960년대 미국 사회의 분위기는 당시 비판사회학의 발전을 가져왔으며, 이러한 영향이 영국의 범죄학계에 유입되어 문화주의 범죄학으로 발전하게 되었다. 특히 스튜어트 홀(Stuart Hall)을 중심으로 한 버밍엄 문화연구소의 설립과 함께 비약적인 발전을 이룩하게 되었다.

2. 문화주의 범죄학의 개관

문화주의 범죄학에서 가장 중심이 되는 것은 인간(human kind)이다. 그러나 문화주의 범죄학의 인간은 고전주의적 범죄학의 인간관과는 다르다. 마르크스(K. Marx)의 지적대로, 인간은 이성적인 존재라기보다는 창의적이고 생산적인 존재이되, 옳고 그름에 대한 관점을 형성하는 세계관과 이데올로기를 투영하는 존재이다. 한 개인이 갖는 내면적 경험은 위법행위에 대한 견해를 형성한다는 것이다. 이때 내면적 경험은 반드시 직접적 경험일 필요는 없다. 간접적 경험 또한 내면적 경험을 구성하게 된다. 따라서 범죄현실을 전달하는 미디어에서 재현되는 사회적 사실로서의 범죄에 대한 연구가 문화주의 범죄학의 주된 관심사이다.

문화주의 범죄학의 역사는 '제약'과 '범죄'에 대한 사회적 담론의 변화와 맥을 같이 한다.

3. 문화범죄학의 주요 연구 분야

1) 문화로서의 범죄

문화로서의 범죄에 대하여 연구하는 것은 최소한 우리가 범죄행위로 낙인찍는 행위의 상당부분은 동시에 하위문화적인 행위이자, 상징 및 의례 그리고 의미공유의 네트워크에 대하여 집합적으로 조직되어 있음을 인정하는 것이다. 따라서 문화로서의 범죄에 대한 연구는 주로 하위문화스타일의 분산된 역학(dispersed dynamics)에 맞춰져 있다. 즉 미학과 상징체계를 통해 정의되고 있다. 그러나 최근 들어 집합적 경험과 감정의 강도를 통해 정의하고자 하는 시도가 이루어지고 있다(Ferrell, 1999).

2) 범죄로서의 문화

범죄로서의 문화는 범죄시도로서 문화 집합체(cultural enterprise)의 재구성에 대한 연구이다. 예를 들어 대중문화물이 범죄를 야기한다고 보는 대중의 낙인이 연구대상이 될 수 있다. 범죄로서의 문화 연구대상은 광범위하다. 이는 범죄화의 대상이 되는 사직작가, 음악가, 텔레비전 프로그램 작가와 이들이 생산하는 대중문화물이 본질적으로 문화적일 수밖에 없으며, 이들의 범죄화는 하나의 문화적 과정으로 펼쳐지기 때문이다. 이들이 범죄화될 때, 본질적으로 충격적인 영상과 뉴스헤드라인 등을 통한 미디어의 재현을 통하여 범죄화된다. 미디어의 재현을 통한 범죄화는 나선형(spiral)을 띄고 있으며, 범죄화의 과정은 재현된 이미지를 끝없이 반사하는 거울로 가득찬 복도(a complex hall of mirrors)에 들어서는 것과 같다(Ferrell, 1995).

제 4 절 평화주의 범죄학

1. 평화주의 범죄학의 대두 배경

사법체계가 지나친 처벌과 통제를 피해야 한다는 관심에서 기독교의 사랑과 비폭력을 원칙으로 평화주의(peace-making)에 입각할 때 범죄문제가 해결될 것이라는 관점이 평화주의 범죄학(peace-making criminology)이다. 평화주의 범죄학에서는 낙인이론의 논의와 마찬가지로, 처벌이 범죄를 가져온다고 보았다. 따라서 처벌보다는 가해자와 피해자를 화해시키고, 갈등을 조정하며, 서로 용서하는 등의 인본주의적이고 평화적인 정책으로 나아갈 때 범죄가 줄어들 것이라고 보았다. 이러한 관점은 회복적 사법(restorative justice)의 정책적 기반이 되었다.

2. 회복적 사법의 개관

회복적 사법에 대한 합의된 개념정의는 없다. 그러나 일반적으로 회복적 사법에 대한 개념정의는 "특정범죄에 이해관계가 있는 당사자들이 함께 모여서 범죄의 결과와 그것이 장래에 대하여 가지는 의미를 어떻게 다룰 것인지를 해결하는 과정(Marshall, 1996: 37)"이라고 할 수 있다.

이러한 개념정의는 당사자의 자율적인 참여와 비공식성을 회복적 사법의 핵심원이로 부각시킴으로써 전통적인 형사사법과 구별되는 면을 잘 보여준다.

회복적 사법의 기본적인 명제는 크게 세 가지로 구분할 수 있다. 첫째, 형사사법은 우리가 범죄에 의해서 손상을 받은 피해자, 가해자와 지역사회를 회복하도록 노력할 것을 요구한다. 둘째, 피해자, 가해자, 지역사회에게는 회복적 사법의 과정에 가능한 한 신속하게, 그리고 전적으로 적극적으로 참여할 수 있는 기회가 주어져야 한다. 셋째, 회복적 사법을 제고함에 있어 정부는 질서유지의 책임을, 지역사회는 평화구축의 책임을 진다.

회복적 사법은 기존의 형사사법제도와는 여러 면에서 차이점을 갖는다. 먼저 회복적 사법에서는 범죄행위를 규정하는데 있어 보다 포괄적이다. 형사사법의 성공에 대한 평가방법도 다르다. 또한 범죄문제를 정부에만 맡겨두는 것이 아니라 범죄에 대응하고, 감소시키는데 지역사회가 참여하고 주도권을 쥐는 것의 중요성을 인식하고 있다는 점이다.

3. 형사사법체제에 미친 영향

1) 피해자-가해자 조정 프로그램

피해자-가해자 조정은 회복적 사법에서 대표적으로 활용되는 프로그램이다. 피해자와 범죄자의 화해가 피해자에게 범죄피해의 회복에 도움을 줄 뿐만 아니라 범죄자에게 범죄로 인한 피해와 고통을 체험할 수 있는 기회를 제공함으로써 범죄자의 교정에도 도움이 된다는 인식 하에 부로 보호관찰과 결부되어 보호관찰의 조건으로 시행되었다.

조정프로그램에서 범죄자와 피해자는 조정자의 보조 하에 서로 대면함으로써 범죄로 인하여 야기된 피해의 회복과 갈등해결을 도모하며, 능동적인 주체가 된다. 또한 조정절차는 반드시 조정결과물이 요구되는 것은 아니며, 조정당사자들이 문제해결에 다가갈 수 있도록 하는 조정자의 역할이 중요시된다(이호중, 2000).

2) 가족회합

가족회합의 기본적인 개념은 범죄로 인한 갈등은 반드시 가해자, 피해자, 그들의 가족과 지역공동체로 되돌아가되 갈등해소과정에서 국가대리인이 중재자로 참여한다는 것이다. 가족회합 또는 가족집단회합에서는 비공식적이고 느슨하게 구조화된 회합으로서 가해자와 그 가족, 피해자와 그의 지지자 및 기타 피해자와 가해자 측에서 추천된 사람들이 함께 참여하여 범죄에 대해서 논의하고 적절한 대응책을 협의하는 것이다. 각 회의는 독립적인 조정자에 의해서 소집되며, 참석할 수 있는 인원수에 대한 제한이 없고, 합의에 이르는데 요구되는 시간의 제약도 없다는 특징을 갖는다(Naffine & Wundersitz, 1994).

제 5 절 발전범죄학

1. 발전범죄학의 대두배경

발전범죄학이란 범죄행위의 동태적 측면을 행위자의 성장단계별 상태나 발전과정 혹은 개인성향과 관련하여 설명하는 분석틀이라고 할 수 있다. 발전범죄학이 대두한 때는 1990년 이후로 비교적 최근의 일이다. 발전범죄학이 태동하게 된 직접적인 계기로는 1980년대에 있었던 범죄경력연구(criminal career studies)들을 들 수 있다. 범죄경력연구들은 출생코호트자료와 시계열자료를 바탕으로 소수 만성범죄자 집단의 존재를 확인하고 범죄의 발전추세를 예시하고 범죄자 집단별로 서로 다른 연령과 범죄율과의 관계를 규명하는 등 몇 가지 중요한 사실들을 발견하였다. 그러나 범죄경력연구들은 경험적 사실의 발견에만 노력을 기울였을 뿐 연구결과들이 유발되는 과정에 대한 이론모형을 개발하려는 노력은 미흡하였다. 이에 대하여 발전범죄학은 범죄경력연구들에서 밝혀진 연구결과들에 대해서 그 유발과정을 이론화하려는 시도로 대두하였다(이순래 · 박철현, 2000: 83-84).

즉 기존의 범죄연구들은 정태적인 측면에서 범죄자와 비범죄자를 구별하는 요인의 판별에 집중함으로써 범죄의 동태적 측면(dynamic aspects)에 대해서는 충분한 관심을 갖지 못하였다. 그러나 범죄를 저지른 청소년들의 향후 발전형태는 매우 다양할 수 있다. 일부는 초기에 경미한 범죄로 시작했지만 범죄를 거듭하면서 점차 심각한 범죄를 저지르는 악화형(acceleration) 발전경향을 나타낼 수 있고, 다른 일부는 유사한 종류의 범죄를 반복하는 정체형(stationary) 발전경향을, 또 다른 일부는 범죄를 지속하면서 점차 경미한 범죄로 전이하는 완화형(deceleration) 발전경향을 보일 수 있다. 또한 범죄를 거듭하면서 일부는 동일한 범죄만을 반복하는 전문화(specialization) 발전경로를 따를 수 있고 다른 일부는 기회가 닿는 대로 온갖 종류의 비행을 반복하는 일반화(generalization) 발전경로를 보일 수 있다(이경상 · 이순래 · 박철현, 2007: 4-5).

이처럼 범죄과정의 종적인 과정에 관심을 갖는 연구들에서는 유사하면서도 또한 대립되는 두 입장이 존재해 왔다. 그 하나는 갓프레드슨과 허쉬(Gottfredson & Hirschi, 1990)의 일반이론(general theory)이 그 대표적 논의가 되며 그들은 어릴 때 가정에서 형성된 자기통제력이라는 성향이 범죄 또는 청소년비행을 설명할 수 있는 주요 원인이 된다고 본다. 이 입장에서는 어릴 때의 가정환경과 내적 성향을 중시하면서 어릴 때 형성된 이러한 성향은 변화하지 않고 지속적으로 청소년들에게 그리고 성인에 이르기까지 영향을 미치는 범죄의 유일한 원인이라고 주장한다.

그러나 다른 한편에서 소위 발전이론(developmental theory)은 범죄나 청소년비행을 설명함에 있어 어릴 때 형성된 성향이외에 아이들이 발달과정에서의 환경의 변화를 주로 강조했는데 아이들이 성장하면서 가정, 학교생활, 친구관계가 어떠한지가 범죄의 지속 혹은 중단에 결정적인 요인이 됨을 강조했다. 즉 어린 시절의 경험을 중시하면서도 또한 성장하면서의 환경에 따른 변화가능성으로 범죄를 설명하고자 했다(김준호 외, 2009: 132).

2. 일반이론의 주요 주장

일반이론(general theory)을 지지하는 연구자들은 범죄를 설명하는 중요한 하나의 요인에 주목하고 있다. 이 요인은 시간의 흐름에 따라 안정적이기 때문에 범죄경력 발전의 어떤 과정에서도 이 하나의 중요한 요인으로 범죄현상을 설명할 수 있다고 주장된다. 갓프레드슨과 허쉬는 이러한 입장을 주장하는 대표적인 학자이다. 그들은 범죄의 일반이론(A General Theory of Crime, 1990)이라는 저서를 통해 범죄발생에 영향을 미치는 하나의 중요한 요인은 개인의 자기통제력이라고 주장하고 어떤 개인의 낮은 자기통제력이 범죄의 원인이 된다고 주장하였다. 이러한 낮은 자기통제력이 범죄의 원인이 된다고 주장했다. 이러한 자기통제력은 아주 어릴적에 형성되어 이후에는 어떤 상황의 변화에 관계없이 계속해서 안정성을 유지한다고 한다(박철현, 1998: 24-25).

그들의 주장에 의하며, 개인의 자기통제력을 형성하는 가장 중요한 기관은 가정이며, 개인의 자기통제력은 가정에서 자녀양육을 통하여 7-8세 정도의 어린시기에 형성되는 것으로 파악하였다. 자녀양육과정에서 부모와의 애착(attachment), 자녀의 행동에 대한 감독(monitoring), 자녀의 잘못에 대한 인지(recognition), 잘못된 행동에 대한 적절한 처벌(punishment) 등이 자녀의 자기통제력이 형성에 영향을 준다는 것이다.

즉 가정에서 자녀에 대한 애정과 지원을 바탕으로 자녀의 행위를 살펴보고, 사회적으로 해서는 안 되는 행위를 저지르는지 파악하고, 그러한 행위를 저지를 경우에는 그에 대한 적절한 처벌을 부과한다면 자녀는 높은 수준의 자기통제력을 형성하게 된다는 것이다.

이러한 자녀양육과정을 통하여 형성된 개인의 자기통제력은 범죄 및 유사행위의 가장 중요하고 밀접한 원인이라고 제시하였다. 그들에 의하면, 자기통제력이 낮은 사람들은 즉각적인 만족을 추구하고, 장기적인 이해를 고려하지 못하는 경향이 강하다는 것이다. 낮은 자기통제력을 구성하는 요인들을 (1) 즉각적인 욕구충족, (2) 단순하고 손쉬운 욕구충족, (3) 흥분되고 위험하고 짜릿한 행동선호, (4) 장기적인이익에 대한 무관심과 노력부족, (5) 지식습득을 위한 기술과 계획부족, (6) 자기중심적인 경향으로 제시하였다. 따라서 자기통제력이 낮은 사람은 충동적 욕구을 억제하는 능력이 부족하고, 화를 잘 내거나 흥분하기 쉬우며, 위험스러운 행위를 좋아하고, 단순하고 쉬운 일을 즐겨하며, 정신적 사고보다는 육체적인 활동을 좋아하고, 자기중심적으로 판단하고 행동하는 성향이 강한 것으로 평가된다. 따라서 자신의 즉각적인 만족이나 욕구를 추구하는 과정에서 사회적으로 허용되지 않거나 기만이나 폭력 등을 사용하는 범죄행위를 저지를 가능성이 높다는 것이다. 이에 비하여 자기통제력이 높은 사람들은 즉각적인 욕구를 억제하며, 비교적 화를 잘 참아내는 경향이 있으며, 위험성을 추구하는 경향이 약하고, 다소 복잡하고 진취적인 일을 추구하고, 정신적인 활동을 선호하며, 다른 사람에 대하여 배려하는 경향이 강한 편이라고 한다. 이러한 개인들은 스스로 욕구를 억제하고, 타인의 의도와 기대를 이해하게 되며, 즉각적인 욕구를 추구하기보다는 좀 더 장기적인 욕구, 또는 사회적으로 용인된 행위를 추구하게 되고, 기만이나 폭력을 사용하지 않게 된다는 것이다(Hirschi, 1983; Gottfredson and Hirschi, 1990).

이러한 자기통제력에 대하여 갓프래드슨과 허쉬는 안정성(stability), 다능성(versatility) 등을 제시하였지만 가장 중요한 특성으로는 일반성(generality)이라고 할 수 있다. 자기통제이론의 일반성은 개인의 자기통제력은 모든 시간과 공간적, 그리고 모든 유형의 집단의 범죄에 설명이 가능하다는 것을 의미한다. 즉 자기통제력이 범죄에 미치는 효과는 시간과 공간적, 성별이나 연령 등의 집단에게도 동일한 양상, 즉 일정성(invariance)을 지닌다는 것이다. 이는 모든 시간 및 공간, 그리고 성별이나 연령 등의 구분없이 모든 사람들에게 자기통제력은 범죄발생에 가장 중요한 요인이라는 것을 의미한다(기광도, 2011: 7-8).

요약하면 범죄경력에 관한 범죄의 일반이론은 범죄경력의 모든 과정이 하나의 중요한 요인에 의해 설명될 수 있다고 주장하고 따라서 개인 범죄율이 지속적으로 높은 범죄자 집단의 존재를 인정하지 않는다. 또한 범죄를 유발하는 어떤 하나의 중요한 요인이 매우 다양하게 발현되기 때문에 범죄경력의 전문화를 인정하지 않으며 이 요인은 시간의 흐름에 따라 매우 안정적이기 때문에 범죄경력의 심각화는 부정된다고 할 수 있다(박철현, 1998: 26).

3. 발전이론의 주요 주장

전통적인 범죄학 이론이 갖고 있는 암묵적인 가정은 어떤 범죄의 발생에 원인으로 작용하는 요인, 즉 어떤 범죄자가 범죄경력을 시작하게 하는 요인은 그가 범죄경력을 지속하고 중단하는데도 동일하게 작용한다는 것이다. 그러나 발전이론(developmental theory)의 가정은 이러한 범죄경력의 시작, 지속, 그리고 중단이 하나의 동일한 요인으로 설명할 수 없다는 것이다. 즉 범죄경력의 발전과정을 어떤 하나의 요인으로 설명하는 일반이론과는 달리 발전이론들은 어떤 국면들을 나누어서 상이한 요인으로 설명하려는 경향이 있다(박철현, 1998: 24).

1) 모피트(Moffit)

학습이론의 측면에서 범죄발전현상을 설명한 대표적인 학자는 모피트이다. 모피트가 주목했던 현상은 연령과 범죄율과의 관계였다. 연령과 범죄율과의 관계에서 모피트는 범죄자들을 생애지속 범죄자(lift-course persistent offender)와 청소년기 한정비행자(adolescence-limited delinquents)로 구분하고 이들의 작용으로 인하여 범죄율이 청소년연령대에 높고 성인연령대에 감소하는 것으로 설명하였다. 여기서 생애지속범죄자란 개인의 기본성향면에서 결함이 있으며 어려서부터 범죄를 저지르기 시작하고 나이가 들어서도 범죄로부터 손을 씻지 못하고 만성적으로 범죄를 저지르는 사람들을 일컫는다.

반면에 청소년기 한정비행자란 기본성향의 면에서는 일반인들과 차이가 없지만 청소년이란 발전과정상의 특성과 학습이나 모방에 의해 청소년기에 국한하여 범죄를 저지르고 이후에는 그만두는 사람들을 지칭한다. 생애지속범죄자로서의 소질형성과 관련하여 모피트가 강조했던 사항은 정신심리적 기능의 장애와 어렸을 때의 부적절한 성장환경이다. 즉 출생전후에 모체나 태아의 이상으로 정신심리적 기능장애가 발생하고 부모의 무관심이나 양육방법의 잘못으로 이 같은 기능장애가 제대로 치유되지 못함으로써 지속범죄자로서의 성향이 형성된다는 것이다. 출생전후의 상태에 주목함으로써 모피트는 생애지속 범죄자의 성향을 형성하는 데에 있어 생물학적 요인의 영향을 강조한 듯하다. 그러나 모피트는 출생전후에 정신심리적 기능장애가 있더라도 조기성장과정에서 부모가 유아의 기능결핍에 관심을 갖고 필요한 훈육방법을 적용하면 기능결핍 문제를 해결할 수 있다고 보았다.

따라서 만일 부모가 자녀의 기능장애에 주목하지 못하고 필요한 훈육을 하지 않았을 때에 지속범죄자로서의 성향이 형성된다고 봄으로써 모피트는 생물학적 결정론을 넘어 생물학적 요인과 조기성장환경의 상호작용을 중요한 영향요인으로 고려했다는 것을 알 수 있다. 모피트에 의하면 생애지속범죄자의 경우는 어렸을 때에 형성된 문제성향이 주요한 원인이며 문제성향의 현시적 결과(문제성향으로 말미암아 유발되는 부정적결과)와 누적적 결과(문제성향이 성장과정에서 누적적으로 부정적 영향을 미치는 것)로 인하여 이러한 성향의 사람들은 생애 전과정에 걸쳐 범죄를 포함한 반사회적 행위에 빠져들게 된다는 것이다.

이에 반하여 청소년기 한정범죄자의 경우는 지속범죄자들과 질적으로 다른 집단으로 인식하였다. 그들은 기본성향면에서 정상인들과 별다른 차이가 없고 또한 지속범죄자의 경우는 문제성향으로 인하여 어려서부터 범죄에 빠져들지만 한정범죄자의 최초범죄는 청소년기에 시작되며 성인기에 들면서 대부분 범죄로부터 손을 씻고 정상적인 생활로 환원한다는 것이다. 모피트는 청소년기에 한정적으로 비행이 증가하는 이유를 비행의 상징적 가치부여기능과 신분강화기능의 측면에서 파악하였다. 예컨대 한정비행소년들은 비행으로 통하여 어른들의 요구를 거부할 수 있는 능력과 어른들의 허가없이도 행동할 수 있는 독자적 능력이 있다는 것을 상징적으로 증명한다는 것이다.

또한 비행은 성인생활에 진입했다는 신분강화제로서의 기능을 가진다는 것이다. 이성관계, 음주, 흡연, 약물 등과 같이 소년들에게 허용되지 않은 행위들을 시도함으로써 소년들은 자기도 이제는 성인이라는 인식을 가질 수 있을 것이다. 모피트는 청소년기에 많은 비행을 저지른 한정범죄자들이 나이가 들면서 범죄를 그만두는 이유로 상황변화, 인식의 변화, 낮은 현시적 불이익과 누적적 불이익 등의 측면에서 범죄단절의 이유를 거론하였다(이순래 · 박철현, 2000: 96-102).

이처럼 모피트는 어려서 가정에서의 부적절한 훈육과 신경심리계의 손상의 이유로 충동적이고 언어, 학습능력이 부족한 아이들이 어려서부터 문제행동을 한다고 하면서 그러한 아이들은 성인에 이르기까지 지속적으로 비행이나 범죄를 저지르게 될 가능성이 높다고 주장하였는데 그것은 어려서의 문제성향과 행동으로 성장기에 주위사람들과의 관계나 학교적응, 취업에의 실패, 그리고 비행친구와의 접촉 등이 있기 때문이라고 했다. 즉 그녀도 어려서의 가정환경과 문제성향, 문제행동을 청소년비행의 원인으로 중시했지만 그것과 청소년시기의 비행과의 관계 사이에 매개변인으로 작용하는 사회요인을 강조했다(김준호 외, 2009: 137).

2) 애그뉴(Agnew)

애그뉴는 일반긴장이론을 중심으로 소수의 만성범죄자가 일생동안에 걸쳐 반복적으로 범죄를 저지르는 까닭과 일정시기에 급격히 증가하는 일시범죄자 문제에 관한 이론화를 시도하였다. 일반긴장이론(general strain theory)이란 애그뉴가 기존의 여러 긴장이론들을 종합한 것으로 타인들과의 긴장관계를 중요한 범죄발생의 원인으로 지적하는 이론이다. 일반긴장이론에서 애그뉴는 긴장이 유발되는 계기를 의미있다고 생각하는 목표를 성취하려는 것을 타인들이 방해할 때, 의미있는 가치의 대상이 빼앗길 때, 본인에게 해악적인 가치의 대상이 가해질 때 등으로 구분하였다. 더불어 긴장관계는 각자에게 부정적 감정을 유발하며 또한 부정적 감정은 이를 초래한 원인에 대해서 교정행위(corrective action)을 취하도록 압력을 행사함으로써 범죄행위도 결국은 긴장관계에 의해 유발된 부정적 감정을 해소하기 위해 선택한 교정행위의 하나로 보았다.

그리고 애그뉴는 특정한 상태를 긴장관계로 인지하는 정도는 궁극적으로 행위자에 위해 결정된다는 사실에도 주목하여 객관적인 수준에서는 비슷한 긴장관계라도 행위자에 따라 달리 인지될 수 있다는 점을 인정하였다. 뿐만 아니라 긴장관계로 인지된 상태에 대해서 개인별로 적응방식의 차이가 있다는 점을 강조하였다. 즉 어떤 사람은 긴장관계에 들었을 때에 범죄적 대응을 하고 다른 사람은 비범죄적 대응을 선택하는 등 사람들은 저마다의 대응방식을 갖고 있다는 것이다. 이와 같이 일반긴장이론은 개인이 경험하는 긴장관계 긴장관계로부터 부정적 감정을 느끼는 정도 긴장관계에 대한 대응방법의 개인별 차이 등을 중심으로 범죄발생을 설명한다.

한편 애그뉴도 범죄지속현상의 일부는 어렸을 때에 형성된 성향에 의해 유발된다는 점을 인정하였다. 개인성향과 관련하여 애그뉴가 특히 주목했던 사항은 좌절에 대한 낮은 인내력과 성격장애였으며 이같은 성향은 생물학적 영향과 더불어 가족의 부적절한 조기사회화 과정에 의해 형성된다고 가정하였다. 두가지 성향과 함께 애그뉴가 특히 관심을 두었던 성향은 문제해결능력이었다. 이처럼 낮은 인내력, 성격장애, 문제해결능력의 장애를 가진 사람들을 애그뉴는 한마디로 공격성향이 높은 사람들로 규정하였다.

공격성향의 사람이 범죄지속현상에 빠져드는 과정에 대해서 애그뉴는 간접경로와 직접경로의 두가지 경로를 지적하였다. 직접경로는 공격성향의 사람이 그 기질적 특성에 의해 쉽게 범죄에 빠져드는 경우이며 간접경로는 주위사람들이 공격성향의 사람들을 긍정적으로 취급하지 않기 때문에 그만큼 범죄개입의 개연성이 높아지는 경우이다. 애그뉴는 범죄지속현상이 발생하는 까닭은 조기에 형성된 공격성향의 직접효과와 간접효과로 인하여 일반긴장이론의 세 요인 즉 바람직한 것으로 평가되는 목표를 성취하기 어렵고 부모나 선생의 언어적 물리적 학대 등 해악적인 자극에 노출될 가능성이 크고 친구나 좋은 직업과 같이 바람직한 가치의 대상을 빼앗일 가능성이 클 것이라 설명하였다. 그럼에도 불구하고 애그뉴는 공격성향이 성장과정 동안에 불변한 것이 아니라 사회환경이 공격성향의 변화를 초래할 수 있다는 사실을 인정하였다.

한편, 청소년기 한정범죄현상에 있어서 애그뉴가 주목하는 사항은 긴장요인의 변화이다. 즉 청소년기에 들어 한정적으로 범죄가 폭증하는 까닭은 이때에 긴장관계가 많아지며 긴장관계를 혐오스러운 것으로 해석하는 경향이 강해지고 부정적 감정의 해소를 비행행위에 의존하려는 경향이 강해지는 등 긴장요인들의 변화가 있기 때문이라는 것이다. 그러나 애그뉴는 모피트처럼 모든 청소년들이 한정범죄자가 되리라고 가정하지는 않았다. 청소년들 중에서 소규모의 학교에 재학하거나 동질적인 지역사회에 거주하거나 친구들과 적게 어울리는 성격의 소유자들은 그렇지 않은 소년들에 비해서 긴장을 적게 겪기 때문에 한정범죄현상에 빠져드는 경향이 적으며 또한 어른들로부터 사회적 지원이나 도움을 많이 받는 청소년의 경우도 발전과정상의 긴장요인을 적절히 해결할 수 있기 때문에 비행적 대처방안에 의존하지 않는다는 사실을 강조하였다(이순래 · 박철현, 2000: 102-109).

3) 샘슨과 롭(Sampson & Laub)

샘슨과 롭(1993)은 사회유대이론의 기본 내용을 받아들인다. 즉 개인들간에 맺고 있거나 개인과 사회제도간에 맺고 있는 사회유대를 중요시한다. 그런데 개인에게 있어서 중요한 사회유대의 형태는 생애단계마다 다르다. 예를 들어 어렸을 때에는 가정, 학교, 친구에 대한 사회유대가 중요하지만, 성인이 되면 직장, 결혼, 동료에 대한 사회유대가 중요한 역할을 한다. 한편 특정 개인이 범죄를 지속하는가의 여부는 생애단계별 사회유대의 차이에 의해서 설명할 수 있다.

이러한 배경에서 그들은 어렸을 때 형성된 범죄성향에 있어서의 개인별 차이는 범죄지속 여부를 결정하는데 중요하지 않으며, 중요한 것은 개인이 성장하면서 맺게 되는 사회유대의 정도라고 보았다. 즉 어렸을 때 이상징후, 행동장애, 낮은 자기통제력 등을 가진 사람이라고 해서 지속적인 범죄자로 발전한다고 볼 수 없고, 혹시 이들이 만성적인 범죄자로 발전한다고 하더라도 이들이 어렸을 때 보인 범죄성향 때문에 그런 것이 아니라 어렸을 때의 비행행동으로 인해서 그 이후의 사회유대가 약화되었기 때문이라고 설명한다. 이같이 어렸을 때 형성된 문제성향 또는 공격성향이 범죄에 미치는 직접 효과를 인정하지 않은 대신에, 전환점과 누적적 불이익이라는 다른 주요개념의 중요성을 강조하였다.

즉 이들은 범죄적 소질이 중요한 것이 아니라 비행이나 범죄를 저지르면 이로 인해서 사회유대가 영향을 받고 사회유대의 약화 또는 단절로 인해서 차후 범죄의 개연성이 증가하는 것이라고 주장하였다. 어렸을 때 형성된 개인성향이나 심리적 특성보다는 초기의 사회적 행동이 이후의 발전단계에서 맺게 될 가족관계, 학교생활, 동료관계, 직업선택 등에 미치는 부정적인 영향을 중요시하였다. 조기비행으로 부모와의 관계가 악화되고, 학업에 실패하고, 동료로부터 배척을 당하고, 우울심리를 경험하고, 비행친구와 교제하는 등의 이차적 사회유대문제가 유발되며 이후의 반사회적 행동은 이같은 누적적 불이익에 의해서 더욱 큰 영향을 받게 된다(노성호, 2007: 246-247).

샘슨과 롭은 누적적 불이익을 크게 두 가지로 구분하였다. 그중의 하나는 누적적 연속성(cumulative continuity)으로 과거범죄로 인하여 학교실패, 취업의 어려움 들과 같이 사회제도로부터 단절되는 현상이며, 다른 하나는 상호작용적 연속성(interactional continuity)으로 상호작용과정에서 다른 사람들로부터 불이익을 경험하는 현상이다. 따라서 어렸을 때에 비행이나 범죄를 저지른 사람은 성장하면서 누적적 연속성이나 상호작용적 연속성으로 인하여 이후 성장과정에서 정상적인 사회유대관계를 형성하지 못해 성인기까지 지속적으로 범죄를 저지른다는 것이다.

대부분의 발전론적 연구들은 범죄발전이나 지속을 설명하면서 개인의 성향이나 심리적 특성을 강조하였다. 이에 대하여 발전통제론은 어렸을 때에 형성된 개인성향이나 심리적 특성보다는 초기의 사회적 행동이 이후의 발전단계에서 맺게 될 가족관계, 학교생활, 동료관계ㅏ, 식업선택 등에 유발시키는 문제들을 중요시하였다. 조기비행으로 부모와의 관계가 악화되고 학업에 실패하고 동료로부터 배척을 당하고 우울심리를 경험하고 비행친구와 교제하는 등의 이차적 사회유대문제가 유발되며 이후의 반사회적 행동은 이같은 누적적 불이익에 의해 더욱 많은 영향을 받게 된다는 것이(이순래 · 박철현, 2000, 112-115).

4. 발전이론의 평가

손베리(Thornberry, 1997)에 의하면 전통적 범죄학 이론은 대부분 발전적 결과 또는 생애과정의 결과에 대해 거의 관심을 가지지 않았는데, 이것은 다음의 몇 가지 문제점을 낳았다고 한다.

첫째, 비발전적 관점은 범죄행동의 많은 흥미롭고 중요한 차원-확산도, 범죄경력의 시작, 지속, 범죄의 심각화 및 완화, 범죄경력의 은회 등-을 설명하지 못했다.

둘째, 비발전적 관점은 어떤 범죄자 집단의 상이한 인과구조를 설명하지 못하였다. 예를 들어 범죄유형별로 상이한 인과적 발전을 한다든가, 아니면 경력집단별로 상이한 인과구조가 있다든지 하는 것을 제대로 설명하지 못하였다.

셋째, 비발전적 설명들은 범죄행동을 선행하는 요인과 범죄행동의 결과에 대해 주의를 집중시키지는 않는다. 범죄행동을 선행하는 요인들과 단지 일분의 청소년을 지속적인 범죄경력을 유지하도록 하는 인과적 힘을 이해하는 것은 범죄의 원인에 대한 이해를 크게 증진시켜 줄 것이다. 마지막으로, 비발전적 관점은 생애 과정을 통해 일어나는 발전적 변화에 대한 이해를 체계적으로 이용하지 못했다는 것이다(Thornberry, 1997; 박철현, 1998: 27 재인용).

발전범죄학의 등장은 그동안 전통적 범죄학이 소홀히 했던 분야인 범죄경력의 발전과정, 즉 범죄자가 처음으로 범죄를 시작하고 지속 또는 중단하게 되는 종적 과정에 대한 유용한 설명을 제공해 주고 있다. 이러한 움직임의 의의는 그동안 이론화에 소홀했던 범죄경력에 관한 방대한 경험적 연구결과들을 이론적으로 정리해 나가고 있다는 것이다(박철현, 1998: 29). 발전범죄학은 행위자의 성장단계별 상태나 발전과정을 중심으로 시간의 흐름에 따른 범죄행위의 변화를 설명하고자 하는 분석틀이다.

이러한 점에서 발전범죄학은 기존의 정태적 연구들이 내포하였던 한계나 오류를 극복하고 범죄현상을 보다 정확하고 체계적으로 설명하는 분석틀이 될 것이다. 뿐만 아니라 발전범죄학은 범죄이탈과정에 주목함으로써 범죄자들의 재범을 방지하고 이들의 성공적 사회복귀방안을 마련하는 부분에도 중요한 기여를 할 수 있다. 예컨대 청소년기의 한정범죄자들이 범죄를 그만두고 정상적인 사회성원으로 환원하는 이유와 관련하여 모피트이 발전학습론은 상황변화, 인식의 변화, 낮은 축적적 불이익 등을 지적하였다.

이에 의하면 비행이나 범죄의 상징적 의미에 흥미를 잃는 상황변화를 겪거나 범죄를 저지르면 과거노력이 수포로 돌아가고 미래가 위협받는다는 인식변화를 경험하고 과거범죄에 대한 불이익의 정도가 크지 않았을 때에 한정범죄자들은 그만큼 쉽게 범죄로부터 이탈할 수가 있다는 것이다. 따라서 발전학습론은 범죄가 주는 상징적 가치를 대치할 수 있는 대안을 모색하고 자신의 미래에 관심을 갖도록 하는 교화방법이나 과거범죄로 인한 누적적 불이익을 감소시키는 처우방법을 활용함으로써 한정범죄현상의 예방이나 한정범죄자에 보다 효율적으로 대처할 수 있다는 점을 시사한다(이순래 · 박철현, 2000, 117).

제 2 부

범죄의 원인

제 9 장

범죄의 생물학적 원인

-과거의 연구-

제 1 절 범죄의 생물학적 원인

범죄원인으로서 유전적 요소를 중시하는 주장은 오래 전부터 있어 왔다. 단 생물학적 요인에 대한 실증주의적 연구에 대해서는 롬브로조 등의 범죄인류학의 출현을 빼놓을 수 없다. 전술한 것처럼 롬브로조가 제창한 생래적 범죄자설은 그 후 부정되었다. 그러나 범죄의 생물학적 요인의 존재 자체가 역사상 완전히 부정된 것은 아니다. 20세기에 접어들면서 범죄생물학파로서 계승된 생물학적 요인은 실증주의적 · 이학적인 장비를 구비하면서 여러 가지 형태로 지속적으로 발전되어 왔다.

하지만 범죄의 생물학적 요인을 중시하는 주장은 1980년경을 기점으로 크게 발전하였다. 여기에는 1980년경까지의 연구를 들 수 있다. 1980년경 연구의 생물학적 요인에 대한 연구의 특색으로 주목하지 않은 이유는 진화론이나 유전학이 강한 영향을 보였기 때문이다. 또 사람이 태어난다면 질적 차이가 인간 간에 존재한다는 우생학의 사상도 약간의 영향을 끼치고 있다. 범죄의 생물학적 요인에 대한 종래의 연구는

① 가계연구 ② 쌍생아 연구 ③ 양자연구 ④ 염색체 이상의 연구를 통해 발전을 이루었다.

제 2 절　범죄자의 가계연구

범죄자의 가계연구란 범죄자나 그 외의 사회적 일탈자가 많이 나오는 가계를 조사해 가계도(家系圖)에 의한 유전과 범죄의 관계를 밝히려 하는 연구를 가리킨다. 가계연구는 과거부터 유전학, 정신의학, 심리학 등의 영역에도 활발히 이루어져 왔으며 범죄자만이 아닌 천재, 정신장애자 등도 연구대상에 포함해 가계연구 혹은 계보연구라 불리어 왔다.

1. 가계연구의 전개

1) 가계연구의 기원

범죄자 가계연구의 원형은 롬브로조에서 기원을 찾을 수 있다. 그는 고문서(古文書)에서 모터클이라고 불린 17세기 매춘부의 연구를 통해서 그의 자손 900명 중 200인이 범죄자, 200인은 전신장애자나 부랑자임을 확인했다. 또 롬브로조의 오래된 비판자라 할 수 있는 고링도 범죄자 가계연구를 정열적으로 시행하여 혈연자간의 범죄성에서 상관관계가 도출된다는 주장을 하였다.

2) 쥬크가(家)의 연구

범죄가계의 연구로 대표적인 것은 덕데일(Richard Dugdale) 쓴 「쥬크가(*The Jukes*)」에 수록된 쥬크가(家)에 관한 것이다. 덕데일은 1870년대에 뉴욕주의 형무소를 시찰해 거기에 6명의 같은 혈연자가 복역하고 있는 사실을 알게 된 것을 계기로 가계조사를 시작했다. 그는 7대손

위의 막스 · 쥬크란 남성과 아드 · 야루크스란 여성을 기원으로 쥬크가의 자손 700인을 조사했다. 그 중 범죄자는 140인(19.7%)이고, 그 내용을 보면 살인범 6인, 절도범 140인 등이다. 이 조사결과는 당시 학회에서 반향을 불러일으켜 범죄인류학의 신봉자들에게 많은 힘을 실어 주었다. 또 에스타브룩(Arther Estabrook)은 그 후 쥬크가를 추적 조사해 「1915년의 쥬크가」를 출간했다. 여기엔 9대에 걸친 쥬크가 자손 2,820명인을 조사한 결과 171인의 범죄자가 존재하는 것이 밝혀졌다.

3) 카리카크가(家)의 연구

쥬크가와 함께 가계연구로 유명한 카리카크가(The Kallikak Family)의 연구는 주로 정신박약자에 관한 가계연구이다. H · 고다드(Goddard)는 1927년에 「카리카크가의 사람들」을 집필했다. 그가 정신박약시설의 관리자일 때 수용자중 8살 소녀 데보라에 관심을 갖고 그 가계조사를 행해 5대 전의 카리카크란 남성에 주목하였다. 이 카리카크의 자손은 그 혈족이었는데 가계의 흐름을 보면 한 부류는 정신박약자나 알코올중독자가 많은 계통 「카라카크 주니어 계통」이고 다른 쪽은 거의 정상인 계통(프레데릭 계통)이다.

이 중 카리카크 주니어는 독립전쟁시 전장에서 알게 된 정신박약 여성과의 사이에서 태어난 서자(庶子)이다. 여기에 비해 프레데릭 · 카리카크는 정상여성과의 사이에서 태어난 적출자이다. 전자의 계통 480명의 자손을 조사한 바 정상인은 단지 46명뿐이고, 정신박약자가 148명, 나머지 291명은 명확하지 않았다. 이들도 대부분 정신박약의 의혹이 있는 자들이다. 후자의 계통은 490명의 자손을 찾았으나 정신박약자는 한 명도 없었고(단, 알코올중독자 2인, 성적일탈자 1인 발견), 거의 모든 자손이 정상이고 실업가, 변호사, 대학교수 등의 사회적 지위가 높은 자도 다수 있었다.

〈그림 9-1〉 카리카크가의 계통도

2. 가계연구의 한계

1) 가계연구에 대한 비판

이런 일련의 가계의 연구에 대해선 다음과 같은 비판이 제기되었다.

(a) 18세기 당시의 신분등록이나 법원의 기록이 그렇게 정비되어 있지 않은 상황을 고려하면 자손이나 「범죄자」를 어떻게 밝혀내었는가? 자손임을 규명한 사실에 의문이 있다.

(b) 쥬크가의 자손과 대조해 식민지대의 전도사 에드워드의 자손(범죄자 없이 다수의 유명정치가나 재판관이 나왔다)에 관해 설명하고 있으나, 그 후 연구에서 에드워드 가계에도 범죄자가 존재함이 판명됐다.

(c) 에스타브룩의 추적조사에서는 쥬크가의 자손범죄자 출현율이 감

소되고 있다.

(d) 이들의 연구에는 환경요인이 무시되었다.

(e) 하나의 특징이 수 세대에 걸쳐 나타나도 범죄성의 유전을 설명할 수 없다. 서덜랜드도 지적한 것처럼 「식사시 포크사용은 여러 세대간 다수의 가정의 특징이 되었으나 포크사용이 유전적 요인이란 것은 증명할 수 없다.」특히 (d)와 (e)는 범죄사회학이 대두하면서 강하게 주장되었다.

〈그림 9-2〉 수정한 사진

2) 가계연구의 쇠퇴

이런 비판을 받아 범죄자 가계연구는 지지를 잃어 갔다. 19세기 말부터 20세기 초반에 걸쳐 절정기를 맞이한 가계연구도 제2차 대전 후에는 거의 뚜렷한 업적은 남기지 못하였다. 이런 가계연구의 쇠퇴배경에는 우생학사상에 대한 비판도 한몫을 하였다고 생각된다. 또 최근 연구에는 전술한 것처럼 고다드가 집필한 저서에서 카리카크가의 정신박약자손의 사진을 변조하여 포악한 표정으로 보이게 수정한 것이 밝혀지기도 하였다. 이런 생물학적인 범죄원인론의 움직임 중에서 가계조사의 결점을 보완한 것이 다음에 있는 쌍생아연구이다.

제 3 절 쌍생아 연구

범죄자 가계연구에는 "범죄자의 범죄성이 유전의 영향인가" 아니면 "공유하는 생활환경을 반영한 것인가"를 확인할 수 있다. 여기서 유전학 성과를 합쳐 일란성과 이란성의 쌍생아의 비교에 의해 범죄와 유전의 관계를 밝힌 것이 쌍생아 연구이다.

1. 쌍생아 연구의 기초

쌍생아는 하나의 수정란이 둘로 나누어진 일란성 쌍생아와 2개의 수정란이 각각 발육한 이란성 쌍생아가 있다. 쌍생아가 태어날 확률은 국제적으로 85번의 출산에 1회이고 일란성과 이란성 쌍생아의 출생비율은 비슷하다. 쌍생아 연구는 다음 두 가설을 기본으로 한다. (a) 일란성 쌍생아는 각각 개체의 유전자가 같은 소질을 갖고 있는 것에 비해 이란성 쌍생아의 유전자는 서로 달라 형제자매 정도의 다른 소질을 갖고 있다. (b) 범죄는 유전자적인 소질에 강한 영향을 받는 것으로 범죄 일치율은 이란성보다 일란성 쌍생아 쪽이 높다.

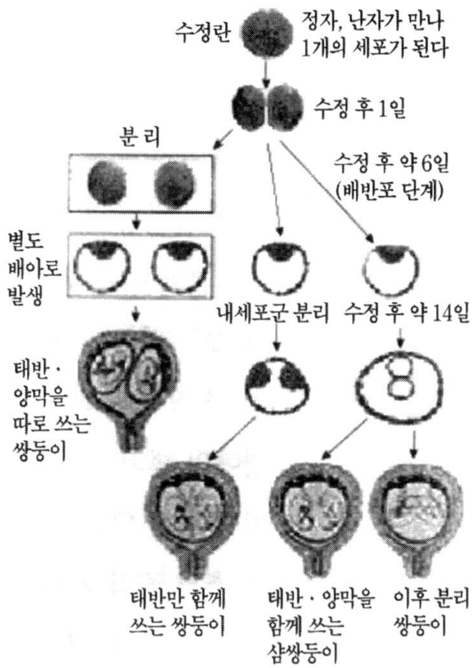

〈그림 9-3〉 풀리지 않은 쌍둥이의 신비

2. 쌍생아 연구의 전개

1) 쌍생아 연구(제1기)

(1) 연구의 성과

쌍생아 연구는 2기로 나눌 수 있다. 제1기(1920년대 후반부터 1940년대)에는 독일의 생리학자 랑게(Johannes Lange)의 「운명으로서의 범죄」의 출간을 시작으로 쌍생아 연구의 막이 열렸다. 특히 1930년대에는 쌍생아 연구의 황금시대라 불렸다. 랑게는 쌍생아 중에서 그 한쪽이 형무소에 수용된 자(일란성 13조, 이란성 17조)를 대상으로 다른 쪽의 쌍생아의 범죄상황을 조사했다. 여기서 일란성은 이란성 쌍생아에 비해 범죄의 일치율이 높고 범죄의 회수나 형태 그리고 형무소내의 행태 등이 상당히 닮은 것이 확인 되 유전소질이 범죄성에 결정적인 영향을 갖고 있다고 주장했다.

이 저서는 당시 유전우위설을 증명한 것으로서 그 후 유럽 각 국의 쌍생아연구를 활발하게 하는데 선구적인 역할을 하였다. 즉 네덜란드의 루그라, 미국의 로자노프, 독일의 슈트운돌과 크라츠, 핀란드의 볼그스톰 등이 쌍생아 연구의 성과를 차례로 발표하게 된 것이다. 이들은 연구에서 국제적으로 범죄일치율을 계산해 보면 일란성 쌍생아가 60%, 이란성 쌍생아에서 30%이다.

일본에서도 길익(吉益)박사가 「쌍생아 연구는 범죄연구의 탐구에서 등불과 같은 역할을 한다.」라고 하면서 이 연구에 참가해 25세 이하의 조발성(早發性) 범죄자와 25세 이상의 후발성(後發性) 범죄로 나누어 검토했다. 일본 쌍생아의 범죄일치율은 다른 국가에 비해 낮고 조발성 범죄자에 있어 유전소질이 중요한 역할을 한다라는 의견을 제시해 이것을 지지하는 견해를 나타냈다. 그 후도 길익 박사는 쌍생아 연구는 범죄학에 있어 「마르지 않는 지식의 샘」이라 하고 추가조사를 시행하는 등 많은 연구를 진행하였다.

(2) 연구의 문제점

제1기 연구는 범죄원인론에 있어 유전인가 환경인가란 논쟁의 가운데서 「범죄는 유전에 기초한 불가피한 현상이고 범죄소질에 관한 단일의 악성유전성이 존재한다.」란 기본적 전제를 세웠다. 이전 제1기 쌍생아 연구는 많은 비판을 받았다. 첫 번째는 방법론적 문제이다. 어느 한쪽이 범죄자인 쌍생아만을 조사대상으로 한 것은 표본으로서 불충분하고 편향적인 결과를 낳기 쉽다. 두 번째는 이론적인 문제이다. 쌍생아 연구의 가설원리 그것이 유전우위설에 편든 것은 아닌가라는 등의 비판으로 인하여 쌍생아 연구는 서서히 힘을 잃어 갔다.

2) 쌍생아 연구(제2기)

이처럼 쇠퇴한 쌍생아 연구가 다시 국제적으로 각광을 받기 시작한 것은 1960년대 중반부터이다. 이 성과는 제1기 연구를 극복해 이루어진 것이다. 이 연구의 표본은 1881년부터 1910년 사이 태어난 일란성 쌍둥이로 적어도 15세기까지 양쪽 다 생존한 전원(6,000조)으로 비교적 신뢰성이 높은 난성진단(卵性診斷)을 이용해 공유환경에 주목하면서 연구가 진행되었다. 여기에서 쌍생아 중 어느 쪽 한 쪽에 범죄사실이 있는 것은 일란성 67조, 이란성 쌍생아 114조였다. 그리고 이들 중 다른 쪽도 범죄사실이 있는 것은 일란성에는 24조(35.8%) 이란성에는 14조였다.

또한 크리스찬센은 1974년에 범죄성이 미약한 자보다 범죄성이 강한 자 사이에서 일치율이 높다고 지적했다. 1976년에는 달가도와 크린그렌이 일란성에서 25.8%, 이란성에서 14.9%의 범죄일치율이 있는 것을 밝혔다. 단 그들은 일란성 쌍생아의 범죄일치율이 높은 것은 주로 양육방법(養育方法)의 공통성에 의한 것이라고 결론지어 유전우위설을 지지하지 않았다.

3) 제2기 연구의 특징

제2기 쌍생아 연구는 범죄원인을 놓고 「유전인가 환경인가」의 논쟁이 끝난 후 나왔다. 그래서 제2기에선 범죄가 환경과의 상호작용이란 전제로 연구가 이루어졌다. 현대의 행동유전학에는 유전이 사람의 성격이나 행동에 미치는 영향에 대해 그 기본구조는 전체적으로는 유전에 의해 형성되나 그것은 세부적인 것까지 영향을 미치는 것은 아니고 환경적인 영향에 대해 유연하게 대처하면서 기본구조는 유지된다고 생각하고 있다.

즉 「성격이나 지적능력의 범죄율은 20%부터 50%이다」라고 생각하고 있는 것이다(중정도이론(中程度理論)). 또 범죄소질에 관련하는 단일의 악성유전자는 존재하지 않고 다수의 유전자가 포함되어 범죄를 일으킨다는 기본전제를 세운 것도 유의해 두고 싶다.

3. 쌍생아 연구의 평가

1) 쌍생아 연구의 한계

쌍생아 연구는 오늘날에도 유전학이나 심리학의 영역에서 관심을 두고 활발하게 조사가 이루어졌으나 범죄학 영역에서는 이루어지고 있지 않은 상태이다. 그 이유는 쌍생아 연구에 본질적인 한계가 있기 때문이다. 자궁 내 환경에서 시작해 성장과정에서 가정환경이나 사회환경이 유사하고(등환경가설; 等環境假說), 이른바 「긴밀한 쌍생아공동체」가 창설되기 쉬워 직접적으로 범죄의 유전규정성(遺傳規定性)을 실증하는 것은 극히 곤란하다. 또 제2기 연구에는 제1기의 연구에 비해 범죄일치율이 상당히 낮은 점도 빼 놓을 수 없다. 이것은 제1기 유전우위설에 중대한 의문을 제기하였다고 할 수 있다.

2) 쌍생아 연구의 평가

따라서, 제1기의 연구만이 아닌 제2기 연구에서도 일란성 쌍생아의 일치율을 강조하면서 불일치의 사례가 나오는 것에 대한 비판을 면하기 힘들다. 불일치의 사례는 쌍생아를 두고 환경역할의 중요성을 추측할 수 있는 것이다. 즉, 일란성 쌍생아에서도 태내에 있는 시점부터 환경의 다름에 의한 영향을 계속 받아왔다. 이런 쌍생아를 둔 환경조건을 연구에 적합하게 통제한다는 것은 과학적으로 불가능하다.

또 최근 쌍생아 연구에는 일란성 쌍생아의 심리·행동면에 있어 왜 이렇게까지 다른 점이 많은가에 의구심을 가지기 시작하였다. 그렇다고 하면 쌍생아 연구의 전제로 하는 가설(일란성 쌍생아-유전요소의 동일성 → 범죄의 일치)은 그 뿌리부터 흔들리는 것이다. 더 이상 연구가 진행되지 않았던 범죄학 영역의 쌍생아 연구가 다음의 양자연구로 진행되는 한편 유전학 발전에서 염색체의 이상에 착안한 연구도 주목을 받기 시작하였다.

제 4 절 양자연구

양자연구(養子研究)에는 비교적 성장한 양자를 들인 자를 대상으로 해 그 양자의 범죄성이 실(實)부모의 영향을 받는가, 아니면 양(養)부모의 영향을 받는가를(특히 부와의 관계를 중심으로) 비교·검토한다. 이 검토에 의해 실부모와 양자의 범죄성에 인간관계가 존재하는 것이 증명된다면, 범죄와 유전과의 상관관계도 인정될 수 있다고 생각하였다.

1. 양자 연구의 기원

1) 슐싱거의 연구

최초의 양자연구는 1970년대 초반에 이루어졌다. 우선 슐싱거(Fini Schulsinger)는 정신병자 연구를 통해서 이 연구를 행했다. 그는 정신병자라는 병명을 가진 양자 57명을 뽑아 양자 정신병자 집단과 연령, 성별, 양자로 들어간 연령, 양부모의 사회적 지위가 같은 57명의 비정신병자 집단을 비교했다. 그 결과, 정신병자의 혈연존재자 중 14.4%가 정신병과 관련이 있는 이상(알코올중독, 약물남용, 범죄 등)이 밝혀진 것에 비해 비 정신병자의 혈연관계 사이에서 동일한 이상을 보인 것은 6.7%였다.

2) 크로우의 연구

또 크로우(Raymond Crowe)는 아이오와주에서 범죄사실이 있는 모친에서 태어나 양자가 된 자를 표본으로 뽑아 범죄사실이 없는 모친에서 태어나 양자가 된 같은 수의 양자를 상호 비교했다. 그 결과 전자의 약50%는 18세까지 범죄사실이 생기는 반면 후자에는 18세까지 범죄사실이 있는 자는 5%에 그쳤다.

2. 양자연구의 전개

1) 허칭스와 메드닉의 연구

비교적 소규모 양자연구 후 본격적 양자연구가 덴마크의 허칭스(Barry Hutchings)와 메드닉(Sarnoff Mednick)에 의해 실시되었다. 그들의 양자연구는 예비연구(pilot study)와 추수연구(follow study) 2가지로 나누어져 있다. 양쪽 연구를 비교해 보면 다음과 같다.

(1) 조사대상

예비연구 1927년부터 1941년 간 코펜하겐 부근에서 태어나 친족 이외의 자와 양자관계를 맺은 남자 1,145명에 대해 실시하였고, 추수연구는 1924년부터 1947년 덴마크의 14,427명의 양자였다.

(2) 조사목적

조사목적은 예비연구에서는 양자와 실부·양부의 범죄성을 검증해 범죄의 유전요소의 영향을 확인하는 것으로 되어 있는 것에 비해 추수연구는 대상을 넓혀 예비연구의 결론을 추후에 다시 조사하였다.

(3) 조사결과

조사결과는 예비연구와 추수연구의 쌍방에 있어 환경적 요소와 유전적 요소 모두 범죄에 영향을 준다 결론지었으나 전자의 연구에서 유전적 요소쪽이 보다 강한 영향을 준다고 하였다. 허칭스와 메드닉의 검증결과를 보면 예비연구에서는 다음 3가지의 결론이 주목을 끈다.

(a) 양부(養父)에 범죄성이 있는 경우보다 실부(實父)에 범죄성이 있는 경우가 양자(養子)의 범죄율에 더 많은 영향을 준다.

(b) 범죄사실이 있는 양자 143명과 범죄사실이 없는 양자를 양부의 사회적 계급 등의 요인을 비교하면 양부가 범죄사실을 가진 경우는

23% : 9.8%의 비율로 전자가 더 많고, 실부가 범죄사실을 가진 경우는 49% : 28%이었고, 실모(實母)가 범죄사실을 가진 경우는 18% : 7%이었다. 즉 범죄사실이 있는 양자가 범죄사실이 없는 양자보다 더 높았다.

(c) 연령이나 부모의 직업 등의 요인을 본 결과 실부모 밑에서 자란 자를 양자와 같은 수를 놓고 비교한 결과 양자(養子)집단의 범죄율이 실자(實子)집단의 범죄율보다 높고, 양자집단의 양부와 실자집단의 실부의 범죄율은 같은 정도나 양자집단의 실부 범죄율은 그들의 3배 높았다고 나왔다.

〈표 9-1〉 부와 양자의 범죄 일치율

친부모 유죄경력	양부모 유죄경력	양자의 범죄관여 비율
없음	없음	13.5%
없음	있음	14.7%
부모 중 한 명	없음	20.5%
있음	있음	25.5%

여기에 비해 추수연구는 메드닉은 다음과 같은 결론을 내렸다.

(i) 양친(養親)에 범죄사실이 있는 경우보다 실친(實親)에 범죄사실이 있는 경우 쪽이 양자의 범죄사실이 높다(18.7% : 20.5%).

(ii) 단, 양친과 실친의 어느 한 쪽이 범죄사실이 있는 경우보다 양쪽 다 범죄사실이 있는 쪽이 양자의 범죄사실은 높아진다(실친쪽 20%, 양친쪽 14.7% : 양쪽 25.5%).

(iii) 실친에 범죄사실이 있는 양자는 재산범죄의 범죄율이 현저히 높아진 것에 비해 폭력범죄에는 강한 영향은 보이지 않았다.

허칭스와 매드닉은 이상의 검증을 기초로 환경요인과 같이 유전요소가 범죄에 일정한 영향을 미친다는 결론에는 부합하지 않음을 유의할 필요가 있다.

2) 그 외의 양자연구

이외에도 주요 양자연구로는 다음과 같이 여러 학자들이 연구결과를 발표한 바 있다.

첫째, 가도렛은 1978년에 아이오와주의 246명의 양자를 대상으로 검증을 시도, 반사회적 행위에 대해 실친과의 사이에 상관관계가 있다는 결론을 내렸다.

둘째, 보먼은 1978년 스웨덴에서 실시한 양자연구의 결과, 알코올중독에 걸리기 쉬운 유전적 소질이 존재한다고 주장해 알코올 중독과 범죄간에 일정한 관련성이 존재하며 범죄와 유전과의 사이에도 연관성이 있다고 주장하였다.

셋째, 보먼 등은 1982년 재산범의 범죄사실이 있는 양자(養子)와 실친(實親)간에 강한 연관성이 보인다는 보고서를 출간했다.

넷째, 가도렛 등은 1983년 유전요인과 환경요인의 양자(兩者)가 개인의 범죄성에 모두 영향을 준다는 결론을 이끌어냈다.

다섯째, 크로닝거 외에 고네스만은 1987년 스웨덴에서 양자연구를 실시해 전에 실시했던 양자연구와는 다른 환경적인 요인면이 양자(養子)의 범죄성에 강한 영향을 준다고 결론지었다.

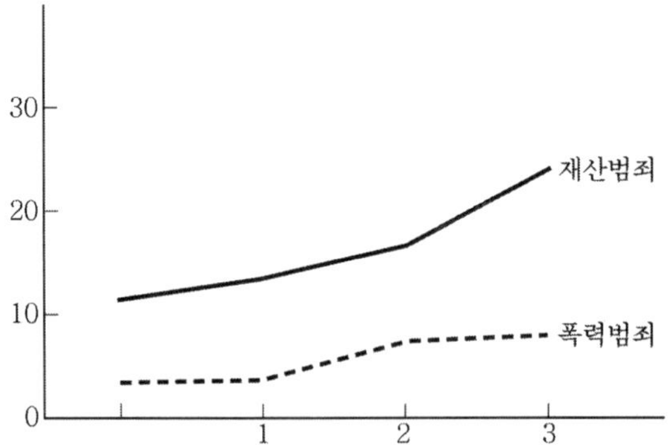

〈그림 9-1〉 범죄유형별 실친의 범죄경력과 양자의 범죄경력의 상관관계

3. 양자연구의 평가

양자연구가 활발하게 진행된 동시에 양자연구에도 일정한계가 있음이 밝혀졌다. 첫째, 양자결연을 알선하는 기관은 실친과 비슷한 환경의 양친가정과 결연을 맺어 주는 경우가 많으므로 유전적 요인의 중요성을 강조하는 것은 문제가 있다는 점이다. 둘째, 양친이 범죄자면 양자에 전해지는 것은 일종의 낙인과 같은 「자기충족적 예언」이 되는 것이 아닌가 의문이 남는다는 점이다. 셋째, 양자연구는 표본의 수가 한정되어 있기 때문에 도출한 결론을 이끌어 내는 것이 곤란한 상황이다. 바꿔 말하면, 대규모 연구의 필요성과 그것의 곤란함과의 딜레마가 이 연구의 한계이다. 양자연구는 유전과 환경의 상호작용을 쌍생아 연구 이상으로 실증한 것이 아니다. 또 유전요소와 환경요소를 인정해도 범죄에 관해 무엇이 유전되는가는 양자연구에서 밝힐 수 없는 한계를 가지고 있다.

제 5 절 염색체이상 연구

종래 범죄생물학적 연구가 그 한계를 노출하면서 예전의 연구방법 대신 범죄유전자를 규명하려하는 시도가 주목을 받았다. 염색체이상의 연구가 그것이다. 이런 염색체의 측면에서 범죄와 유전의 관계를 규명하려하는 접근은 1960년대 중반에 등장해, 당시로서는 선구적인 과학적 의견을 범죄원인론에 응용한 것으로 받아들여져 일시적이나마 붐을 불러일으켰다.

1. 염색체와 염색체이상

1) 염색체

염색체는 다수의 유전자(DNA)를 배열한 구조체로 2중 나선형의 형태를 하고 있다. 인간은 통상 23조 46개의 염색체를 갖고, 그 중 44개의 염색체가 몸과 몸 안의 구조를 결정하고 2개가 성별을 결정한다. 전자는 상염색체(常染色體)라 불리고, 후자는 성염색체(性染色體)라 불린다. 여성의 성염색체는 통상 2개가 동시에 크기 때문에 XX염색체라 불린다. 이에 비해 남성의 성염색체는 통상 2개중 1개가 적기 때문에 XY염색체라 불리고 있다.

2) 염색체이상이란

염색체는 19세기말에 발견되었으나 그 연구가 활발하게 진행된 것은 20세기 중반 이후이다. 그리고 염색체에 대해 연구가 진행되어 어떤 사람은 염색체에 이상이 보이는 자가 존재하는 것이 밝혀졌다. 현재 밝혀진 염색체의 이상에는 상염색체의 이상과 성염색체의 이상의 경우가 있어 각각 숫자상의 이상과 구조상의 이상이다. 이 중 범죄학상 문제가 된 것은 주로 성염색체의 수의 이상인 XXY형 및 XYY형이다.

(1) XXY염색체

XXY형의 성염색체 이상(크라인펠터 증후군, Kleinfelter's syndrome)은 남성에 보이는 염색체의 이상으로, 정상 남성보다 X염색체가 하나 더 많이 가지고 있다. XXY형의 성염색체 보유자의 신체적 특징으로는 여성적인 유방을 갖고 있는 외에 고환의 발육부진이나 무정자증 등 생식기능에 이상이 생기는 경우가 있다. 또 정신적인 면에서도 여러 가지 장애징후를 보인다. XXY형 염색체와 범죄와의 관계는 절도, 성범죄, 조직폭력범죄 및 방화범죄와 관련성이 있다는 연구결과가 많다. 크라인펠터 증후군은 특유의 신체적 특징을 갖고 있기 때문에 성적 이상 행동이나 성범죄와의 관련성에 관심을 두고 있으나 실제로 양자의 관련성에 대하여 지금까지 실증적인 명확한 연구결과가 보고되고 있지 않았다. 그래서 크라인펠타 증후군과 범죄의 연관성에 대해서 확증된 바 없다. 크라인펠터 증후군이 정신박약 범죄자 중에 그 빈도가 높다는 점이 보고되고 있으나 정신박약의 개념 자체가 모호하기 때문에 단언하기 곤란하다.

XXX 염색체

XXX 염색체는 여성에 보이는 염색체 이상으로 정상 여성보다 X염색체가 하나 많다. XXX 염색체를 갖는 여성은 특유의 신체적 징후는 보이지 않는다. 하지만 정신장애나 지능장애 등 중추신경계의 기증장애를 일으키기 쉬운 요인을 갖고 있는 것이 아닌가란 추론이 나와 있다. 단 XXX 염색체와 범죄자의 연관성은 이제까지 실증되어 있지 않다.

(2) XYY염색체

XYY형의 성염색체 이상도 남성에 보이는 염색체 이상으로 정상남자보다 Y염색체가 하나 더 많다. XYY형 염색체는 1960년대에 그 존재가 밝혀진 이후 범죄와의 관련성에 대한 높은 관심으로 인하여 많은 연구결과가 보고되었다. XYY 염색체를 가진 사람의 신체적 특징으로 종전에는 신장이 큰 것, 팔이 긴 것, 얼굴에 주근깨가 많은 것, 뼈나 관절에 이상이 보이는 것 등이 지적되어왔다.

하지만 현재는 신장이 큰 것을 두고 XYY 염색체를 가진 사람만의 공동된 특징이라 말하기 어렵다. 또 정신적인 면에는 공격적인 이상성격을 보이는 자가 많다고 한다. 하지만 그 점도 정상남자보다 Y염색체가 많아서 남성적 특징이 강하다란 선입관(이 때문에 XYY염색체 보유자는 슈퍼남성이라 불렸다)이나 귀가 커서 생긴 오해란 지적도 있다. XYY염색체와 범죄와의 관계는 범죄자 중에 XYY염색체를 가진 자가 많다. 예컨대 정신병자와 수형자 중에서 XYY염색체 보유자의 비율은 일반인구비율보다도 높다는 조사결과가 있다. 또 일반범죄자보다도 연령적으로 빠른 단계에서 범죄를 저지른다는 지적도 보인다.

2. XYY염색체 연구의 전개

앞에서 설명한 것처럼 1960년대 이후의 범죄생물학적 연구는 사회적으로 높은 관심을 불러일으켜 XYY염색체의 연구를 중심으로 활발하게 진행되었다. 그 때문에 이제까지의 보고된 염색체 이상에 관한 연구성과는 국내·외를 포함하면 200~300건 정도이다. 단, 초기연구와 70년대 이후 연구는 뉘앙스가 약간 다름을 주의해야 한다. 여기에는 염색체 이상과 범죄와의 관련성의 연구를 1960년대의 연구와 1970년대 이후의 연구로 나누어 개관해 갈 생각이다.

1) 초기의 연구

1961년에 XYY염색체의 병적 사례를 최초로 보고한 사람은 샌드버그(A. A. Sandberg) 등이었다. 단 샌드버그 등의 보고 후 수년간은 이 염색체 이상이 주목을 받지 못하였다. 하지만 1965년에 P·제이콥스 등이 스코틀랜드의 보안병원(保安病院)에서 위험하고 공격성을 지닌 범죄지향적인 남성정신박약자 197명중에서 7명의 이상자를 발견함으로써 범죄와의 관련성이 일약 주목을 받았다. 이후 1960년대 XYY 연구에 있어서 중심적인 역할을 한 사람은 제이코브스, 케시, 티퍼, 무어 등 4인의 여성연구자들이었다.

예컨대, 케시는 신장 180cm 이상의 수형자를 대상으로 범죄사실을 조사한 결과, 대상자 중에서 성 범죄자가 차지하는 비율이 18%를 넘었다. 단, 이 조사에는 그 중 어느 정도가 실제로 XYY염색체를 갖고 있는가는 조사치 않아 염색체와 범죄와의 관련을 조사한 것이라 할 수 없다. 1968년에는 티퍼는 정신박약자 중에서 일정수의 범죄자를 표본추출해 성염색체를 조사했다. 그 결과 대상자의 11%에서 XYY형 염색체

임이 밝혀졌다. 또 같은 해에 프랑스 심리학자 무어는 XYY염색체를 가진 피험자 남성의 46%가 행동장애를 보였다고 보고했다.

2) 1970년대 이후의 연구

1970년대 이후 XYY염색체 연구에는 초기의 연구에 대한 비판이 이어졌다. 1970년에 서빈과 밀러는 대중매체가 떠드는 것처럼 XYY염색체를 가진 남성이 공격적이라는 결론을 내릴 수 없고 반대로 이런 염색체이상을 가진 사람들은 보통의 남성보다 공격성이 부족하다고까지 말했다. 다음은 주요 학자들의 연구성과와 주장내용을 간략히 요약한 자료이다.

(1) 헌터는 XYY염색체 보유자가 형무소 등의 시설에의 수용률이 높은 점도 다른 관점에서 설명 가능하다고 하였다. 즉 XYY염색체 보유자의 시설수용률이 높은 것은 그들이 키가 크고, 체격이 좋기 때문에 재판관은 사회적으로 위험한 존재란 선입관을 갖고 시설수용 판결을 내린다고 지적하였다.

(2) 케스타와 무스는 염색체 이상이 생활환경의 불량 때문에 하류층 가정에서 나오기 쉽다고 지적했다. 즉 구금시설에 이상염색체 보유자가 많은 것도 그것은 생물학적 요인이 아닌 환경적인 요인에 의해 설명 가능하다고 하였다.

(3) 오웬은 1972년에 이제까지 제시된 증거를 재분석하여 XYY염색체를 확인하기 위한 염색체 분석의 곤란함(예로 초기연구에는 XYY와 XXY가 혼동되어 취급되었다.) 등을 지적하여 XYY염색체 연구의 방법론상의 불충분함을 지적하였다. 또 범죄자 중 XYY염색체 보유자 비율과 일반인 중의 XYY염색체 보유자 비율에 유의미한 차이가 존재치 않는 점, 폭력범보다 성범죄자에서 XYY염색체 보유자가 나오기 쉬운 점을 지적하여 기존 연구결과의 신뢰성에 의문을 제기하였다.

(4) 윈트킨 등은 1944년부터 1947년 사이에 코펜하겐에서 태어난 신장 184cm 이상의 남성 약 4,000명의 혈액을 채집하여 조사한 결과,

XXY염색체 보유자 16명과 XYY염색체 보유자가 12명을 발견되었다. XXY염색체 보유자 중 유죄판결을 받은 적 있는 자는 3명(18.8%)인 것에 비해 XYY염색체 보유자는 5명(41.7%)이었다. 단 XYY염색체 보유자가 행한 범죄도 경미한 재산범이 중심으로 XYY염색체 보유자와 폭력범죄와의 연관성은 찾지 못했다. 또 윈트킨 등은 사회계층이나 신장의 크기와 수용자 중 이상염색체 보유자의 관련성도 없다고 설명하였다. 윈트킨 등은 XYY염색체 보유자는 지능이 평균보다 낮기 때문에 체포나 구금을 피하는 방법이 미숙하다고 판단, 지능과 수용률에서 관련이 있다고 주장했다. 이처럼 1970년대 XYY염색체 연구는 초기의 연구성과에 비해 소극적임을 알 수 있다. 또 초기연구에 비해 1970년대 이후 연구에는 XYY염색체 보유자의 출현율이 낮아지고 있음에 주목할 필요가 있다. 따라서 XYY염색체가 범죄와의 관련성에서 그 가능성이 남아 있는 것은 신장이 크다는 점 외에 지능지수 요인뿐이다. 하지만 키가 큰 것도 현실적으로 보면 반드시 그렇다고는 말할 수 없고 지능지수에 대해서도 이제까지의 표본이 너무 적어 일반인과의 비교가 불충분하다.

3) 일본의 XYY염색체 연구

XYY염색체와 범죄와의 관련성은 일본에서도 주목을 모아 오사카대학의 연구팀에 의해 실태조사가 시도되었다. 여기에는 장기수형자를 수용하는 7개의 형무소에서 전체 수용자 중에서 무작위로 추출한 표본(10%)과 정신병질 특성을 가진 자 중에서 ① 키가 크고 ② 지능이 평균보도 낮고 ③ 조직폭력적인 경향이 강해 사회생활이 곤란한 자 약 50명을 뽑아 채혈검사를 통해 염색체 이상을 조사하였다. 그 결과, 2명이 XYY염색체의 보유자였다. 또 이들과 다른 연구팀에 의해 1971년 비행소년집단 중에 염색체 이상이 조사되었다. 여기서는 소년감별소의 입소자 1,833명 중에서 신장이 큰 156명과 조사시에 소년원과 교호원(教護院)에 각각 입소한 37명과 76명 전원이 조사대상이었다. 그 결과

소년감별소에는 XYY염색체 보유자 1인과 XXY염색체 보유자 1인이 각각 발견되었다. 이 조사결과에서 시설에 수용된 비행청소년 집단 중 XYY염색체 보유자의 비율과 일반인구 중의 비율에서 유의한 차이는 밝히지 못했다는 결론을 내렸다.

3. 염색체이상 연구의 평가

1) 염색체이상 연구의 평가

이제까지의 연구가 밝힌 것처럼 XYY염색체 보유자중 전부가 범죄자가 아닌 것과 마찬가지로 범죄자의 대부분이 XYY염색체의 보유자도 아니다. 또 XYY염색체를 가진 범죄자와 정상적인 성염색체 가진 범죄자를 비교해도 큰 차이는 없다. 오히려 오늘날에는 Y염색체를 하나 더 많은 것이 범죄와 이상성격과 관련이 있다는 과거의 연구결과에 대해 대부분의 학자들이 강한 의구심을 가지고 있다.

2) 염색체이상 연구의 배경

그럼 왜 일시적이긴 하나 XYY염색체와 범죄의 친화성에 대해 높은 관심을 가졌는가? 그 요인으로서 실제 살인사건에서 범죄자가 XYY형 염색체를 보유하고 있다고 하는 사실이 언론에 크게 보도된 것을 들 수 있다. 예를 들어 1966년에 미국 시카고에서 간호사 8명을 살해한 혐의로 25세의 남성이 기소된 스팩사건에서는 피고인인 스팩이 XYY염색체를 지닌 자라는 것이 매스컴에 보도되었다. 또 프랑스에서도 배우 쟌・갸반의 마부로 65세의 매춘부를 살해한 혐의로 기소된 제곤이 스스로 XYY염색체 보유자란 이유로 책임 무능력을 주장. 매스컴에 크게 다루어졌다. 이런 보도에 의해 XYY염색체는 「사람 죽이는 염색체」로 회자되어 주목을 받았다.

하지만 그 후 스팩사건에서 스팩은 실제로는 XYY염색체를 갖고 있지 않았던 것이 판명되었다. 또 XYY염색체를 갖고 있는 자가 범죄자

중에도 반드시 많은 것도 아니란 조사결과가 발표되기 시작하면서 범죄의 관련성 자체에도 의문을 품게 되었다. 그 때문에 1970년대 후반부터 XYY염색체 연구는 급속히 식어갔다. 물론 오늘날 유전학이나 DNA 연구의 급속한 발전을 보면 앞으로 유전과 범죄의 관련성이 다시 주목을 받을 가능성은 충분히 있다. 하지만 조금이라도 XYY염색체가 범죄와 관련성이 있음을 언급하는 것은 무리가 있음을 지적하지 않을 수 없다.

염색체 이상과 형사책임능력

염색체 이상과 범죄와의 관계에서 주목받는 것은 형사책임능력 판단에 염색체 이상이 주는 영향 때문일 것이다. 현실적으로 XYY염색체가 사회적으로 주목받은 계기는 스펙사건이나 프곤사건의 소송에서 피고인이 염색체 이상을 근거로 책임의 면제를 주장한 것이 발단이 되었다. 하지만 그래도 다른 외국에서 염색체 이상을 이유로 피고인의 책임능력이 부정된 것은 거의 없고 오스트리아에서 1건에 그쳤다. 일본의 판례동향을 보아도 살인전과가 있는 피고인이 살인미수를 벌인 사안에서 크라인펠터 증후군에 의한 지능장애 및 현저한 이상성격 등을 이유로 범행시 심신미약상태였다고 인정된 바 있다. 하지만 그 외 사례에서는 염색체이상과 심신미약·심신상실과의 인과 관계를 인정한 것은 없다.

제 10 장

범죄의 생물학적 요인

-최신 연구-

제 1 절 새로운 범죄생물학의 대두

가계(家系), 쌍생아(雙生兒), 양자(養子), XYY염색체에 이어서 범죄의 생물학적 요인을 찾는 연구는 1960년대에 급속히 쇠퇴하였다. 하지만 1980년대 초반에는 앞에서 설명한 것처럼 범죄생물학적 연구는 사회생물학의 대두를 배경으로 다시 각광을 받기 시작했다. 이런 신범죄생물학에는 범죄요인 탐구에 유전적 방법은 강조되지 않고, 대신에 생화학(生化學)이나 신경생리학(神經生理學)의 기법이 새롭게 등장하였다.

제 2 절 생화학과 범죄(1)-성호르몬과 범죄

생화학(生化學)이란 생물을 형성하는 물질이나 생물의 생명현상을 화학적으로 연구하는 학문분야를 말한다. 생화학 대상은 크게 나누어 ① 신경계 ② 순환기 ③ 내분비계로 분류되나 범죄와 관련지어 주목받는 것은 내분비계에 관한 연구이다.

1. 과거의 「호르몬과 범죄」 연구

범죄원인에 대한 생화학적인 연구는 호르몬의 불균형적인 분비에 의해 나오는 무언가의 생화학적인 이상이 범죄와 관련성이 있다고 주장한다. 이런 생화학요소를 범죄원인으로 중시하는 것 자체는 결코 새로운 것은 아니다. 20세기를 맞이한 무렵에는 갑상선이나 부신(副腎) 등 내분비선의 이상이 폭력적인 범죄자와 같은 이상(異常)을 낳는다는 견해가 제창되었다. 특히 주목을 받은 것은 1926년에 발간된 슈랍과 스미스 「신범죄학」이었다. 여기에는 내분비선의 이상이 정서방해를 일으켜 범죄로 연결된다고 주장하였다.

또 버만은 1930년대에 뉴욕주의 형무소에서 실증적 연구를 실시해 250명의 수형자 집단과 일반시민 집단을 비교해 호르몬의 불균형 출현율을 비교했다. 그 결과 전자는 후자에 비해 호르몬 불균형 출현율이 2.3배 높은 것을 나타났다. 이런 실험에서 버만은 두 가지 결론을 도출했다. (a) 범죄는 내분비선의 불균형 등을 원인으로 한 본능적 행동의 이상에 의해 이루어진다. (b) 일정의 범죄유형은 일정 내분비선의 기능부전(機能不全)과 상관관계가 있다. 하지만 이런 주장에 대해 당시의 생화학의 수준으론 구체적인 메커니즘을 충분히 해명할 수 없었다. 그 때문 생화학적 요소와 범죄의 연관성은 추측의 수준을 벗어나지 못하였다. 이후 많은 한 동조를 얻지 못한 채 범죄학에서 잊혀져 갔다.

그러던 것이 20세기 중반부터의 비약적인 과학기술의 진보에 의해 생화학은 급속히 발전, 여러 물질의 체내에서의 작용을 해명했다. 또 동시에 그런 작용이 인간의 심리나 외부적인 행동에 어떻게 영향을 주는가에 대해서도 연구가 진행되었다. 이런 연유로 범죄와의 관련에는 성호르몬의 영향이 주목받고 있다.

2. 성호르몬

성호르몬과 범죄의 연관성에 대해서도 옛날에는 주지하고 있는 바와 같이 「월경과 범죄」란 테마를 중심으로 이루어졌다. 여기에는 「호르몬 일반이상이 정신면에서 장해를 일으켜서 범죄원인이 된다」고 한 가설을 규명하는 방식으로 논의되었다. 이에 대해서 오늘날의 연구는 여러 호르몬의 구체적 작용에 관심을 두고 있다.

월경과 범죄

여성의 범죄와 월경의 관련성에 대해 오래 전부터 지적되었다. 예를 들어 롬브로조는 1894년 공부집행 방해죄로 체포된 여성범죄자 80인을 조사한 결과, 범행당시 월경중인 자가 71명이라고 기록되었다. 또 달튼은 1971년 영국에서 월경과 반사회적 행동의 관련성을 조사한 결과 여성은 월경 전 또는 월경 중에 자살, 공격행동 또는 그 외 반사회적 행동의 가능성이 높아진다고 보고했다. 여기에 대해 호니는 1978년 논문에서 공격성이란 정신적 또는 신체적 스트레스가 월경을 만들 수 있어도 그 반대는 있을 수 없다고 주장했다. 이것이 맞는가 틀린가는 충분히 해명할 수 없다. 단 현재도 일반적으로 월경자체가 직접적으로 범죄행동을 낳는 것이 아니라 월경에 의한 심리적 균형의 혼란이 사람에 따라서 범죄 충동에 일정 영향을 줄 가능성이 인정되고 있다. 또 최근에는 「월경전 증후군(PMS)」이라 불리는 월경 3일부터 10일전까지 생기는 심신의 변화와 범죄의 관련을 지적하는 연구가 많이 보고되고 있다.

☆ 월경전 증후군이란 황체기(월경기의 후반부) 동안에 일상적 활동을 방해할 정도의 신체적, 정신적 및 행동 증상들이 나타나는 것을 말한다.

1) 남성호르몬

인간은 태아기와 신생아기에 남성호르몬의 영향을 받고 성별의 차이가 생긴다. 즉 성별에 관계없이 모든 태아기는 수정 후 잠시 동안은 여성의 특질만을 보유한다. 하지만 4.5개월이 경과하면 Y염색체를 갖는 태아에 고환이 형성된다. 그리고 여기에서 안드로겐이라 불리는 남성호르몬이 분비되기 시작해 급속히 남성으로 성분화가 진행하는 것이다. 안드로겐에는 테스토스테론, 안드로스테론, 레히드로에피 안드로스테론 등이 있다. 이 중 테스토스테론이 자강 작용이 강한 남성호르몬으로 공격성과의 관련성이 지적되었다.

2) 테스토스테론

테스토스테론은 남성의 2차 성징(음부의 성장, 수염발육, 변성 등)을 발현시키고 뼈나 근육의 발육을 돕는다. 최근의 연구에는 이 테스토스테론의 수준과 공격성, 충동성 및 반사회성의 사이에 밀접한 관련이 있다는 견해가 대두하고 있다. 미국에는 「강간범의 테스토스테론은 일반인보다 많다」라고 보고된 적도 있다.

3. 테스토스테론의 실증적 연구

테스토스테론에 관한 연구에는 동물을 대상으로 한 것과 인간을 대상으로 한 것이 있다.

1) 동물실험

동물에 관한 연구에는 원숭이에 대한 실험이 많다. 케이반이 1982년 발표한 연구에는 독신으로 사육되는 수컷 원숭이들에서 같은 양의 테스토스테론이 검출되고, 암컷원숭이를 한 마리씩 데려다 주어도 테스토스테론의 증가량의 개체 차는 거의 보이지 않았다. 하지만 혼합집단에 수컷원숭이를 넣으면 테스토스테론에 개체 차가 생기는 것이 발견되었다. 또 원숭이 사회내의 지위 변동은 테스토스테론의 수치변화에 밀접한 관련이 있다고 말할 수 있다. 즉 두목 원숭이는 다른 원숭이보다 테스토스테론의 수치가 높은 것이다. 또 암컷 원숭이에 탄생 전 혹은 탄생 직후에 테스토스테론을 투입하면 공격성이 높아진다는 보고도 있다. 그 외 호르몬 균형과 환경간에 밀접한 관계가 있다는 견해가 있으나 이 관계에 대해서는 연구 진행 중이다.

2) 사람에 관한 연구

그럼 인간의 공격성에 대한 테스토스테론의 영향은 어떠한가? 이 점에 대해 다음과 같이 연구성과가 보고되었다.

첫째, 폭력범 수형자와 재산범 수형자를 비교한 결과 폭력범수형자 집단이 가진 테스토스테론의 수치가 높다.

둘째, 소년의 폭력행위와 테스토스테론의 관련성을 조사해 폭력행위 도발의 유무로 나눈 경우 도발이 있는 폭력행위에 테스토스테론의 영향이 더 많았다.

셋째, 신체적인 공격과 테스토스테론의 수준과는 관련성은 없으나 언어에 의한 공격하는 밀접한 관련이 있다.

넷째, 테스토스테론이 높은 경우 폭력에 의존하기 쉽고 자극에 민감하게 반응하기 쉽다. 단, 테스토스테론과 공격성의 관련성은 인간의 경우 동물실험 시 기대된 것처럼 강한 것은 아니라는 지적도 있다.

또 1991년에 미국의 에리드와 쿤츠는 테스토스테론을 포함한 안드로겐의 뇌기능에 대한 영향이 인간의 반사회적 행동과 관련된다고 주장했다. 즉 에리스와 쿤츠는 안드로겐의 뇌기능에 미치는 영향에 의해 사람에 따라 더 많은 환경적 자극을 원하고 처벌에 대한 내성이 강해져 충동적인 정서불안정이나 반사회적인 정서상태에 빠져 들기 때문에 폭력범 등 중대한 범죄를 촉진시킨다고 설명하였다.

4. 「성호르몬과 범죄」 연구의 평가

1) 연구의 평가

이처럼 오늘날에는 테스토스테론을 시작으로 한 성호르몬과 인간의 공격성간에 무언가 연관성이 있다는 견해가 강하다. 하지만 그러면서도 이제까지 성호르몬이 범죄에 영향을 미치는 메커니즘은 충분히 밝혀져 있지 않다. 또 성호르몬의 이상이 범죄를 직접 야기 시키는 지도 증명되지 않았다. 연구방법 면에서도 아직까지 범죄자와 일반시민을 비교한 테스토스테론 연구가 충분히 이루어져 있지 않다. 또 1987년 루빈은 이제까지의 성호르몬과 범죄의 관련성에 대한 연구를 검증한 결과 테스토스테론과 폭력범죄의 관련성을 제시하는 결정적인 증거를 찾지 못하였다고 주장해 종래의 연구결과 자체를 의문시하였다. 지금까지의 평가를 요약하면 성호르몬과 범죄와의 관련성에 대해 많은 과제를 안고 있고 앞으로 보다 구체적인 연구결과를 기대할 형편이다.

2) 처우(處遇)에의 응용

한편 성호르몬과 범죄의 관련성에 대해서는 해명되자 않은 부분이 많이 남아 있음에도 불구하고 현재 미국에는 성범죄자에 대한 의료적 처우 중에 체내외 테스토스테론을 감소시키는 약품이 사용되고 있다. 또 성범죄자의 거세를 위해 에스트로겐이나 프리게스테론 등의 여성호르몬의 투여(약물거세(藥物去勢))가 이루어지고 있다. 하지만 이런 의료적인 처우에 대해 장기간 약물을 투여한 경우의 부작용이나 잠재적 위험성에 대한 우려도 생각해야 할 것이다.

제 3 절 생화학과 범죄(2)-영양과 범죄

체내의 생화학적인 균형은 부적절한 영양의 섭취에 의해서도 일어난다. 그리고 새로운 범죄생물학에서는 범죄의 내인(內因)적 연구로서 호르몬에 주목하는 동시에 외인(外因)적 요소로서 영양에 주목하고 있다. 영양과 범죄의 관련성에 대해서는 19세기 말부터 지적되어 금세기 중반에도 혈당이나 칼슘의 부족이 범죄에 영향을 준다고 지적된 적이 있다. 저혈당증이 공격성을 높이고 칼슘부족이 정서를 불안정하게 한다고 생각되어졌다. 단, 당시의 연구는 극히 조잡하고 양적으로도 적었다. 이에 비해 오늘날 논해지는 영양과 범죄의 연구는 생화학의 눈부신 발전을 배경으로 부적절한 영양의 섭취가 범죄에 주는 영향을 실증적으로 연구한 것이다.

1. 영양과 범죄연구발전의 배경

1980년대를 맞이할 무렵부터 범죄에 미치는 영양(榮養)의 영향이 주목을 받은 배경에는 다음 두 가지이다.

1) 특별위원회의 보고

미국상원의 「식사, 건강 및 정신질환에 관한 특별위원회」에서 1979년에 저혈당증과 충동적인 범죄와의 관련성이 있다고 보고되었다. 저혈당증이란 혈당치가 이상하게 저하하는 병으로 당분의 과다섭취나 비타민, 미네랄 등 특정영양소가 부족한 일상 식생활이 원인으로 발병된다고 생각되어지고 있다. 동위원회는 저혈당증에 의해 신체만이 아닌 뇌나 정신에까지 영향을 미치고 그 결과 범죄에 영향을 미친다고 생각했다. 또 동위원회에는 오하이오주의 보호감찰관 리드에 의해 100명 이상의 보호관찰중의 범죄자에 대해 혈당치를 조사한 결과 그 대부분이 저혈당증이란 조사결과도 보고되었다.

2) 트윙키 항변

1978년 미국 캘리포니아주의 화이트케스에서 피고인은 당분이 많은 음식의 과다섭취 때문에 심신허약 상태가 되었다는 「트윙키 항변(Twinky defence)」이 인정돼 피고인의 형이 감경되었다. 본 사건의 개요는 경찰관 출신인 전 샌프란시스코 시평의원인 화이트가 시장과 시의원을 살해했다 하여 제1급 살인죄로 기소된 것이다.

본 건에 대해 변호인 측은 피고인이 스낵과자를 비롯해 컵케잌, 캔디 등을 과다 섭취했기 때문에 당분과다로 뇌의 화학적인 균형이 무너져 정신에 장애를 준다고 주장해 심신허약에 의한 책임의 경감을 요구했다. 재판은 변호인 측의 주장을 인정 모살죄(謀殺罪)보다 약한 고살죄(故殺罪)를 적용해 7년 8개월의 구금형을 선고했다. 이 항변은 당시 미국에서 인기였던 스낵과자 이름을 따 「트윙키 항변」이라 불리었고 사건의 사회성이나 의외의 소송전개 때문에 큰 화제가 되었던 사건이었다.

2. 「영양과 범죄」의 실증적 연구

1980년경부터 정해진 영양에 관한 연구도 대상은 동물과 인간으로 나누어진다.

1) 동물실험

동물에 관해서는 고양이나 생쥐의 연구가 있다. 우선 조리된 식품을 먹은 고양이는 어떤 병이 생기기 쉽고 학습능력과 사회적 상호작용의 저하가 나타났다. 이런 증세는 식사요법에 의해서는 개선되지 않고 3대에 걸쳐 남는다고 보고되었다. 또 정제된 식품을 먹은 쥐는 대부분 폭력적 수단에 의존하게 되는 것이 밝혀졌다. 이런 동물을 대상으로 한 실험에서는 인간도 같은 식품에서 같은 영향을 받는다고 추측되었다.

2) 인간에 대한 실험

1982년 미국의 순세일러는 6개의 시설에 수용되어 있는 비행소년 1,271명을 대상으로 섭식(攝食)과 반사회적 행동의 상관관계에 대해 실험을 했다. 실험에는 종래 시설에서 소년에게 주던 음료수를 주스에 캔디나 야채, 도넛츠, 팝콘 등으로 대체해서 배급하고, 또 조식에 쓰던 당분이 많은 시리얼을 제공하자 소년의 행동에 변화가 보이는 것이 관찰된다. 그 결과 순세일러는 일상생활의 정제당(精製糖)의 섭취량을 내리는 것에 의해 소년의 반사회적 행동을 감소시킬 수 있다고 보고했다.

이 실험결과에는 정제당의 섭취량 저하는 특히 폭력행위의 감소에 영향을 주어 50% 이상의 감소율이 보였다. 또 1986년 순세일러는 시설에 수용된 비행소년 3,399명을 대상으로 같은 실험을 실시하였다. 여기에서 인공식품첨가물이나 정제당의 함유량이 많은 식품의 섭취량을 실험기간의 12개월 간 감소시켜 그 효과가 관찰되었다. 그 결과 식사 개선 후는 식사개선 전 12월간에 비교해 반사회적 행동이 21% 감소하였다. 또 자살 기도가 대폭 감소한 것도 보고되었다.

3. 영양과 범죄의 관련성

이런 일련의 연구를 포함해 최근에는 각각의 영양소나 그 작용이 범죄에 주는 영향이 지적되었다. 아래에서 범죄와의 관련성이 지적된 주요한 것에 대해 간략히 설명하고 자한다.

1) 비타민

체내 비타민 양과 범죄의 관련성이 지적되었다. 일반적으로 비타민B의 결핍증이 범죄성을 높인다는 추측하고 있다. 첫째, 치아민(thiamine, 비타민 B_1)결핍증은 집중력저하, 신경기능저하, 현기증, 불안, 초조, 두통, 피로 등을 유발하여 사람의 공격성, 적개심, 비판에 대한 감수성을 높여 초조감을 낳는다. 이런 심리적 상태는 많은 일탈행위에 공통된 것이다. 또 알코올중독 때문에 적절한 식사를 할 수 없는 사람에게 치아민결핍증세가 나타날 수 있다. 또 치아민결핍증은 이상안구운동, 협응장애, 정신착란, 기억장애 또는 학습기능장애 등을 일으킬 수 있다.

둘째, 나이아신(niacin, 비타민 B_3)결핍증은 우울증, 불면, 두통, 노이로제 등을 유발하여 선악의 식별능력을 잃어 반윤리적인 행동을 할 가능성이 많다.

셋째, 피리독신(pyridoxine, 비타민 B_6)결핍증은 집중력 결여나 강한 피로감을 생기게 해 사람을 흥분하기 쉬운 상태로 하는 점이 범죄성을 높인다고 생각되어지고 있다.

2) 미네랄

미네랄(mineral)도 인간에 있어 중요한 영양소이나 어떤 미네랄의 부족이나 과다에 의한 중독증은 범죄에 강한 관련성이 있다.

(1) 납(鉛)

최근 납의 체내 함유량과 범죄성의 관계성이 지적되게 되었다. 예컨대 납중독증에 의한 학습능력저하는 널리 인정되어 있고, 또 체내 납의 함유량이 높을 때 자립심, 끈기, 집중력의 결여, 강한 충동 등과의 관련성이 지적되고 있다.

(2) 코발트(cobalt)

코발트도 일탈행위와의 상관성이 지적되고 있다. 최근 연구에는 특히 코발트와 폭력행위의 관련성이 주장돼 체내의 코발트가 부족한 만큼 행동이 폭력화한다고 생각하고 있다. 하지만 그러면서도 코발트가 체내에 어떤 역할을 하고 있는가 혹은 행위의 폭력성에 어느 정도 영향을 주는가를 충분히 해명하고 있지 않다.

(3) 마그네슘

마그네슘의 부족도 코발트와 같이 폭력적 성향을 생기게 한다고 한다. 이건 인체의 마그네슘 부족은 마그네슘의 섭취량이 적은 경우만이 아닌 식사에서 섭취된 산(酸)이 체내 마그네슘 농도를 저하시키는 경우에도 생긴다. 산을 많이 포함한 식품으로는 탄산음료가 알려져 있다.

(4) 구리(銅)와 아연(亞鉛)

구리와 아연의 체내비율 이상이 폭력성을 높인다. 통상 혈액 중에는 구리와 아연이 1 대 8~12의 비율로 섞여 있다. 하지만 구리의 길항인자(拮抗因子)인 아연의 부족이나 구리의 과다에 의해 양자의 균형이 무너지면서 뇌기능이 저하되거나 공격성이 높아진다고 지적되었다. 이외에도 나트륨, 칼륨, 칼슘, 아노미산, 모노아민 등의 미네랄이 조급함,

인식력, 기억력의 저하 혹은 이상 성행동(異常 性行動)을 한다는 보고가 있다. 또 공격성이 높은 자에서는 카드뮴, 알루미늄, 수은 등이 높은 수치로 검출된다는 연구결과도 있다.

환경오염과 미네랄의 이상
우리 체내의 미네랄 이상은 균형잡힌 식사를 하지 못하는 것이 유일한 원인이 아니다. 또 하나 지적되는 것이 환경오염과의 관련이다. 즉, 대기, 수질, 토양의 오염에 의해 공기, 음료수, 어패류, 농작물 등에 유기질량금속이 포함되거나 이것을 체내에 흡수한 사람의 심신에 강한 영향을 주는 것이 명확해지고 있다.

3) 저혈당증

전술한 것처럼 범죄와의 관련에 가장 주목되는 것이 저혈당증이다. 저혈당증이란 혈액 중의 포도당의 양이 통상 뇌가 기능하는 필요한 것보다 낮아지는 증세를 말한다. 저혈당증의 증세로는 불안, 착란, 과민, 우울 등의 증상을 일으키거나 발작이나 두통이 생긴다. 또 중간정도의 저혈당증은 기억상실이나 무의식행동을 발생시킬 수 있다. 저혈당증에서도 특히 반응성 저혈당증(反應性低血糖症)(포도당 대량 섭취의 반응으로 혈당치가 큰 폭으로 낮아지는 증세)과 폭력행위와의 관련성이 제기되었다. 반응성저혈당증은 폭력적이고 반사회적인 인격에 많은 영향을 미친다는 결론의 도출이 가능하다. 또 저혈당증은 알코올과의 관련성도 지적되었다. 여기에는 정기적으로 대량의 알코올을 섭취한 경우 에타놀이 저혈당증을 유발해 공격성을 높인다고 한다.

4) 알레르기

영양소 작용으로 생기는 알레르기에 대해서도 범죄에 미치는 영향이 연구되었다. 알레르기란 체내에 들어간 이물질(異物質)에 대해 신체에 생기는 이상 또는 과도한 반응이다. 범죄와의 관련에서 특히 주목되는 것이 뇌 알레르기와 신경 알레르기다. 이중 뇌 알레르기는 뇌가 과잉반응을 견디는 것을 말하고, 신경 알레르기는 신경계에 강한 영향을 주는 것을 말한다. 이들 알레르기는 인간의 뇌를 팽창시키는 한편, 공격성이나 정서성이 높아져 폭력을 휘두르는 등 정신·정서 및 행동의 여러 측면에서 문제를 발생시킨다. 또 뇌 알레르기와 신경알레르기는 비행의 전조라 불리는 아이들의 과잉행동(hyperactive)과의 관련성이 지적되었다. 이런 알레르기 원인이 되는 식료품은 우유, 계란, 소맥 등 300종을 넘는다. 미국에선 뇌 알레르기의 원인이라 생각되는 옥수수의 소비량의 증가와 전국의 살인사건수의 관련성을 지적하기까지 한다.

4. 영양과 범죄 연구의 평가

「영양과 범죄」 연구의 의견은 시설에 수용된 비행소년에 대한 처우 프로그램에 반영되는 등 미국에서는 상당한 평가를 받고 있다. 하지만 이런 일련의 연구는 또 많은 규명되지 않은 부분을 안고 있는 것도 사실이다.

첫째, 영양과 범죄의 관련성을 체계적으로 설명하는 것은 가능하지 않다. 이제까지 연구성과에서는 영양과 일정의 반사회적 행동에 관련성이 있는 것이 지적되나 영양불량이 범죄나 비행에 어느 정도 영향을 주는가란 점은 오늘까지 명확치 않다. 또 영양의 개선이 범죄방지나 재범방지에 미치는 영향도 불명확하다.

둘째, 영양과 범죄의 관련성에 대해 세밀한 연구가 실시되어 있지 않다. 이제까지 연구에서 사용된 분석은 통계학적으로 정밀함이 부족해 결론을 내는 것이 곤란하다. 영양과 범죄의 연구는 이제 막 시작했기 때문에 그 평가는 속단할 수 없다. 이처럼 영양과 범죄의 관련성이 아직 미규명된 연구영역임에도 불구하고 왜 1980년대 이후 급속히 주목을 받게 되었을까? 그 원인은 3가지를 지적할 수 있다.

첫째, 영양학의 급속한 발전에 의해 여러 문제에 영양학의 의견이 적용하고자 하는 시도가 있었고 그런 시도가 범죄와 비행문제까지 파급되었다.

둘째, 전술한 차이트케스와 같은 특수한 사건이 매스컴을 통해 흥미를 불러일으키면서 관심이 모아졌다.

셋째, 1980년대에 일어난 세계적인 건강식품 붐에 편승해 영양학에 대한 관심이 급속히 높아졌다. 따라서 영양과 범죄의 연구가 오늘날 일시적인 유행현상으로 끝나는가 아니면 보다 정밀한 체계화가 이루어질 것인지는 앞으로의 연구노력에 여하에 달려 있다.

제 4 절 신경 생리학과 범죄(1)-이상뇌파와 범죄

신경생리학이란 뇌 또는 척추 등의 중추신경과 신체 각 부위에 분포한 미세신경의 움직임을 생리학적으로 연구하는 학문분야이다. 종래 살아있는 인간의 뇌나 신경을 연구하는 것은 한계가 있었다. 하지만 최근 신경생리학은 과학기술의 진보로 급속한 발전을 이루었다. 신경생리학 중 범죄와의 관련으로 주목되는 것은 이상뇌파의 연구와 뇌장해의 연구이다.

1. 뇌파와 이상뇌파

우선 뇌파연구에 있어 이상뇌파가 범죄와 어떤 관련이 있는지에 대한 활발한 연구가 이루어졌다.

1) 뇌파(腦波)

뇌파란 뇌가 그 활동 중에 발생하는 100만 분의 1~5볼트, 매초당 8~12사이클 정도의 미약한 전파로 1924년에 벨거에 의해 처음 계측되었다. 뇌파 측정은 임상검사의 하나의 수단으로 널리 활용되었다. 구체적으로 뇌파는 다음의 순서로 측정된다. (a) 두피에 은 등의 전도율이 높은 금속을 얹혀 두개골에 뇌가 발생한 미량의 전류를 수집해 그것을 증폭기를 거쳐 확대한다. (b) 증폭기를 거친 전류를 일정속도로 회전하는 지표면상에 정파의 교류전류로서 자동적으로 기록한다. (c) 기록된 정파가 1초에 몇 번이며 그 높이(전위)는 몇 마이크로 볼트인가를 측정한다.

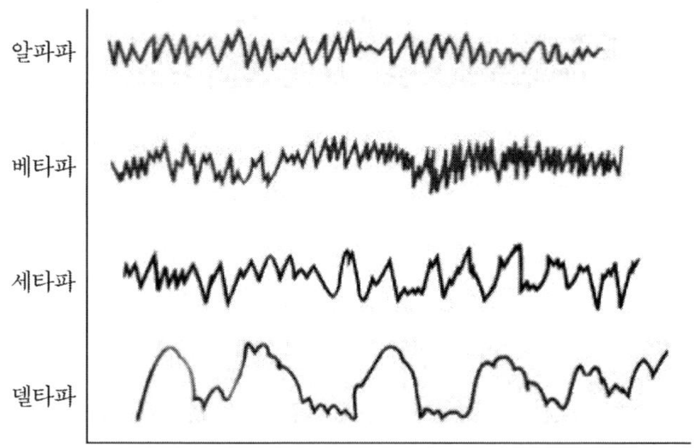

〈그림 10-1〉 주요 뇌파의 모습

2) 이상뇌파

이렇게 측정된 뇌파는 파장에 의해 α파, β파, Θ파 등으로 나뉜다. α파는 평균 30-50마이크로볼트, 매초당 12사이클 정도의 뇌파로 통상 눈을 감고 안정될 때 발생한다. β파는 13사이클 매초이상 30마이크로볼트 이하의 뇌파로 긴장할 때나 운동할 때 나타난다. Θ파는 α파보다 부드러운 4-7사이클의 뇌파로 심호흡할 때 보인다. 측정결과 뇌파는 어떤 종류의 이상이 발견되는 경우가 있다. 이런 이상뇌파의 측정은 천식이나 뇌증상 등의 진단에 유효하고 1970년대 중반에 CT촬영장비가 등장할 때까지 중요한 역할을 하였다.

2. 이상뇌파의 연구

1) 이상뇌파 연구의 전개

이상뇌파의 연구는 1930년대 후반에 이상행동(異常行動)을 대상으로 솔로몬, 레스퍼, 브랜드리에 의해 행해진 이래, 많은 성과가 축적되었다. 예를 들어, 크라크는 1949년에 살인범의 뇌파를 조사해 통상의 살인범은 뇌파에 통계상 의미 있는 차이를 찾지 못했으나 동기가 분명한 살인범의 경우 높은 확률로 이상뇌파가 측정되었다고 한다. 같은 지적은 힐과 폰드가 1952년 발표한 영국 수형자 105명을 대상으로 한 뇌파측정에서도 나타났다.

또 1952년에 힐과 워터슨은 정신병이 있는 범죄자를 통제집단과 비교한 결과 공격성 정신병자에 이상뇌파가 많은 비율로 검출된다고 보고했다. 또 오스토로우는 여러 범주에 속한 자의 이상뇌파의 경우를 조사한 결과 정신병자와 동성애자에 비해 천식이나 정신분열증의 환자에 이상뇌파의 경우가 많이 보인다고 하였다. 이제까지의 뇌파연구에서 일반인은 뇌파에 이상이 검출되는 경우는 5%에서 25%이나 범죄자의 경우 그 비율이 25%에서 50%가 된다는 것이 인정되고 있다.

이상뇌파와 범죄의 관련성을 연구한 것 중에서 가장 중요한 것의 하나가 윌리암스에 의해 1969년에 보고되었다. 윌리암스는 이 보고에서 355명의 폭력적 비행자의 뇌파를 조사한 결과 상습적 비행자의 65%에서 이상이 보인 것에 비해 초회비행자는 24%였다고 발표했다. 또 표본 중 뇌장해, 뇌성숙지체, 천식의 증상을 갖고 있는 자를 빼면 초회비행자의 이상뇌파는 일반인의 이상뇌파 평균치와 같은 12%인 것에 비해 상습비행자는 57%이라는 연구결과를 발표하였다.

2) 이상뇌파연구의 성과

이런 일련의 조사결과 이상뇌파와 상관관계가 있는 심리적 현상으로 다음 5가지가 지적되었다. (a) 충동제어력이 낮다 (b) 사회적응성이 결여되어 있다. (c) 호전적이다. (d) 발작을 일으킨다. (e) 파괴적이다. 또 성인의 이상뇌파와의 상관성이 지적되는 심리적 현상으로 5가지가 있다. (a) 호전적이다 (b) 과도하게 비판적이다. (c) 자극에 대해 과민하다. (d) 순응성이 결여되었다. (e) 충동적이다.

3) 이상뇌파와 범죄

그럼 이전의 연구에서 범죄와 관련이 있는 뇌파로서 구체적으로 어떤 것을 들 수 있을까? 일반적으로 여파(餘波)라 불리는 2.5~5cycle/sec의 큰 파가 많이 나타나는 경우에 반사회적인 행동을 취한다고 하나 보다 특수한 형태를 제시하면 다음과 같다. ① 전두부(前頭部) 여파(전두부에 여파가 측정되는 것으로 내향성 무기력, 미숙 등의 성격과 관련되어 절도범이나 방화범 등에 많다) ② 측두부(側頭部) 여파(측두엽에 초점을 갖는 발작 파로 반사회적이나 다양성 등에 관련성이 지적된다) ③ 후두부(後頭部) 여파(후두부에서 여파가 측정되는 것으로 내향선, 무기력, 미숙 등의 성격과 관련되어 절도범이나 방화범 등에 많다. ④ 14~6cycle/sec 양성자파(1초간 6사이클과 14사이클의 파형이 일시에 나타나는 것으로 자율신경증세, 행동이상, 분노발작 공격성 등과 관련성이 높아 충동적인 살인이나 방화를 저지를 자에 높은 비율로 검출되었다)

이상뇌파, 여파의 원인으로 ① 대뇌 기능의 발육부전 또는 미성숙 ② 대뇌피질의 자극수준 저하 ③ 천식 ④ 뇌장애 등이 주장되고 있지만 이제까지 어느 것이 원인인가 충분히 밝혀지지 않았다.

3. 「이상뇌파와 범죄」 연구성과의 결과

전술같이 이상뇌파와 범죄와의 일정한 상관관계가 존재하는 것은 널리 인정되었다. 하지만 그런 연구에도 많은 문제점이 발견된다. 여기서는 4가지를 제시할 수 있다.

첫째, 이상성의 판단기준이 주관적이고 데이터 기록, 정리방법도 통일되어 있지 않기 때문에 과학적인 검증이 되어 있는가에 의문이 남는다.

둘째, 피험자가 형무소 등의 특수환경에 있기 때문에 이상뇌파의 원인이 명확하지 않다.

셋째, 장기간에 걸쳐 피험자를 과학적으로 조사한 것으로 볼 수 없다.

넷째, 이상뇌파가 범죄원인이라면 이상뇌파가 검증되었어도 범죄를 저지르지 않는 자에 대한 구체적인 설명이 불가능하다는 점이다. 또 예전에는 이상뇌파를 유발하기 위해 섬광자극, 과호흡, 약물투여 등의 부활법(賦活法)을 사용한 검사가 실시되었으나 오늘날에는 행하고 있지 않다.

뇌내화학(腦內化學)

뇌와 범죄의 관련성에 대해 다른 연구로 뇌내화학의 연구를 들 수 있다. 최근의 뇌내화학의 연구는 뇌와 신경의 시스템이 천연의 내인성의 마약을 만드는 것이 밝혀졌다. 이 마약은 화학적으로 아편이나 몰핀과 유사하다(뇌내 몰핀이론). 이 신경계 마약은 사람이 위험이나 스릴을 경험한 후 그 양이 증가한다. 즉 뇌는 위험한 행동을 한 대가로서 스스로 자연적 기분상승 상태를 만든다고 한다. 이 상승상태를 얻기 위해 암벽등반을 하거나 스카이다이빙을 하는 자가 있다면 범죄를 저지르는 자도 있다는 지적이 나오게 되었다. 스릴을 얻기 위한 것이 범죄의 동기는 아닌가란 생각은 이전부터 존재하였다. 예로 사회학자 갓츠는 「범죄의 매력」중에서 뺏는 것만을 목적으로 하는 것은 소년에 의해 스스로의 힘을 유지하기 위한 외적 표현에 불과하다고 기술하였다. 또 폭력적인 범죄자에 있어 피해자의 생사결정권을 신처럼 휘두르는 것은 스릴과 흥분의 원인이란 견해도 있다. 이런 뇌내화학의 견해는 왜 동기 없는 범죄를 저지른 자가 있는가를 설명하는데 어느 정도 유익한 이론이 될 수 있으나 뇌내에 분비된 화학물질량의 측정이 곤란한 현상에서 실증을 위한 노력이 더 필요하다고 생각된다.

뇌파는 1920년대에 그 존재가 밝혀진 이래 정신병이나 천식의 치료에 활용되었다. 그리고 그와 동시에 뇌파와 범죄와의 관련성을 증명하기 위한 연구도 장기간 시도되어 왔다. 그 결과 양자간의 일정 상관관계가 확인되었다. 하지만 전술한 많은 문제점도 해결치 못한 채로 남아 있다. 또 근년에는 과학기술진보에 의해 뇌의 상태를 관찰하는 수단이 뇌파 이외에도 개발되었다. 이미 잘 알려져 있는 MRI(자기공명영상법), CT(컴퓨터 단층촬영) 등으로 뇌의 구조나 활동을 파악할 수 있다. 신경생리학에서 범죄와의 관련을 연구하는 사이에 뇌파 이외 연구방법은 없을까 하는 인식이 높아졌다.

제 5 절 신경생리학과 범죄(2)-뇌장애와 범죄

범죄와의 관련성으로 이상뇌파 대신 주목을 받고 있는 것이 뇌 장애이다. 이전부터 일정 뇌장애가 중추신경에 지장을 주어 범죄에 이어진다는 견해는 있었으나, 추측의 범주를 벗어나지 못한 수준이었다. 하지만 최근에는 대뇌생리학 및 신경학의 급속한 발전으로 범죄나 비행과의 관련에서 여러 견해가 제시되었다. 일정한 뇌장애와 범죄의 관련성을 지적하는 연구는 크게 나누어 기질성뇌장애와 유년기의 뇌장애가 있다.

1. 기질성 뇌장애와 범죄

우선 뇌의 기질적 이상이 뇌기능에 장해를 일으켜 그것이 범죄로 이어진다는 지적이 있다. 이런 뇌기능의 장해원인으로 뇌의 외상·부적절한 영양섭취, 공해, 알코올이나 약물의 남용의 영향 등을 지적하고 있다. 이들 요인에 의해 생기는 기절적 이상과 범죄의 관련성의 연구는 ① 뇌종양 ② 뇌손상 ③ 그 외 중추신경계의 질환 ④ 전두엽의 장애 ⑤ 뇌반구기능장해 등 5가지에 중점을 두고 시행되고 있다.

1) 뇌종양

뇌종양(腦腫瘍)에는 성격의 변화, 환상 및 정신병의 증세 출현 등을 포함한 여러 가지 정신적인 증상이 문제되었다. 오늘날에는 뇌종양 환자는 가사(假死)생태에 빠지거나 흥분·폭발증상을 보이거나 또는 공격행위를 할 가능성이 있다고 밝혀졌다. 뇌종양과 범죄의 관련성은 미국에서 1966년에 일어난 「화이트맨 사건」을 계기로 주목을 받기 시작하였다.

2) 뇌손상

뇌손상(腦損傷)은 높은 장소에서의 추락이나 교통사고 등에 의해 두부에 강한 충격을 받을 시 생긴다. 이런 종류의 뇌장애도 반사회적 행위나 폭력행위를 할 가능성이 있는 성격변화와 관련성이 있다.

3) 중추신경계의 질환

그 외 대뇌동맥경화증, 천식, 노인성치매 등 중추신경계의 질환은 분노나 흥분을 동반하고 기억장애, 추리력장애, 정서장애와 관련성이 지적되고 있다.

4) 전두엽의 장애

전두엽(前頭葉)은 행동의 규율에 중요한 역할을 하는 것으로 알려져 있다. 즉 전두엽은 행동을 통제하는 것과 함께 그 결과를 평가해 필요하면 변경을 하는 역할을 하고 있다. 따라서 이 부분의 손상은 다음과 같은 증세를 발생시킬 수 있다. (a) 행위의 결과를 이해하는 능력에 중대한 영향을 미친다. (b) 경험에 의한 학습능력을 손상시킨다. (c) 집중력을 감퇴시킨다. (d) 자기통제력을 결여시킨다. (e) 충동적 행동을 증가시킨다. (f) 타인의 감정에 대해 생각하는 능력의 저하를 일으킨다. (g) 수치심, 죄악감, 자책감을 모른다. 또 전두엽의 손상은 공격적 행동이나 성적 일탈을 막는 제어력을 저하시킨다. 또 알코올에 대한 반응도 과민해지는 것으로 알려져 있다.

5) 뇌반구기능장애

대뇌는 좌우반구와 반구 연결하는 뇌로 구성되어 있다. 우반구(우뇌)와 좌반구(좌뇌)는 그 기능을 분담하고 있다. 특히 정보처리에 있어 좌반구가 분석적 시차처리를 행하는 것에 비해 좌반구는 전체적 동시처리를 행한다. 따라서 좌반구에 기능장애가 존재하는 경우, 환경 적인 자극에 대해 꼼꼼한 대응이 곤란하고, 범죄 등의 반사회적 행동에 이른다고 생각되어진다. 또 좌반구에는 공격행동을 제어하는 기능이 있어 그 장해는 폭력행위를 쉽게 하게 된다는 주장도 있다. 범죄와 좌반구의 장해 관련성은 범죄자 중 다수가 언어기능장해를 보이는 것에서 알 수 있다는 주장도 있다. 하지만 역으로 우반구의 장해가 범죄와 관련성을 갖고 있다는 견해도 있다. 단 우반구와 좌반구는 완전히 독립한 존재가 아니기 때문에 앞에서 지적한 것처럼 명확히 한쪽의 반구 뇌장애만으로 범죄와 연결짓는 것은 적절한 것인가 의문이 남는다.

왼손잡이와 범죄

과거 롬브로조는 범죄자에 관한 실증연구 결과로서 범죄자중에 왼손잡이가 많다고 지적했다(남성은 3배 여성은 5배). 여기서 롬브로조는 왼손잡이가 범죄자의 성격형성에 강한 영향을 미친다고 생각하였다. 이런 지적은 최근 연구에서도 보인다. 캐나다의 심리학자 코렌의 연구에서 왼손잡이가 오른손잡이보다 사회적 동조성이 부족하고 준법의식이 희박하다는 성격적 특징을 갖고 있고, 그런 특징이 범죄자 성격과 공통된다고 주장했다. 코렌은 출산 시에 조산이나 난산의 경우 왼손잡이가 되기 쉽고 이런 점과 성격형성과의 상관관계를 지적하였다. 한편 현대사회가 모든 면에서 오른손잡이 지향으로 만들어져 있는 점에서 그런 사회에 대한 반발이나 스트레스가 성격형성에 영향을 미친다는 가능선도 언급하고 있다. 이런 주장은 또 가설의 영역을 벗어나지 못했으나 좌우뇌와 관련 있다는 점에서 연구의 가치가 있을 것으로 생각된다.

2. 유년기의 뇌장애와 범죄

출산 전후나 유아기에 어떤 요인에 의해 뇌에 장애가 생겨 뒤에 범죄·비행의 원인이 된다는 가설이 있다. 이 유형의 연구에서 다음 2가지의 뇌장애와 범죄와의 상관관계가 주목되었다.

1) 주의결핍장애 · 과잉활동장애

주의결핍장애·과잉활동장애는 미국의 정신의학회 공식분석분류인 DSM-IV에서 처음 사용된 명칭으로 과거 미세뇌기능장애(minimal brain disfunction:MBD)라 불리던 개념과 거의 유사하다. 또 세계보건기구(WHO)의 정신건강 프로그램의 진단기준 ICD-10에서는 「과잉활동장애」란 명칭의 분류가 명시되어 있다. 이 장해는 뇌조직의 이상과 관련된다고 생각되었으나 그 원인으로 뇌손상, 태아기의 스트레스, 식품첨가물의 알레르기, 유전 등 여러 가지 견해가 주장되고 있어 정설은 없다.

주의결핍장애·과잉활동장애의 전형적인 증상으로는 이하의 것을 들 수 있다. (a) 주의력이 결핍되어 있다. (b) 학업성적이 변화가 없다. (c) 침착하지 못하다. (d) 인내력이 결여되어 있다. 과잉활동장애의 증상으로서 폭발성도 언급된다. 그리고 이 증세가 가정내 폭력, 아동학대, 자살, 폭행, 충동살인 등의 요인이 된다고 제기되었다. 이런 장애와 범죄의 관련성은 비교적 오래 전부터 지적되었다.

예를 들어 독일의 렌프는 주의결핍장애·과잉활동장애와 매우 유사한 사례를 「조유아기뇌장애(早幼兒期腦障碍))」라 명명하였으며, 이 장애와 범죄의 관련성을 연구했다. 임신 6개월부터 신경돌기의 수초가 만들어져 그 기능이 분화되는 중요한 시기가 있다. 이 시기에 모태의 영양장애, 중독, 외상, 출산시의 타박, 산소결핍, 유아기(乳兒期)의 고열질환, 영양장해, 감염증, 뇌외상 등이 생기면 뇌에 운동장해를 주어 뇌성

마비나 지적 발달의 지체가 생긴다. 렌프는 이들 장해 중 병례를 「조유아기 뇌장애」라 불렀다. 렌프는 조유아기 뇌장애의 증상을 다음과 같이 설명하였다. (a) 지능은 평균적이나 상(像)과 배경(背景)의 식별기능에 장해가 있다. (b) 주의력이 산만해 쉽게 질린다. (c) 감정의 기복이 심하다. (d) 충동적이다. (e) 외부자극에 대한 반응이 과민하다. (f) 대인거리감이 마비되어 아는 사람과 모르는 사람을 구별하지 못한다. (g) 위험에 대한 공포심이 결여되어 있다. (h) 지능에 비해서 학업성적이 나쁘고 글씨는 서투르고 침착치 못하다.

렌프는 이런 특징을 가진 아이가 사회에 적응 못해 열등감이나 공격성 등의 성질을 갖게 되어 신경증이나 범죄 등의 문제행동에 도달한다고 생각했다. 또 렌프에 의하면 14세 미만의 형법범의 절반 이상이 이 종류의 뇌장애 현상을 보인다고 하였다.

2) 학습장애

범죄 및 비행과 학습장애의 관계가 주목되고 있다. 학습장애는 예전부터 학습능력장해라 불려 범죄학만이 아닌 교육학에서도 높은 관심을 모았다. 학습장애원인은 충분히 규명되어 있지 않으나 뇌장애를 중심으로 여러 가지 견해가 주장되고 있다. 그 증상으로서 언어장애, 실어증, 과잉활동 등이 알려져 있다. 학습장애아는 학교에서 학습활동에 적응할 수 없다. 비행소년의 다수가 학습에 대해 거부반응을 보인 점에서 비행과 학습장애의 관련성이 있지 않은가 생각되어졌다.

하지만 조사결과는 학습장애소년의 범죄·비행률은 일반 범죄·비행율과 통계적으로 유의한 차이는 보이지 않았다. 이 때문에 현재에는 학습장애는 소년법원 등의 통계에서 과도하게 다루어지는 것에 불과하다는 지적도 보인다. 또 이제까지 조사에서는 학습장애의 정의가 통일되어 있지 않으므로 어떤 장애의 원인인가란 점도 규명되어 있지 않기 때문에 범죄성의 원인을 설명하는 것 외에도 이런 조사가 유효한가에도 의문이 남아 있다.

3. 「뇌장애와 범죄」 연구의 평가

뇌의 구조와 기능에 관한 연구는 과학기술의 발달로 비약적인 진보를 이루었다. 특히 뇌의 형태학적 검사 방법으로 CT나 MRI를 활용하여 뇌연구가 정력적으로 이루어지고 있다. 오늘날 「뇌의 이상 소견과 범죄」의 문제가 다시 주목을 모으는 것은 부정할 수 없다. 단, 이제까지 연구에서 뇌장애와 범죄간의 상관관계를 갖고 있는가는 충분히 알려져 있지 않고 현재까지도 가설의 범주를 벗어나지 않고 있다. 또 종래의 연구는 뇌장애를 가진 범죄자의 환경요인에 대한 배려를 고려하지 않은 것 같다. 따라서 오늘날에는 뇌장애와 사회적 부적응 간에 어느 정도의 관련성이 존재하는 것에 대해서는 의견일치를 얻었으나 범죄와의 관련성에 관해서는 추가 연구가 필요한 상황이다.

자율신경과 범죄

인간의 신경 중에는 불수의근의 운동이나 호르몬의 분비 등을 자동적으로 조절하는 역할을 하는 부분이 있다. 이 부분은 자율신경이라 불리고 그 활동은 투쟁이나 도피와 같은 상황 아래 특히 활성화된다. 예를 들어 어떤 상황에 노출될 때 자율신경은 심박수의 증가, 혈류의 변경, 동공확대, 급한 호흡, 땀샘의 자극 등에 의해 신체가 효과적으로 움직일 수 있게 준비를 갖추는 것이다. 영국의 심리학자 아이젠크는 이런 자율신경의 기능에 주목해 범죄와의 관련성을 검토했다. 즉 사람은 유아기에 어떤 상황 하에서 처벌에 조건화되어 처벌에 대한 불안을 느끼고 그것을 회피하는 방향으로 행동을 수정한다. 아이젠크는 이 불안반응이 자율신경에 의해 생기는 현상이라 생각하였다. 그리고 범죄는 처벌에 대해 강한 조건이 붙지 않고 이에 대한 불안을 강하게 느끼지 못하는 자에 의해 저질러진다고 생각했다.

제 11 장

범죄의 심리학적 원인

제1절 개 요

최근의 범죄심리학적 요인에 관한 연구동향은 크게 나누어 ① 심층심리와 범죄연구 ② 성격과 범죄연구 ③ 지능과 범죄연구 ④ 정신장애와 범죄연구 등 4가지로 나눌 수 있다. 이외에도 오늘날의 심리학에서 구조주의 심리학이나 인지심리학적 측면에서 활성화되어 있다. 이제까지 범죄학의 영역에서 현저한 실적은 없지만 앞으로의 연구동향이 주목을 받고 있다. 최근에 자주 발생하는 묻지마 범죄 등 이상동기 범죄에 대한 원인, 조현병 등 정신질환에 의한 살인·방화, 흉기난동사건에서 볼 수 있듯이 범죄행동에 대한 심리학적 해석의 필요성이 더욱 증가하고 있다.

제2절 정신분석학과 범죄

정신분석 혹은 심층심리(深層心理)와 범죄 연구에는 많은 임상경험에서 얻은 지식을 바탕으로 사람의 마음구석에 범죄의 근원적인 에너지가 존재한다고 생각해 많은 임상경험에서 그 에너지의 정체를 도출시켜려 하였다. 이런 관점에서 범죄의 원인을 설명하려는 수많은 시도가 이제까지 시도되었으며 범죄의 심리학적 요인에 대한 탐구가 활발히 이루어지고 있다.

1. 프로이트의 정신분석학의 개요

프로이트

현대적인 의미에서 심리학의 관점에서 범죄의 원인에 대한 설명을 최초로 시도한 것은 정신분석학의 시조라 불리는 프로이트(Sigmund Freud)였다. 단 프로이트는 장기간 동안 연구의 관심을 변경하여 자신의 이론을 몇 번이고 수정·변경해 어떤 시점에서 보는가에 따라 견해를 달리하였다. 프로이트의 연구는 관심이 어디에 있는가에 따라 세 시기로 나눌 수 있다. 프로이트의 정신분석이론의 핵심은 무의식, 어린시절의 경험, 리비도(libido) 등이 있으며, 프로이트는 성격의 형성은 남근기 즉 5-6세어 간까지 발달하며 그 이상은 발달하지 않는다고 주장하는 등 어린시절의 경험이 가장 중요하다고 생각하였다.

제1기는 「꿈의 해석」이 출간된 1900년까지의 시기로 히스테리나 신경증의 임상적인 관찰에서 정신분석학의 기본적인 구상이 구축되었다. 성에 관한 문제나 무의식의 문제는 이 시기에 제기된 것이다.

제2기는 1900년부터 1914년까지의 기간으로 신경증 환자의 심층심리를 파악하는 방법으로 자유연상법이 확립된 이외에 유아기체험, 리비도의 발달과정, 오이디프스 콤플렉스 등이 중심적으로 연구되었다.

제3기는 1914년부터 1939년까지의 기간으로 정신구조론에 중점을 두고 이드(id)·자아(ego)·초자아(superego)의 기능이 연구되었다. 프로이트가 제시한 정신분석에 의한 범죄원인의 설명은 범죄학에도 강한 충격을 주어 그 후 정신분석학적 접근은 범죄학에서 일정한 영역을 확보하게 되었다. 단 프로이트가 범죄와 심리의 관련에 관심을 제시한 것은 심리학자로서의 긴 여정에서 아주 작은 부분에 지나지 않는다. 오히려 프로이트의 문제의식을 계승하여 정신분석학적 기법에 의한 범죄원인의 설명을 진행한 것은 프로이트의 후계자들이었다.

프로이트의 정신분석이론의 두 가지 가장 기본적인 개념인 "심적 결정론의 원리"와 "무의식의 원리"는 이 이론에 있어 중심적인 내용이다. 이 두 가지 개념 모두 행동의 원인에 관해 당시 팽배해 있던 생각과는 사뭇 다른 입장을 보였기 때문에, 처음 제안되었을 때부터 상당한 논쟁을 야기시켰다. 동일한 주제에 대한 정신분석이론가들과 사회학습이론가들간의 의견의 불일치는 오늘날까지 계속되고 있다.

심적결정의 원리(principle of psychic determinism)는 어떠한 인간행동도 우연하게 일어나는 것은 결코 없다고 말한다. 바꾸어 말하면, 신체적이든 심리적이든 인간의 모든 행동은 행동에 선행하는 그 무엇이 있기 때문에 일어난다는 것이다. 꿈꾸는 행동, 말의 실수, 그리고 무엇을 깜빡 잊어버리는 행위 등과 같이 외관상 우연히 일어난 듯 보이는 행동들조차도 본인이 아마도 의식하지 못하는 기존의 원인들로부터 나온다고 본다. 우연히 일어난 행동으로 보이긴 하나 그렇지 않은 이러한 행동의 출처는 무의식이다.

무의식의 원리(principle of the unconscious)는 인간의 사고, 감정, 행동을 실제로 지배하는 것은 무의식이라는 것이다. 프로이트에 따르면 무의식은 의지의 노력으로도 의식될 수 없는 개인의 정신계의 일부이며, 의식적인 사고과정과는 별개의 방식을 취한다. 정신분석이론에 따르면, 무의식은 특정 개인의 가장 원초적이고 가장 덜 성숙된 소원, 충동 및 욕망들로 구성된다. 이러한 구성요소들은 그 요소들의 의식적인 경험으로 인해 정상적인 삶의 기능이 여지없이 무너지곤 하므로, 여전히 무의식적(비록 그 요소들이 행동에 영향을 미칠 수 있다 하더라도)이다.

정신분석이론가들은 무의식이 행동에 어떻게 영향을 미칠 수 있는가 하는 하나의 모델로서 때때로 어린 아동의 행동을 지적한다. 아동의 검열 받지 않은 무의식으로부터 곧장 나온 이러한 행동을 때때로 일차적 과정(primary process)이라 말하는데, 왜냐하면 그 행동이 사회의 규칙과 아동의 동조하고자 하는 소원에 의해 아직 수정되지 않은 원초성, 미숙함, 사회화되지 않은 영향 등을 전달하기 때문이다. 무의식의 요소를 성인의 행동 표현에서도 역시 찾을 수 있는데 예컨대, 말의 무의식적인 실수에서나, 꿈속에서, 혹은 심리치료 동안에 일어나는 무의식을 의식화시키는 점진적인 과정 등에서도 찾아볼 수 있다.

2. 성격역동론

프로이트는 사람의 성격이 원초아(原初我: Id), 자아(自我: ego), 초자아(超自我: superego)로 구성된다고 보고 있는데, 그는 이러한 성격의 세 가지 구성요소는 제각기 고유한 기능을 담당하면서 서로 상호작용을 통하여 행동을 규제하여 나간다고 보았다.

〈표 11-1〉 프로이트의 인성구조 모형

인성구조	지침	설명
이드(id)	쾌락 원칙	무의식적인 생물학적 욕구로, 즉각적인 만족을 요구
자아(ego)	현실 원칙	인성은 이드의 요구를 억제할 수 있도록 돕고, 관습에 적응할 수 있도록 이끌어 줌
초자아(superego)	양심	인성의 도덕적 측면

1) 원초아(Id)

원초아는 성격의 가장 기본적인 원천이다. 유아가 태어나면 아직 자아나 초자아가 형성됨이 없이 오직 원초아만 있는데 이 원초아로부터 자아와 초자아가 발달하게 된다. 이러한 원초아는 생물학적 동기의 저장소로서 생물학적 동기는 프로이트가 지적한 2대 본능 즉, 생의 본능인 성적 본능과 사의 본능인 공격성으로 구성되어 있다.

이처럼 원초아가 생물학적 동기 또는 본능적 충동으로 이루어져 있기 때문에 그것의 충족과정도 또한 생물학적 과정을 거친다. 즉 원초아는 한 개체가 행동할 수 있도록 에너지의 원천인 리비도를 제공하는데 유기체가 내·외부로부터 자극을 받으면 유기체 내부의 에너지 수준이 증가하게 된다. 이 때 에너지수준(즉, 리비도수준)의 증가는 원초아에 대해서는 불편한 긴장의 증가를 가져오게 된다. 따라서 원초아는 긴장수준을 감소시켜 유기체를 정상적인 상태 즉, 균형상태로 환원시키려고 하는 데 이것이 원초아가 생물학적 동기를 충족하는 과정이다.

다시 말하면 원초아는 본능적 충동에 의해 즉각적인 만족을 추구하는데(예를 들어, 배고픔이나 갈증욕 또는 성욕 등), 이러한 원초아의 성질을 우리는 '쾌락원리(pleasure principle)'에 따라 기능한다고 말한다. 쾌락원리에 따르는 원초아는 주변환경이나 상황에 대한 고려 없이 고통을 회피하고 쾌락을 추구하는 성향을 갖는다.

다른 한편 원초아가 유기체내부의 긴장을 감소시키는 하나의 방법은 소망하는 것에 대한 심상(mental image)이나 환상(hallucination)을 형성하는 것이다. 예를 들어, 배고파 굶주리고 있는 사람은 맛있는 음식을 머리 속으로 상상(음식에 대한 심상을 형성)함으로써 간접적으로 소망충족을 할 수 있다. 프로이트에 따르면 사람이 꿈속에서 생각하는 여러 대상이나 사건들도 결국 원초아의 충동을 충족시키기 위한 노력의 하나라고 지적하고 있다. 이처럼 심상형성을 통해 현실과 환경을 고려함이 없이 비합리적, 간접적으로 소망충족을 하고자 하는 시도를 일차과정사고(primary process thinking)라고 부른다.

2) 자아(ego)

심상은 그것만으로는 결코 욕구를 충족시키지 못한다. 즉, 굶주리고 있는 사람은 머리 속으로 그리고 있는 음식을 상상적으로 먹음으로써 배고픔을 해소하지는 못한다. 따라서 현실이 고려되어야 한다. 자아는 유아기 때 원초아의 부산물로 발달하며, 원초아적 충동이나 욕구에 대해 현실을 고려함으로써 원초아의 제반 욕구를 충족하도록 해준다. 즉, 자아는 심상을 현실에 비추어 검토하는 기능과 환경조건이 적절해질 때까지는 욕구충족 내지 긴장의 방출을 지연시키는 기능을 한다. 이러한 자아의 작용은 이차과정사고(secondary process thinking)라고 하는데 이는 일차과정사고에 의해 형성된 심상을 현실과 비교 검토하는 것을 말하며, 이 이차과정사고는 현실적이고 논리적인 성질을 가지고 있고 나아가 어떻게 충동적인 만족을 구할 것인가를 계획하도록 해준다. 그런 이유로 자아를 "성격의 실행자(executive of the personality)"라고 부른다. 이러한 자아는 원초아의 충동이나 동기를 충족시켜 주는 외에 현실생활에 적응하고 다른 사람들과 관계를 맺는 등의 제반 일상활동을 영위하도록 해준다.

그러나 자아의 가장 중요한 작용은 역시 원초아의 요구와 주변세계의 현실 그리고 초자아의 요구를 조정하고 실행하는 것이다. 그런 점에서 자아는 "현실원리(reality principle)"에 따른다고 할 것이다.

3) 초자아(superego)

초자아는 아동기 초기 때 원초아의 또 다른 부산물로 발달한다. 그것은 부모나 중요한 타자들(교사, 가족, 경찰 등)에 의한 사회화과정을 통해 배운 사회적 가치나 도덕성이 내면화된 것이다. 즉, 초자아는 사회의 행위에 대해 옳고그름을 따지는 윤리적 판단을 행하는 기능을 한다. 따라서 초자아는 '도덕원리(moral principle)'를 따른다. 이는 원초아의 쾌락추구경향을 억제하고 자아가 선택하는 방책들이 보다 완전하고 이성적인 것이 되도록 하는 기능을 갖는다.

이러한 초자아는 그 내용면에서 양심(conscience)과 자아이상(ego-ideal)으로 구성되는데, 양심은 부모나 주위 사람들로부터 받는 처벌에 의해 형성되고, 자아이상은 보상에 의해 형성된다. 따라서 양심은 자신의 행동에 대해 죄책감이나 수치심을 느끼도록 함으로써 행동을 자기 통제 하도록 하고 자아이상은 사회적으로 승인되는 방향으로의 자기완성을 기하도록 해준다. 예를 들어, 자신이 실제로 수행하지 않은 실험을 마치 한 것처럼 자료를 조작하여 유명한 심리학자가 되고 싶을 수도 있다. 이때 원초아는 그것을 승인할 것이며, 자아는 그것을 크게 벌받지 않고 해낼 수 있다면 그렇게 하도록 내버려 둘 것이다. 하지만 이러한 행위를 단지 생각한 것만으로도 초자아는 강한 죄책감을 유발시킬 것이며, 항상 평온을 위해 노력하는 자아는 초자아가 움직이기 이전에 이러한 마음을 없애려 할 것이다.

성격을 구성하고 있는 세 가지 요소의 상호작용을 일상생활에서 예를 들어 설명하면 다음과 같다. 시끄럽게 우는 자명종 시계를 끄고 다시 잠자리로 들어가는 장면을 상상해 보자. 범죄심리학 강의를 듣기 위해서는 일어나야 할 시간이었다. 그런데 쾌락의 원리의 지배를 받는 원초아는 잠이라는 즉각적인 충동을 만족시키려 한다. 이 때 현실원리의 지배를 받는 자아는 혼자서 범죄심리학을 공부하기 어렵기 때문에 "강의를 들어라"고 할 것이다. 이 순간에 초자아가 작용할 것이다. 부모가 힘들게 번 돈으로 등록금을 냈는데 결석하면 안 된다는 부모에 대한 죄책감을 느끼게 될 것이다. 아직 잠자리에서 일어나지 않았지만 내적인 전쟁상태가 계속된다. 만약 자아가 이 싸움에서 이겼다면 잠자리에서 일어나 학교에 갈 것이다.

마찬가지로 맛있는 냄새가 나는 빵집을 지나고 있을 때 원초아는 빵을 먹고 싶다고 할 것이다. 그러나 자아는 비만이기 때문에 다이어트를 해야 한다고 할 것이다. 이 경우 원초아가 이기면 빵집으로 가서 빵을 사먹을 것이다. 범죄심리학 수업을 듣고 나서 자아는 다른 과목의 과제물을 준비하기 위해 도서관에 가도록 지시하겠지만 원초아는 재미있는 TV연속극을 보러 집에 가도록 재촉할 것이다. 원초아가 승리하여 기숙사에 들어와 보니 방이 아주 더러웠다. 방을 같이 쓰는 친구가 어질러 놓았으므로 원초아는 그 친구에게 화를 내라고 할 것이다. 그러나 자아는 동료와 청소에 대해 의논하라고 할 것이다. TV연속극을 시청한 뒤에 운동하러 체육관에 갈 것인가 아니면 재미있는 영화를 보기 위해 영화관으로 갈 것인가를 고민하는 자신을 발견할 수 있을 것이다. 이처럼 사람들은 계속되는 내적인 갈등 속에서 생활하고 있다.

3. 성격구조론

프로이트는 이상과 같이 성격구조를 원초아, 자아, 초자아로 구분했지만 프로이트가 의도했던 것은 성격을 별개인 세 구성요소로 구별하는 것이 아니고 세 구성요소간의 역동적 상호작용이 어떠한 것인가를 살피는 것이었다. 전술한 바와 같이 성격체계의 주요기능은 심적 에너지(리비도)를 관리하는 것으로서 본능적 충동을 환경의 요구와 양심의 기준에 맞추어 충족시키는 데 있었다. 이러한 성격체계의 기능은 자연스럽고 원만하게 이루어진다기보다는 보통 적극적인 통제와 타협으로 이루어진다고 하겠다.

프로이트의 기여 중 다른 한 가지는 무의식적 동기(unconscious motivation)를 발견한 것이다. 프로이트의 이 개념은 왜 사람들이 비합리적이라고 생각되는 방식으로 행동을 하는가에 대해 새로운 해답을 제시해 준다. 따라서 프로이트는 사람의 의식구조를 설명하기 위해 의식, 전의식, 무의식의 개념을 제시하였다. 먼저 의식(consciousness)이란 각성상태에서의 지각, 정서 및 사고 등의 심리내용을 뜻하고, 전의식(preconsciousness)이란 쉽게 의식으로 재현될 수 있는 심리내용으로서 기억체제 속에 저장된 과거의 경험을 뜻한다. 예를 들어, 현재 내 머리 속에 떠오르는 어려 사고내용이나 감정은 의식에 해당하고 지금 생각하고 있지는 않지만 마음만 먹으면 생각해 낼 수 있는 어제 아침 식사 때의 반찬이라든가 고등학교 졸업식 때 나를 축하해 주러 온 사람들의 이름이나 그때의 분위기 등은 전의식에 해당한다. 한편, 무의식(unconsciousness)이란 쉽게 의식으로 재현될 수 없는 사고, 충동, 정서

등의 심리내용을 말하는데 이것은 크게 두 가지 요소로 구성되어 있다. 그 하나는 유아기 때의 경험내용으로서 그때는 말을 할 줄 모르는 때이므로 그 당시의 경험은 결코 의식으로 떠오르지 못한다. 다른 하나는 불안에 의해 억압되어 버린 본능적 욕구가 역동적 작용을 하면서 무의식에 저장되는 것이다.

프로이트는 이러한 의식수준을 빙산에 비유하였다. 그는 수면 위로 보이는 의식이나 전의식은 수면 아래를 차지하고 있는 무의식에 비해 극히 작은 부분에 지나지 않는다고 하였다. 위의 그림에서 볼 수 있는 것처럼 자아와 초자아는 세 수준에서 모두 작용하지만 원초아는 무의식적 수준에서만 활동하고 자아를 통해서 충동을 표현한다. 원초아는 즉각적인 만족을 추구하기 때문에 자아 및 초자아와 내적인 갈등을 일으킨다.

꿈에 대한 프로이트적 해석은 기본적으로 무의식적 동기라는 개념에 기초를 두고 있다. 프로이트는 꿈이란 원초아의 충동이 위장된 형태로 전개되는 것이라고 설명하고 있다. 따라서 어떤 사람의 무의식내용을 파악해 내려면 그 사람의 꿈을 분석하면 된다는 것이다. 이외에 사람의 무의식 내용에 접근하는 데는 여러 방법이 있으며, 그것은 어떤 사람의 실언이나 선택적 망각(selective forgetting)을 깊이 연구해 보는 것이다. 임상적 입장에서는 자유연상법(free association)을 사용하고 있는데, 그것은 환자를 편안한 상태로 만든 뒤 몇 가지 질문을 해가면서 그 문제에 관계되는 것이면 무엇이든 생각나는 대로 거리낌 없이 말하도록 유도함으로써 환자의 무의식에 접근하는 방법이다. 이러한 과정을 통해 치료자는 환자의 원초아의 내용과 원초아의 동기가 어떻게 충족되었는가 하는 점은 물론, 초자아의 내용 및 초자아에 의한 욕구의 억압 또는 불안경험 기타 여러 가지 방어기제 등을 분석해 내는 것이다.

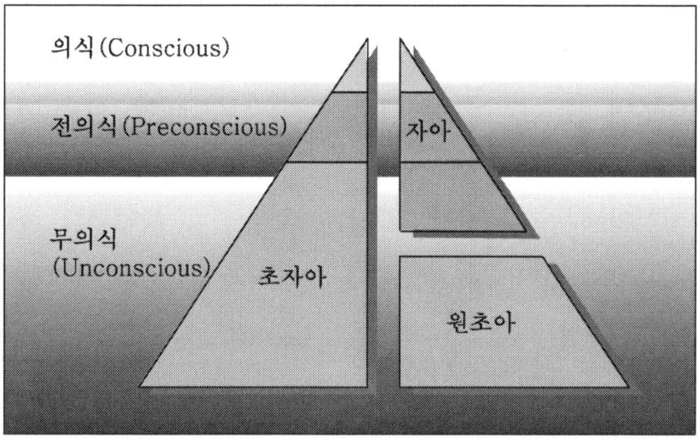

〈그림 11-1〉 프로이트의 성격구조

4. 성격발달론

프로이트는 성격이 몇 개의 단계를 거치면서 발달한다고 하였다. 그의 발달이론의 특징은 두 가지로 요약된다. 첫째는, 성적 쾌락추구의 장소와 쾌락추구의 결과들에 기초하여 발달이론을 구성했다는 점이다. 이런 그의 성격발달론을 심리성적 발달론(psychosexual development)이라고 부르기도 한다. 둘째는, 5-6세 이전 즉, 3단계 이전의 경험을 중시하였으며 이때의 부적절한 경험이 성격을 그 단계에 고착시킨다고 하였다는 점이다.

프로이트는 성격발달의 문제를 생물학적 발달 특히, 성적 발달의 관점에서 설명하고 있다. 그에 의하면 사람이 성장함에 따라 성적 욕구충족에 관건이 되는 신체부위가 달라지며, 만약 각 단계마다 그러한 신체부위에 관련된 성적 욕구가 지나치게 충족되거나 또는 제대로 충족이 되지 못할 경우에는 성격의 고착이 나타난다고 한다. 그리하여 고착의 결과 발달단계의 초기에 나타나던 행동패턴이 어른이 된 후에도 성격의 일부가 되어 계속 나타난다는 것이다.

고착(fixation)이란 자기의 발달이 방해를 받은 결과로 개인이 특정한 심리성적 발달단계에 그대로 머물러 있게 하는 방어기제를 말한다. 즉. 어느 발달단계에 고착이 되면 그 사람은 더 나은 단계로 발달할 수 없으며 더 큰 심리적 성숙으로 나아갈 수 없다. 예를 들어, 구순기 동안에 자기의 어머니가 자신의 모든 욕망을 충족시켜 주었다면, 그 아이는 성인기에 접어들어서 "세상은 나의 삶을 책임져야 한다"고 믿을 수 있다. 또한 구순기 동안에 부모로부터 자신의 요구에 대해 무시를 당했다면, 그 아이는 세상이 결코 자기의 요구를 충족시켜 주지 않을 것이라는 점과 사람들은 신뢰할 수 없거나 의지할 수 없다고 믿게 될 가능성이 있다.

1) 구순기(oral stage)

구순기는 생후 1년까지의 기간을 말하는데 이 시기는 성적 욕구를 충족하는 신체부위가 입술에 있다. 유아에 있어서는 어머니의 젖이 최초의 성 대상이고 빠는 행위에서 쾌감을 느끼게 되며 이같이 빠는 행동이 성격형성에 영향을 미치게 되는 것이다. 그러나 이 구순기도 초기와 후기로 나누어지는데 초기는 주로 빠는 데서(sucking) 쾌감을 느끼고 치아가 나기 시작하는 후기는 깨무는 데서(biting) 만족을 구한다. 그런데 만약 초기의 욕구 충족이 과하거나 부족하게 되면 소위 구순적 고착(oral fixation)현상이 나타나는데 이 경우의 사람들은 어른이 되어도 과도하게 담배나 술을 즐기거나 말을 많이 하는 구순기 행동을 보이고 또한 의존성, 수동성 등의 태도를 보이기도 한다. 그런가 하면 후기의 행동이 고착되면 남을 심하게 비판하거나 꼬집거나 비난하는 구순공격적 성격을 보인다.

2) 항문기(anal stage)

항문기는 대략 1세에서 2세까지의 기간으로서 어린이는 배변훈련(toilet training)을 통해 부모의 권위와 최초로 접촉하게 되어 원초아의 욕구가 처음으로 제약되는 시기이다. 이때의 성적 쾌감은 항문을 통해 변을 배설하는 데 있다. 그러나 변을 배설하는 데서 쾌감을 얻는 배변기가 지나며 변을 배설하지 않고 오히려 참음으로써 쾌감을 구하는 유지기가 온다. 따라서 배변기에서 성격의 고착이 일어나면 불결, 무질서, 낭비 등의 성격을 초래하는데 이는 부모의 지나치게 엄한 배변훈련에 대한 보복으로 나타난다고 한다. 그런가 하면 유지기의 성격고착은 지나친 강박성, 동조성, 자기억제 그리고 결백성이나 깔끔한 성격을 가져온다.

3) 남근기(phallic stage)

남근기는 대략 3-5세경까지의 기간을 말한다. 이때 어린이들은 자신의 성기를 만짐으로써 가장 큰 성적 만족을 얻는다. 남아는 구순기로부터 어머니를 애정의 대상으로 하고 있으나, 성기기에 이르러 이 애정이 더욱 심화되면서 상대적으로 아버지가 어머니를 독점하려는 방해물이나 연적으로 변하게 되어 적의를 품게 되는 외디푸스 콤플렉스(Oedipus complex: 근친상간)를 경험하게 된다. 이때 남아가 어머니에게 성적 애착을 가진다는 것은 아버지로부터 육체적 위해를 받지나 않을까 하는 불안을 갖게 된다. 이러한 불안은 아버지가 어머니를 사랑하고 있는 자기의 성기를 거세해 버리지 않을까 하는 공포로 나타나는데, 이것을 거세불안(castration anxiety)이라고 한다. 그러나 이러한 거세불안의 결과로 남아는 어머니에 대한 근친상간적 소원과 아버지에 대한 적의를 억압하게 되어 외디푸스 콤플렉스는 없어지고 아버지에 대하여 동일시(identification)하게 된다. 즉, 동일시라는 방어기제를 사용함으로써 아버지로부터 받는 불안을 감소시키는 것이다. 그런데 남아가 성장함에 따라 남아의 성격 또는 애정의 대상을 결정짓는 것도 이러한 동일시의 상대적인 힘과 그것의 성공 여부에 주로 좌우된다고 한다.

이 동일시현상은 아동의 사회화에 결정적으로 중요한 계기가 되는 것으로서 이것은 두 가지 면에서 진행되는 것으로 여겨진다. 첫째로, 남아는 아버지를 닮으려 하고 아버지와 비슷한 행동을 함으로써 설마 아버지가 자기와 닮은 나를 해치지는 않겠지 하고 느낀다는 것이다. 따라서 남아는 어머니를 사랑함으로써 오는 아버지에 대한 불안을 해소시킨다. 둘째로, 남아는 어머니가 아버지를 사랑하는 것은 아버지가 남성적이고 아버지답기 때문이라 여기고, 자기가 아버지보다 더 남성적이고 아버지다울 수 있도록 노력함으로써 어머니의 애정을 독차지할 수 있다고 생각한다는 것이다. 그런 까닭에 남아는 아버지를 동일시하게 된다고 한다.

이러한 동일시과정을 통해 매우 중요한 현상은 남아가 단지 아버지의 행동패턴만을 모방하는 것이 아니라 행동의 옳고 그름에 대한 윤리적 판단까지도 배움으로써 초자아가 형성되기 시작한다는 것이다. 외디푸스 콤플렉스가 해소되지 못하고 무의식 속에 잠재하게 되면, 사춘기 이후 다시 행동으로 나타나 결혼 또는 애정의 대상을 어머니와 비슷한 사람을 고르는 경향으로 나타나기도 하고 연상의 여인을 사랑하기도 한다.

한편, 여아에게 있어서는 최초 애정의 대상은 어머니이다. 그러나 외부성기를 자각하게 되면서 자신의 성기가 거세된 것으로 생각하고 열등감을 가지며 그 탓을 어머니에게로 돌리고 자기가 갖고 있지 않은 것을 갖고 있는 아버지를 부러워하고 사랑하며 어머니를 질투하게 된다. 이러한 현상을 남근선망(penis envy)이라 한다. 여아에 있어서의 외디푸스 콤플렉스적 경향을 일렉트라 콤플렉스(Electra complex)라고 한다. 그러나 여아들이 아버지에게 성적 애착을 가지고 있더라도 자기를 어머니와 동일시하는 현상이 나타나는데, 그것은 여아가 어머니의 여러 특성들을 닮고 배워서 더 여성적으로 됨으로써 아버지에 대한 어머니와의 애정경쟁에서 더 유리할 수 있다고 믿기 때문이라는 것이다. 아버지를 사랑하고 어머니와 경쟁하는 여아도 동일시와 승화과정에 의하여 콤플렉스를 해소하는데, 그렇지 않고 이것이 억압되어 있으면 사춘기 이후 무의식으로부터 노출되어 나이가 많은 연상의 남자를 좋아하는 등 애정의 대상이나 성격, 여성다움 등에 영향을 미치기도 한다.

그리고 여아는 어머니와 동일시하면서 어머니로부터 초자아를 형성하게 된다.

과다의 결과든 과소의 결과든 남근적 고착이 심한 사람은 자신이 남자 또는 여자라는 사실과 이성에 대한 성적 관심 또는 성적 관심의 결핍을 예민하게 의식한다. 이 고착은 바람기, 정력이나 매력의 과시로 나타날 수 있는데, 이 고착은 지나친 정숙함(이성에 대한 사랑 회피), 이성에 대한 공포, 무시나 무관심 등으로 표현되기도 한다. 일반적으로 남근적 성격의 사람은 자신의 아름다움과 비범함에 도취하여 남들로부터 이를 끊임없이 인정받아야 좋아한다. 남들로부터 지지를 받으면 기고만장해지지만, 남들이 별로 좋아하지 않으면 자기가 무가치하다고 생각해 버린다. 남근적 성격 특성들은 허영, 자부심과 만용, 명랑함 등과 반대로 자기증오, 겸손, 슬픔 등이 있다.

4) 잠복기(latent stage)

이 시기는 대략 6세부터 시작하여 사춘기의 초기까지 진행되는 과정으로 어린이들의 성적 관심이 억압되어 성적 쾌감을 추구하는 행동이 잠재되는 시기이다. 어린이들이 외부세계를 더 많이 알게 되고, 또한 보통 학교생활을 하게 되므로 이 시기의 큰 관심은 어린이들의 내부 특히 성적 관심에 있다기보다는 외부세계에 있다고 할 것이다. 이런 이유로 프로이트는 이 단계를 특별히 관심 있게 분석하지 않았다. 그러나 이 단계에서도 어린이들은 광범위한 성적 탐색을 한다고 보아야 할 것이다.

5) 성기기(genital stage)

성기기는 대략 13세 이후 즉, 사춘기 이후의 단계로서 이제 정상적인 이성에 대한 관심(heterosexual interest)이 나타나게 된다. 이때는 또한 남녀 공히 신체적 급성장과 함께 지금까지 잠잠했던 욕망들에 다시 시달리게 된다. 더불어 생식능력이 생김으로써 남녀간에 성행위를 할 수 있는 단계가 된 것이다. 오랫동안 억압되었던 이성부모에 대한 사랑과 갈망이 다시 고개를 들지만, 이제 자아와 초자아는 남근기 때와 비교가 안 될 정도로 강해져 있으므로 다양한 방어기제가 사용된다.

그 결과 이를테면 남자아이가 어머니를, 여자아이가 아버지를 극도로 증오하게 되기도 하고(반동형성), 이성부모에 대한 사랑이 다른 대상(예, 선생님)으로 대치되기도 한다. 동시에 같은 나이 또래의 이성에 대한 관심도 커진다. 앞서의 단계들에 대한 고착이 심하지 않다면, 성기기에 들어온 남녀는 심리적으로 가족의 울타리를 벗어나 타인을 사랑할 수 있게 된다.

5. 정신분석이론의 평가

프로이트는 성격이 대체로 생의 초기인 5-6세경에 일어나는 결정적인 사건들로부터 발달한다고 믿었다. 또한 이 사건들은 아이들이 심리성적 발달단계를 거치는 데에 성공하느냐 아니면 실패하느냐를 결정하는 역할을 한다고 믿었다. 성격의 발달과정에서, 그 사건들은 자아, 초자아 및 원초아의 상대적 균형과 강도에 영향을 미치며, 그리고 다음에 성격기능에도 영향을 미친다.

심리적으로 가장 건설적이고 유용한 사건들은 건강하고 강한 자아의 발달을 가져오는 사건들이다. 또한 지지적인 사랑을 보이는 부모들이 아이로 하여금 더욱 더 독립적으로 움직이도록 만들며, 그리고 자신감과 자존심을 고양시키는 연령에 맞는 스트레스에 직면하도록 만든다. 반면에 건설적이지 못한 사건은 자아를 약화시키고 자아에 비해 원초아와 초자아를 강화시키게 된다.

아이들로 하여금 세상에 대한 기본적인 신뢰감을 갖지 못하게 하거나 자기가 속한 환경을 현실적으로 보는 능력을 발전시키지 못하게 방해하는 상황들은 자아의 기능을 약화시킬 수 있다. 처벌적이거나 유혹적인 부모들의 행동은 가혹하게 처벌적인 초자아나 강력하고 통제 불가능한 원초아의 충동을 발달시키는 역할을 하는데, 이들은 원초아나 초자아의 기능들을 지나치게 강화시킬 수 있다. 방금 기술한 두 예에서 부적응적인 행동이 발달할 수 있는데, 그런 행동은 고착의 결과로 어린 시절에 나타나거나, 아니면 성장한 후에는 퇴행에 뒤따라 나타난다. 이와 대조적으로, 심리적 건강은 자아가 성적 및 공격적 충동(원초아), 양심(초자아), 그리고 환경(자아에 의해 전달되는) 등의 요구를 성공적으로 중재할 때 발전한다.

지금까지 논의해 온 것이 성격에 관한 프로이트의 설명이다. 정신분석이론은 인간의 본성 및 성격이해에 커다란 기여를 함으로써 심리학의 발전에 다음과 같이 영향을 끼쳤다. 첫째, 무의식적 욕구 및 갈등이 인간행동을 동기화시킨다는 점을 파악한 점이다. 둘째는, 성격발달에서 초기 아동기의 중요성을 강조함으로써 이 시기의 연구 및 이해에 도움을 준 점이다. 셋째는, 적응문제에서 성적인 요인을 강조하여 성욕에 관한 과학적 연구의 길을 열어놓은 점이다.

이처럼 프로이트의 정신분석이론은 오늘날까지 여러 분야에 많은 영향을 미쳐왔지만 많은 점에서 비판도 받고 있다. 첫째는 이론의 과학적 정확성에 대한 비판을 받고 있는 점이다. 즉, 정서적으로 안정되지 않은 환자들을 대상으로 연구되고 체계화되었기 때문에 정상인에 대한 적용이 제한된다는 점이다. 둘째, 성적 요인을 적응문제에 도입한 공은 있으나 이를 지나치게 강조하여 적응문제 모두를 이것과 관련짓고 있다는 점이다. 셋째는, 그 구성개념들이 애매하고 정의되지 않았다. 이는 이론이 과학적 절차보다는 임상적 관찰에만 근거해 구성되었기 때문이다. 넷째는 인간을 지나치게 성욕과 거세불안에 지배되는 수동적, 소극적 존재로 보고 있다는 점이다. 또한, 외디푸스 콤플렉스의 비교문화연구결과는 문화권에 따라 차이가 있으므로 보편성에 문제가 있다. 마지막으로, 지나치게 결정론이며 남녀 차별주의적이다. 인간을 원초아의 타고난 충동들에 의하여 움직이는 존재로 보고 있으며, '남근선망' 등의 개념에서 여성이 무가치함을 경험할 수밖에 없다고 주장하는 점이다.

이것은 인간의 목표 추구적 경향성이나, 여성의 성적 동일시가 사회적 성에 의한다는 주장들과는 상충한다.

그러나 이러한 비판에도 불구하고 프로이트의 이론은 오늘날에도 임상장면에서 중요시되고 있으며, 앞으로도 당분간은 중요성이 인정될 것이다.

6. 프로이트의 계승자

1) 융

융

스위스의 심리학자 융(Carl Gustav Jung)은 프로이트의 정신분석학을 기초로 하면서도 성욕설(性慾說)이나 무의식설(無意識說)에 관한 지식을 기초로 하여 프로이트와 달리 분석심리학(分析心理學)이란 새로운 체계를 정립하였다. 즉 융은 리비도(libido)를 프로이트처럼 성적인 욕구의 문제에 한정시키지 않고 모든 행동의 기초인 심적 에너지로 파악했다. 융은 이런 심적 에너지의 방향에 의해 인간의 태도를 「외향성」과 「내향성」으로 분류했다.

외향적인 사람은 자신의 관심이 외부세계에 있는 것에 비해 내향적인 사람은 그 관심이 내적인 세계를 지향하고 있는 점에서 양자가 다르다. 이 때문에 외향적인 사람은 사교적, 협조적, 순응적, 단결적인 성향이 강한 것에 비해 내향적인 자는 내성적, 소극적, 순응적, 회의적인 성향이 강하다. 또 폭력적인 충동 등도 외향성의 특징으로 설명하였다. 이 때문에 융의 분류에는 외향적인 사람과 범죄와의 친화성이 지적되었다.

2) 아들러

융과 마찬가지로 프로이트의 성욕설을 비판하고 개인심리학(個人心理學)이란 자신의 체계를 정립한 심리학자는 오스트리아의 아들러(Alfred Adler)이다. 아들러는 정신현상을 프로이트처럼 성적 욕구와 과도하게 연결하는 것을 부정하고 「열등감과 그 극복」이란 범주 안에서 설명하려 했다. 즉 사람은 사회와 접촉했을 때 스스로 열등하다는 감정과 이것을 보상받으려는 의지를 가진다. 특히 가정환경이 좋지 못한 자나 신체적인 핸디캡을 갖고 있는 자는 강한 열등감을 갖게 되는 경우가 있다. 그 중에는 그것을 과도하게 보상받으려는 자가 있다. 이 과잉보상이 사람을 여러 가지 내적·외적 갈등에 빠지게 해 범죄나 비행을 야기하게 한다고 주장하였다.

3) 호른

오스트리아 정신과의사인 아이히 호른(August Aichhorn)은 정신분석학을 범죄·비행의 설명에 가장 밀접하게 연결된다고 평가하였다. 아이히 호른은 1925년에 「돈에 책임지지 않는 아이」 중에서 많은 소년비행을 검증한 결과 사회적 스트레스는 소년에게 유해한 영향을 주고 있지만 그것만으로 소년들이 비행에 도달하는 것은 아니라는 결론에 내렸다. 아이히 호른에 의하면 비행에 도달하는 것은 사회적 스트레스에 추가하여 소년들의 반사회적 행위를 준비시키는 심리학적인 소질이 필요로 한다.

아이히 호른은 소년이 이처럼 심리적인 소질을 가지게 되는 상태를 「비행의 잠복」이라 불렀다. 이런 비행의 잠복은 소년이 다음 3가지의 성격 중 어떤 것을 갖추게 될 때 나타나게 된다. (a) 눈앞의 욕구를 채우기를 원한다.(충동적이다) (b) 자신의 개인적 욕구를 채우는 것이 타인과의 관계보다도 중요하다고 생각한다.(자기중심적이다) (c) 선악을 생각하지 않고 본능적으로 행동한다.(죄의식이 없다)

이들 비행소년의 성격은 부모에게서 애정을 받지 않고 초자아를 형성하지 못하였기 때문에 이들은 자신의 본능에 대한 통제력이 부족한 특징을 지니고 있다. 따라서 비행소년의 처우에 있어서 권위나 통제에 의한 것이 아닌 애정에 의한 수정이 필요하다고 아이히 호른은 주장하였다.

7. 심층심리학과 범죄연구의 평가

이처럼 범죄원인에 대한 심리학적 접근에는 프로이트를 시작으로 한 정신분석학이 기여해 오늘날에도 영향력을 가지고 있다. 확실히 정신분석학의 접근방법은 일반적인 범죄와 비행의 설명으로는 많은 사람에 설득력을 부분적으로 지니고 있다. 하지만 정신분석학에 의해 제시된 개념이나 이론은 추상적인 것이 많다. 프로이트의 「이드」나 「초자아」, 융의 「내향성」이나 「외향성」, 아들러의 「과잉보상」 또는 호른이 말하는 「비행의 잠복」 등은 모두 애매함을 남겨 검증되어야 할 부분이 많이 남아 있다. 또 일본에서도 정신분석요법은 널리 보급돼 많은 성공사례도 보고되고 있어 어느 정도의 유효성을 인정할 수 있다. 하지만 범죄자나 비행소녀에 어느 정도의 효과가 기대가능한가는 충분히 설명되어 있지 않다.

제 3 절 성격과 범죄

일반적으로 성격이란 지정의(知情意) 중에서 지(知)를 제외한 의사(意思)나 감정(感情)을 가리키는 말이다. 심리학에서는 인격이란 개념도 사용되고 있다. 양자의 차이를 보면 인격개념에는 적응(適應)이란 관점이 들어가는 점에서 다르다. 단, 범죄심리학에 관해서는 양자에 큰 차이는 없고 거의 같은 의미로 사용되고 있다. 그럼 성격은 범죄의 요인으로 보아도 좋은가? 이 문제에 대해 범죄심리학에는 이제까지 ① 유형론적(類型論的) 접근 ② 특성론적(特性論的) 접근의 두 가지로 나누어 설명되고 있다. 성격이론(personality theory)이란 사람들의 일반적인 행동방식에서의 차이를 묘사 설명하려는 체계적인 시도이다. 성격이론가들은 성격이론을 통해서 "어떤 성격특질이 가장 중요한지", "특질 간에 있을 수 있는 관계 및 양상들을 각 개인들이 가지게 되는 과정은 무엇인지" 등에 대해 설명하려 한다. 심리학의 다른 영역들과 달리 성격이론의 경우 인간 전체가 관심의 대상이기 때문에 매우 넓은 영역에 걸쳐 있고, 아마도 심리학에서 가장 포괄적이라고 할 수 있다.

대부분의 성격이론들은 다음과 같은 네 가지 요소들을 포함하고 있다. 첫째, 행동의 기저에 깔려 있는 동기력(motivating force)이나 추동(drive), 둘째, 환경을 해석하고 행동을 결정하게끔 하는 정신구조나 정신의 구성요소, 셋째, 개인의 성격이 동기와 정신구조에 있어서 타인과 구별될 수 있는 방식, 넷째, 그러한 차이가 태어나면서부터 성인까지 발달하는 방식 등을 포함하고 있다. 따라서 완벽한 성격이론이란 동기, 인지, 개인차, 그리고 발달이론 이런 모든 것들이 하나로 합쳐져 있는 것이다. 성격이론들은 분류하는 가장 일반적인 방법은 그 이론의 개념들이 사용하는 근거의 종류에 따르는 것이다. 먼저, 임상적 현상에 기초한 이론들이다. 이것은 주로 심리치료가에 의해 제안되었는데, 그들은 내담자의 내면에 관한 그들의 경험과 통찰에 관한 지식을 이론의 기초로 사용한다.

실험에 기초한 이론들은 주로 실험적 도구들을 통해 인간의 학습, 인지, 사회적 영향과 같은 전통적 문제들을 연구하는 심리학자들에 의해 이루어졌다. 그들은 이미 알고 있는 이러한 자료들로부터 성격이론들을 전개시켜 나간다. 여기에는 사회학습이론이 대표적이다. 학습이론에서는 대부분의 행동을 자극에 대해 학습된 반응으로 간주하므로, 행동이 이루어지는 상황 또는 자극조건을 중시한다. 따라서 개인 간의 성격차이도 각 개인이 경험한 환경조건의 차이에서 비롯한 행동 및 사고방식의 차이에 불과하다고 보기 때문에 이들에게는 프로이트에게서와 같은 성격구조란 존재하지 않으며, 성격 역시 마치 습관처럼 조건화에 의해 가변적일 수 있다고 본다.

그리고 심리검사에 기초한 이론들은 특질이론(trait theory)은 질문지나 통계적 절차를 통해 결과를 종합하고 분석하는 연구자들에 의해 발전되었다. 즉, 성격이란 각 개인이 가진 특정한 성격요인에 의해 이루어지며, 이 요인들의 결합이나 변화과정이 성격의 역동적 변화를 나타낸다고 본다.

1. 유형적론 접근

유형론적 접근은 성격을 몇 가지 타입으로 분류해 이해하려 한다. 이런 접근을 시도한 대표적인 학자로는 크래취마, 셀던, 제릿히를 들 수 있다.

1) 크래취마

크래취마(Ernest Kretschmer)는 인간의 기질과 체형의 관계를 조사해 그 결과를 1921년의 「체격과 성격」에서 발표했다. 크래취마의 설명에 의하면 인간의 기질은 ① 순환기질(循環氣質) ② 분열기질(分裂氣質) ③ 점액기질(粘液氣質) 등 세 가지로 나누는 것이 가능해 각각의 기질이 특정의 체격에 연결될 가능성이 높다. 이 중 순환기질의 구체적 특징으로는 사교적, 개방적, 명랑쾌활하고 한편으로 조용하고 침착한 점이 있는 것 등이 특징이다. 이런 특징을 가진 자는 비만형(肥滿型)의 체격을 가지고 있다고 주장이 많다. 분열기질(分裂氣質)의 구체적 특징으로는 비사교적, 내폐적(內閉的), 변덕, 민감한 부분과 둔감한 부분을 동시에 가지고 있는 것을 들 수 있다. 이런 특징을 가진 자는 세장형(細長型)에서 많이 보인다. 점액기질(粘液氣質)의 구체적 특징으로는 사물에 집착하고 착실하고 신중한 반면 급하고 발작을 일으키기 쉬운 것 특징이 있다. 이런 특징을 가진 자는 투사형(鬪士型)이 많다.

2) 크래취마설의 검증

종전에 크래취마의 성격분류를 이용하여 슈바프, 피른슈타인, 리들 등이 범죄자에 응용을 시도했다. 예로 슈바프는 3,052명의 범죄자를 대상으로 체격을 조사해 크래취마의 3가지 유형에 맞추었다. 그 조사결과에 의하면 범죄자의 체격은 비만형이 10%, 세장형이 34%, 투사형이 13%였다(그 외 2가지 이상 체격의 특징을 갖고 있는 혼합형이 36%, 발육이상이 7%였다). 여기에서 슈바프는 범죄자에는 '비만형이 적다'란 명제를 도출했다. 그 외에도 슈바프의 조사에서는 세장형의 범죄자는 비교적 젊은 나이로 범죄를 저지르는 경향이 많다는 결론도 이끌어내었다.

또 리들이 800명의 상습범죄자를 조사한 결과 비만형이 15%, 세방형이 33%, 투사형이 25%였다. 여기서 리들은 세장형과 상습범죄자의 관련성을 주장했다. 같은 결론은 독일 바이에론의 슈트라빈 형무소에서 중형자 150명을 조사한 피른슈타인에 의해서도 보고되었다. 또 특정범죄 유형과 체격의 관련성을 보면 슈바프는 세장형과 절도, 투사형과 강도, 비만형과 사기간의 친화성을 인정하였다.

또 크래취마가 성격유형을 범죄자에 맞춘 조사는 일본에서도 실시되었다. 우선 길익(吉益)박사가 1948년에 흉학범 62명을 대상으로 조사를 실시한 결과, 세장형이 12명, 비만형이 4명, 투사형이 28명이었다. 또 중전(中田)박사가 1965년에 지발형 단기수형자 89명을 대상으로 조사를 실시한 결과 세장형 19명, 비만형 7명, 투사형 13명이었다. 이런 결과는 종래 연구와 어느 정도 일치하는 것으로 볼 수 있다.

3) 셀던

미국의 셀던(William Sheldon)이 대학생 200명을 대상으로 크래취마의 체격유형에 맞추어 조사를 실시한 결과 어떤 유형에도 속하지 않는 대상자가 다수 발생하였다. 여기서 셀던은 독자적 신체측정법을 바탕으로 체형과 성격의 관련성을 다시 조사하였다. 즉 생명발생원인 배(胚)는 내배엽, 중배엽, 외배엽으로 구성되어 있다. 그 중 내배엽은 주로 소화기계에, 중배엽은 골격이나 근육조직에, 외배엽은 피부나 세포조직에 발달분화한다. 여기서 셀던은 배의 3요소 중 어느 부분이 가장 발달되어 있는가에 따라 사람을 ① 내배엽형 ② 중배엽형 ③ 외배엽형의 3가지 체형으로 분류할 수 있다고 생각하였다.

이 중 내배엽형(內胚葉形)은 소화기계통이 발달해 외견은 뚱뚱하고 팔다리가 짧은 자가 많다. 중배엽형(中胚葉形)은 근육이나 골격이 발달해 흉곽이 넓고 팔다리가 긴 자가 많다. 외배엽형(外胚葉形)은 피부나 세포조직의 발달이 중심이 되기 때문에 외견상은 마른 형에 부드러운 어깨형인 자가 많다. 또 셀던은 기질의 특징을 가리키는 650개를 분석해 50개의 특성으로 추출했다.

그리고 이들 특성을 기준으로 해 ① 내장긴장형 ② 신체긴장형 ③ 두뇌긴장형 3가지로 분류했다. 이 중 내장긴장형(endomorphs)은 온화, 부드럽고, 사교적인 특징을 가지고 있다. 신체긴장형(mesomorphs)은 자신감이 있고 위험이나 권력을 좋아하는 성향을 가지고 있다. 두뇌긴장형(ectomorphs)은 감수성이 예민하고 내향적인 것이 특징이다 또 셀던은 ① 내배엽형과 내장긴장형 ② 중배엽형과 신체긴장형 ③ 외배엽형과 두뇌긴장형 사이에 각각 비교적 높은 상관관계가 보인다고 생각했다.

이처럼 셀던에 의한 체형과 기질의 유형화도 범죄학에 응용돼, 범죄자에 대한 적용이 시도되었다. 우선 셀던은 200명의 남학생과 같은 수의 비행소년을 비교해 "비행소년 중에는 중배엽형의 경우가 많다"고 보고했다. 또 미국의 글룩부부(Sheldon Glueck & Eleanor Glueck)가 500명의 비행소년과 동수의 비행사실이 없는 통제집단을 비교한 결과 비행소년집단에서 중배엽형이 60.1%, 외배엽형이 14.4%인 것에 비해 통제집단에서는 중배엽형이 30.7%, 외배엽형이 39.6%였다. 여기서 글룩부부는 비형소년에는 중배엽형이 높은 수를 점하고 있음에 비해 외배엽형은 적다고 주장했다.

4) 제릿히

이제까지 검토된 2가지 유형은 일반인을 대상으로 한 유형화의 시도를 범죄자에게 응용한 것이다. 이에 비해 제릿히는 와인들러와 함께 1949년에 쓴 「범죄자의 유형」에서 범죄자의 특질은 체형과 관계없고 법적으로 도출된 공통점을 토대로 행동양식의 특질과 성격경향에 따라 범죄자를 8가지로 유형화했다.

① 노동기피에 의한 직업적 범죄자(일하는 것을 싫어하고 범죄는 일상적인 생계를 꾸리기 위한 범죄자를 일컫는다. 주로 절도범과 사기범이 많다)

② 저항력 박약에 의한 재산범(통상적으로 근면하고 법을 잘 준수하며 주로 횡령범이 많다)

③ 공격성의 폭력 범죄자(상습성의 공격벽(攻擊癖)을 가지고 있고 폭력을 주로 행사하는 자로서 가정폭력을 하는 자가 많다)

④ 성적억제결여에 의한 성범죄자(성적으로 억제력이 약하여 성범죄를 저지르는 범죄자이다)

⑤ 위기범죄자(갈등상황을 슬기롭게 해결하는 능력이 부족하여 갈등회피의 수단으로 범죄를 행하는 자, 주로 살인범이나 방화범이 많다)

⑥ 원시반응(原始反應)범죄자(정동성 흥분을 일으키는 자극에 대하여 직접 반응을 한다. 살인, 방화와 같은 격정범이 많다)

⑦ 확신범(범죄를 자신의 책임감이나 의무감으로 행하는 자를 말한다. 주로 정치범이 이에 속한다)

⑧ 사회훈련 부족에 의한 범죄자(사회적 훈련이 잘 되어 있지 않아 사회규범을 위반하는 범죄자이다. 주로 과실범이 많다)

5) 유형론적 접근의 문제점

유형론적 접근에서는 개인의 성격은 전체적·통합적으로 파악하는 것을 목표로 했다. 즉 다양한 성격 중에서 공통점을 찾아 분류하는 것에 의해 성격의 본질을 이해하는 것이었다. 하지만 이런 유형론적 접근에 대해 몇 가지 문제점이 지적되었다.

첫째, 유형론적 접근은 다양한 성격을 제한된 수의 유형으로 분류하기 때문에 중간적인 것이나 혼합적인 것이 무시되기 쉽다. 이 때문 유형론적 접근에는 여러 가지 예외가 존재해 현실과의 사이에 큰 괴리가 생길 수 있다.

둘째, 유형화하는 것에 의해 구체적인 개인이 갖고 있지 않은 성격까지도 부여하는 위험성이 있다.

셋째, 종래의 유형론에 서는 성격을 고정화하는 것이라고 파악한다. 그래서 환경적 요인이 성격의 형성이나 변화에 미치는 영향을 충분히 고려하지 않았다. 이런 유형론적 접근의 문제점이 발견되어 성격연구는 특성론적 접근으로 이동하게 되었다.

2. 특성론적 접근

유형론적 접근이 성격의 공통점에 주목해 세부적인 면에서 상이한 점을 무시한 것에 비해 특성론적 접근(特性論的 接近)에서는 인간의 성격을 다양한 성격특성의 집합으로 파악해 각각의 성격특성을 검토하는 것에 의해 그 자의 성격을 이해하려 한다. 여기서 말하는 「성격특성」은 시간이나 장소가 변해도 일관된 행동이 나타나는 개인의 특징을 말한다. 특성론적 접근과 유사한 생각은 옛날에도 있었으나 미국의 그럭크(Gleuck)부부, 영국의 아이젠크에 의해 금세기 중반에 이것을 범죄심리학의 이론으로 구축되었다.

심리학적 특성이론

정신역동학

- 이론의 주된 전제는 초기 아동기의 무의식적 성격 발달이 일생의 행동에 영향을 미친다는 것이다. 범죄자는 약한 자아와 손상된 성격을 가진다.
- 이론의 강점은 왜 범죄가 시작되는지, 왜 범죄와 약물 남용이 계층을 불문하고 나타나는지 설명할 수 있다.
- 이론의 연구 초점은 정신 장애, 성격 발달, 무의식적 동기와 욕구다.

행동주의

- 이론의 주된 전제는 사람이 범죄를 저지르는 것은 다른 사람이 유사한 행동으로 보상받는 것을 보고 그런 행동을 모방한다는 것이다. 행동은 보상에 의해 강화되고 처벌에 의해 소멸된다.
- 이론의 강점은 범죄 과정에서 의미 있는 타자의 역할을 설명할 수 있다는 것이다. 그리고 대중매체가 어떻게 범죄와 폭력에 영향을 미치는지 보여준다.
- 이론의 연구 초점은 대중매체와 폭력, 아동학대의 영향이다.

인지이론

- 이론의 주된 전제는 개인적 추론 과정이 행동에 영향을 미친다는 것이다. 추론은 사람이 자신의 환경을 지각하는 방식에 의해 영향을 받는다.
- 이론의 강점은 범죄 행동 패턴이 왜 사람들이 성숙해지고 그들의 추론 능력이 발달하면서 시간의 흐름에 따라 변하는지를 보여준다. 이는 나이가 들면서 범죄를 중지하는 과정을 설명해 줄 수도 있다.
- 이론의 연구 초점은 지각과 인지다.

1) 그릭크 부부

특성론적 접근을 범죄와 비행의 연구에 적용한 고전적 연구로 그릭크 부부가 행한 비행소년연구가 있다. 그릭크 부부는 비행소년 500명과 통제집단(전과가 없는 소년 500명)에 대한 로샤하 검사와 정신의학적 면접을 실시, 양자를 비교해 비행소년에 공통되는 성격특성을 찾는 시도를 했다. 그릭크 부부는 조사를 거쳐 반사회적 성격을 가진 소년의 성격특성으로 다음 16가지를 지적했다. ① 강한 자기주장 ② 반항적 ③

외향적 ④ 양가적(兩價的) ⑤ 충동적 ⑥ 나르시스트적 ⑦ 강한 시의심(猜疑心) ⑧ 파괴적 ⑨ 가학적(sadistic) ⑩ 타인에 대한 배려결여 ⑪ 낮은 자신의 사회적 가치에 대한 불만 ⑫ 권위에 대한 불신 ⑬ 인격적 역량의 결여 ⑭ 정신적 불안정 ⑮ 강한 적개심 ⑯ 화를 잘 냄 등 이런 그릭크 부부의 주장 이후 범죄자의 성격특성을 식별하는 많은 시도가 실시되었다.

2) 아이젠크

아이젠크(Hans J. Eysenck)는 특성론적 접근을 심리학적 이론으로 구축하는데 기여한 학자이다. 아이젠크는 1964년에 「범죄와 성격(*personality*)」를 써 범죄자의 성격특성에 대해 논하였다. 여기서 인간의 태도나 성격을 가리키는 것은 융의 외향성·내향성의 개념이 기초가 되었다. 다른 한편 아이젠크는 파브로프의 고전적 조건형성이론을 응용했다. 아이젠그에 의하면 반사회적 행동과 관련성이 있는 특성은 외향성과 신경증적 경향성 두 가지가 있다.

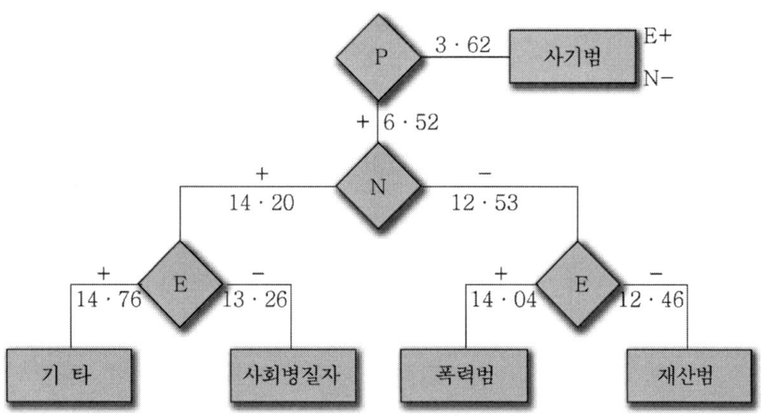

〈그림 11-2〉 아이젠크의 범죄 유형론

이 중 외향성은 사교적, 낙관적, 충동적, 공격적인 특성으로 특징지을 수 있다. 또 외향성이 높은 자는 조건형성이 곤란하다고 생각했다. 이에 비해 신경증적 경향성은 자율신경계가 강하고 빠르게 활동해 정서

과민 때문에 불안정한 행동을 하기 쉽고 걱정이나 긴장을 많이 한다. 따라서 외향성과 신경증적 경향 양쪽이 모두 높은 자는 효과적인 조건형성이 행해지지 않았기 때문에 양심을 키울 수 없고 충분히 사회화되어 있지 않다.

다른 한편으로 그들은 부적응된 정동반응을 강하게 획득해 범죄에 대한 저항감이 없다고 생각했다. 또 아이젠크는 범죄자 개인의 특성에 맞추어 유아기부터 적절한 교육을 통해 범죄를 예방할 것을 강조했다. 아이젠크는 범죄가 발생한 경우에도 범죄자의 특성에 적합한 개별적 처우가 필요하다고 주장했다.

3) 성격검사

20세기 중반부터 심리학에서는 성격검사 융성의 시대를 맞이하였다. 이들 검사는 피험자의 성격특성을 객관적으로 측정하기 위해 개발되었으나 결과적으로 특성론적 접근을 더욱 발전하는 계기가 되었다. 성격검사는 질문지법과 투사법 등이 있다. 이중 질문지법은 질문이 기재된 용지에 해답을 써 그 해답을 분석하는 방법을 말한다. 구체적으로 MMPI, MBTI 등이 있다. 이에 비해 투사법은 추상적인 그림, 모양, 문장, 소리 등을 자극재료로 활용하여 피험자에게서 각각의 과제에 대한 자연스런 반응을 얻어 그 반응을 분석하는 것을 말한다. 구체적으로 로샤하검사, TAT 등이 있다.

한국에서 MBTI 성격검사도 비행소년감별에 사용되고 있다. 성격검사 중 과거 범죄와의 관련성에 많이 사용된 것은 MMPI이다. MMPI는 1940년대 미국 미네소타 대학의 심리학자인 Stark Hathaway와 정신과 의사인 Jovian Mckinley에 의하여 비정상적인 행동을 객관적으로 측정하기 위한 수단으로 만들어졌다. 이들 질문의 해답은 타당성척도(① 의문 ② 허구 ③ 타당 ④ 수정)와 임상척도(① 심기증 ② 우울증 ③ 히스테리 ④ 정신병적 편집 ⑤ 성도(性度) ⑥ 편집 ⑦ 정신쇠약 ⑧ 정신분열 ⑨ 경조 ⑩ 시회적 향성(向性))로 분석된다.

4) 성격검사의 문제점

MMPI 등의 질문지법의 성격검사는 많은 사람을 동시에 실시할 수 있고 채점도 매뉴얼화가 가능해 쉽게 할 수 있다는 이점이 있다. 이런 편리함 때문에 질문지법 성격검사는 1940년대 이후 급속히 보급되어 성격과 범죄·비행의 관련성을 검토하기 위해 많이 이용되었다. 하지만 이런 성격검사가 널리 이용되면서 그 문제점도 지적되었다. 1960년대 후반이후 성격검사로 범죄자의 성격특성을 추출하는 것에 부정적 시각이 강하게 대두되어 범죄자의 성격특성을 발견하기 위한 성격검사는 지지를 잃었다. 성격검사가 지지를 잃은 이유로는 성격검사에 대한 세 가지의 비판을 제시할 수 있다.

첫째, 성격검사에 의한 범죄자의 성격특성연구에는 피험자의 환경요인이 무시되어 있다. 둘째, 종래 연구대상은 노상범죄(路上犯罪)를 저지른 자에 한정되었다. 예를 들어 화이트칼라 범죄자 등이 성격검사의 대상에서 제외되어 있는 것은 연구결과에 편의(偏倚, bias)가 생길 수 있다. 즉 성격검사에 의한 범죄자 특유의 성격특성을 찾는 것이 아니라 공통의 성격특성을 가진 범죄자에게 성격검사를 하는 것이 아닌가란 의구심을 가진 목소리가 높아졌다. 셋째, 성격특성과 범죄를 직접 관련시키는 것은 발상의 비약이다. 예를 들어 성격검사에서 공격성이 높다 해도 범죄와 직접 연결되지 않는 것은 스포츠 선수의 예에서 쉽게 알 수 있다. 따라서 범죄자와 같은 성격특성을 갖고 있으면서 범죄를 저지르지 않은 자, 혹은 타 범죄자와 공통의 성격특성을 갖지 않았으나 범죄를 저지른 자에 대한 설명이 불가능하다고 지적되었다.

넷째, 성격검사의 기본이 되는 형사사조가 지지를 잃었다. 1970년대 미국을 시작으로 유럽의 형사사조는 의료모델에서 정의 모델로 전환하는 중 성격검사 의료모델적 발상에 기초로 한 것으로 인식되어 차츰 지지를 잃었다.

5) 범죄자 특성연구의 재연

이런 범죄자 고유의 성격을 도출한 연구는 한번 주춤하였지만, 1970년대 중반 다시 주목을 받았다. 이런 계기를 만든 것은 미국 워싱톤 DC에 있는 정신장애 범죄자 전용병원의 정신과의사인 요첼슨(S. Yochelson)과 임상심리학자 세임노우(S. Samenow)였다. 두 사람은 지금까지 자유주의파 심리학자로 알려져 「범죄자는 사회의 희생자이고 심각한 심리적 문제를 안고 있는 사람들이다」란 입장을 표명하였다. 두 사람은 이런 신념을 바탕으로 14년 간 255명의 범죄자를 치료하고 그 경험을 기초로 「범죄성격」을 집필하여 범죄심리학 접근방법의 부흥을 시도하였다.

〈표 11-2〉 범죄자의 사고유형

① 만성적인 거짓말쟁이	⑤ 화를 잘냄
② 불안정한 자기상	⑥ 허무맹랑한 낙천성
③ 상해 또는 모욕에 대한 두려움	⑦ 왕성한 에너지
④ 남의 재물을 자기 것으로 여김	

그들이 도출한 결론은 이하 4가지로 요약하여 제시할 수 있다. 첫째, 개인의 범죄성에 사회환경의 영향은 전혀 없다. 둘째, 「범죄성격」이란 것이 존재한다. 셋째, 범죄성격을 가진 자가 범죄를 저지르는 것은 자유의지에 의한 선택결과이다. 넷째, 이런 범죄성격은 화이트칼라범죄자에서 강간범까지 모든 범죄에 공통적이다. 또 그들은 범죄자의 치료에 있어 중요한 포인트로 이하 6가지를 강조했다.

(a) 범죄성격은 출생시에 이미 가지고 있어서 이후 가족에 의한 영향은 비교적 적다.

(b) 범죄성격은 범죄의 자극을 원한다.

(c) 범죄성격을 가진 자는 자세히 돌봄을 받는 것을 좋아하고 대인관계에서는 이기적이다.

(d) 범죄성격을 가진 자는 도덕관념이 결여되어 있어 타인에 대해 편협하고 계산적이고 어떤 일에도 감정이입이 안 되고 화를 잘 낸다.

(e) 범죄성격을 가진 자는 신뢰감이 결여되어 있어서 타인에게 의지하는 것을 싫어한다.

(f) 범죄자에게서 52의 사고패턴(만성적 거짓말, 타인 것과 자신의 것의 구별이 없다, 강한 낙관주의자이다, 상처 입거나 모욕당하는 것을 무서워한다 등)이 발견되었다.

이런 점을 기초로 요첼슨과 세임노우는 범죄자에 대한 치료방법으로 범죄자 자신의 반사회적인 사고와 정면으로 대응의 중요성을 역설하였다. 이 행동요법은 상당한 효과를 주었다. 하지만 그들의 시도는 과거 범죄심리학의 재연에 불과하다는 평가를 받고 많은 지지를 얻지 못했다. 또 그들이 사용한 용어의 정의가 불명확한 것과 함께 환경요인이 범죄자에게 거의 영향을 주지 않는다는 주장근거가 희박한 것은 결정적인 논리의 약점으로 작용하였다. 또 그들의 행동요법이 성공했다는 임상경험상의 증거가 거의 제시되지 않았다.

한편 Walters(1990)와 White(1988)는 '잘못된, 비합리적인 사고'가 장기간에 걸쳐 법을 위반하는 '생활형범죄자'의 특징이라고 주장하였다. 그들은 표에서 보는 바와 같이 생활범죄자의 전형적인 인지적 특질로 8가지를 제시하였다. 표에서 보는 바와 같이 그들의 인지적 특징은 자신의 범죄행동을 외부적 요인에 귀인하고, 정당화시키며, 쾌락을 추구하고, 변덕이 심하며, 지나치게 낙관적인 특징을 가지고 있고, 인지적으로 보통사람보다 훨씬 게으르다고 한다.

이외에도 월터스와 화이트는 생활형범죄자의 특징으로 자기애적 경향성이 강해서 세상을 자신의 이익과 쾌락을 위해 존재한다고 생각하며, 감정과 기분의 변화가 심한 편이다.

〈표 11-3〉 생활형 범죄자의 인지적 특징

① 정당화(mollification) : 범죄를 하게 된 것을 외부의 힘으로 돌림으로써 범행을 정당화
② 차단(cut off) : 범죄 제지에 대한 두려움과 불안을 제거
③ 특권부여(entitlement) : 세상을 자신의 이익과 쾌락을 위해 존재하는 것으로 보고 이것이 범죄자가 가지는 특권이라고 생각
④ 권력지향(power orientation) : 대인관계에서 강한 자와 약한 자에 따라 반응의 차이
⑤ 감상성향 (sentimentality) : 변덕이 심한 감정의 표현과 범죄자는 순수하게 타인을 돕겠다는 생각 없이 그들 스스로에 대해 좋은 감정을 가지는데 도움이 되는 자기자신의 방식대로 표현함
⑥ 과잉낙천성(superoptimism) : 모든 것을 물리칠 수 있는 능력을 가졌다고 하는 극단적인 자기확신
⑦ 인지적 게으름 (cognitive indolence) : 중요한 생각을 하는데 게으르고 쉽게 싫증을 느끼는 경향성, 자신의 생각대로 손쉽게 신속히 받아들임.
⑧ 주의산만(discontinuity) : 외부사건에 의해 쉽게 주의가 산만해지는 경향성과 장시간동안 주의를 기울이는 것이 불가능

3. 반사회적 성격장애와 범죄

1) 정의

감정의 미성숙과 책임감과 판단의 결여를 보이며, 사회 규율을 어기고 경험을 통해 배우지 못하고 타인의 권익을 침해하는 반사회적 행동이 만성적으로 반복되는 이상성격을 말한다. 반사회적 성격장애는 일반적인 범죄자와 그 특성이 구별되는데, 반사회적 성격장애형 범죄자는 무책임과 부끄러움에 대하여 무감각하며, 정서적으로 반응을 하지 않는다는 특징을 가지고 있다. 이러한 감정적 결핍은 경험을 통한 학습능력 결여, 처벌회피를 위한 학습을 하지 못하는 점과 관련이 있다. 정서적으로 각성되지 않기 때문에 자신의 비생산적, 반사회적 행동방식에 괴로워하지도 바꾸려 하지도 않는다.

2) 반사회적 성격장애의 원인과 특성

(1) 원인

먼저 회피학습모델에서는 경험을 통해 새로운 습관을 학습할 수 없다. 사회적 비행을 했을 때 벌을 받지만 벌을 피할 필요성을 못 느낀다. 불안수준이 극히 낮기 때문에 반사회적 성격장애는 반사회적 행동을 제지할 능력이 부족하다. 따라서 법규위반을 회피하는 학습을 할 수 없다.

둘째, 가족역할모델에서는 그 원인을 부모의 애정결핍이 1차적인 요인으로 지적하고 있다. 부모의 양육태도가 큰 비중을 차지한다. 특히 반사회적 성격장애의 아버지는 자녀의 반사회적 행동에 있어서 가장 좋은 모델이다.

셋째, 행동유전모델이다. 이 모델은 반사회적 성격이 유전적 결과라는 주장이지만 이를 입증하기가 상당히 어렵다. 유전적 소인이 범죄행동에 큰 비중을 차지하지만 쌍생아연구에서 보듯이 일란성쌍생아가 이란성보다 비슷한 방법으로 양육될 가능성도 배제할 수 없다. 즉 환경적 요인의 중요성을 시사한다.

(2) 특성

반사회적 성격장애자의 특성은 다음과 같다. 그들은 이유없이 결석을 한다, 거짓말을 많이 한다. 빈번히 물건을 훔친다, 그리고 고의적으로 파괴적인 행동을 하는 15세 이전의 행동장애이다. 성인기까지 지속되는 반사회적 행동은 무책임을 하며 법을 위반한다. 또 공격적이고 충동적이고, 무모한 행동을 서슴지 않는다. 그리고 사전계획을 세우지 않고 일을 한다.

특히 전형적 반사회적 성격장애자는 어려서 동일화를 못해본 성격결함이 커서도 아무에게도 공감을 느끼지 못한다. 또 겉보기에는 귀엽고 남의 기분을 잘 알아주는 것 같고 현명해 보이는 경우가 많고 지능도 정상인 편이고, 말도 합리적이고 정신병적 경력도 없다. 이러한 표면적인 인상과는 달리 신의와 성실성이 부족하고, 거짓이 가득차 있는 내면

〈그림 11-3〉 반사회적 성격과 공격성

적 인격을 가지고 있다. 또 이들은 주기적으로 발작적인 반사회적 행동을 반복한다. 자신의 잘못된 행위에 대하여 타인이 책망시에는 핑계와 거짓말로 모면하고 잘못했다는 느낌을 갖지 않는다. 반사회적 행동의 동기가 모호하며, 극도의 자기 중심성, 대인관계 형성 능력이 부족하고, 자기 눈앞에 이득이 되지 않을 때는 쉽게 흥분, 난폭하고 술과 환각제를 이용하는 경우도 많다.

또 이들은 칼로 자기 몸에 상처를 내고, 무책임하고 난잡한 성행위, 장기적인 목표에 의한 생활을 하기보다는 단기적이고 무계획적인 생활을 한다. 권위에 대한 존경과 감사가 없고 이에 반항하며, 싸움과 고소를 일삼는다. 반사회적 성격장애는 학령기 혹은 늦어도 사춘기 초반에서부터 증상이 나타나며 중년 혹은 평생 지속되어 행동양상이 나이에 따라 변화한다.

3) 반사회적 성격장애의 진단

일반적으로 반사회적 성격장애의 진단은 다음의 3가지 조건이 충족되어야 한다. 즉, 첫째, 행동장애가 15세 이전에 출현해야 한다. 둘째, 뚜렷한 행동장애가 사회기능면에서 여러 면으로 또 반복 나타나야 한다. 셋째, 다른 정신질환은 없어야 한다.

한편, Cleckley의 사회병질자에 대한 고전적 기준에 의하면 다음과 같다.

(1) 피상적으로 상당한 매력과 평균 또는 그 이상의 지능.
(2) 망상 또는 기타 비합리적 사고가 없음.
(3) 불안이나 다른 '신경증' 증상이 없음. 상당히 침착하고 유창함.

(4) 신뢰스럽지 못하고, 책임을 등한시함.

(5) 진실되지 못하고 성실치 못함.

(6) 죄책감이 없고, 수치심이 없음.

(7) 적절한 동기가 없고 잘 계획되지 못했으며 불가해한 충동에서 일어나는 것 같은 반사회적 행동.

(8) 판단력이 빈약하고 경험을 통해 학습하지 못함.

(9) 병적이고 이기적이고, 완전히 자기중심적임: 참된 사랑과 애정을 나눌 능력이 없음.

(10) 깊고 지속적인 감정이 일반적으로 빈곤함.

(11) 참된 통찰력이 부족하고 제3자의 안목으로 자기자신을 보는 능력이 없음.

(12) 특별한 배려, 친절 및 신뢰에 대해 배은망덕함.

(13) 음주 후나 때때로 술을 마시지 않았을 때조차 괴상하고 불쾌한 행동을 함-천박하고 무례하며, 기분이 자주 바뀌고 짓궂음.

(14) 진짜로 자살을 기도한 적이 없음.

(15) 성생활이 난잡하고, 무의미하며, 잘 통합되어 있지 못함.

(16) 생활계획을 세우거나 질서 있는 삶을 영위하지 못함.

한편, 오늘날 성격장애와 정신병의 대표적인 분류기준으로 사용되고 있는 DSM-Ⅳ의 진단기준에 의하면 반사적 성격장애는 다음과 같다.

(1) 적어도 18세 이상인 자로서 반사회적 행동이 반복되는 만성적인 경우이어야 하고,

(2) 15세 이전에 적어도 다음 증상 중 셋 이상이 있어야 한다.

① 등교하지 않은 행동(최소 2년에 걸쳐 1년에 5일 이상) ② 정학 또는 퇴학, 범법행위 ③ 가출(2회 이상) ④ 만성적인 거짓말 ⑤ 조기 반복되는 무분별한 성행위 ⑥ 술이나 약물 남용 ⑦ 절도 ⑧ 반항적인 파괴 행동 ⑨ 성적이 떨어짐 ⑩ 가정이나 학교에서의 만성적 폭행 ⑪ 싸움을 잘 일으킴

(3) 18세 이후에는 적어도 다음 9가지 증상에서 넷 이상 있어야 한다.

① 직업적응 실패(빈번한 직업변경, 실직, 빈번한 결근, 새로운 직장 없이 직장사표제출) ② 부모로서의 책임결여(소아 영양부족, 위생상태 불량에 의한 소아질환, 소아의 중병에 대한 치료 불이행, 이웃이나 집 없는 친척에 소아를 맡기는 일, 부모 부재시 6세 이하의 소아를 어린이를 보는 사람에게 맡기는 일, 일의 실패, 살림의 낭비) ③ 사회규범에 대한 적응실패 즉 반복되는 범법행동(반복되는 절도, 불법직업, 여러 번의 구속 또는 체포) ④ 2회 이상의 이혼 혹은 별거 또는 성적 문란 ⑤ 반복되는 폭행 등의 공격성과 자극과민성(배우자 또는 자녀 포함) ⑥ 반복되는 경제능력의 실패 ⑦ 장래에 대한 계획수립 실패(목적 없는 방랑) ⑧ 진실성 결여(속임수, 거짓말) ⑨ 무모한 행동(음주운전 및 과속운전 등)

(4) 지속적인 반사회적인 행동, 15세부터 최초의 성인 반사회적 행동이 있을 때까지 5년이 넘으면 진단을 내릴 수 없다.

(5) 반사회적 행동이 정신지체 · 정신분열증 · 조증 등이 없어야 한다.

4) 반사회적 성격과 범죄

흉악범죄자의 약 75-80%가 반사회적 성격장애의 행동특징과 유사하다. 전체 범죄자 중에서 반사회적 성격장애가 차지하는 비율은 〈그림 11-4〉에서 보는 바와 같이 50-80%가 되는 것으로 추정된다. 즉 대부분의 범죄자는 반사회적 성격장애의 특징을 지니고 있다고 해도 과언이 아니다. 특히 강력범죄자 중에는 대다수의 범죄자는 반사회적 성격장애자라고 할 수 있다.

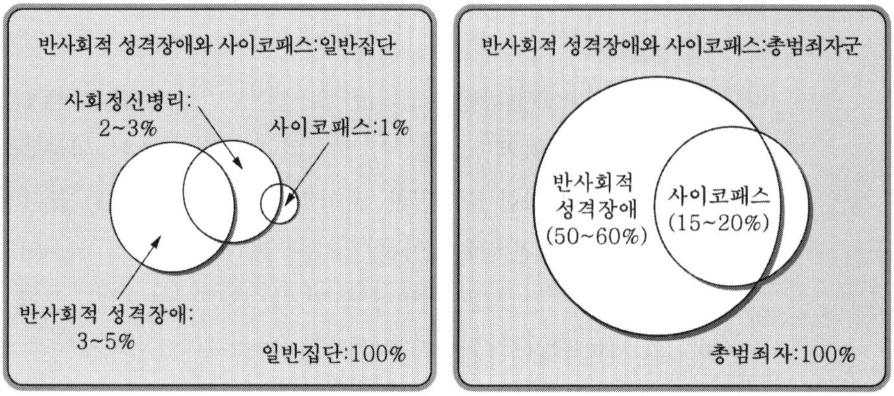

〈그림 11-4〉 반사회적 성격장애와 사이코패스의 비율

4. 사이코패스와 범죄

사이코패스(psychopath)는 사회병리 또는 반사회적이고, 공격적이며 반사회적 행위에 대한 죄책감을 느끼지 못하는 사람들이며 또 타인과의 애착심을 유지할 수 없는 특징을 가진 사람들을 말한다. 정신병은 어린아이와 같이 사회적으로 성숙하지 못한 경우이다. 즉, 그들은 자신들의 바람과 충동을 조절할 수 없다. 정신병리적 성격의 특질은 아래 표에서 보는 바와 같이 판단력이 정상인과 비교하여 미숙하고 지나치게 자기애적인 성격을 가지고 있을 뿐만 아니라 쾌락과 흥분을 추구하고 기분변화가 심하고 충동적이기 때문에 대로 등에서 갑자기 낯선 사람에게 흉기를 휘두르거나 잔인한 살인을 하는 경우가 발생한다. 다음은 사이코패시에 대한 Cleckley(1976)와 Hare(1991)의 정의가 정리되어 있다.

사이코패시의 연구분야에서 가장 뛰어난 업적을 남기고 많은 학자들이 사이코패시의 진단척도로 활용되고 있는 PCL-R이라는 도구를 개발한 Hare(1996; 45)는 "사이코패스는 자신의 마음상태를 언어적으로는 표현할 수 있으나 감정적으로는 자살률이 매우 낮고, 매우 깊이가 없는 사람들이다."라고 결론을 내렸다. 하지만 이들은 심각하거나 혹은 경미한 정신장애도 없고 걱정, 불안, 망상, 우울, 환각상태의 징후 역시 없다. 따라서 이들은 정신분열등의 정신질환군으로 분류할 어떤 임상적 증상도 찾아보기 힘든 매우 독특한 특성을 지니고 있다고 할 것이다.

〈표 11-4〉 Hare(1991)와 Cleckley(1976)의 정의

Hare의 정의	Cleckley의 정의
1. 말 주변이 좋음, 피상적인 매력	1. 피상적인 매력과 높은 지능
2. 자기가치에 대해 과장하는 경향성	2. 병적인 자기중심성
3. 병적인 거짓말	3. 비진실성과 위선
4. 연민이나 죄책감의 부족	4. 교묘한 속임수
5. 피상적인 감정	5. 연민이나 죄책감의 부족
6. 냉담, 무정성, 공감능력의 부족	6. 감정반응에 대해 일반적으로 무딤
7. 행동 책임감 수용의 실패	7. 대인간 관계에서의 둔감함(동정심결여)
8. 난잡한 성적 행동	8. 신뢰할 수 없음
9. 현실적이고, 장기적인 목표 결여	9. 비인격인 성생활
10. 빈약한 행동 조절력	10. 일상 생활방식을 따르는데 실패
11. 높은 자극추구/지루해 하는 경향성	11. 충동성
12. 무책임	12. 부적절하게 동기화된 반사회적 행동
	13. 빈약한 판단력
	14. 망상 및 신경적 증상의 부재

Cleckley(1976)에 의하면 자기중심성은 사이코패시에게서 항상 나타나며 본질적으로 변하지 않는다고 한다. 그들은 깊은 정서상태인 척 가장하는 기술이 매우 잘 발달되어 있고, 효과적으로 적절한 정서를 흉내낼 수는 있지만 진실한 충심, 따뜻함과 열정은 그들에게는 낯선 것이며, 그들은 정직한 척 보이게 하는 교활한 능력을 갖고는 있지만 사실상 알맹이가 없다고 한다. 만약 그들이 도움행동을 했다거나 타인을 이해하는 반응을 보였다면, 그것은 다른 목표를 위한 일시적인 후퇴에 지나지 않을 뿐, 사실상 타인의 관점에서 바라보는 능력이 거의 없을 뿐 아니라 흉악한 범죄를 저지르고도 피해자를 비난하거나 어떠한 행동에 대해서도 양심의 가책이나 죄책감을 느끼지 못한다. 심지어 그들은 범

죄행동을 일종의 'Game'으로 여기는 경향성이 강하다(Hare, 1991).

사이코패시적 성격 소유자의 범죄특징은 그들의 이런 충동성 때문에 타인에게 고의성은 가지고 있지 않으며 치밀하게 범죄를 계획하지 않는다. 또 그들은 좌절하였을 경우에 걷잡을 수 없이 공격적으로 돌변하고 그들의 충동을 승화시키거나 조절할 수 있는 능력을 가지고 있지 않다. 특히, 타인에게 상해를 가한 후에도 불안감이 없으며 후회를 하지 않는 특성을 가지고 있다.

〈표 11-5〉 psychopath의 특징

① 죄책감이 없음	⑥ 학습능력 부족
② 무정함(냉담함)	⑦ 흥분추구
③ 자기애적	⑧ 순간적인 충동적 만족
④ 쾌락추구	⑨ 기분변화가 심함
⑤ 사회적 요구에 쉽게 영향을 받지 않음	

사이코패스의 일반적인 특성은 ① 긍정적, 부정적 정서의 결핍. ② 후회나 죄책감, 양심의 가책을 느끼지 못함. ③ 과대 망상적 자기-존중감, 자기만족감에 빠져 있음. ④ 무책임함. ⑤ 자기중심적이고 이기적이며 타인에 대한 배려가 전혀 없음. ⑥ 다른 사람의 감정을 느끼지 못하고 극단적인 자극 추구. ⑦ 주위사람들에게는 매우 정상적으로 보임. ⑧ 다른 사람의 입장에서 자신의 행동을 비추어 보는 능력이 부족하거나 타인의 대인관계 역할을 생각하지 못함. ⑨ 타인의 고통에 대해 피상적 관심은 보이나 실제로는 무관심. ⑩ 사회적으로 애착을 형성하며 사랑하는 능력이 부족. ⑪ 자신의 행동으로 인해 타인이 겪는 고통에 관심이 없고 도덕률의 개념이 없다는 등의 특징을 가지고 있다.

〈그림 11-5〉에서 보는 바와 같이, 사이코패스의 유형에는 고전적 내지 전형적인 사이코패스, 감정의 폭발에 의해 무차별적으로 살해를 하는 폭발적 사이코패스, 피해자를 조정하고 조작하는 조작적 사이코패스, 사이코패스는 아니나 사이코패스와 유사한 특징을 보이는 유사사이코

패스로 나누어 볼 수 있다.

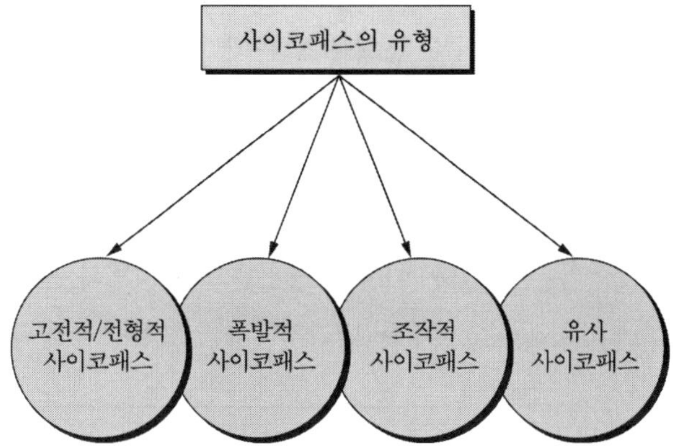

〈그림 11-5〉 사이코패스의 유형

한편, 사이코패스가 범죄에 관여하는 비율을 보면, 전체 일반인 중에 약 1%가 사이코패스일 확률을 가지고 있으며, 성도착자의 10%, 전체 범죄자군의 15-20%, 상습적인 배우자폭력범의 20%, 강간범의 35%, 경찰살인범의 45%, 인질/불법감금범의 50%, 성적 가학증자의 65%가 사이코패스이라는 보고가 있다(Hare, 2005).

사이코패스는 처벌에 대한 자율신경계의 반응이 느리고 혈압과 심장박동 수에서도 유의한 차이가 나타난다. 일반적으로, 연구자들은 정신병질자가 처벌에 대한 두려움이 적고 불안도 덜하며 스트레스에 적절하게 대처하지 못할 뿐 아니라 신경학적으로 성숙하지 못하고 또 흥분을 잘하며 보통사람들보다 폭력범의 비율이 높은 것으로 나타났다.

일부 연구자는 사이코패스는 보통사람과 비교해 보면 심리적으로 덜 민감하다고 하였다. 사이코패스는 육체적인 처벌에 의한 학습능력도 떨어지고, 그리고 그들은 피부전도자극에 반응이 느렸다. 에피네프린 호르몬을 생산하거나 방출하는데 필요한 아드레날린의 결핍과 같이 이것은 유전적인 특질의 결과일 것이다. 하지만 고통에 대해 상대적으로 덜 예민한 것은 청소년기의 사회화 경험이나 아동기의 학대의 결과일 수도 있다. 사이코패시가 신경계상의 역기능일 것이라는 증거도 있다. 예컨대 대다수의 오른손을 쓰는 정신병질자 중에서 언어는 뇌의 우반구와 좌반구 의해 통제를 받는데 반해서 보통의 오른손잡이의 사람들은 언어의 중추가 좌반구에 있다는 것이 발견되었다. 정신병질자와 일반인 간의 차이가 유전, 사고, 신체학대, 아동의 질병, 또는 환경적 요인인지는 불명확하다. 대부분의 사이코패스는 아동기에 부모로부터 거부경험을 가지고 있다. 이들은 청소년기에 처벌과 수감의 경험을 가지고 그들의 부모들은 빈번한 범죄기록과 알코올중독의 경험을 가지고 있다.

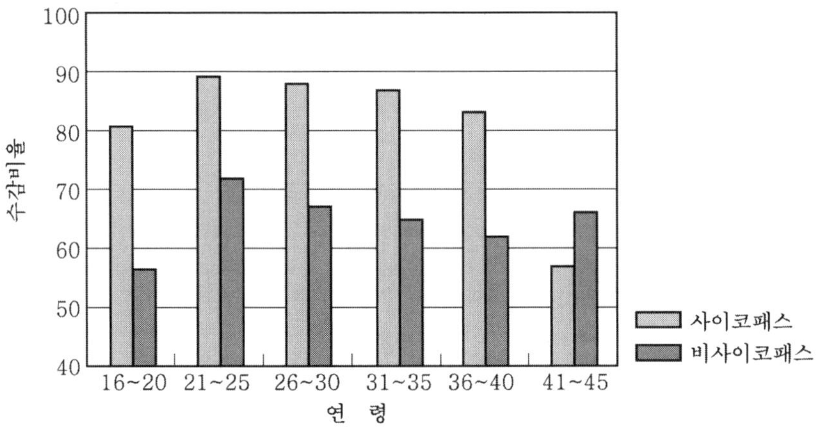

자료: D. Barlow & M. Durand(2005), Abnormal Psychology, p. 439에서 인용

〈그림 11-6〉 사이코패스의 연령과 수감비율의 비교

사이코패스의 원인에 대한 정설은 부족하지만 그 원인을 유전적 요인과 환경적 요인으로 구분하여 설명할 수 있다. 먼저 유전적 요인에는 인간의 뇌 앞부분에 속하는 전두엽은 감정을 느끼고 어떻게 반응할지를 결정하고, 다른 동물에게는 없는 인간의 양심이 존재하는 곳이다. 전두엽에서 분비되는 세로토닌이라는 호르몬이 제대로 분비되지 않을 때 공격성은 크게 늘어난다. 세로토닌은 전두엽의 촉진제로 작용하여 세로토닌이 직접 공격성을 억제하거나 세로토닌이 전두엽에 영향을 주어서 공격성을 억제하는 두 가지 경로로 공격성을 억제한다.

인간에게는 몸속의 효소를 조절하는 MAOA유전자가 있는데 염색체의 이상으로 이 유전자가 적을 경우 뇌 속의 신경전달 물질인 세로토닌이 줄어드는 현상이 발생한다. 이는 전두엽의 기능을 줄어들게 하고 공격성을 증가시키는 중요한 요인이 된다. 이처럼 뇌에 문제가 있을 경우 보통상태일 때보다 사이코패스가 될 확률이 매우 높다. 즉 사이코패스는 유전적으로 타고난다는 것이다.

모든 행동과 특성들이 그러하듯이 사이코패스의 경우에도 모든 것이 유전적으로 결정된다거나 오직 환경적인 요인으로 결정된다고 할 수는 없다. 즉 유전자가 모든 행동을 결정하는 것은 아니다. 유전자와 환경이 어떻게 상호작용하느냐에 따라서 사이코패스의 발현이 결정되기도 한다. 사이코패스의 유전적 요인이 매우 높더라도 매우 따뜻한 가정에서 성장환경이 건전할 경우 사이코패스 발현 가능성은 낮아진다. 반대로 유전적 요인은 다소 낮더라도 나쁜 환경에서 성장할 경우 내부적으로 스스로 사이코패스 성향을 학습하게 되고 사이코패스 발현가능성이 매우 높아진다.

사이코패시적 성격에 대한 연구들을 종합해 보면 ① 시상하부와 같은 뇌의 특정 영역의 손상과 더불어 거부(나쁜 양육환경)는 사이코패시적 증상을 일으키는 결과를 가져오고, ② 신경장애가 없더라도 만약 환경적인 영향이(범죄자의 역할모델, 범죄자와의 차별적인 접촉, 또는 완전한 거부) 범죄지향성에 직접적인 도움을 주게 될 때 사이코패시적인 결과를 가져올 수 있다.

5. 성격과 범죄연구의 평가

이처럼 현재에는 성격과 범죄의 연구에 유형론적 접근과 특성론적 접근 모두 한계를 가지고 있음이 지적되어 있다. 그러나 범죄자 성격연구가 의미 없다는 것은 아니다. 오늘날에도 다음 두 가지 영역에서 성격과 범죄의 연구성과가 활용되고 있다. 첫째, 특수유형 범죄자 조사에 널리 응용되고 있다는 점이다. 구체적으로 설명하면 과거 범죄자의 성격특성, 행동 특성을 데이터로 수집·분석하여 범죄자 특성을 유형화해 범죄수사에 응용하는 것이다. 이런 데이터 수집·분석은 프로파일링(profiling)이라 이름으로 불려지고 최근 미국에서 연쇄살인 수사 등에 상당한 효과를 발휘하고 있다. 둘째, 교정단계에서 감별이나 처우분류의 결정에 이용된다. 여기서는 각각 범죄자의 성격특성을 부각시켜 적절한 처우방법이 고안된다.

프로파일링

프로파일링이란 미국연방수사국(FBI) 등에서 체계화되어 국제적으로 주목을 받게 된 범죄수사기법의 일종이다. 영화 「양들의 침묵」을 통해서 널리 알려져 있다. 프로파일링은 (a) 과거 범죄자의 성격특성, 행동특성 데이터를 수집해 이를 행동과학, 심리학 및 정신의학의 지식을 기초로 분석하고 유형화한다. (b) 수집된 범죄자의 성격이나 행동에 관한 특성을 수사 시에 범죄현장에서 얻은 정보와 대조해 과거의 사건과의 공통점을 찾아 범죄인상을 부각시킨다.

예로 프로파일링의 구체적인 의견으로 다음과 같은 것을 들 수 있다. (a) 강간범인의 경우 범죄자는 피해자와 같은 인종일 가능성이 높다 (b) 강도살인의 경우 범죄자는 20대에서 30대의 백인 남성이다 (c) 이상살인이 비합리적인 방법을 실행된 경우 범죄자는 정신병을 앓고 있는 경우가 있다.

또 프로파일링에는 크래취마나 셀던의 「체형과 성격」에 관한 견해도 응용되었다. 일본에서도 1995년부터 과학경찰연구소에서 범죄자인상측정을 위한 연구가 실시되고 있다. 한국의 경우 2000년부터 경찰청에 범죄심리자문위원회를 구성하여 중요사건에 대한 데이터를 수집·분석작업을 하고 있다. 범죄자의 성격이나 행동에 대한 과학적 데이터를 수집해 범죄수사에 활용하는 것은 지지되어야 한다. 하지만 한국에서는 이목을 집중시키는 충격적인 사건이 발생하면 매스컴에서 범죄추리를 하거나 범인상을 게임을 하는 감정으로 보도하는 경향이 있는데 경계가 필요하다. 과학적인 프로파일링의 매뉴얼을 이용해도 능숙하게 범인을 특정하는 것이 쉽지 않고 모방범죄가 생길 위험성이 있어 항상 주의를 요한다.

제 4 절 지능과 범죄

범죄자는 지능이 낮은 것이 아닌가, 혹은 지능이 낮은 것이 범죄의 원인인 것은 아닌가란 지적이 오래 전부터 있어 왔다. 이런 지적은 20세기를 맞이해 지능지수(IQ)의 개념이나 그 측정법이 보급됨에 따라 실증적으로 연구되게 되어 20세기 초에는 정신측정학파가 주목을 받았다. 이 연구는 20세기 중반에 일시적 종식되었다가 1980년대에 재연되어 활발하게 논의되고 있다.

1. 지능지수의 차이와 범죄

지능에 관한 통일된 정의는 없으나 일반적으로 지각, 인식, 기억, 사고, 개념형식 등이 기능에 의해 새롭게 직면한 문제에 적절히 대처하기 위한 능력으로 설명될 수 있다. 지능은 IQ테스트에 의해 얻은 데이터를 기초하여 지능지수(IQ)로 객관적으로 수량화되었다. 당초 지능지수는 독일의 슈테른에 의해 고안되어 미국의 터만(L. M. Terman)에 의해 공식화된 것으로 정신연령/생활연령×100으로 계산된다.

지능의 측정을 최초로 시도한 사람은 프랑스의 비네(A. Binet)와 시몽(T. Simon)이다. 그들은 1904년에 일상적인 과제 중에서 추리력을 필요로 하는 것을 추출해 난이도 순으로 배열하여 과제를 다루는 자의 지능을 측정하는 지능측정 방법을 고안했다. (비네-시몽 지능척도) 이 측정방법은 1908년에 개정되어 그 사이에 정신연령의 개념이 도입되었다. 그 후 여러 가지 수정이나 변경을 거치면서 비네-시몽지능척도를 기반으로 한 지능측정은 평가를 받아 세계 각국에서 채용되었다.

또 최근에는 지능지수 대신 지능 편차값의 개념이 사용되는 것이 늘어나고 있다. 비네시몽식 지능척도는 성장과 함께 지능이 발달을 계속하는 것을 전제로 측정대상 어린이를 선정했다. 하지만 실제로는 생활연령 쪽이 지능연령보다 더 크게 된다. 이 때문에 성인의 지능지수를 측정할 때에는 수정이 필요하다. 정확한 지능측정이 곤란함이 밝혀졌다. 여기에서 이것 대신 같은 세대 중에서 피험자의 지능수준을 측정해 평균값을 100으로 표시하는 웩슬러식 지능 편차값 검사가 사용되는 것이 늘었다. 이런 지능 측정이 보급됨에 따라 지능과 범죄간의 관련성을 지적하는 소리가 들리게 되었다. 지능과 범죄에 관한 20세기 전반 초기연구와 1980년대 이후 최근 연구로 나누어 설명한다.

2. 초기(20세기 전반)의 연구

1) 초기의 실증적 연구

지능과 범죄의 관련성을 연구하는 것을 두 가지를 전제로 한다. (a) 범죄자는 일반인보다 지능이 낮다 (b) 지능이 낮은 것(정신박약)은 범죄의 원인이 된다. 이런 전제 아래에서 지능과 범죄연구는 우선 미국정신측정학파의 제1인자인 고다드(H. Goddard)에 의해 1914년 보고되었다. 고다드는 16개소의 교정시설에서 수형자의 지능을 측정한 결과 각 시설 수형자의 28%에서 89%, 평균 약 50%가 정신박약자라고 보고하였다. 이런 조사결과에서 고다드는 "모든 범죄자는 정신박약이고 모든 정신박약자는 잠재적인 범죄자이다"라는 결론을 내렸다. 그리고 지능은 유전되고 범죄방지를 위해 단종(斷種)을 제도화할 것을 제창했다.

2) 지능과 범죄의 관련성에 대한 의문

이후의 조사에서 범죄자 중의 정신박약자의 비율이 낮고, 지능과 범죄의 관련성 자체가 부정되게 되었다. 예를 들어 1925년에 보고된 바트의 연구에서 비행소년 중 정신박약자는 8%였고 1926년에 보고된 히리와 프론나에 의한 같은 연구에서 13.5%, 1934년의 그릭크부부의 연구에서는 13.1%, 1947년 메릴의 연구에선 11.6%였다. 또 서덜랜드에 의하면 1925년부터 1928년 사이에 보고된 범죄자나 비행소년을 대상으로 실시된 지능검사 350건의 연구를 종합하면 정신박약의 비율은 20%이라고 보고한 바 있다.

세계 제1차 대전 중 미 육군은 정신장애자는 군복무에 적합하지 않다고 판단하여 징집장병에 대해 지능검사를 실시했다. 그런데 검사결과는 예상과 반대로 징집장병의 반수가 정신박약이었다. 이 때문에 육군은 정신박약과 지능수준을 낮추어, 정신박약 해당자를 줄여서 채용자를 확보했다. 이러한 연구결과를 토대로 지능과 범죄의 관련성은 낮다는 인식이 다시 높아졌다. 당초 지능과 범죄의 관련성을 강조한 고다드도 나중에 자신의 조사가 정확성이 부족함을 인정했다. 또한 고다드는 지능이 순수하게 유전적인 것만이 아니고 약간은 교육에 의한 개선이 가능한 것으로 자신의 주장을 수정하였다.

또 제2차 세계대전 후에는 지능과 범죄연구의 수도 감소했다. 예전엔 일반적으로 지능수준이 낮은 자는 범죄·비행을 하기 쉽다고 생각했다. 하지만 1960년부터 1970년에 걸쳐 일본에서 실시된 조사에서 정신박약자와 보통학생의 비행률에 유의한 차이가 밝혀지지 않았다. 오늘날 지능수준과 범죄 비행과의 직접 관련된다 견해는 소수에 불과하다.

3. 최근의 연구

1) 「지능과 범죄연구」의 부활

「지능과 범죄」연구가 다시 부활의 계기를 맞이하게 된 것은 1980년대에 들어와서다. 「지능과 범죄」간의 상관관계가 인정되어, 지능이 낮은 것은 유색인종과 하류계층에 속한 백인임이 전제되었다. 그런 「지능과 범죄」 연구의 부활은 허쉬(T. Hirschi)와 힌데랑(M. J. Hindelang)의 논문 「지능과 범죄 : 수정론자의 데뷰」이다. 그들은 여기서 지능과 범죄에 관한 기존 연구자료를 재검토한 후 범죄나 비행을 예측할 때는 지능지수나 인종, 사회계층보다 중요한 근거가 된다는 결론을 이끌어 냈다.

또 허쉬와 힌데랑은 그때까지의 지능검사가 인종과 계급의 편의(偏倚)가 있다는 의견을 부정하고 같은 인종이나 계급에 속한 범죄자와 비범죄자간에도 명확한 지능차이가 존재한다고 하였다. 그들은 지능이 낮은 자는 소년기에 학교생활에 잘 적응 못해 낙제나 퇴학의 가능성이 높고 학교생활에 대한 부적응과 비행이나 성인 후의 범죄와 높은 관련성을 보인다고 주장했다.

1980년대를 맞이하면서 이와 같은 허쉬와 힌데랑의 주장은 후속된 많은 연구성과에 의해 지지를 얻게 되었다. 우선 1982년에 유덜 등은 비행청소년과 통제집단에 대해 웨슬러 지능검사를 실시했다. 그 결과 전자는 후자에 비해 평균 20포인트 낮은 것이 밝혀졌다. 또 고던은 1986년에 인종과 지능이 범죄에 미치는 영향을 연구해 지능 차이가 범죄를 예측하는데 중요한 준거가 되며, 인종에 의한 범죄율에 차이를 야기하는 근거가 된다고 보고했다. 같은 해 테노는 상습적인 폭력소년 범죄자를 연구해 그들이 초범의 폭력소년 범죄자에 비해 언어지능검사와 지능검사 양쪽에서 점수가 낮다는 점을 발견했다.

또 모핀트, 가브리엘, 메도닉, 슐싱거는 1989년 덴마크의 비행소년들의 지능을 검사해 지능이 낮은 것과 비행간에 중요한 상관관계 있다고 지적했다. 그들에 의하면 지능이 낮은 소년은 언어능력도 낮고 그 때문에 학교생활에 있어 핸디캡을 갖게 되어 비행을 저지르기 쉽다고 생각했다. 이런 일련의 연구 중 가장 주목을 모은 것이 윌슨과 헤른스타인의 「범죄와 인간의 본성」이다. 그들은 책에서 지능이 낮은 것과 범죄의 관련성을 지적했다. 단 그들은 지능이 낮은 것만으로 사람이 반사회적인 행동을 일으키는 원인을 설명하는데 불충분하다는 점을 제기하였다. 즉 지능이 낮은 것은 범죄에 간접적 원인 중 하나에 불과하다고 주장하였고, 오히려 양자를 관련짓는 것은 학교에서의 부적응이라는 다른 요인이 더 설명력이 많다고 하였다.

2) 종단적 연구의 영향

1980년대 「지능과 범죄」연구의 성과는 금세기 전반의 「지능과 범죄」 연구와 다른 결론을 도출한 점이 주목된다. 이처럼 지능과 범죄의 관련성을 보다 명확히 규명하기 위해서 영국 캠브리지대학 범죄학연구소에 의해 실시된 종단적 연구(縱斷的 硏究)에 주목할 필요성이 있다. 종단적 연구란 다수의 피험자를 장기간에 걸쳐 관찰해 범죄나 비행의 요인을 밝히려 하는 것을 말한다. 패링턴(Farrington) 등의 연구에서는 런던 북동지역에 사는 소년들을 대상으로 8세부터 32세까지 관찰이 계속되었다. 장기에 걸친 연구결과 패링턴 등은 범죄에 영향을 미치는 요인으로 양친의 불화, 양친의 별거, 부적절한 예절, 비행소년과의 교우관계, 저소득, 양친의 전과 등과 지능이 낮은 것을 제시했다. 패링턴의 연구에서 25세까지 비행사실이 있는 자의 지능지수 평균이 95인데 비해 비행사실이 없는 자의 평균은 105이었다. 단, 그들은 비행과 빈곤과는 상관관계가 있음을 지적했다. 즉 지능이 낮은 것과 범죄와의 관련성은 있으나 이것은 유전적 영향보다 가정이 빈곤해 적절한 교육을 받지 못한 환경면의 영향이 더 강하다는 점을 강조하였다. 그 외 연구에서도 지능을 유전적인 연구와 관련짓는 사례는 극히 적다. 이런 점이 지능과 범죄의 초기연구와 최근 연구의 중요한 차이이다.

4. IQ 논쟁

1) IQ 논쟁

단 이처럼 지능과 범죄의 관련성이 1980년대에 들어가 다시 주목 받게 된 계기는 지능을 유전적인 요인에 연결한 주장이 대두된 것도 하나의 이유이다. 즉, 새롭게 「지능과 범죄」연구의 배경에는 미국에서 퍼진 IQ논쟁이다. IQ논쟁이란 「지능은 유전되는가」란 문제를 두고 벌어진 뜨거운 논쟁을 말한다. 예를 들면 젠센은 지능은 유전에 의해 거의 결정되고 흑인의 지적 수준이 낮은 것은 유전적이 요인에 의한 것이다라고 주장하였다. 고던도 비슷한 연구결과를 보고한 바 있다.

또 트랜지스트의 개발로 노벨물리학상을 수상한 바 있는 쇼클리(William Bradford Shockley)는 유전자는 지능에 관련되어 있고, 이 유전자가 많아지면 지능이 높아진다고 생각했다. 여기서 그는 우수한 자손을 많이 남기기 위해 정자은행에 정자를 제공해야 한다고 주장했다. 과거 쇼클리의 주장은 그가 노벨상을 수상한 미국을 대표하는 과학자란 점 때문에 큰 파문을 일으켜 「쇼클리 쇼크」라고 불리는 사회현상을 낳았다. 이에 대해 지능의 유전성을 부정하는 학자들은 젠센(A. Jesen)이나 쇼클리의 주장의 근거가 되는 데이터의 정확성에 의문을 제기하고 인종차별적인 요소가 있음을 제기했다. 그리고 그들을 우생주의자, 인종차별주의자로 격렬하게 비판했다.

2) 벨 곡선

「지능은 유전이 되는가?」라는 문제는 미국에서 오늘날에도 계속되고 있다. 특히 1994년에 헤른스타인(R. J. Herrnstein)과 머레이(C. Murray)가 쓴 「벨 곡선(*Bell Curb*)」에 의해 최근에는 지능의 유전성을 지지하는 견해가 세력을 떨친다고 하고 있다. 이 책에서 헤른스타인과 머레이는 이제까지 실시된 156명의 지능과 유전에 관한 연구를 검증했다. 두 사람에 의하면 이들 자료를 통계처리하여 도표화로 나타내면 종과 같은 모양이 된다고 하였다. 이 그래프 중에 지능이 낮은 자는 왼쪽으로 기울어진 선에 위치한다.

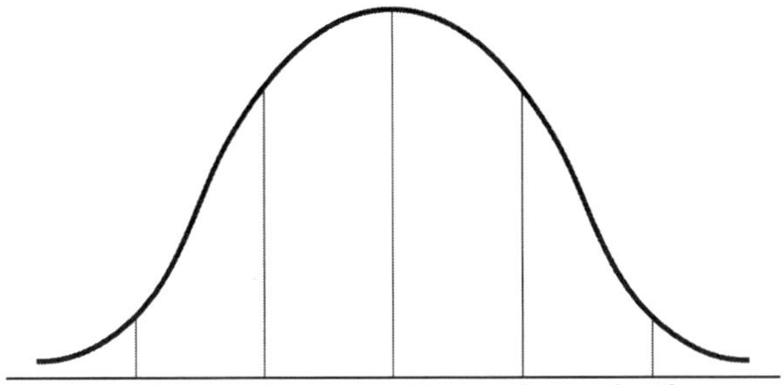

〈그림 11-7〉 벨 곡선

헤른스타인과 머레이는 그래프의 벨형을 5가지로 분할해 이 중 좌사면은 제4계층(둔하다)과 제5계층(굉장히 둔하다) 2가지로 분류했다. 미국에서 이 두 계층에 포함되는 인구는 약 25%(6,250만)이고, 범죄, 노숙자, 미혼모 등 많은 사회문제를 일으키는 사람은 지능지수 낮은 25%에 의해서 일어난다고 주장했다. 또 그들은 백인과 흑인의 지능지수는 평균 16포인트의 차이가 있다고 했다. 그리고 종래 이런 차이가 경제적인 격차에 기원할 것이란 지적이 있었으나 사회적, 경제적으로 높은 지위에 있는 흑인과 백인과 사이에서도 지능지수 차이가 존재하고 있음을 볼 때 양집단의 지능차는 유전에 기초한 것이다. 미국에서 일어나는 대부분의 사회문제가 흑인집단에서 발생하는 것은 지능의 차이로 설명이 가능하다고 이들은 주장한다. 즉 그들의 주장을 「저능화」가설이라고 한다. 즉 지능에 따라서 양극화현상이 일어난다는 주장이다.

헤른스타인과 머레이는 지능의 유전성이나 인종간의 격차를 근거하여 사회적 약자보호를 위해 복리정책이나 차별제도의 폐지를 호소했다. 이런 주장은 미국에서 항상 야기되는 우생학적인 사조에 기인한 것이며, 이러한 주장들은 인종차별적 사상을 배경으로 한 것임을 틀림없다. 따라서 이후에도 이와 유사한 주장이 전개될 가능성을 부정할 수 없다. 그들의 주장은 1980년대 후반부터 보수주의 물결이 강해진 미국의 정치, 사회정세 등에서 많은 지지와 반향을 얻기도 하였다.

헤른스타인과 머레이의 「저능화」가설을 검증하기 위해 미국심리학협회는 특별팀을 구성하였다. 연구결과 그들의 주장에 문제가 있다는 결론을 내렸다. 즉, 그들의 주장이 옳으려면 시간이 지남에 따라 사회전체의 IQ수치가 낮아지고(즉, 저능화가설), 인종 및 계급간 IQ점수차가 높아져야(즉, 양극화가설)한다. 그러나 미국의 평균 IQ점수는 1930년대 이래 조금씩 높아지고 있으며, 이는 헤른스테이노과 머레이의 "저능화" 가설과 상반된다. 이러한 IQ차이가 현저히 줄어들고 있는 이유는 학교교육과 흑인의 대학진학의 증가와 관련된 교육상의 변화를 반영하고 있는 것으로 보인다.

5. 「지능과 범죄」연구의 평가

이처럼 지능과 범죄의 관련성은 현재에도 강하게 주장되고 있다. 하지만 이런 주장에는 많은 의문점도 지적되었다.

첫째, 이제까지의 「지능과 범죄」연구에는 조사대상 자체에 편향(bias)이 있는 것은 아닌가?

둘째, 지능이 낮은 자는 체포되기 쉽기 때문에 범죄자 중에 지능이 낮은 자가 눈에 많이 띄는 것은 아닌가?

셋째, 지능과 범죄의 관련성을 사회계급이나 인종의 문제를 배제하고 논할 수 없는가? 특히 미국에서 하류계급에 속한 사람이나 유색인종은 학교나 직장에서 적응하기 곤란하기 때문에 비행이나 범죄로 빠지는 측면은 무시할 수 없지 않은가?

넷째, 지능검사가 지능을 어떤 기준으로 측정되는지가 불명확한 것이 아닌가?

이전부터 지능검사는 문화적인 편향이 생기기 쉽다고 지적되어왔다. 따라서 지능검사는 피험자의 지능을 측정하는 것만이 아닌 피험자가 처한 환경을 포함해 수량화가 되는 것이라고 보는 쪽이 적절하지 않은가? 지능검사는 많은 이점을 함께 가지고 있는 것은 사실이다. 예를 들어 비행청소년이나 범죄자의 치료에 지능검사의 데이터가 이용되고 있다. 또 정신지체아의 조기발견에도 도움이 된다. 단, 「지능과 범죄」연구는 오늘날에도 우생학사상이 배후에 깔려있는 것을 부정할 수 없다. 이런 현 상황에서 범죄와 지능의 관련성을 직접 긍정하는 것은 크게 지지를 받을 수 없다.

제 5 절 정신장애와 범죄

정신장해가 범죄의 하나의 요인이란 생각은 범죄학사상 일관되게 주장되어 왔다. 단, 정신장해의 정의나 분류는 시대나 나라에 따라 약간씩 다르게 정의되어 왔다. 여기서 범죄와 관련되는 것은 5가지 유형이다. ① 3대 정신병 ② 기질성 정신병- 중독성 정신병 ③ 정신지체(정신박약) ④ 반사회적 성격장해(정신병질) ⑤ 신경증이다. 이중에서 정신지체 문제는 다음 장에서 다루기로 하고 나머지 네 가지 유형에 대해서 살펴보자.

1. 정신장해의 진단 기준의 변모: ICD-10과 DSM-IV

이제까지 정신장해의 분류는 주로 독일정신의학의 의견을 기초로 하였다. 또 이런 종래의 정신병 진단은 현실적으로 의사의 주관에 따를 가능성이 크고 또 국가와 시대 혹은 학파나 입장에 따라 다른 판단이 내려진다. 하지만 이런 상태에서 정보의 교환이나 의료적인 대응을 효과적으로 행할 수 없기 때문에 객관적인 진단기준의 필요성이 국제적으로 요구되었다. 이런 관점에서 세계보건기구(WHO)는 정신보건프로그램의 일환으로 정신장해의 진단과 분류의 개선을 시도하였다.

그 성과로 「질병과 관련된 보건문제에 대해 국제통계분류(ICD)가 있다. 또 같은 문제의식에서 미국 정신의학회에서 진행되고 있는 정신질환의 진단, 통계매뉴얼」의 개발도 큰 주목을 모으고 있다. DMS의 작성은 1950년대에 착수되어 ICD를 포함하면서 다수의 전문가에 의한 연구나 과거 데이터의 집적, 검토 등 여러 노력이 행해졌다. 그리고 1980년 출간된 제 3판 DSM-Ⅲ에선 새로운 진단 시스템이 채용되어 전문가 이외에도 사용 가능한 매뉴얼 체제가 갖춰져 미국에 국한하지 않고 유럽이나 일본, 한국에도 급속히 보급되었다. 현재에는 1994년에 출간된 제 4판 DSM-Ⅳ가 널리 이용되고 있다.

2. Gough의 반사회적 성격과 범죄

반사회적 성격은 일반적으로 정신병리(psychopathology), 사회병리(sociopathology)와 동의어로 사용된다. 지능의 부족, 뇌의 구조적인 질환, 신경증적 정신병을 앓고 있지는 않지만 사회적 적응능력이 부족한 성격을 지칭하고 일반적으로 사회의 중요한 가치나 규범을 내면화하는데 실패한 결점이 있는 성격을 말한다.

임상경험을 바탕으로 반사회적 성격의 특성을 정리하면 ① 미래에 대한 목표보다는 현실의 목표를 과대평가한다. ② 충동적 행동을 취한다. ③ 자극의 강도와 그것에 대한 행동적 반응이 일치하지 않는다. ④ 타인과 깊고 영속성 있는 애정관계를 형성할 수 없다. ⑤ 깊숙한 대인관계를 유지할 수 없다. ⑥ 자기가 정한 목표에 도달할 때까지의 사고와 계획성이 결여되어 있다. ⑦ 사회적 부적응에 대한 불안한 고민이 결여되어 있다. ⑧ 자기 잘못을 타인에게 돌리며 실패에 대한 책임을 지지 않는다. ⑨ 하찮은 일에도 변명한다. ⑩ 전혀 신뢰할 수 없으며 책임도 지지 않는다. ⑪ 감정이 결핍되어 있다.

이와 같은 반사회적 성격은 행위자가 반사회적이고, 비윤리적이고, 비도덕적 행위를 할 개연성이 크다. 이들은 외견상 일반인과 비슷하기 때문에 조기발견이 어렵다. 반사회적 성격의 원인으로는 부모의 애정결핍, 아버지가 정신병자이거나 알코올중독자일 가능성, 기타의 이유로 인한 불우한 아동기의 경험(가정폭력의 경험) 등이 있다. 하지만 고흐(Gough)의 연구는 ① 구금된 사람들을 대상으로 반사회적 인성을 조사했기 때문에 대표성이 없고 ② 특성이 구금의 결과인지 아니면 본래 인성적 특성인지 구분해 내기가 어렵고 ③ 반사회적 인성이라는 개념이 애매모호하여 의사나 지역에 따라 상이하며 ④ 단지 심각한 범죄자나 상습적인 범죄자에게 붙여주는 표식에 불과할 뿐이지 그들이 왜 이와 같은 방식으로 행동하는지를 이해하고 장기적으로 그들에게 무엇이 발생할지를 이해하는 데 도움을 주지 못하는 등의 비판의 목소리가 있다.

3. Schneider의 정신병질과 범죄

Schneider는 정신병질적 성격유형을 10가지로 분류하였다. ① 발양성, ② 우울성, ③ 의지박약성, ④ 무정성(정성박약성), ⑤ 폭발성(병적 흥분자), ⑥ 기분이변성, ⑦ 자기현시욕성(허영성), ⑧ 자신결핍성(자기불확실성), ⑨ 열광성(광신성), ⑩ 무력성 정신병질자로 구분하고 있는데 오늘날 Hare 박사 등이 제시하고 있는 사이코패시의 기초가 되는 내용이기도 하다. 다음은 각각의 정신병질의 세부적인 설명을 들어 보면 다음과 같다.

① **발양성 정신병질자** : 자기 자신의 능력과 운명에 대해 과도하게 낙관적, 경솔하고 불안정정적인 면을 갖는 성격자이다. 다혈질적이고 활동적이어서 어디서나 떠들고 야단법석을 벌이며 실현가능성이 없는 약속도 깊은 고려없이 남발함으로써 상습사기범이 되기 쉽다. 무전취식자로 돌아다니기도 하며 닥치는 대로 훔치기도 하며 순간적인 충동에 따라서 움직이고 쉽게 범죄유혹에 빠지기도 한다. 즉 상습누범자이다.

② **우울성 정신병질자** : 염세적, 비관적인 인생관에 빠져 항상 우울하게 지내고 자책적이다. 항상 최악의 상황을 생각하고 과거를 후회하고 미래를 걱정한다. 강박관념에 빠져 자살할 가능성이 높고 적극적으로 범죄에 가담하지 않는 편이지만 강박증상으로 드물기는 하지만 살인이

나 성범죄를 저지르기도 한다.

③ **의지박약성 정신병질자** : 외향적 의지, 내면적 의지 양자 모두에서 박약성을 지녀 주위 상황과 주변 사람들의 태도에 따라 우왕좌왕한다. 대개 지능이 낮은 편이며 좋은 환경 아래에서는 온순하고 모범적으로 생활하나 나쁜 환경 아래에서는 범죄의 유혹에 직면하게 되면 쉽게 빠지고 그 후에는 헤어나지 못한다. 상습 누범자 중에 많고, 창녀, 알코올 중독자, 마약 중독자 중에 많다.

④ **무정성(정성박약성) 정신병질자** : 인간이 보편적으로 갖고 있는 타인에 대한 동정심이나 연민의 감정, 수치심, 명예심, 공동체의식, 양심의 가책 등이 결핍되어 함부로 행동하는 특징이 있다. 자기 목적 달성을 위해서는 냉혹 잔인하게 행동하고 그에 대한 죄책감을 느끼지 못하고, 복수심도 강하고 완고하며 교활하다. 배덕광(moral insanity), 도덕적 백치 또는 도덕적 박약자(moral imbecile)라고 생각하면 된다. 영국과 미국에서는 정신병질자라는 경우에 주로 이러한 사람을 가리킨다. 정신분석학자들에 의하면 이들은 욕동지향(id-dominated)의 심리상태에서 생활하는 자들로서 타인의 고통을 전혀 고려하지 않고 행동한다. 범죄심리학에서 가장 주목을 받는 정신병질자이며 이들의 범죄행위는 잔인하고 대담하다 상습누범자들에게 많은 비율을 보이며, 범죄단체 조직범, 흉악범에서 이러한 무정성 정신병질자가 많다. 롬브로소의 생래적 범죄자, XYY형 범죄자 등이 여기에 해당한다.

⑤ **폭발성 정신병질자(병적 흥분자)** : 사소한 자극에 대해 병적으로 과도하게 격렬한 반응을 일으키고, 전후를 고려함이 없이 닥치는 대로 던지고 때리고 폭언하기를 주저하지 않는다. 타인에 대한 공격 뿐 아니라 자해행위를 하기도 한다. 이런 경향은 알코올 음용 이후에 더욱 잘 나타나며 뇌파검사를 하면 간질성 기질이 나타나기도 한다. 평소에는 조용하고 친절하며 분별력 있게 지내기도 하지만 이들은 살상, 폭행, 모욕, 손괴 등의 범죄행위를 많이 저지른다.

⑥ **기분변이성 정신병질자** : 기분의 동요가 심하여 예측할 수 없는 것

이 특징이어서 갑자기 어떤 감동이 발하여 이상한 행동과 기분을 내다가 곧 주저앉는 등 변화가 심하다. 욕동에 따라 잘 변하고 폭발성과 마찬가지로 간질성 기질이 나타나기도 한다. 방랑과 폭음, 낭비를 일삼는 경우가 많고, 방화범과 상해범 중에 이런 성향이 많다

⑦ **자기현시욕성(허영성) 정신병질자** : 자기를 사물의 중심으로 생각하는 등 자기를 실제 이상으로 높이 인식하는 성격자이다. 따라서 다른 사람의 주목과 평판의 대상이 되고자 공상적인 거짓말을 일삼기 때문에 고급사기범이 되기 쉽다. 욕구가 좌절되면 신체적 질환으로 도피하여 히스테리성 반응을 보이기도 한다.

⑧ **자신결핍성(자기불확실성) 정신병질자** : 자신의 우월성을 나타내고자 하는 마음은 많으나 능력부족을 늘 의식하여 주변 사정에 민감하고 어떤 강박현상에 쫓기는 듯한 복잡한 심경의 소유자이다. 주변 사정에 민감하여 도덕성을 지키기 때문에 범죄와는 거리가 멀다. 그러나 강박증상 때문에 살상이나 성범죄를 저지르기도 한다.

⑨ **열광성(광신성) 정신병질자** : 어떤 가치나 신념에 열중하여 외부에 적극적으로 선전하고 주장을 펼치는 등 소신에 따라 행동하는 강한 성격의 소유자이어서 정의감에 따라 소송을 즐기기도 하고 비현실적 주장을 펼치기도 한다. 종교적 광신자나 정치적 확신범이 많다.

⑩ **무력성 정신병질자** : 심신의 부조화 상태를 호소, 관심을 자기에게 돌리기를 바라고 동정을 바라는 성격이어서 인격성의 상실에 빠져 번민하기도 하고 신경질적이지만 범죄와의 관계는 적은 것으로 보인다.

Schneider의 연구를 통하여 볼 때 범죄성과 적극적인 관련성을 가진 것은 발양성, 의지박약성, 폭발성, 기분이변성, 자기현시욕성, 열광성, 무정성의 일곱 가지이며 우울성, 자신결핍성, 무력성은 소극적인 관계이다. Stumple과 Villinger의 연구에 의하면 일반범죄자보다는 상습범, 누범자, 중범죄자에서 그 비율이 높게 나타난다. 범죄자 중에서는 기분이변성이 가장 많고, 다음으로 무정성, 발양성, 폭발성, 과장성의 순서라고 한다. 이처럼 Schneider의 분류가 일정부분 범죄성을 연구하는데

기여하고 있지만 일부학자들에 의하여 비판을 받고 있기도 한다. 특히 Cleckley는 정신병리적 성격에 관한 연구에 매우 비판적이다. ① 개념의 엄밀성이 결여되어 있다. 정신병리적 성격이라는 개념은 거의 모든 범죄자들에게 적용할 수 있을 정도로 포괄적이다. ② 정신병질과 범죄는 근본적으로 차이가 있다는 점을 정신의학자들이 간과하고 있다. 정신병질자의 대다수는 범죄자가 아니며, 오히려 기업가, 과학자, 의사 등 전문직 종사자들에게서도 많이 발견할 수 있으므로 정신질환과 범죄행위를 직접 연결할 수 없다. 전형적인 정신병질자는 행동이 의도적이지 않고, 행동의 목표도 상식적으로 이해하기 어려우며, 불필요한 정도로 슬퍼하거나 자신을 질책하는 등 전형적인 범죄자와 차이를 보인다고 하면서 비판을 하고 있고, Vold & Bernard는 정신병질적 성격이란 성격적 비정상 징후의 환자를 구분하고 치료방법을 개발하는 등 나름대로 유용하나, 범죄자들을 대상으로 왜 반사회적 행위를 하였는지 이해하고자 하는 범죄심리학적 노력에는 큰 유용성이 없다고 단정적으로 지적하고 있다.

4. 3대 정신병

정신장애에는 정신병성 장해와 비정신병성 장해가 포함된다. 전자는 일반적으로 내인성(內因性)인 것과 외인성(外因性)의 것이 있다. 내인성 정신병이란 밝혀진 외적 요인을 인정치 않고 그의 발병에 무언가의 신체적 · 생물학적인 요인에 의한 정신장해를 가리키며, 정신분열병, 비정형 정신병 등이 포함된다. 이에 대해 외인성 정신병이란 뇌의 외상, 종양, 감염증, 중독 등 외적요인에 의해 발병한 정신 장해를 가리키며 기질성(뇌에 주병변을 가지고 있고 기본 증상은 의식장애) 중독성(알코올이나 다른 약물남용 또는 의존), 중독성(신체질환에 의해 일어나는 대사이상 이나 분비이상)등이 포함된다. 실제 정신병환자의 대부분은 3대 정신병 즉, ① 조현병 ② 조울병 및 ③ 간질이다.

1) 조현병

조현병(schizophrenia)이란 감정의 둔화, 외계와의 융화성 상실 등으로 특징지어지는 정신병으로 정신병인구 중에서 가장 많은 부분을 차지하고 있으며 정신병으로 인한 범죄자 중에서도 가장 많이 발견되고 있다. 일찍이 스위스의 임상병리학자인 Bleuler는 정신분열증에 대해서 사고과정의 심대한 분열을 보여 주는 사람이라고 지칭하였다. 그런데 일반적으로는 극단적인 사회적 움츠림, 예측불가성, 심한 언어장애, 인식과 주의의 장애, 심한 감정불안 그리고 가장 중요한 것으로 심한 사고불안 등을 포함하는 다양한 행동의 무리를 뜻하는 것으로 이해되고 있으며, 현재는 현실과 사고의 분열을 지칭하는 것으로 이용되고 있기도 하다.

〈그림 11-8〉 조현병 환자의 그림

이러한 정신분열증의 주요한 임상적 증상 중의 하나는 비합리적이고 괴이한 사고과정이며, 이들의 사고는 통제불능이며 혼돈스러울 뿐만 아니라 위협적이다. 정신분열증의 또 다른 하나의 중요한 행동특성은 언어불안(speech disturbance)으로서, 그들의 대화는 비지성적이고 낯설고 비현실적이다. 정신분열증의 세 번째 특성은 극단적인 사회적 움츠림과 사회환경으로 부터의 격리인데, 이들은 다른 사람을 적대적이고 위협적이며 믿을 수 없는 것으로 간주한다. 그리고 부적절한 감정적 반응을 정신분열증의 네 번째 특징으로 꼽을 수 있다.

이러한 조현병 환자들에게서 일관적인 행동유형이 발견되지는 않았는데, 그 이유는 각자가 현실의 고통스럽고 긴장스러운 환경으로부터 탈피하기 위한 노력으로 자신의 독특한 행동유형을 선택하기 때문이다.

그러나 정신분열증 중에서도 가장 많은 부분을 차지하고 있고 또한 범죄와의 관계에서도 가장 중시되고 있는 것은 망상형 조형병(paranoid schizophrenia)이다. 이러한 망상적 정신분열증은 피해망상이나 과대망상으로 특징지어지는 것으로서, 망상 속에서 특정인에 대한 공격행위를 하는 것으로 알려지고 있다.

망상증(paranoia)은 다른 사람들의 동기에 대한 부당한 의심과 의혹이 중요한 요소인 행동유형을 고수하는 것이라고 재정의할 수 있다. 이는 망상적 정신분열증과 마찬가지로 엄격한 의미에서 정신병상태라고는 할 수 없지만, 고정된 망상을 중심으로 한 의식을 가지고 있어서 사물에 대한 객관적인 관찰판단을 행하지 못하는 것으로 특징지을 수 있다. 이러한 망상증 환자는 피해망상이나 과대망상에 빠져서 가끔 공격적인 행위를 자행하게 될 수도 있고, 이것은 바로 범죄와 유관한 것으로 추정되고 있다.

그러나 임상학자들은 이러한 망상적 반응에 대해서 망상적 조현병, 망상상태, 망상증, 망상적 성격장애 등의 다양한 이름으로 진단하고 있다. 그런데 특정한 망상적 특성은 타인의 동기에 대해 얼마나 민감한지 그리고 의심스러운 신념이나 망상개념의 조직화, 논리, 복잡성 등에 따라 결정된다. 그러나 진단의 중요한 결정인자는 망상적인 사고로서, 만약 망상의 특징이 일상적 활동을 지배할 정도로 심하다면 망상적 정신분열이나 망상증 또는 망상상태라고 할 수 있을 것이다. 한편, 그 특징이 깊이 상습화되고 습관적이며, 만족스러운 대인관계를 유지하는 능력을 방해하지만 그 기능능력을 완전히 손상시키지 않은 경우라면 망상적 성격장애로 진단될 수 있을 것이다.

그러나 이들 현상 중에서도 범죄와 관련하여 가장 중요시되는 정신분열증적 편집증(paranoid schizophrenia)은 망상적인 사고가 현실접촉을 강력하게 방해할 때를 가리키는 것으로, 이 경우 망상적인 사고가 그 사람의 다른 행위유형을 유도하게 되어 대인관계, 기분, 사고에 있어서 문제를 조장하게 된다. 이러한 사람의 태도는 자신의 망상과 맥을 같이하여 종종 공격적이고 적대적이게 된다. 즉, 다른 사람이 자신의 생존을 위협하려고 음모하고 있다고 의심하게 되어(피해망상증) 남이 나를 해치기 전에 남을 먼저 해치울 수밖에 없다고 판단하게 되는 매우 위험한 상태가 되는 것이다.

조현병은 앞서 제시한 세 가지 유형이 오랜 기간동안 사용되어 왔다. 하지만 최근에는 너무 단순해 현실적으로 의미를 갖고 있지 않은 것이 아닌가란 인식이 팽배한 것도 사실이다. ICD-10이나 DSM-Ⅴ에서 파과형 정신분열병 등은 해체형 정신분열병이라 불리고 있으나, 이 유형에 외에 감별(鑑別)불능형(환상, 망상, 횡설수설하는 대화 등 정신분열병의 기본적 증세는 보이나 감정둔감의 음성증세를 보이는 병형)을 추가하여 정신분열병을 다섯 가지로 분류하기도 한다.

조현병과 범죄의 관련에 대해 이제까지의 연구결과 확립된 특징은 없다는 견해가 있는 한편, 돌발적이고 공격성이 강하다는 지적도 있다. 범죄유형별로는 살인, 상해, 방화 등의 범죄를 행하는 비율이 다른 정신병의 경우보다 비교적 높다. 또 일반적으로 재산범을 저지른 자는 적다고 하나 파과형 조현병처럼 감정, 의리의 둔감한 결함상태에 있는 경우에는 경미한 재산범죄를 저지르는 경우가 있다고 할 수 있다.

확실히 범죄통계상에 이런 지적이 가능할지 모르나 조현병의 발병원인에 대해 「빌스설」을 포함해 이제까지 많은 견해가 있음에도 불구해도 완전히 규명되었다고 말하기 힘들다. 또 정신분열병과 범죄의 인과관계에 대해 다시 검토해 볼 여지가 있다.

2) 조울병

조울증은 조(操)상태와 울(鬱)상태와 같은 기분의 장해를 기초로 하는 병세가 주기적으로 반복하는 질환이다. 조증은 고양된 기분, 의욕의 항진, 다동(多動), 다변(多辯), 수면단축, 통제결여 등이 특징으로 나타난다. 한편 울병은 기분, 의욕이나 흥미의 감퇴, 피로감, 동작완만 등이 그 특징이다. 실제로 조상태와 울상태는 「단극성 울증」이 주로 있고 조상태에서는 「단극성 조병」은 극히 드물다고 한다. 또 「단극성 조증」이라 생각되는 것은 거의가 조상태와 울상태를 반복하는 「쌍극성 기분장해」의 아형이라 생각하고 있다.

이상성욕

정신장애와 범죄의 관련성에는 이제까지 설명한 이외에 이상성욕이 있다. 이상성욕은 양적 이상과, 질적 이상이 있다. 이중 양적 이상은 성욕증진과 성욕감퇴로 나뉘어 질적 이상은 성 대상의 이상(동성애, 유아애, 근친상간 등)과 성 목표의 이상(사디즘, 마조히즘, 노출광 등)으로 나눌 수 있다. ICD-10에서는 이런 증세는 「생리전 장애 및 신체적 요인에 관련한 행동 증후군」이란 카테고리에 포함된다. 이에 대해 DSM-Ⅳ에서는 이런 증상은 성 장애란 카테고리로 이루어진다.

일반적으로 성장애는 성기능부진(성적욕구 장애, 성적 흥분 장애, 성교 동통 장애), 성 기호이상(노출증, 물품음란증)및 특정 기능의 성장애로 분류된다. 이상성욕과 범죄의 관련성은 남자성욕항진증이 성격이상과 합쳐질 때 강간 등과 같은 성범죄 행동의 동인(動因)이 된다는 지적이 있다. 또 성욕감퇴나 성 대상의 이상이 유아애(幼兒愛)로 나타날 경우 유아에 대한 추행이나 강간에 이를 가능성이 있다. 또 사디즘에 의한 상해, 노출광에 의한 공연한 음란 등의 가능성도 지적되고 있다.

ICD-10이나 DSM-Ⅳ에서는 이런 점도 고려해 종래 조울병이라 불리는 질환은 기분장해의 카테고리로 분류했다. 때로 DSM-Ⅳ는 기분장해를 4가지로 세분화하여 진단기준을 분류했다. ① 우울병성 장해 ② 쌍극성 장해(조병과 울병이 교대로 나타나는 기분장해) ③ 증상성 또는 중독성 기분장해(일반적인 신체질환이나 약물 등의 영향에 의한 기분장해) ④ 특정불능의 기분장해가 그것이다.

조울병과 범죄의 친화성에 대해 부정적으로 보는 시각도 있는 반면 의외로 높다는 지적도 있다. 친화성을 긍정하는 견해는 조상태에서 고양된 기분이나 자기통제 결여로 무전취식, 무임승차, 절도, 공갈, 상해를 할 가능성이 있다고 하였다. 이에 대해 울상태는 강한 죄책감 등에서 자살염려가 있어 무리하게 동반자살을 기도할 가능성이 많다고 하였다.

3) 간질

간질(癎疾)은 발작적으로 의식상실이나 경련을 일으키는 만성 중추신경성 질환으로 3대 정신병에 하나로 불리고 있다. 간질은 롬브로조에 의해 생래성범죄의 요인이라고 지적한 이래 오랜 기간 동안 범죄의 친화성이 주장되어 왔다. 이처럼 간질이 범죄의 원인이라 생각되어진 이유에는 다음과 같은 두 가지가 제기되고 있다.

첫째, 간질환자의 발작이 표면상, 폭발적, 공격적인 인상을 주었다. 둘째, 간질에 의한 의식장해가 간질성의 성격변화(폭발성과 점착성)를 가져와 살인이나 방화 등의 중대범죄를 일으킨다고 생각되어졌다. 간질의 중요 발작형은 크게 4가지로 나뉘어진다.

① 대발작(大發作): 이 타입은 처음 10초 전후에 전신의 근육이 경직, 그 후 20초에서 50초 사이에 부들부들 크게 흔들리는 경련이 끝나면 호흡은 돌아오나 수분간 의식상실 상태에 빠진다.

② 소발작(小發作): 이 타입은 10초 정도 짧은 기간의 의식상실 발작을 하나 경련은 없다.

③ 정신운동발작(精神運動發作): 이 타입은 발작이 정신면(의식장해)이나 행동면(자동증 등)에서 발현하고 발작기간에 발생했던 일에 대해 기억은 없다. 통상은 수분간 짧은 기간에 의식을 회복하나 수 시간에 걸쳐 무의식의 상태가 계속되는 케이스도 있다.

④ 단순부분발작(單純部分發作): 이 타입은 사지의 일부에 경련이 있으나 의식을 잃지는 않는다.

이 중 ①②④는 현실적으로 범죄를 할 가능성이 거의 없다고 생각되나 ③이 범죄학에서 가장 문제가 된다. 또 간질성 상격변화도 문제가 된다. 간질성 성격변화에는 점착성 또는 폭발성의 특징을 가지고 있다. 그리고 전자에는 재산범이 후자에는 폭력범이 많다고 한다. 첫째, 예전에 조금씩 보도되던 간질 발작시 범죄는 현실에 극히 희미하다고 밖에

할 수 없다. 둘째, 현재에는 뇌파검사에 의한 조기 간질발견이 가능하고 또 약물치료가 비약적으로 발전해 간질환자 스스로 행동을 제어해 통상 사회생활을 더욱 용이하게 할 수 있게 되었음을 알 수 있다. 이 때문에 최근에는 간질로 입원하는 이의 수가 격감하고 있다.

단, 간질성 성격변화에 대해서는 범죄와의 관련성이 문제된다. 또 가장 중요한 점은 오늘날에는 간질이 정신질환이라 생각되지 않는다는 점이다. 그 때문에 오늘날에는 간질은 3대 정신병의 하나로 보는 주장을 지지할 수 없다. 물론 간질이 요인이 되어 어떤 정신장해를 초래할 수 있다. 하지만 오늘날 의학적 지식으로 보면 간질은 정신질환이 아니고 신경질환으로 보아야 한다. 이 때문에 ICD-10이나 DMS-IV에도 간질은 정신질환으로 기재되어 있지 않다.

5. 기질성 정신병 · 중독성 정신병

1) 기질성정신병

기질성정신병(器質性精神病)은 두부외상, 종양, 뇌출혈, 뇌염 등 기질적 뇌병변으로 인하여 정신상태에 영향을 미치는 병을 말한다. 그 정신증상은 기억력, 기명력, 판단력의 저하를 중심으로 하여 치매, 성격의 변화, 환상, 망상 등이 있다. 기질성 정신병은 ICD-10에는 「증상성을 포함한 기질성 정신장해」라는 카테고리도 기재되어 있다. 이에 대해 DSM-Ⅳ에서는 이 유형에 속한 정신병을 「기질성」이란 말을 써 「치매증상, 건망장해 및 그 외 인지장해」나 「일반적인 신체질환에 의한 정신장해」라 부른다. 전자의 범주에는 노인성 치매나 건망 외에 ① 두부외상에 의한 치매 ② 뇌진탕 후 장해 ③ 가벼운 신경 인지장해 등도 포함된다. 기질성 정신병과 범죄의 관련성은 과민, 기분이변성(氣分易變性) 등의 증세가 보이는 경우에 급격한 정동(精動)이나 기분변화에 의한 폭행, 상해의 가능성은 충분히 있다고 생각한다.

2) 중독성 정신병

중독성정신병(中毒性精神病)은 알코올이나 마약, 유기용제 등의 약물중독에 빠진 결과 발생하는 정신병을 말한다. 이중 알코올중독은 오늘날 알코올증이라 하여 의존증(依存症)이나 정신병으로 분류한다. 알코올의존증은 알코올남용과 의존을 포함하는 말인데, 전자는 발작적 혹은 충동적으로 단기간 음주를 행하는 행동패턴이고 후자는 내성(耐性)의 상승(즉 음주량 증가)이나 이탈증상에 의해 특정할 수 있다. 알코올정신병에는 음주에 기인한 망상이나 환상이 생긴다. 이에 대해 약물중독은 각성제, 마약 등의 섭취에 의한 중독증세를 말한다. 남용되는 약물은 환각이나 망상을 유발하는 작용을 하는 것을 말한다.

또 지속적인 약물남용은 정신분열병과 유사한 증세가 출현할 수 있다. 이런 증세는 ICD-10에서 「정신작용 물질 사용에 의한 정신 및 행동장해」란 카테고리로 또 DSM-Ⅳ에는 「기질관련 장해」란 카테고리에 포함되어 있다. 여기서는 알코올이나 대마, 코카인 등의 니코틴, 카페인, 진정제, 수면제 등의 남용 부작용 등에 의해 발생한 정신장해의 진단기준이 상세히 기술되어 있다.

종래 중독성 정신병과 범죄의 관련은 「알코올과 폭력범죄」「약물과 재산범죄」에 관련성이 있다고 하였다. 예를 들어 알코올정신병에는 망상이 나타나게 되고 망상상의 가해자에 대한 살인 등의 가능성이 지적되었다. 또 약물중독에는 유기용제 중독자에 의한 절도가 많은 것이 지적되고 있다. 하지만 최근에는 약물사용자에 의한 폭력범죄가 주목을 받고 있는 한편 알코올의 재산범죄에의 영향을 지적하는 연구도 증가하고 있는 추세이다.

6. 반사회성 성격장애

성격장애란 병은 아니다. 행동, 태도, 사고양식 등이 보통사람과 달라서 스스로 괴롭던가 주위사람을 괴롭게 하는 증상을 말한다. 반사회적 성격장애(antisocial personality disorder)는 감정의 미성숙과 책임감과 판단의 결여를 보이며, 사회 규율을 어기고 경험을 통해 배우지 못하고 타인의 권익을 침해하는 반사회적 행동이 만성적으로 반복되는 이상성격을 일컫는 말이다.

이런 인격의 장애는 예로부터 여러 이름으로 불렀다. 전술한 영국의 프리챠드의 「도덕적 정신장애」개념이나 프랑스의 모델의 「정신병질」의 개념이 여기에 속한다. 또 영・미를 중심으로 한 연구에서는 「사회병질」이란 개념으로 사용되었다. 정신병질에 대해 종래 특히 발양형(發揚型), 정서결여형(情緒缺如型), 의지결여형(意志缺如型)의 3가지에 대해 범죄와의 관련성이 지적되었다. 예를 들어 발양형은 가끔 집단적으로 강간, 강도 등을 행할 수 있다고 한다. 또 정서결여형은 흉악한 범죄를 반복한다. 그리고 의지결여형은 생존경쟁에 밀려 재산범죄를 상습적으로 저지르는 경우가 많다고 하였다.

하지만 오늘날 한국의 정신의료 현장에서 진단명으로서 「정신병질」이란 용어를 사용하는 것은 급격히 감소하고 있는 것이 현실이다. 이처럼 정신병질이란 용어가 쓰이지 않게 된 요인은 ① 정신병질의 진단기준이 애매한 것 ② 정신병질자에 대한 치료방법이 확립되어 있지 않는 것 ③ 과학적인 정신의학의 방법을 비판한 반정신의학의 주장이 일정 영향을 준 것 ④ 정신병질의 용어가 보안처분 문제와 연결되는 관계로 반대시민들의 표적이 되는 것을 들 수 있다. 최근에는 정신병질이라는 용어 대신에 「반사회성 성격장애」란 개념이 널리 쓰이고 있다. 이것은 ICD-10이나 DSM-Ⅳ의 영향을 받은 것이다.

반사회성성격장애의 내용은 이전의 정신질환과 거의 변하지 않았으나 종래 보다 정신병질의 정의의 불명확성이 비판을 받음에 따라 최근에는 반사회성성격장애의 범위를 확정하기 위해 여러 노력을 하고 있다. 하지만 의학적 개념 중에 「반사회성」이란 가치개념이 과연 친화성을 갖고 있는 가도 의문으로 남고 극단적으로 말하면 범죄자의 대부분은 「반사회적」이라 할 수 있다. 또 「정신병질」개념을 넓게 파악해 그 외의 성격장해(예로 연기성 성격장애나 경계성성격장애 등)도 포함된다.

7. 신경증

신경증(神經症)은 심인성(心因性)에 의해 생기는 심신의 기능장애로, 본인의 신체에 기본적 기반이 없는 것을 가리킨다. 단, 신경증의 범위는 입장이나 이론에 의해 다르거나 정상(正常), 심신증, 정신병, 인격장애 등과의 경계가 애매하다. 일반적으로 증상에 따라서 불안 신경증, 심기증, 신경쇠약, 히스테리, 우울신경증, 강박신경증, 공포증, 이인(離人)신경증 등으로 분류된다. 신경증과 범죄의 관련성은 적다고 생각되었다. 이제까지 신경증의 개념은 극히 불명확하다고 비판을 받아 왔으나, ICD-10에서 「신경증 장애, 스트레스 관련장애 및 신체 표현성장애」란 카테고리를 설치. 여러 증상을 이 유형에 포함시켰다. 여기에 대해 DSM에서는 DSM-Ⅲ부터 신경증의 개념을 쓰지 않는다. 이것은 신경증적 장애를 DSM에서 배제한 것이 아닌 감정장애, 불안장애, 신체 표현성장애, 해리장애, 성심리장애 등의 범주에 분류한 결과이다. DSM-Ⅳ도 신경증이란 진단 개념을 사용하지 않고 있다.

다중성격과 범죄

정신장애와 범죄의 관련에서 최근 주목받고 있는 것이 「다중성격(multiple personality)」이다. 다중성격은 한 사람 내면에 2가지 이상의 성격(주체성)이 존재하여, 각각의 성격이 교대로 반본해서 그 사람의 행동을 제어하는 증상을 말한다. 각각의 성격은 성별, 연령, 성격, 국적 등이 전혀 다른 존재인 경우도 있다. 「다중성격」을 고유의 정신장애라고 처음으로 정한 것은 DSM-Ⅲ였다. 그 후 ISD-10에서도 「다중성격」이란 용어가 채용되었다. 단, DSM-Ⅳ는 진단기준은 같으나 명칭을 「해리성(解離性) 동일성 장애」로 그 명칭이 변경되었다. 다중성격의 원인은 아직까지 확실하지 않다. 이제까지의 밝혀진 결과는 유아기에 받은 학대경험이나 마음의 상처에서 도피하기 위해 성격이 해리되어 일부에 그 중압을 부담시키는 것이 아닌가라고 추측하고 있다. 다중성격의 환자가 갖고 있는 복수의 성격 중에는 공격적인 성격의 것도 존재할 가능성이 있다. 하지만 다중성격의 연구가 가장 활발한 미국에서 범죄자를 정신감정한 결과, 다중성격 증상이 확인되어도 책임능력을 인정, 유죄라는 판례가 다수 있다. 다중성격과 범죄의 관련성에 대해서는 추가적인 연구가 필요한 시점이다.

제 6 절 스트레스와 범죄

1. 스트레스의 정의

스트레스의 어원은 라틴어의 스트릭투스(strictus) 또는 스트링게레(stringere)라는 말에서 나왔다. 이 말은 '팽팽하다', '쪼이다'라는 의미이다. 이러한 어원은 개인이 스트레스를 경험할 때 느끼는 답답한 느낌, 근육의 긴장 등을 반영하고 있다. 이후 스트레스란 말은 환경에서 오는 어려움, 경제적 곤란 등을 의미하는 말로 사용되었다. 현대적 의미의 스트레스는 물리학과 공학에서 사용하던 개념을 캐나다의 내과의사인 셀리에(Hans Selye, 1936)가 의학적인 개념으로 사용하면서 보다 많은 사람들이 스트레스라는 단어를 사용하게 되었다.

스트레스에 관한 정의는 학자마다 조금씩 상이한데, 셀리에는 "개인의 적응과정에서 생기는 신체적 및 심리적 압박감, 긴장감"으로, 전겸구와 김교헌(1996)은 "자신에게 바람직하지 않은 상태가 발생하거나 발생할 것으로 예견하고, 그러한 상태를 해결하기 어려울 때 경험하는 상태"로 정의하기도 한다. 권석만 등(1996)은 "곤란한 상황에서 한 유기체 내에서 일어나는 심리적 및 생리적 반응들의 패턴"으로 정의를 하기도 한다.

이러한 스트레스는 인간의 삶에서 정상적인 한 부분이며, 사람이 새로운 환경, 지식, 기술과 행동양식을 습득하기 위하여 직면해야 하는 불가피한 부분이다. 그러나 스트레스가 지나칠 때 역기능적 현상들이 발생한다. 이때 사람은 정서적, 인지적, 생리적 기능의 혼란을 경험하게 되고, 지속적인 스트레스는 심장병, 고혈압 등을 포함하는 여러 가지 신체적 질병의 원인이 되기도 하며, 대인관계 및 직장에서의 여러 가지 해악을 일으키고, 심지어 스트레스로 범죄를 범하기도 한다.

2. 스트레스 유발요인

1) 압박감

압박감은 우리가 어떤 행동기준에 꼭 맞추려 하거나 급속한 변화에 적응하려고 할 때 경험하는 긴장상태이다. 압각감은 내부압력과 외부압력으로 나누어 생각할 수 있다.

첫째, 내부압력은 흔히 자존심의 유지와 관련이 있다. 가령 자기자신의 지능, 인격 또는 재능에 관한 스스로의 믿음 때문에 보다 우수한 수준까지 자신을 끌어올리려고 하는 데서 오는 압박감을 느낄 수 있다. 이러한 내부압력은 공부를 열심히 하여 나중에는 성취감을 느끼게 되는 경우처럼 생산적인 결과를 가져오기도 하고, 실현 불가능한 이상이나 목표에 자신을 밀어붙이는 경우는 부정적인 결과를 초래하기도 한다.

둘째, 외부압력에는 다른 사람과의 경쟁, 사회조건의 급속한 변화, 가족 및 친구들로부터의 기대 등이 포함된다. 뿐만 아니라 현대 산업사회에서 요구하는 마감시간이 있는 직업 및 작업량의 폭주도 우리에게 압박감을 주는 요인임을 우리의 일상생활에서 자주 볼 수 있다.

2) 불 안

압각감은 사람들 스스로가 왜 압박감을 느끼는지를 알고 있다. 그러나 불안에서는 사람들이 왜 불안한지를 모르는 채 마음이 불편하고 불안정한 상태인 경우가 많다. 그래서 여러 스트레스 원천 중에서 가장 어렵고 당황하게 만드는 스트레스의 원천이라고 볼 수 있다. 불안은 특성불안과 상태불안의 두 가지로 나누어 고려하는 것이 필요하다. 특성불안은 비교적 지속적인 일종의 성격특성이고, 상태불안은 특정한 상태나 장면에 따라서 증가하기도 하고 감소하기도 하는 불안이다.

불안은 스트레스의 원천으로 그 이유가 불분명한 경우가 많아서 대처하기가 그만큼 어렵다. 그런데 모든 불안이 그런 것은 아니다. 적어도 상태불안은 위험의 예상에 의해 생길 수 있다. 위험스러운 사건을 경험할 때보다 예상되는 위험을 앞둔 순간에 더 큰 불안을 겪는다는 사실은 특수부대 군인들의 공중낙하 전후의 생리적 긴장지표(심장박동, 땀 등)에서도 밝혀지고 있다. 또한 자존심의 손상이나 좌절의 결과로 불안해지기도 하는데, 스트레스에 대한 반응으로 불안한 상태가 되기도 하는 것이다. 불안에 대처할 때에도 불안의 이러한 두 가지의 특성에 따라 달리 대처하는 것이 필요하다.

3) 좌 절

좌절은 방해물(사물 또는 인간) 때문에 목표로의 접근이 금지된 상태를 말한다. 자기가 좋아했던 여자가 휴가를 가보니 이미 다른 남자와 약혼했음을 발견한 병사의 경우나, 전투력 측정에서 평소 실력보다 나쁘게 나옴으로써 자기가 바라던 우수부대를 놓친 중대장의 경우처럼 지향했던 목표가 달성되지 못하고 좌절된 경우들이다. 콜만과 하먼

(Coleman & Hammen)에 따르면 좌절의 다섯 가지 근원을 다음과 같이 기술하고 있다.

첫째는 행동과정의 지연이다. 현대 산업사회는 특히 속도와 시간을 중요한 가치로 강조하는 경향이 있기 때문에 시간이 지연될 때 좌절감을 느끼기 마련이다. 약속시간은 촉박한 데도 타고 있는 자동차가 교통혼잡으로 제대로 진행하지 못하고 있을 때 겪는 좌절이 한 예일 것이다.

둘째는 자원의 결핍이다. 특히 수입이 적은 사람들에게는 고급 옷을 선전하는 광고나 TV의 온갖 상품선전들이 좌절의 원인일 수 있다. 현대 자본주의 사회의 빈부격차는 절대적 빈곤보다는 상대적 빈곤에서 오는 박탈감을 많이 느끼며, 특히 디지털시대인 21세기는 지식정보의 소유여부에 따라 빈부의 격차가 더욱 벌어질 것으로 예상된다. 그리고 군 장병들이 느끼는 상대적 박탈감 중에는 '유전면제, 무전병역'에 따른 좌절감으로 군복무의욕의 상실하는 경우도 발생할 수 있다.

셋째로 상실감을 들 수 있는데, 가령 가까운 부모님의 죽음이나 이혼, 친구나 애인을 잃었을 때 삶의 의미를 상실하여 자포자기하는 경우가 많다.

넷째로 실패는 오늘날과 같은 경쟁사회에서는 좌절의 주요 요인이 되고 있다. 실패감이 특히 적응하기 어려운 스트레스가 되는 이유는 실패에 뒤따르는 죄책감 때문이다. 왜냐하면 실패하고 난 사람은 자신과 다른 사람의 실망에 대한 죄책감을 느끼기 마이기 때문이다.

마지막으로, 인생에 대한 무의미감이 좌절의 원인이 될 수 있다. 특히 노력 및 생활상의 보람을 타인의 방해나 사회적 조건 때문에 찾을 수 없다고 느낄 때에는 인생 전반에 걸쳐서 좌절을 겪게 된다. 이런 경우에는 일종의 무력감을 갖게 되고, 결과적으로 자기가 하는 일은 아무것도 중요하지 않거나 타인으로부터 소외되고 있다고 믿게 된다. 한 마디로 좌절은 기대나 욕구가 현실과 격차가 있을 때 경험되는 것이라고 할 수 있다.

4) 갈 등

인간생활의 문제 중 아마도 갈등이 가장 흔한 문제일지도 모른다. 갈등은 두 가지 이상의 상반되는 요구나 욕구, 기회 또는 목표에 당면했을 때 일어난다. 원하는 목표나 욕구를 동시에 달성하기 어렵거나 불가능하기 때문에 문제가 되는 것이 갈등인 것이다. 갈등에서는 완전한 해결이나 모든 면에서 만족스러운 결과를 바랄 수는 없다. 따라서 두 가지 목표(또는 욕구)중 하나를 포기 또는 수정하거나, 현재가 아닌 나중으로 미루거나, 어느 것도 충분히 만족되지 않아도 견디어 낼 수밖에 없는 것이다.

갈등은 어느 누구도 피할 수 없다. 개인이 성장하고 그 행동범위가 넓어짐에 따라 직면하는 갈등도 다양해지게 마련이다. 이러한 갈등들의 원인에는 여러 가지가 있다.

첫째, 갈등은 개인의 포부와 능력이 균형을 이루지 못할 때 발생한다. 개인이 자신의 능력을 고려하지 않고 포부를 지나치게 높게 설정하는 경우이다.

둘째, 갈등은 양립할 수 없는 욕구나 목표 때문에 일어난다. 흔히 볼 수 있는 인간의 갈등은 의존과 독립의 욕구 때문에 오는데, 이 경우가 바로 그것이다.

셋째, 갈등은 금지와 욕망의 상충 때문에 일어난다. 성인의 금지와 자신의 욕망 사이에서 많은 갈등을 겪는 사춘기 청소년들의 경우가 좋은 예이다.

넷째, 문화의 상반되는 가치가 갈등을 불러일으킨다. 예를 들어, 성취를 강조하는 사회에서 동시에 협동도 강조하는 경우에 생기는 갈등을 들 수 있다.

3. 스트레스에 대한 반응

스트레스에 대한 반응은 개인차와 상황에 따라 아주 복잡하고 다양하다. 여러분은 교통이 혼잡할 때 조그만 일에도 짜증이나 화가 나는 것과 같은 정서반응을 경험하였을 것이다. 이러한 반응이 나타나는 이유는 운전으로 인하여 과중한 스트레스를 경험하면 신체적·정서적으로 긴장되어 있어 평소와 다른 반응을 나타나게 된다. 스트레스에 대한 정서적 반응, 생리적 반응을 위주로 살펴보겠다.

1) 스트레스에 대한 정서적 반응

대부분의 사람들이 스트레스를 경험할 때 정서반응이 나타난다. 흔히 스트레스는 불쾌한 감정을 유발하는 경향이 있다. 즉, 스트레스가 증가함에 따라 부적인 정서가 증가하는 경향이 있다. 스트레스와 정서는 단순히 1:1 관계가 있는 것은 아니다. 스트레스 사상이나 상황에 따라 아주 다양한 정서반응이 나타날 수 있다.

첫째, 스트레스는 사소한 짜증에서부터 통제하기 어려운 격분에 이르기까지 다양한 분노감정을 유발한다. 둘째, 스트레스는 주로 불안과 공포를 유발한다. 셋째, 스트레스는 낙담, 비애, 슬픔과 같은 기분을 유발한다. 정서반응은 생활과정에서 나타나는 아주 자연스럽고 정상적인 반응이다. 유쾌한 정서뿐만 아니라 불쾌한 정서도 중요한 역할을 한다. 신체의 통증처럼 고통스러운 정서는 일종의 경고이다. 여기서는 한국인의 가장 중요한 정서적 반응에 해당하는 화에 대하여 설명하기로 한다.

2) 스트레스에 대한 생리적 반응

스트레스에 대한 생리적 반응은 셀리에의 일반적응증후군(general adaptation syndrome)을 통해서 살펴보고자 한다. 유기체가 끊임없이 환경과 상호작용을 하면서 신체적으로나 심리적으로 균형을 유지하려는 노력을 계속한다. 그러나 종종 현재의 상태로는 이러한 균형을 유지할 수 없는 상황에 처하기도 하는데, 이것이 바로 스트레스 상황이다. 현재의 균형을 깨뜨리는 원인은 심리적인 것과 생리적인 것으로 나눌 수 있는데, 그 원인이 무엇이든지 간에 스트레스에 대한 생리적 반응은 근본적으로 동일하다고 할 수 있다. 셀리에(Seyle)는 스트레스를 일단의 증상을 유지하는 심리적, 생리적 상태로 보았는데, 그의 일반적응증후군(general adaptation syndrome)이론에 따르면, 스트레스에 대한 유기체의 생리적 반응은 다음과 같은 세 단계로 나타난다.

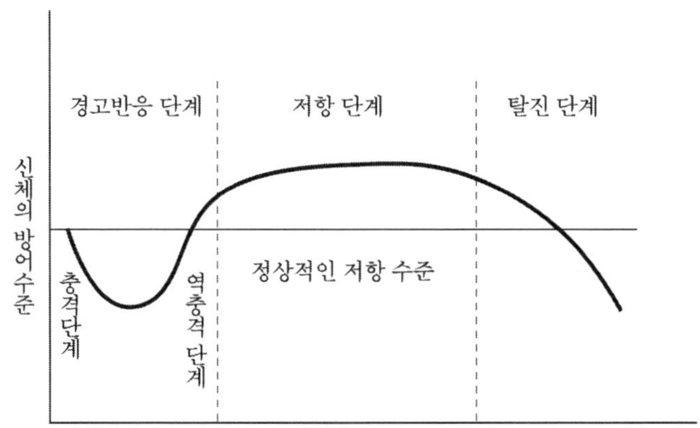

〈그림 11-9〉 생리적 반응단계

(1) 경고반응단계(stage of alarm reaction)

어떤 스트레스 자극에 대한 신체의 첫 반응인 경고반응(alarm reaction)은 다음과 같은 두 가지 단계들을 가지고 있다. 충격단계(shock phase)에서 체온과 혈압이 떨어지고, 심장박동이 빨라지고, 근육들이 이완된다. 즉, 일단 신체가 스트레스를 받게 되면 그것에 대한 저항력이 일시적으로 떨어지는 현상이 발생하는 것이다. 하지만 이러한 반응들 뒤에는 신체가 스트레스에 대한 방어력을 즉각 회복하여 그것에 대항하게 되는 일련의 자동적 방어기제가 작동하게 되는데, 이를 역충격단계(countershock phase)라고 한다.

이 단계 동안에 일어나는 일련의 신체반응들은 다음과 같다. 먼저 신체의 각 부위는 에너지 공급을 필요로 하게 되고, 그에 따라 간장은 근육들에 에너지를 공급하기 위해 포도당을 방출한다. 그리고 호르몬들이 분비되어서 체내에 축적된 지방과 단백질을 포도당으로 전환시키세 되며, 신체의 신진대사 속도 또한 빨라지게 된다. 심장박동, 혈압, 호흡 속도는 증가되며 근육이 긴장하게 된다. 이와 동시에 소화와 같은 불필요한 신체활동들은 줄어들게 된다. 이러한 생리적 반응들의 대부분은 시상하부에 의해 조절되는데, 시상하부는 위급상황에서 자율신경계의 활동을 통제하고 뇌하수체의 활동을 활성화시키는 등 스트레스에 대한 신체의 일련의 자동적 대응체계를 관장한다는 점에서 스트레스 중추로 일컬어진다.

자율신경계와 내분비계는 복잡한 방식들로 스트레스 반응을 협응하여 조절한다. 시상하부의 통제를 받는 자율신경계는 부신수질을 자극하여 혈류 속에 에피네프린이라는 호르몬을 방출하게 되는데, 에피네프린은 신체의 여러 기관들에 있는 세포의 수용기들과 상호작용해서 심장박동과 혈압을 증가시키고 간장에서 여분의 포도당이 방출되도록 자극하는 역할을 한다.

또한 시상하부는 뇌하수체로 하여금 두 개의 중요한 호르몬들을 분비하도록 하는데, 이들 중 하나는 갑상선을 자극함으로써 신체에게 더 많은 에너지를 공급하도록 하는 역할을 한다. 다른 하나의 호르몬인 부신피질자극 호르몬은 부신피질을 자극해서 부신피질 스테로이드라고 불리는 일군의 호르몬들을 분비하도록 하는데, 이 호르몬들은 신진대사 과정과 아울러 간장에서 포도당을 방출하도록 하는데 중요한 역할을 한다. 부신피질자극호르몬은 또한 신체의 다른 기관들에게 여러 가지 호르몬들을 방출하도록 신호하는데, 이 호르몬들은 스트레스에 대한 신체적 적응과정을 돕는 역할을 한다.

(2) 저항단계(stage of resistance)

경고반응은 또한 응급반응(emergency reaction)이라고도 불리는데, 스트레스에 대한 유기체의 첫 반응으로서 생리적 변화가 일어나는 시기이다. 하지만 이러한 신체의 반응에도 불구하고 스트레스가 지속된다면 우리의 신체는 저항단계로 들어가게 된다. 저항단계에서 뇌하수체는 계속 부신피질자극호르몬을 분비하며, 이것은 부신피질에게 부신피질 스테로이드들을 계속 방출하도록 자극하는데, 이 호르몬들은 신체의 저항력을 증가시키는 것을 돕는다. 부신은 실제로 저항단계에서 크기가 커지는데, 이는 저항단계 동안 이 기관의 활동을 반영하는 것이다.

특정한 스트레스인(因)에 대한 저항이 증가됨에 따라 경고반응 동안에 활성화되었던 생리적 과정들의 대부분은 정상으로 되돌아오는데, 이는 부신피질자극호르몬과 스테로이드의 분비 수준이 증가되었기 때문으로 보인다. 하지만 겉으로는 저항단계에서 생리적 과정들이 정상인 것처럼 보이지만, 실제로는 그렇지 않다. 〈그림 11-9〉에서 보듯이 만일 어떤 두 번째의 스트레스인 이 저항단계에서 새로이 도입된다면 신체는 이것에 더 이상 효과적으로 저항할 수 없게 된다. 따라서 저항단계의 특징은 애초에 제시된 스트레스인(因)에 대한 저항은 증가하지만, 신체의 전반적인 저항력은 저하된다는 것이다.

(3) 소진단계(stage of exhaustion)

만일 해로운 스트레스에 대한 노출이 장기간 계속된다면, 이것이나 다른 새로운 스트레스에 대한 신체의 저항력은 결국 붕괴되고 만다. 뇌하수체의 부신피질은 더 이상 부신피질자극호르몬과 스테로이드를 분비할 수 없게 되며, 경고반응단계 동안에 나타났던 증상들 중의 몇 가지가 다시 나타나고, 심한 경우에는 사망에까지 이를 수 있다. 실험동물들이 스트레스에 장기간 노출되어 사망하였을 때, 그들의 부신이 손상되어 있다는 것이 발견되었다. 또한 신체면역활동에 중요한 역할을 하는 임파선과 흉선들은 심하게 위축되었으며, 위장에서는 출혈성 궤양들이 나타났다.

일반적응증후군은 실험동물들에서 관찰된 생리적 변화들을 기술하고 있지만, 셀리에는 모든 장기간의 스트레스 경험은 동물과 아울러 인간에게서도 동일한 경로를 따를 것이라고 주장했다. 하지만 인간의 경우에는 동물의 경우에서와는 달리 상황에 대한 의미의 지각이 어떤 생리적 반응들이 일어날 것인지를 결정짓는다. 즉, 동일한 스트레스 자극이라 할지라도 그것의 심리적 의미는 각 개인들마다 다를 수 있고, 그에 따라 나타나는 생리적 변화과정 또한 개인마다 차이가 날 수가 있다.

4. 스트레스와 범죄의 관계

1) 모우슨(Mawson)의 일시적 범죄행동모델

A. R. Mawson(1987)은 일시적 범죄의 원인을 각성과 인지와의 관계를 통해서 설명하였다. 그는 그림의 모델에서 보는 바와 같이 스트레스 자극을 통해서 교감신경계의 각성이 증가하고 이로 인해 인지적 지도의 장애발생으로 인하여 정상적인 사고와 판단능력의 일시적 혼란으로 범죄행동이 발생한다고 하였다. 특히 인지적 지도의 장애는 내면화된 도덕성, 법규범의 상실의 원인이 된다. 인지적 지도의 해체, 높은 각성수준, 개인의 감각추구행동은 이미 내면화된 도덕에 의해 지배를 받지 않는 상태가 되는 것이다. 이러한 조건 하에서 범죄행동의 가능성은 더욱 증가한다고 볼 수 있다.

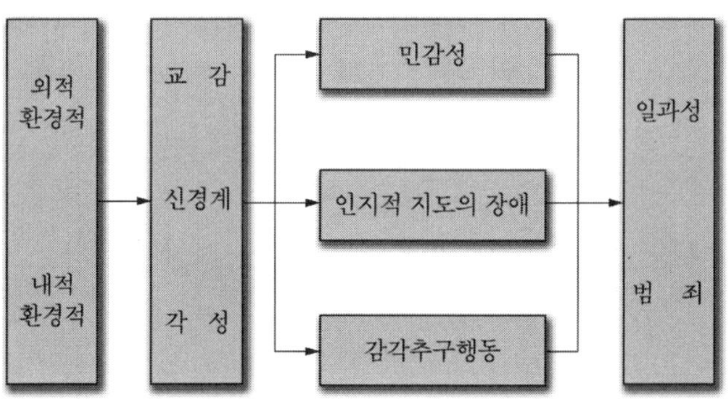

출처: A. R. Mawson, Transient Criminality: A Model of Stress-Induced Crime, 1987, p. 63.

〈그림 11-10〉 스트레스에 의한 일과성 범죄행동 모델

모우슨(Mawson)과 마찬가지로 긴(Geen : 1970)도 현대사회에서 볼 수 있는 대다수의 폭력범죄는 일상생활의 스트레스로부터 유발된 높은 각성수준과 대중매체를 통한 다양한 폭력물의 관찰간의 상호작용의 결과이라고 하였다. 또 쿨릭과 브라운(Kulli & Brown : 1979)은 상황적으로 서로 관련이 있는 불공평한 감정, 책임감, 사회적 확신, 분노의도의 지각 등의 변인들은 폭력행동에 영향을 미친다고 하였다. 이러한 관점에서 보면 폭력행동은 단순하게 힘의 사용을 통해서 즉시적인 만족을 얻고자 시도하는 것이라고 볼 수 있다. 예를 들어, 전화를 걸기 위해 줄을 서 있다가 장시간 전화를 한다고 폭행을 한다거나, 남편이 아내와 말다툼을 하다가 언쟁을 끝내기 위해 구타를 하는 것 등이 그 예이다. 이러한 행동들은 계획적이라기보다 비이성적이고 충동적인 행위들이다. 즉 폭력범죄는 대부분 이성적인 판단에 의해 이익과 비용을 고려한 계획적인 범죄라기보다는 감정적이고 즉각적이고, 무계획적인 우발적 범행이 대부분이다.

과거의 범죄연구에서 간과한 연구분야 중에 하나는 자신의 행동의 원인에 대한 범죄자 자신의 인식이다. 범죄자의 귀인특성을 파악함으로서 누범유형에 대한 통찰을 제공받을 수 있으며 또 폭력에 대한 정확한 예측력을 높일 수 있을 것이다. 다음은 귀인과 폭력범죄의 관계에 관한 중요한 연구결과를 검토하여 보았다. 일본의 범죄학자인 山入端津由는 공격의 동기를 전략적 동기와 충동적 동기로 구분하여 공격의 2과정 모형을 다음 〈그림 11-11〉과 같이 제시한 바 있다.

〈그림 11-11〉에서 보는 바와 같이 어떤 개인이 도발사상을 지각하고 나면 두 가지 경로의 폭력적 반응을 보이게 된다.

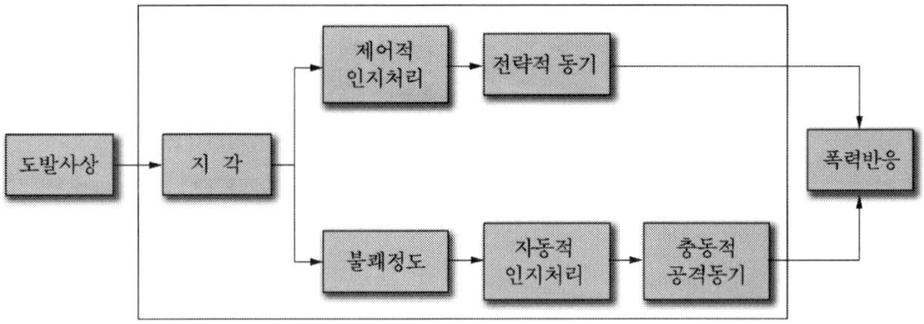

출처 : 山入端津由,『犯罪・非行의 社會心理』, p. 85.

〈그림 11-11〉 폭력의 2과정 모형

첫 번째 경로는 도발적인 사상을 지각한 개인은 제어적 인지처리를 통해서 전략적 동기가 생기고, 이것은 폭력적인 반응을 일으킨다. 여기서 전략적 공격동기란 현실적 목표를 달성하기 위해 목표 지향적인 행동동기를 말한다. 따라서 전략적 동기에 의한 폭력적 반응에는 반응을 보이기 전에 개인의 이성적이고 합리적인 판단에 의해 사전 치밀한 계획을 수립 후에 폭력적인 반응을 하는 경우를 말한다. 두 번째 경로는 도발적인 사상을 지각한 개인이 불쾌한 감정을 느끼게 되면 무조건적으로 발생하는 자동적 인지처리를 통해서, 충동적인 공격동기가 발생하게 되고, 이로 인해서 타인에 대한 폭력적인 반응으로 나타나게 된다. 여기서 충동적 공격동기가 발생하는 것은 타인의 도발적 사상에 대해 불쾌한 감정을 느끼게 되고, 이것이 개인의 인지적 처리과정에 영향을 미치게 된다는 것을 알 수 있다. 특히 山入端津由는 충동적 동기에 의한 폭력반응은 범죄적 폭력으로 연결되는 경우가 많다고 하면서, 특히 불쾌한 감정에 의한 인지적 처리는 살인 등 우발적인 강력범죄로 이어진다고 하였다.

제 12 장

범죄의 사회학적 요인

제 1 절 범죄의 사회학적 요인

범죄의 생물학적 요인과 심리학적 요인에 대한 연구가 범죄자의 개별적인 특성을 대상으로 하는 것에 비해 사회학적 요인연구는 범죄자를 둘러싼 환경 전체에 주목한다. 범죄의 사회학적 요인에 대해서는 여러 가지 분류가 가능하나 정설은 없다. 여기에서는 설명의 편의상 사회집단과 사회환경 두 가지로 나누었다. 이중 사회집단은 개인에 직접 영향을 미치는 미시적 도덕환경을 말하고 구체적으로 가정, 학교, 직장, 사회, 계층 등이 있다. 이 외 인종이나 연령에 대해서도 개인의 사고나 행동의 결정에 영향을 주는 사회집단으로 이해할 수 있다. 이에 비해 사회환경은 사회 전체에 거시적으로 영향을 미치는 환경을 말한다. 구체적으로 도시화, 경제상황, 매스미디어가 있다.

제 2 절 사회집단과 범죄

1. 가정과 범죄

가정은 「인류최소의 사회집단」으로서 본래 범죄를 제어하는 역할을 맡고 있다. 하지만 동시에 가정은 범죄의 원인이 되기도 한다. 이 때문에 「가정은 범죄의 원인이다」라 할 수 있다. 이제까지 가정환경의 문제는 특히 소년비행과의 관련이 지적되어 많은 조사연구가 이루어졌다. 제2차 세계대전 후에 한정해 보면 가정과 범죄·비행의 연구는 2기로 나눌 수 있다.

1) 가정과 범죄·비행연구(제1기)

제1기의 연구(전후~1960년대)는 가정의 구조에 초점을 맞춰, 범죄·비행의 원인을 찾았다. 그 대표적인 연구로는 범죄·비행원인이 되는 가정을 4가지로 나누었다. ① 결손가정(사망, 이혼, 실종 때문에 실부모가 있지 않은 가정) ② 갈등가정(심리적인 갈등 때문에 가족내의 인간관계에 갈등과 불화가 생기는 가정) ③ 범죄가정(범죄에 대한 생각이나 행동이 긍정적인 가정) ④ 빈곤가정(경제적 생활수준이 낮은 가정). 이런 네 가지 유형론은 간단명료한 설명이 되어 있어 범죄요인 탐구의 기본적 전제가 되었다.

하지만 이런 접근에 대해서는 두 가지 비판이 있다. 첫째, 일정한 가정상황이 범죄에 연결된다는 전례는 도덕적 가정을 이상으로 하는 과도한 도덕주의(moralism)에 기초로 한 것은 아닌가? 둘째, 네 가지 유형화는 가정환경을 과잉단순화를 통해 비행의 실태를 파악한 것이 아닌가? 최근에는 한국에서도 「비행소년의 대부분이 양친이 있고 경제적으로 중산층에 속한다」는 사실(비행의 일반화)이 보고되고 있다. 위에서 제기한 유형론은 시대의 흐름에 적합하지 않은 것이라고 할 수 있다. 또 4유형의 명칭 자체도 재검토를 요하는 것이다.

범죄자가 일인 가정에 있다고 일가 전체를 범죄가정이라 부르는 것은 옳지 못한 낙인의 전형적인 사례이다. 또 일가 전체가 범죄를 할 가능성이 많은 집단이라는 발상은 과잉단순화되어 가계연구의 축적결과를 통해 부정되었다. 또 결손가정이란 용어는 영어의 "broken home"을 번역한 것으로 일반적으로 사용되나, 차별적인 뉘앙스가 포함되어 있어 사용을 자제하고 있는 경향이 있다. 최근 친부모가 없어 가정기능이 발휘되지 않는 경우 기능적 결손가정이라 부르는 예가 있으나 이것도 같은 예이다.

2) 가정과 범죄 · 비행 연구(제2기)

이처럼 제1기의 연구는 정태(형태)적 연구였다. 이에 대해 제2기(1970년대~)는 연구의 중점을 「가정구조」에서 「가정의 상호작용」으로 보는 동태(기능)적인 연구로 변화되었다. 가정에는 여러 기능이 있으나 이 연구가 가장 중시하는 것은 아이를 교육 · 보호하는 가정의 사회화 기능이다. 콘크린(J. Conklin)에 의하면, 가정의 사회기능에는 4가지 중요한 요소가 있다고 한다. ① 부모의 감독 ② 애정의 끈 ③ 가정전체의 조화 ④ 친자의 커뮤니케이션 그리고 가정의 형태가 어떠하고 이들 요소의 결여로 가정의 사회화기능이 제대로 움직이지 못한 경우 가정이 범죄(비행)원인이 된다고 생각하였다.

허쉬(T. Hirsch)가 유대이론(bonding theory)에서 「애착(愛着)의 끈이 비행(非行)을 억제한다」라는 지적한 것도 같은 점을 주목한 면이 있다. 허쉬에 의하면 소년이 비행에 대한 유혹에 직면한 때 결정적인 역할을 한 것은 양친의 물리적 존재가 아닌 심리적 존재이라고 한다. 학생을 대상에 범죄를 저지르지 않는 이유를 묻는 조사를 행한 로샤(J. Roscha)도 비슷하게 법을 준수하는 이유로서 「형벌을 무서워하는 것이 아닌 양친의 마음을 생각해서」라는 이유를 든 자가 많았다는 조사결과를 보고하고 있다.

또 1991년 미국의 맛코드는 가정환경과 남자소년을 비행에서 끊게 하는 것은 특히 「모친이 중요한 역할을 하고 있다」라는 것이 확실하다고 보고했다. 그에 의하면 모친이 자식의 행동에 자신감을 갖고 처벌적 행동을 취하지 않고 애정이 넘치는 지도력을 겸한 경우 그 자식은 비행을 할 가능성이 감소한다. 이에 비해 부친의 가정내의 역할이 소년비행에 주는 영향이 크지 않다. 하지만 성인범죄에 주는 아버지의 영향은 크다.

가족의 구조적 결손이 소년범죄에 미치는 영향?

〈소년범죄자 보호자별 현황(2007년–2011년)〉

보호자 / 연도	계	실 부모	편 부	편 모	부모 없음
2007	78,046 (100)	63,594 (81.5)	6,353 (8.1)	5,639 (7.2)	2,460 (3.1)
2008	109,589 (100)	90,323 (82.4)	8,271 (7.5)	7,294 (6.7)	3,701 (3.4)
2009	99,405 (100)	80,498 (81.0)	8,057 (8.1)	7,171 (7.2)	3,679 (3.7)
2010	80,484 (100)	63,211 (78.5)	7,630 (9.5)	6,665 (8.3)	2,798 (3.7)
2011	72,240 (100)	56,758 (76.5)	7,718 (10.4)	7,024 (9.5)	2,740 (3.7)

주 : 1. 범죄분석
2. 편부는 실부계모, 실부무모, 편모는 실모계부, 부모없음은 계부모, 계모무부, 무부모
3. 기혼자, 미상은 제외
4. ( ) 안은 분포백분율

자료: 2012 범죄백서, 2013: 123.[1]

위 표는 우리나라 소년범죄자 중 미혼인 자들의 보호자별 현황을 나타낸 것으로 2011년의 경우 실부모의 비율이 76.5%, 편부가 10.4%, 편모가 9.5%, 무부모가 3.7%를 차지하고 있으며 이러한 구성비율은 약간의 증감이 있기는 하지만 매년 거의 비슷한 것으로 나타나고 있다.

1) 법무연수원, 2013, 2012년 범죄백서.

맛코드는 아이의 유소년기에 부친이 모친의 자존심에 상처를 입히거나 극히 공격적이고 가정 내 다툼이 끊이지 않을 경우에 그 자식이 성인이 되어서 범죄를 저지를 가능성이 높다고 지적했다. 단, 이처럼 가정의 사회화기능에 초점을 맞춰 빈곤이나 가정의 붕괴를 무시할 수 없고 이들도 사회화에 영향을 미치는 범위를 사실적으로 판단할 수 없다. 또 가정의 사회화를 저해하는 요인은 시대에 따라 변해서 최근에는 점점 다양화되고 있다. 핵가족화, 맞벌이 가정의 증가가 가정의 사회화를 저해하는 요인으로 지적되고 있고 독신, 이혼, 미혼모 등도 사회화를 방해하는 요인으로 등장하였다.

2. 학교와 범죄

종래의 범죄·비행 연구를 보면 학력과 학교생활의 부적응에 초점이 맞추어져 있었다. 하지만 이제까지의 통설은 오늘날의 교육의 실태를 보면 시대착오적인 것도 포함하고 있어 재검토를 필요로 한다. 또 학교와 범죄·비행의 관계를 보는 경우에는 학교가 갖는 어떤 요인이 작용해 「학교 외에서 이루어지는 범죄·비행의 문제」와 「학교 내에 있어 이루어지는 범죄·비행」의 양쪽을 다룰 필요가 있다. 이 중 후자에는 학교폭력이 문제가 되었으나 오늘날에는 「집단 따돌림」의 문제도 주목되고 있다.

1) 학교와 범죄

우선 학력에 대해서는 이제까지 「범죄자나 비행소년의 학력은 일반인의 학력에 비해 낮다」고 여겨져 왔다. 그리고 그 이유로 학교에 있어 충분한 교육을 받지 못함으로 인한 사회성·도덕성의 발달지체나 낮은 글자해독능력에 의한 도시생활에 대한 부적응이 지적되었다. 다른 한편, 저학력자의 다수는 빈곤가정출신으로 또 그 지능이나 성격의 결여가 있는 경우가 많아 이 요인들이 범죄의 원인으로 작용한다는 설명해 왔다. 이들 견해는 저학력이 범죄의 원인은 아니고 빈곤이나 지능·성격의 결여 등 저학력자의 공통되는 다른 요인이 범죄에 영향을 미친다고 생각하였다.

예를 들어 밀러는 학력이 높은 자는 지적능력이 높아 저학력자보다 은밀히 비행의 발각을 숨기는 방법을 아는 것이 아닌가 지적했다. 또 현대사회는 학력중시 경향이 강해서 저학력자는 사회적 성공을 얻을 기회가 엄격히 제한되어 있다. 따라서 사회적 성공에 대한 원망과 그것을 방해하는 현실과의 긴장이 저학력자를 범죄로 이끈다는 측면도 부정할 수 없다고 생각한다.

조사결과를 보면 저학력을 범죄원인으로 보는 것을 긍정하는 경향이 많이 있다. 하지만 종래의 연구는 노상범죄(路上犯罪)를 중심으로 한 것을 잊어선 안 된다. 즉 거의 모든 연구는 화이트칼라범죄, 기업범죄, 고급관료의 범죄, 정치가의 범죄 등에 대한 연구는 거의 없는 실정이다. 그 많은 암수범죄를 고려하면 통계상의 수치만을 주목해 학력과 범죄문제를 다루어 범죄학의 일반원칙으로 정립하는 것은 넌센스에 불과하다. 현실적으로 학력과 범죄의 종류를 보면 많은 범죄에 대해서는 저학력자가 많은 것에 비해 탈세나 횡령은 학력이 높은 자가 비교적 많은 비율을 차지하고 있음을 간과해서는 안될 것이다.

2) 학교부적응과 범죄

일반적으로 「학교부적응(구체적으로 퇴학, 학업성적부진, 결석)학생은 비행률이 높다」는 설명이 종래의 정설이다. 예로 글륙(Gleuck)부부가 퇴학과 비행과의 상관관계를 조사한 결과 비행소년의 퇴학경험은 95%인 것에 비해 통제집단인의 비행사실 없는 소년에서는 11%였다. 또 종래 이전 학교 부적응에는 개인적 요인과 환경적 요인이 영향을 미친다고 생각해 왔다. 이 중 개인적 요소에는 학력의 낮음이나 집단생활에 익숙해지기 어려운 심신의 장해 등이 있다.

이에 비해 환경적 요인으로는 가정의 빈곤이나 가정불화 등 가정요인과 학력편중에 의한 획일적인 교육시스템 등 학교요인이 여기에 속한다. 이런 견해는 한편으로는 맞는 면도 있으나 인과관계는 명확하지 않다. 또 최근 한국에서 무단결석자 수가 많아 그 원인도 다양한 것이 특징이므로 학교부적응과 범죄·비행의 관계가 명확하지 않다.

3) 학교내 폭력

학교내의 학생폭력을 「학교내폭력」이라 부르며 사회적으로 주목을 모으게 된 것은 1990년대 후반이었다. 교내폭력에는 크게 나누어 ① 대교사 폭력 ② 학생간 폭력 ③ 기물파괴폭력이다. 교내폭력은 1990년대 후반과 최근까지 심각한 문제로 대두되고 있다. 학교내폭력의 경향으로서 다음 7가지가 지적되었다. (a) 수업시간 중에 교실 내에서도 발생하고 있다. (b) 악질화되고 있다. (c) 충동형과 계획형이 있다. (d) 모두 외부 불량배와 관계되어 있다. (e) 전국적으로 발생하고 있다. (f) 연중 지속적으로 발생하고 있다. (g) 여러 명의 교사가 집단폭력을 당했다.

이런 폭력에 대한 대책으로 학교 방침에서 교사의 태도까지 여러 지적이 있었으나 최근에 약간씩 감소되었다. 이런 감소요인으로는 교내폭력의 원인이 개선되었다기보다 오히려 학교내의 관리체제의 강화와 경찰의 적극적 개입에 의한 것이 크다고 봐야 할 것이다. 간단히 학교교육문제로 치부하고 학교에 그 대응을 전면적으로 위임하는 것이 아닌 가정이나 지역사회를 포함한 포괄적인 대책을 강구할 필요가 있다. 특히 교사에 대한 폭력은 심각한 교권침해로 엄격하게 다루어져야 할 것으로 생각한다.

4) 왕따

학교와 범죄·비행과의 관계에서 교내폭력과 함께 진지한 검토가 필요한 것이 「왕따」이다. 본래 왕따는 인간관계의 문제로 범죄·비행과는 무관계였다. 하지만 실제 왕따는 형법상 구성요건에 해당하는 경우도 적지 않다. 이 때문에 최근에는 범죄학의 영역에서 왕따가 논의되는 횟

수가 늘어나고 있다. 왕따가 「인권을 침해하는 위법행위로 범죄이다」란 사실을 정면으로 이해하지 않으면 안 된다. 또 최근 왕따가 원인이라 생각되는 자살이 몇 차례 방송을 통해 보도되면서 사회적인 관심이 높아졌다.

또 왕따문제는 한국특유의 현상이 아닌 일본을 비롯한 세계 여러 나라에서도 문제시되고 있다. 우선 오늘날 한국에서 왕따로 보고되는 건수는 많지 않으나 초등학교 학생부터 대학생, 심지어는 직장까지 널리 분포되어 있다는 것이 하나의 사회적 문제가 아닐 수 없다. 또 질적인 특징으로 「왕따의 잠재화」가 지적되었다. 각각 왕따의 사실이 실제 존재하는가 없는가는 가해자, 피해자의 쌍방에 「왕따하고 있다」와 「왕따당하고 있다」란 인식이 있는가 없는 가란 양자의 관점에 따라야 하겠지만, 최근에는 가해자측이 왕따를 짓궂은 장난이나 게임으로 위장해 정당화하는 악질적 방법이 동원되는 경우도 적지 않다.

또 교사에 왕따 사실이 발각되지 않게 하기 위하여 피해자와 주변친구들이 발설하지 못하도록 정보를 단절시키는 경우도 있다. 그 때문에 왕따가 발각된 때에 학교측이 그 사실을 몰랐던 것도 적지 않다. 이들 사정을 고려하면 보고되지 않는 암수(暗數)도 상당히 많을 것이라는 사실을 추정할 수 있다. 최근 왕따는 그 수단이 교묘화되어 가고 있다. 본래 왕따란 것은 교묘한 성질을 가지고 있다. 하지만 최근 왕따에서는 「집단따돌림」 등의 방법이 집요하게 반복돼 피해자가 정신적으로 강한 상처를 받아 PTSD(외상후스트레스장애)에 빠지는 사례도 많이 발생한다.

그 외의 왕따의 오늘날의 특징으로는 다음 4가지를 지적할 수 있다. (a) 왕따는 가해자와 피해자와 함께 그들의 주위의 아이들에 의해 만들어진다. 또 그 주변 아이들은 왕따를 즐겁게 보는 자(관객)와 봐도 모른 척 하는 자(방관자)로 나누어져 있다.(왕따의 4중구조) (b) 왕따에 어떤 형태로든 관계되는 아이들이 증가추세이다 (c) 왕따의 가해자가 다른 자와의 관계에서는 피해자가 될 수 있다. (d) 왕따의 피해가 학업성적이 우수한 자에까지 확산되어 있다. 종래의 왕따 원인에는 여러 주장이 있었으나 오늘날 왕따문제는 「예전에도 있었던 일이다」란 허용적인 차원으로 보는 것이 아닌 「악질왕따는 범죄로서 명백한 인권침해」임을 잊지 말아야 한다.

5) 기타 학교와 범죄 · 비행연구

이외에도 학교와 관련에서 다음의 4가지 비행원인이 지적되었다. ① 학력편중 교육을 배경으로 한 저학력 학생들의 욕구불만이다. 저학력 학생은 「성적」이란 가치기준에서 높은 평가를 받지 못한다. 그 때문에 그들은 학교에 강한 욕구불만을 가지고 있다. 여기서 이를 해소하기 위한 가치기준을 「폭력」이나 「불량스러움」으로 변경한다. ② 학교를 무대로 한 영화 등의 영향이다. 비행소년은 비행내용이나 수단을 무슨 방법으로 학습하는가? 텔레비전 등의 메스미디어에 의해 대량의 정보가 여과 없이 비행소년에게 전달되고, 이를 통해 학생들은 폭력 및 비행을 학습하게 된다. ③ 교사의 학생지도력 저하에 의한 통제의 누수와 부모의 무관심 내지 관리소홀이 비행발생을 억제하지 못하고 있다. 어떤 이유로 인해 교사에 대한 존경이나 애착이 희미해지면 교사에 의한 통제는 흔들려 학교에서의 비행발생을 통제할 수 없게 된다. ④ 학교교사에 의한 일탈 낙인 붙임도 중요한 원인이다. 비행소년은 학교나 교사에 의해 받은 「공부 못하는 학생」, 「불량학생」 등의 낙인찍기에 의해 비행소년이 된다. 이런 낙인을 붙이는 것에 의해 비행소년은 고정관념적인 역할기대를 바라기 때문에 비행을 반복하고 있다.

3. 학교와 범죄연구의 평가

한국처럼 취학, 진학률이 높고 소년인구 대부분이 학교에 귀속되어 있는 상황에서는 소년비행의 원인을 학교에서 구하는 지적은 설득력이 있다. 특히 이제까지 계속 지적돼 온 학력편중의 교육정책과 성적지상

주의 교육시스템에 대한 비판도 있어 비행소년을 이런 일그러진 교육시스템의 희생자로 이해하는 주장도 있다. 확실히 이런 주장은 오늘날 소년문제의 핵심이라고 할 수 있다. 하지만 이런 주장이 학교에 대한 맹목적인 비판이나 교사에 대한 비판으로 이어지는 것도 결코 바람직하지 못하다.

일본학교에서의 폭력 예방 전략

일본은 학교차원에서 학교폭력 예방을 위하여 발달 장애가 있는 개별 학생이나 수험스트레스가 있는 아동, 애착관계에 문제가 있는 아동에 대한 개별지도를 강조하고 있다. 특히, 수험 스트레스가 있는 학생에게는 수험기간 전에, '스트레스 매니지먼트 교육'(여러가지 스트레스에 대한 대처법을 배우는 방법이다. 처음에는 스트레스에 대한 지식을 배우며, 그후 「릴렉제이션」, 「코핑(대처법)」을 학습한다)이나 '소셜 스킬 트레이닝'(여러 가지 사회적 기능을 트레이닝에 의해 기르는 방법이다. 「상대를 이해한다」, 「자신의 생각이나 생각을 적절히 전달한다」, 「인간관계를 원활히 한다」, 「문제를 해결한다」, 「집단 행동에 참가한다」 등이 트레이닝의 목표가 된다. 장애가 없는 학생뿐 아니라 발달 장애가 있는 학생의 사회성 획득에도 활용된다.) 등의 예방적 전략의 실시를 강조하고 있다.

또한 폭력행위를 일으키는 것이 염려되는 학생이 재학하는 학교에서는 '스쿨 카운슬러'나 '스쿨 소셜 워커'의 조언·원조를 받는 것을 검토하는 등 조기발견을 위해 학생들이 보내는 사인을 알아차려 안정된 분위기 속에서 스트레스를 줄일 수 있는 상담을 진행할 수 있게 한다. 사태가 심각해지는 것을 막기 위해 출석정지와 같은 조치는 물론 피해 학생과 학부모에 대한 지도의 필요성도 강조한다(暴力行爲のない學校づくり研究會(2011), 暴力行爲のない學校づくりについて報告書)

본래 학교만이 교육의 장소는 아니다. 오늘날 가정환경의 급속한 변화(이혼 · 맞벌이로 인한 자식과의 대화부족)나 지역사회의 연대가 약화되어 부모나 인근주민이 아이의 생활이나 인격형성 면에서의 교육을 받지 않고 그 역할을 전부 학교에 미루는 경향이 없다고는 할 수 없다. 오히려 학교는 사회전체에서 부담해야 할 교육문제를 일방적으로 떠

안고 있는 측면이 있다. 따라서 「학교와 범죄 · 비행」의 문제를 다룰 때에는 그 배후에 있는 여러 사회문제를 고려해야 한다.

한편 학교의 범죄 · 비행 통제기능에 주목하는 면도 있음을 잊어서는 안 된다. 예컨대 허쉬(Hirschi)의 유대이론이나 펠슨(M. Felson)의 일상활동이론에서 학교에서 있는 시간이 길면 길수록 소년들이 비행을 할 시간이 없어진다고 이야기하였다. 다음에는 「학교와 범죄 · 비행」 연구에는 학교의 이런 기능에도 유의해서 다양한 각도에서 검증이 이루어질 필요가 있다.

4. 직장과 범죄

많은 사람이 생활의 대부분을 직장이란 사회환경에서 보낸다. 이 때문에 사회환경과 범죄의 관련성을 검토할 때도 직장은 뺄 수 없는 중요한 검토 대상이다.

1) 과거의 연구

종래 직장이나 범죄간에 일정한 연관성이 있다고 하는 주장들이 자주 제기되어 왔다.

첫째, 직종(職種)과 범죄 관련에서 「단순노동자의 범죄율이 높고 전문직 · 기술직 · 관리직에 종사하는 자의 범죄율은 낮다」고 보고되었다. 이 설명은 직업의 성격이 범죄경향성을 갖고 있다는 뉘앙스를 풍기고 있지만 화이트칼라 범죄를 고려해 보면 사실에 맞지 않다. 또 직종이 다양화된 오늘날의 현실을 고려하면 직종과 범죄의 관계는 설득력이 떨어진다.

둘째, 실업과 범죄의 관련에서 절도를 중심으로 양자의 상관관계가 지적되었다. 확실히 실업과 범죄의 관련성은 있는 것으로 추측된다. 하지만 실업자가 증가하는 시기는 경제상황의 악화시기와 겹치는 경우가 많은 것도 사실이다. 실업이 범죄증가를 충분히 설명을 하지 못하는 중요한 이유이다. 또 고령화사회에 있어 고령실업자의 역할이 증가하여 실업내용에 질적 변화가 생겨 실업과 범죄의 관련성을 너무 강조하는 것은 적절치 않다고 생각된다.

셋째, 전직(轉職)과 범죄의 관련에는 전직경험자의 범죄와의 관련성이 지적되었다. 오늘날에는 종신직은 급격히 감소하였고 전직은 자연스러운 현상으로 받아들여지고 있다. 전직자의 역할이 급속히 증가하는 오늘날에는 전직과 범죄의 관련성 자체가 희박하다고 생각된다. 또 전직은 취업조건이나 인간관계가 강한 영향을 주는 경우도 있어 전직과 범죄의 상관관계를 안이하게 인정하는 것은 피해야 한다. 현재까지 이들의 상관관계에 대해 실증적인 연구는 충분히 이루어져 있지 않고 원론적인 규명도 진행되어 있지 않다.

2) 직장의 범죄

범죄학상 직장과의 관련에서 오늘날 주목할 점은 오히려 직장범죄이다. 직장범죄란 개인이 자신의 이익을 위해 직무 중에 저지르는 범죄를 말한다. 1973년에 미국 범죄학자 크리나드와 퀴니에 의해 주장되었다. 그들의 관심은 이제까지 사용된 「화이트칼라 범죄」의 정의가 매우 애매하기 때문에 이를 직장범죄와 기업범죄(기업의 관리자에 의해 기업을 위해 이루어지는 범죄 혹은 기업가에 의해 이루어지는 범죄)로 나눠 범죄의 성질을 명확히 하는 것이었다. 두 사람의 이런 견해는 그 후 범죄학에서 많은 지지를 받아 오늘날에는 직장범죄와 기업범죄에 대해 각각 개별적 연구가 이루어지고 있다.

직장범죄의 특징으로는 5가지가 지적된다. (a) 한번에 발생하는 범죄에 의한 피해는 적으나 그것이 반복된다. (b) 통상 직무 중에 이루어지므로 발견하기 어렵다. (c) 통상의 업무중에 실행되고 피해규모도 적어 범죄자의 죄의식이 적다. 하지만 (d) 직장범죄 전체 피해는 크고 (e) 경제적인 영향은 매우 크다. 이런 표 나지 않는 범죄적 경제활동을 「숨은경제(hidden economy)」라 부른다. 이제까지 직장범죄 방지를 위해 기업내부의 감시활동 강화 등이 지적되었으나 어느 정도 효과가 있는지는 더 연구가 필요하다.

3) 직장환경

직장범죄에 관한 연구 중에 가장 중요한 테마의 하나로 직장환경이 범죄촉진의 요소를 갖고 있지 않은가란 점이다. 이 점에 대해 이제까지의 연구에서 직장범죄 발생을 촉진하는 요소로서 5가지가 지적되었다.

첫째, 상거래에서 신뢰관계가 없는 경우이다. 상거래에는 판매자와 구매자 사이에 지속적인 신뢰관계를 쌓아가면서 계속 이루어지는 것과 기계적으로 단번에 완료되는 것이 있다. 이중 전자는 범죄의 이익과 신뢰 양쪽을 잃는 것이 되어 범죄에 의한 리스크(risk, 위험부담)가 크다. 이에 비해 후자는 범죄를 저질러 발각되어도 손해는 적고 신뢰는 처음부터 존재하지 않아 큰 문제가 되지 않는다. 이 때문에 직장범죄는 후자 같은 상거래에서 발생하기 쉽다.

둘째, 직무상 전문지식을 필요로 하는 경우에 쉽게 발생한다. 직무수행에 고도의 전문지식이 요구되는 경우, 거래상대나 주변에서는 거래나 직무가 적정하게 이루어지는가를 판단하기가 곤란하다. 이 때문에 직무상 고도의 전문지식이 필요로 하는 경우에 범죄가 발생하기 쉽다.

셋째, 직무수행에 있어서 넓은 재량이 주어질 때도 위험하다. 어떤 지위에는 직무수행에 경험이나 높은 지식이 요구될 때가 있다. 또 그런 지위에 맞는 재량이 인정된다. 이런 재량의 범위 내에서 범죄가 일어나는 경우 이에 관계없는 사람은 방지하거나 발견하는 것이 곤란하다. 이 때문에 직무수행에 맞춰 넓은 재량이 주어지는 것이 범죄발생의 요소가 되고 있다.

넷째, 범죄방지 시스템이 완비되어 있지 않은 경우이다. 기업은 내부에서 범죄가 일어날 수 있음을 알아도 방지시스템을 도입하는 것이 많은 비용이 필요한 경우 시스템도입을 하지 않는다. 그런 기업의 내부환경에서 범죄를 유발할 수 있으며 어느 정도의 범죄는 예상할 수 있다.

다섯째, 취급상품의 질이나 양이 애매한 경우에도 그렇다. 상거래에서 상품의 질, 양 또는 종류가 명확하지 않은 것이 있다. 이런 상품을 다룰 경우 품질을 저하시키거나 양을 교묘하게 줄이는 등의 부정 행위가 발생하기 쉽다. 이 때문에 이런 상품의 거래를 다루는 것은 범죄의 가능성을 높이는 요인으로 작용한다.

'믿는 도끼 경보령' 직장내 범죄 잇따라

자신이 일하는 병원에서 병원비를 가로채고, 수년 동안 직장인 마트에서 억대의 식료품을 훔치고, 함께 일하는 동료의 지갑을 턴 용의자들이 잇따라 붙잡히며 때 아닌 '믿는 도끼 경보령(?)'이 내려졌다.

충북 청주에서 병원을 운영하는 A씨(61) 몇 년 전부터 연말정산을 할 때마다 석연치 않은 느낌을 받았으나 병원의 회계장부와 컴퓨터 전산기록에서는 이상한 점을 발견하지 못했다.

하지만 지난해 연말 아무래도 병원 수입이 자꾸만 줄어드는 느낌을 지울 수 없었고 결국 경찰에 수사의뢰를 했다.

얼마 뒤 경찰로부터 어처구니없는 소식을 접했다. 자신의 병원 사무장으로 근무하는 B씨(38)가 4년 동안 현금으로 입금된 병원비를 자신의 카드로 결제한 뒤 다시 취소하는 방법으로 1억4,000만 원에 가까운 병원비를 가로챘다는 것.

A씨는 평소 일처리도 깔끔하고 성실한 B씨가 이런 일을 했을 것이라고는 꿈에도 생각 못했다.

B씨의 범행은 치밀했다. 병원의 하루 결산이 끝난 뒤 신용카드 단말기에서 결제를 취소하면 결산기록에는 병원비가 정상으로 결제된 것으로 나타난다는 점을 이용했다.

B씨는 또 신용카드 회사에서 일정기간 결제된 신용카드 결제금액을 세세한 내역 없이 한꺼번에 입금해 주기 때문에 취소된 내역을 확인 할 수 없는 사실도 범행에 교묘히 이용했다. 심지어 B씨는 자신의 범행을 들키지 않기 위해 현금으로 입금된 병원비의 10원 단위까지 카드로 결제하기도 했다.

지난달 29일에는 무려 8년 동안 자신이 일하는 대형마트에서 억대의 생필품을 훔쳐 살림을 꾸리어 온 C씨(45·여)와 훔친 물건을 집으로 가져간 C씨의 남편이 상습절도 혐의로 나란히 경찰에 붙잡혔다.

마트가 처음 문을 열 때부터 일을 하기 시작한 C씨도 평소 성실한 모습으로 마트 주인이 금고의 열쇠까지 맡길 정도로 신뢰를 받고 있었던 것으로 알려졌다.
또 자신이 일하는 오락실에 침입해 현금 270만 원을 훔친 20대 대학생 2명이 경찰에 붙잡히고 함께 건축 일을 하는 직장동료의 지갑에서 직불카드를 훔쳐 500만 원을 인출한 30대 남성이 경찰에 덜미를 잡히기도 했다(뉴시스, 2010년 02월 19일)

4) 인종과 범죄

인종은 종래 범죄생물학적 요인의 하나로 논의되었다. 하지만 오늘날에는 인종은 하위문화(sub-culture)를 형성하는 경우가 많아 일반적으로 사회학적 관점에서 논의되고 있다.

(1) 과거 「인종과 범죄」 연구

예전에는 미국의 흑인범죄율, 유럽의 유대인범죄율 등이 주로 연구되었다. 그리고 그런 연구 중에는 인종에 의한 범죄율 차이를 지적하는 예도 적지 않았다. 예를 들어 19세기 후반에 실시된 유럽에서의 유대인의 범죄율이 다른 인종에 비해 낮은 것이 지적되었다. 또 1940년대 미국의 흑인범죄율 연구에서 흑인의 범죄율은 백인에 의해 3배 이상 높았다.

(2) 「인종과 범죄」 연구의 재연

단 이런 연구에 의해 특정인종의 범죄율이 높은 것이 밝혀졌다 그렇다고 인종 자체가 직접적으로 소질적 요인이 되었다고는 할 수 없다. 오히려 빈곤이나 높은 실업률 등 인종을 둘러싼 사회적인 요인이 문제일 수 있다. 또 동일 인종이 집단으로 거주해 하위문화를 형성하는 경우 이런 하위문화의 영향도 고려해야 한다. 이런 관점으로 보면 「인종과 범죄」 문제도 사회집단의 문제로 파악하는 것이 가능하다.

지금까지의 「인종과 범죄」 연구가 인종차별적인 관점을 가지고 있는 것은 사실이다. 이 때문에 1960년대 이후 인종운동이 거세짐에 따라 「인종과 범죄」연구는 감소하였다. 하지만 이렇게 한번 가라앉은 것 같은 「인종과 범죄」문제가 최근에 재연 조짐이 보인다. 예컨대 미국에서 흑인·멕시코계 미국인·그 외의 소수민족의 범죄율이 높은 것이나 그 원인이 소질적인 요인의 차원을 넘어선 설명도 제기되고 있다. 이런 주장의 배경으로 신보수주의의 대두를 들 수 있다.

(3) 「인종과 범죄」 연구의 평가

이제까지 조사에는 인종간에 있어 범죄 발생률에서 차이가 있다고 전제하였다. 하지만 이제까지의 「인종과 범죄」연구의 기초가 된 자료들은 가두범죄를 대상으로 하는 것으로 화이트칼라 범죄를 고려하지 않았음을 간과할 수 없다. 그 때문에 과거 조사를 전제로 한 「인종의 범죄성」은 논할 가치가 별로 없다. 미국에서 최근 실시된 대규모 자기보고식 조사에서는 인종간의 범죄율 차이가 밝혀지지 않았다. 또 범죄 중 다수가 다른 인종간이 아닌 같은 인종에서 발생하는 현실도 주목해야 한다. 확실히 미국의 경우 실질적으로 중대범죄에서 흑인이 체포되는 비율은 백인에 비해 극히 높으나 인종차별이나 도시문제가 흑인의 범죄율을 높이는 요인 중에 하나임을 간과해선 안 된다.

5. 사회계층과 범죄

사회계층은 생활수준에 의해 분류된 사회집단으로 상류계층·중류계층·하류계층 등 3가지로 분류된다. 종래 이 사회계층과 범죄의 관련성으로 하류계층과 범죄의 연관이 지적되었다. 또 하류계층과 범죄의 친화성을 지적하는 다음과 같이 두 가지 관점이 존재한다. ① 하류계층의 경제상황, 특히 빈곤이 미치는 영향 ② 하류계층의 독자적인 문화가 미치는 영향이 그것이다.

1) 빈곤과 범죄

빈곤을 범죄원인이라고 보는 견해는 과거부터 유력하게 거론되었다.

예컨대 한국에서도 과거에는 「수형자의 대부분이 빈곤계층 출신자이다」란 지적이 있었다. 또 전술한 「가정과 범죄」나 「학교와 범죄」에서 「빈곤가정이 범죄와의 친화성을 가짐」 혹은 「저학력자의 범죄율이 높은 것은 그들의 다수가 빈곤가정 출신이기 때문」 등의 견해가 나온 것도 비슷한 사실을 지적한 것이라 할 수 있다. 단 오늘날에는 사회복지 정책의 향상으로 빈곤에도 질적 변화가 보인다. 또 실증적 연구에서도 하류계층에 속하지 않은 자에 의해서 재산 범죄가 발생하고 있는 것도 확실해졌다. 이 때문에 빈곤의 관점이 경제적 불평등 또는 상대적 빈곤으로 옮겨졌다.

2) 하류계층의 문화와 범죄

하류계층 고유의 문화가 범죄원인이라는 주장은 코헨의 비행하위문화론이었다. 코헨은 하류계층소년은 지위를 상승시키는 시도가 단절되어 있어 전통적 문화에 적대감정을 품고 그 반동형성(反動形成)으로 특유의 하위문화를 형성하여 비행에 이른다고 주장했다. 또 밀러는 하류계층의 소년이 비행을 하는 이유는 코헨이 말하는 것처럼 중·상류계층 문화에 대한 적대감정이 아닌 싸움이나 스릴을 강하게 바라는 가치개념에 바탕을 둔 하류계층 문화의 적응의 소산이라고 하류계층문화론을 주장하였다.

3) 「사회계층과 범죄」 연구의 평가

과거 범죄학에는 범죄의 대부분이 하류계층에 속한 자에 의해 발생한다는 주장에 대해 의견이 일치하였다. 이 때문에 사회계층과 범죄간에 상관관계가 인정되어 왔다. 이런 인식은 현재도 뿌리깊은 지지를 받고 있다. 예컨대, 오스트레일리아의 범죄학자 브레이스웨이트(J. Braithwaite)는 1970년대 이후에 발표된 90건이 넘는 「사회계층과 범죄」연구를 재검증하고, 「사회계층과 범죄의 관련성에 대해 많은 실증적인 연구결과를 통해서 확인되었다」라고 평가하였다. 단 오늘날 범죄가 하류계층에 속한 자에 의해서만 이루어지는 것은 아니란 점이 제기되고 있다.

왜냐하면 「하류계층과 범죄」연구에서 조사대상을 주로 가두범죄로 한정하여 화이트칼라 범죄가 그다지 고려되고 있지 않았기 때문이다. 예를 들어 래크레스(Reckless)는 화이트칼라 범죄를 포함하여 「사회계층과 범죄」에 관한 통계를 산출하면 상류계층과 하류계층에 범죄분포율이 높아지고 중류계층에서 낮아지는 곡선이 된다고 주장했다. 따라서 지금까지의 연구를 종합해서 재해석하면 하류계층과 범죄의 관계는 수정되어야 할 것이다. 대신에 사회계층의 범죄에 있어서 질적 차이가 있을 뿐이다. 앞으로의 연구에서는 계층 간에 범죄의 질적 차이에 대한 연구가 진행되어야 할 것이다.

6. 연령과 범죄

통상 연령은 개인의 소질적인 요소로 이해된다. 여기선 일정 연령층을 사회집단으로 파악. 그 집단의 특징을 검토해 보는 것도 재미있는 작업일 것이다.

1) 연령과 범죄의 관련성

미국에서 연령과 범죄의 관련성을 보면 일반적으로 체포되는 자가 많은 연령층은 15세에서 16세이다. 또 범죄별로 보면 가장 체포자가 많은 것은 재산범이 15세에서 17세, 폭력범이 18세에서 19세, 화이트칼라 범죄가 30세에서 55세, 정치범죄가 30세에서 55세로 되어 있다. 이에 비해 한국에서의 형법범의 연령별 분포를 보면 20세에서 14세의 범죄율이 가장 높다. 또 형범범의 검거인원의 인구비를 보면 소년의 인구비는 12%대로 추리된 것에 비해 성인 인구비는 8%대였다. 소년의 연령과 범죄관계를 보면 양적으로 연소소년(14 · 15세)이 가장 많다. 연소소년은 절도 중간소년(16 · 17세)은 횡령 · 강도, 연장소년(18 · 19세)은 살인·강간의 경우가 높았다. 이처럼 미국과 비슷하게 한국에서도 연령과 범죄간의 일정한 관련성이 나타난다. 특히 성인과 소년간에 범죄율에서의 차이를 보이는 것과 마찬가지로 청소년도 각 연령층으로 차이나 나타난다는 점이다.

2) 범죄요인으로서의 연령

이처럼 일정한 관련성을 낳는 요인은 어디에 있는가? 일반적으로 연령에 의한 범죄의 변화에 대해 ① 신체적 정신적인 변화와 ② 사회적 관계의 변화가 영향을 미친다고 생각된다. 이 중 전자에 중점을 둔 견해에는 범죄 발생률이 청소년기에 높은 요인을 「정신의 미성숙」에 의해 설명하는 한편 성인기 이후에 범죄율이 저하하는 경향을 보이는 근거를 「신체적·정신적 성숙」에서 찾는다.

이에 비해 후자에 중점을 둔 견해에는 사회와의 상호관계의 차이에 주목해 청소년기와 성인기 이후의 범죄 발생률의 차이를 각각의 시기에 받는 「비공식적 사회통제의 차이」에서 구했다. 즉 청년기 이후의 범죄 발생률의 저하를 직업이나 가정 등에 의한 구속으로 설명하였다. 또 사회적 관계변화에 대해서는 소년비행이 경제성장, 도시화, 사회의 고학력화 등 사회의 구조적 병리에 강한 영향을 받은 결과로 생각된다.

3) 위기이론

연령과 범죄의 관련성을 보다 상세히 설명하는 이론으로 「위기(危機)이론」이 주목된다. 이 이론에 의하면 인간은 어느 시기마다 발달과제(사춘기 등)를 가지고 있다. 많은 사람들은 이 문제를 극복하면서 성장하나 그 중에는 개인의 적응처리능력을 넘는 발달과제에 봉착하는 사람도 있을 수 있다. 이런 「위기」에 조우하여 이를 극복하지 못한 사람은 기본적인 사회적응 기능이 형성되지 않고 각종 문제행동을 일으킨다. 예를 들어 유아기에는 애착이나 기본적인 신뢰는 기본적인 사회적응 기능을 익히는 것에 의해 「특정의 사랑대상을 갖는 것」이 발달과제로 요구된다.

하지만 모친의 애정을 충분히 받지 못한 자는 「위기」에 빠져 종래 반사회적 행동을 일으킬 가능성이 생긴다. 또 청년기에는 정신적 자립이나 가치관 등의 형성에 의해 「제대로 된 성인이 되는 것」이 발달 과제가 된다. 하지만 부친이나 모친에 대한 콤플렉스 등에 의해 어른이 되는 것에 반항심을 가진 자는 「위기」에 빠져 정서가 불안정한 가운데 범죄나 비행을 저지른다.

위기이론은 생활경로(life course)의 각 장면마다 다른 범죄촉진요인에 직면하게 된다는 점을 지적한다. 이런 지적은 각각의 범죄케이스에 의해 설득력이 있는 내용을 갖추고 있다. 하지만 위기이론도 약간의 문제점이 지적되고 있다. 우선 정신분석학파의 범죄심리학이론과 유사하게 실증이 쉽지 않다는 점이다. 또 「위기」 때문에 범죄를 저지른 자와 「위기」상황에 있으면서 범죄를 저지르지 않은 자의 차이에 대한 충분한 설명이 미흡하다는 점이다. 또한 위기이론은 범죄자를 고찰하는 관점에서 유익하지만 범죄대책론에 어떻게 연결시킬 것인가는 이후의 과제로 남아 있다.

4) 노년기와 범죄

또 최근에는 고령화사회의 도래에 따라 연령과 범죄 관계에 「노년기와 범죄」란 새로운 측면이 지적되게 되었다. 교통법규를 어긴 형법범 검거인원에서 60세 이상 노령자의 경우도 1966년 1.9%에서 1991년에는 4.5%에 이르렀다. 이런 노령자의 범죄다수는 절도, 횡령 등 경미한 재산범죄를 범하게 되는 배경에 경제적 문제가 존재한다. 「연령과 범죄」 연구 중에서도 「노년기와 범죄」는 이제까지 별 주목을 받지 못한 테마였다. 하지만 급속히 노령화되어 가고 있는 오늘날의 현실에서 이 주제에 대하여 주목할 필요가 있다. 따라서 이후는 이런 타 연령층과 다른 특징을 갖는 「노년기와 범죄」의 문제에 대해서도 다룰 필요가 있다고 생각한다.

5) 「연령과 범죄」 연구의 평가

연령과 범죄에 일정한 관련성이 존재한다는 것은 확실하다. 오히려 다른 요인들보다 연령이 범죄와의 관련에 가장 확실한 요인이라고 생각한다. 전체적으로 보면 연령에 부합하여 범죄의 질이나 양이 변화하는 것은 범죄학상 「영원한 진실」이다. 또한 연령과 범죄문제는 이제까지 지적된 것처럼 신체적·정신적 변화와 사회적 변화 모두 다 영향을 미친다고 할 수 있다. 단 그런 영향의 세부적인 메커니즘은 불분명하다. 또 같은 연령에서도 범죄를 저지르는 자와 저지르지 않는 자가 있는 것은 당연하다. 즉 연령 외에 또 다른 요인 들이 범죄발생에 영향을 미치게 된다. 따라서 연령과 범죄의 상관관계에 대한 보다 구체적인 연구가 요구되는 한편, 앞서 설명한 위기이론을 포함해 그 외 다른 요인과의 상호작용을 설명하는가도 하나의 과제로 남아 있다.

제 3 절 사회환경과 범죄

1. 도시화와 범죄

사람들을 둘러싼 사회환경 중에서 범죄와 관련하여 범죄학사상 최초로 주목받은 것이 「도시화」이다. 도시와 범죄의 관계에 대해서 종래는 지역사회와 범죄란 형태로 진행되었다. 이것은 시카고 학파의 문제의식에 영향을 받는 바가 크다.

1) 지역사회와 범죄

예를 들어 쇼우와 멕케이는 시카고 시내의 비행발생지역을 지도 위에 하나씩 점으로 표시하고, 또 시가지역을 1마일마다 구분해 지역별 비행자수를 같은 지역에 거주하는 동성·동연령 집단의 인구에서 뺀

비행률을 산출해 비행률이 같은 도시에서도 지역마다 다른 것을 밝혔다. 이 쇼우와 멕케이의 일련의 연구를 계기로 그 후 같은 관점에서 많은 범죄조사가 실시돼 미국의 범죄사회학 기초가 정립되었다. 하지만 그 후 시카고학파의 연구방법이나 기초 자료 등에 문제점이 지적돼, 도시를 둘러싼 범죄동향에 변화가 보여 시카고학파는 지지를 잃었다.

2) 도시와 농촌

한편, 지역 간 범죄율의 격차에 대한 조사·연구한 것으로 도시와 농촌의 비교가 많이 있었다. 예를 들어 1965년에 일본에서 농촌과 도시 범죄의 질적 차이로서 농촌에서는 폭행·상해 등 신체 범이나 강간 등 성범죄 발생률이 높고 도시에서는 절도·강도·공갈 등의 재산 범이나 사기행위의 발생률이 높다고 보고되었다. 또 양자의 양적인 차이점으로 도시의 범죄발생률이 상대적으로 높다.

그 이유로서 블루히알트는 1936년에 8가지를 지적했다. (a) 경제활동이 활발하기 때문에 이익의 상극·마찰이 크다. (b) 도시는 익명성이 높다. (c) 청소년 및 성인의 도시유입이 많다. (d) 도시생활은 경제적으로 불안정한 자가 많다. (e) 도시에는 환락가나 상업적 오락이 발달돼 있어 도덕에 혼란을 준다. (f) 도시는 법 규제가 많아 위반기회도 늘어난다. (g) 도시에는 빈부 차가 크다 (h) 도시는 지역전체의 종교적 연결이 희박하고 풍속, 습관, 도덕관의 변화도 심하다.

단, 오늘날에는 고속교통망, 통신망의 발달이나 매스미디어의 발전에 의해 농촌과 도시의 격차는 여러 측면에서 축소되고 있다. 이 때문에 이제까지와 같이 이원적인 파악이 현재에도 그대로 적용 가능한가에는 의문이 남는다. 오히려 최근에는 ① 도시에 가까운 농촌(농촌의 도시화)과 ② 점점 발전하는 도시(도시의 도시화)의 2가지 측면에서 지역사회와 범죄의 문제를 파악하는 쪽이 의의가 있을 것으로 생각된다.

3) 도시화와 범죄

이런 문제의식에서 과거부터 범죄학상 논의된 것이 「도시화와 범죄」이다. 도시화란 일반적으로 교통수단의 발달이나 매스미디어의 보급 등에 의한 사회구조의 변화를 가리킨다. 종래의 「도시화와 범죄」 연구에서는 이것을 ① 지역의 도시화 ② 개인의 도시화 등 2가지로 나누어 고찰하였다. 이 중 지역의 도시화란 도시 자체가 확장해 도시주변 지역에 도시권을 형성해 나가는 것을 말하는 것에 비해 개인의 도시화는 시골인구를 도시가 흡수 그 개인을 도시화해 나가는 것을 말한다.

전자에는 사회구조의 변화에 의해 도시화된 지역의 범죄현상에 변화가 보인다는 점에 중점을 두고 있고 후자는 지방출신이 도시에 유입돼 고향의 전통이나 관습과 다른 문화와 접촉, 심리적 갈등에 빠져 범죄를 저지르는 경우가 있다고 하였다. 하지만 개인의 도시화에서는 도시화의 문제라 말하기보다는 다른 문화에 대한 접촉으로 인한 갈등의 문제로 파악하는 쪽이 적절할 것이다. 따라서 여기서는 지역의 도시화에 대해서 중점적으로 알아보는 것이 유익할 것이라 생각한다. 이 「지역의 도시화」와 범죄 문제는 다른 2가지 측면을 갖고 있다. 하나는 농촌의 도시화, 하나는 도시의 도시화이다.

4) 농촌의 도시화

농촌의 도시화란 교통·통신망의 발달이나 매스미디어의 발전 등을 배경으로 농촌지역의 생활양식이나 사회구조 등이 도시와 크게 다르지 않은 것을 말한다. 이런 농촌의 도시화는 범죄증가를 야기하게 된다는 주장이 많이 제기되었다. 이것은 도시화에 의해 발생하는 사회병리현상에 적절하게 대응하기 위한 방책이 도시화를 부른 것이다.

5) 농촌도시화의 실증적 연구

도시화와 범죄의 관련성에 관한 일본의 실증적 연구로서 법무 종합연구소가 실시한 「범죄현상과 그 대책」을 들 수 있다. 1962년 정부는 지역의 개발이나 정비 등에 의한 그 지역의 경제적·사회적·문화적 발전을 꾸미는 것이 목적으로 「전국종합개발계획」을 실시했다. 같은 계획으로 임해공업지역을 건설해 그 배후지에 주택지나 도시근교형 농업지대를 만드는 것이 구상돼 1963년부터 1975년에 걸쳐 개발이 진행되었다. 그 결과, 1975년에는 연구지역 3곳의 인구는 계획실시전의 약 2배인 10만을 넘었다. 또 산업화도 차례로 진행돼 도로, 하수도, 교육설비 등도 급속히 이루어졌다.

이처럼 도시화가 급속히 지역의 범죄발생률에 변화를 보이는가? 법무총합연구소의 조사에 의하면 개발 이전에는 이 지역의 범죄발생률은 항상 전국 평균이었으나 개발시작 후 급격히 상승해 개발절정기인 1971년에는 1962년의 약 4배란 수치를 기록하였다. 이런 결과에서 「개발의 진전은 범죄현상과 밀접한 상관이 있다는 것과 개발이 된 지역사회에 대한 영향의 크기, 혹은 그 영향이 개발에 직접 관련된 지역, 그리고 주변지역 순으로 크게 나타난다.」는 것이 판명되었다. 그런데 당시 일본에선 다른 지역에도 도시화가 진행되었으나 이들 지역에선 범죄의 증가는 확실히 실증되지 않았다. 이 때문에 도시화와 범죄의 관계에 대해서는 일반원칙을 정립하는 것은 제한이 많이 따르고, 앞으로 조사의 축적이 필요하다 할 수 있다.

6) 도시의 도시화

「도시의 도시화」는 도시사회 혹은 도시의 물리적 환경·공간이 재차 확장돼 다양화, 고차원화해 가는 상황 혹은 과정을 말한다. 미국에서 1920년대 경부터 도시의 도시화가 급속히 진행되기 시작했다. 또 한국에서도 1980년 전후부터 인구나 산업의 도시에 대한 집중이 이루어져 산업경제구조나 사회구조도 큰 변화를 이루었다. 이런 도시의 도시화는 ① 공간적 측면 ② 사회심리학적측면 및 ③ 경제적 사회적 측면의 3가지 측면에서 파악이 가능하다. 즉 도시화의 진전에 따라서 다음과 같은 움직임이 보인다. 첫째, 도시의 공간적 측면에는 도시화의 진전에 따른 토지의 부족이 심화되어 건축물의 고층화가 진행된 한편 하나의 건축물을 다종다양한 형태로 이용하는 것이 증가하였다. 또 경제의 급속한 발전에 맞춰 건축물의 이용자가 변했다. 둘째, 도시의 사회 심리적 측면에는 인구의 증가와 1개 도의 거주기간의 단축에 따라 시민상호의 관계가 희박해지고 개인의 프라이버시가 우선된 개인주의적인 경향이 강하다. 또 도시유입인구의 증가에 의해 상호부조의식이 희박하게 되었다. 셋째, 도시의 경제적·사회적 측면에서는 노동인구가 도시에 집중되었다. 이 때문에 생산과 소비가 필연적으로 도시에 집중되기 마련이다.

이런 도시환경이나 공간의 확대는 범죄촉진요소의 증대를 야기하게 된다. (a) 도시에 있어 책임의 분담과 책임소재가 모호하여 건축물에 대한 감시가 약해진다. (b) 도시에서는 집단이나 개인의 익명성이 높아 주민의 지역사회에 대한 귀속의식이 약해진다. (c) 범죄 유인물질이 도시에 집적되어 잠재적 범죄자가 증가한다. 도시의 도시화에서는 공간의 여유가 없기 때문에 교통망의 발달에 따라 그 이용은 입체적·복합적이다. 예컨대, 지하철이나 입체 교차도로 등이 만들어진다. 또 건축물도 토지의 고이용, 지역환경정비와 방재(防災) 등을 목적으로 현대식 빌딩 숲으로 변모했다. 이런 도시화의 귀결은 다수의 시민의 눈에 띄지 않는 공간을 만들어 범죄자의 행동범위를 넓히는 등의 문제를 만들고 있다.

7) 범죄의 도시화에 대한 대책

도시화에 의한 범죄의 질적·양적 변화에 대한 대응책으로서는 이제까지 공동체조직화(community organization)가 제기되었다. 공동체 형성은 지역사회의 조직화이고 각 지역이 가진 범죄적 하위문화를 개선하기 위해 지역사회가 하나의 단위가 되어 추진하는 비행방지대책을 말한다. 이런 대책에 의해 경찰 등의 사법기관이나 교육기관에 의한 공적인 통제와 함께 지역사회가 비공식적인 사회통제가 가능해진다. 이런 비공식적인 사회통제의 중요성은 통제이론에서도 강조된 바 있다. 또 최근 영미에서 유력시되고 있는 환경범죄학의 주장은 많은 경우 도시화에 의한 범죄대책으로 유효한 주장이라고 생각되어진다.

2. 경제상황과 범죄

종래 「경제정세와 범죄」연구에는 경제적인 발전이나 변동이 범죄에 영향을 주는가 주지 않는가가 문제되었다. 본가 이래 오늘날에 이르기까지 양자의 관계를 부정하는 자는 거의 없다. 하지만 이제까지 경제상황이 범죄를 낳는 메커니즘에 대해서 상세히 해명되어 있지 않다. 확실히 예전에는 범죄자의 다수가 빈곤해 조악한 경제상태여서 「빈곤주인설(貧困主因說)」이 흔들리지 않았다. 하지만 오늘날에는 경제정세와 범죄의 관련성은 무시할 수 없으나 사회복지정책의 발전에서 빈곤에 질적인 변화가 보여 오히려 부가 범죄에 이어 진단 지적도 있다.

1) 경제적 불평등과 범죄

오늘날의 빈곤은 과거에 생각한 것처럼 절대적인 개념이 아니고 부유한 자와의 상호관계에서 생기는 상대적 개념으로 인식되었다. 여기에서 중요한 것은 「경제적 불평등」이라 생각되어진다. 예를 들어, 오스트레일리아의 범죄학자 브레이스웨이트는 「불평등 · 범죄 및 공공정책」에서 소득의 불평등과 범죄의 상관관계를 국제 비교 데이터와 미국의 데이터를 사용 조사해 범죄와 경제적 불평등간에 일정 상관관계가 보인다고 보고했다. 같은 취지의 보고는 이치 다수 있다. 그리고 그 중에는 재산 범과의 관련성만이 아닌 살인죄와의 관련성을 취지하는 것도 있다. 단 이런 보고에 대해 데이터의 허지 방법 등에 대해 문제점을 지적해 관련성을 부정하는 견해도 있다.

2) 상대적 결핍론

또 이런 경제적인 불평등에 대한 불평등감・차별감과 범죄와의 관계에서 재차 중요성이 인정되고 있는 이론은 상대적 결핍론이다. 상대적 결핍론은 스토우퍼(S. A. Stouffer) 등에 의해 사용된 개념으로서 이것을 최초로 체계적으로 논의한 학자는 런시만(W. G. Runciman)이었다. 단 그들은 상대적 결핍론을 범죄원인의 설명을 위한 적용이 아닌 정치학에서의 논의과제로 일관되게 사용했다.

런시만에 의하면 「X에 대한 상대적 빈곤」이라 부르는 것은 다음과 같다. (a) 어떤 사람이 X를 가지고 있지 않다. (b) 그는 많은 사람이 X를 가지고 있다고 생각한다. (c) 그는 X가 필요하다 생각한다. (d) 그는 자기가 X를 갖는 것이 불가능하다 생각한다. 이런 상황에서 상대적 빈곤이 존재하는 경우 부러움이나 불공평감이란 감정이 강해진다. 이 상대적 결핍론은 급진적인 범죄학자들에 의해 범죄원인론에 적용되었다.

예를 들어 스탁은 상대적 결핍이 범죄의 원인이 된다고 주장했다. 단, 스탁은 상대적 빈곤만으로 범죄를 하는 것은 아니라고 진술했다. 즉 상대적 결핍상태인 자는 일반적으로 이런 불공평을 시정하기 위한 정치투쟁 등 합법적인 방법에 의해 스스로의 요구를 이루려 한다. 따라서 상대적 빈곤상태인 자가 스스로의 고된 환경은 그런 정치적 수단으로 달성되지 않는다고 생각하거나 부적절하다고 생각할 경우, 불평등의 시정을 범죄를 포함한 다른 방법으로 달성하려 한다.

또 스탁은 그래서 실행된 범죄는 이미 불공정을 시정하기 위한 정치적인 행위가 아니고 다른 자를 희생양으로 삼아 자기지위의 개선을 시도하는 이기적 행동이라고 주장했다. 또 영국의 북크는 상대적 결핍론이 경기후퇴(불경기)시의 높은 범죄율의 설명에 유효하다고 주장했다. 북크에 의하면 경기침체기는 부의 분배가 합리적으로 이루어지기 어렵기 때문에 범죄로 향하는 힘이 강해진다. 현대사회에는 부나 재산이 중요하지만 미디어가 사람들의 부에 대한 욕구를 부채질한다. 그런 사회에서 불경기가 심하게 되면 부러움이나 불공평감이 증폭될 뿐이고, 불경기에 소수민족, 여성, 실직청년 등 일정 그룹에 범죄에 대한 힘이 특히 강화된다.

3. 매스미디어와 범죄

영화, 텔레비전, 신문, 잡지 등은 범죄의 질적·양적 변화에 영향을 주는가? 이 문제에 대해 한국만이 아닌 유럽에서도 활발한 논의가 있어 왔다. 특히 범죄보도나 드라마 등과의 연관성이 의문시되는 잔혹한 범죄가 발생할 때에 열띤 논쟁에 휩싸이게 된다.

1) 자기정화설과 촉진설

매스미디어(특히 폭력에 관한 것)와 범죄의 관련성에 대해서는 한가지 상반된 가설이 주장되고 있다. 하나는 자기정화설(카트르시스)이고, 다른 하나는 범죄성촉진설이다. 이중 전자는 미디어에 의해 보도된 폭력에 접하는 것으로 스트레스가 해소된다고 생각한다. 따라서 자기정화설을 미디어에는 범죄를 진정시키는 효과가 있다고 주장했다. 이에 비해 후자는 미디어에 의해 보도된 폭력을 접하는 것으로 그것이 진실인가 아닌가에 관계없이 시청자의 공격성이나 폭력성이 높아졌다고 생각한다. 이 때문에 촉진설은 매스미디어는 범죄증가에 영향을 준다고 주장하였다. 예를 들어 필립스는 미국의 복싱 헤비급 타이틀 매치가 일어난 후에 살인사건이 현저히 증가한다고 보고했다. 그럼 양쪽의 주장중에 어떤 것이 맞는 말인가? 총론을 말하면 양설의 한쪽만이 맞는 것이 아닌 양쪽이 함께 「메스미디어와 범죄」의 관계에 대하여 설명이 가능하다고 할 수 있다.

예컨대, 반두라는 텔레비전이 소년에 주는 영향으로도 네 가지를 지적했다. (a) 공격적인 행위를 가르친다. (b) 공격행동의 억제를 가르친다. (c) 폭력에 대한 감각을 마비시켜 습관화한다. (d) 소년의 행위에 대해 사람들이 감싸주는 이미지가 구체화된다. 반두라는 이런 영향에 의해 텔레비전이 현실의 세계에 대한 사람의 인식을 혼란스럽게 하여 텔레비전의 시청을 통하여 사회를 실제보다 더 위험한 것으로 생각한다고 주장했다.

자기정화설과 촉진설의 두 가지 가설은 미디어에서 얻은 자극이 즉각 행동으로 연결된다고 생각하여 주사침이론(注射針理論)이라 불리고 있다. 이에 대해 미디어에 의한 자극과 그 반응으로서의 행동 간에 몇 개의 심리과정을 가정해 자극이 그 단계를 통과하는 중에 범죄행동이 일어난다는 주장도 있다. 이 주장은 다단계이론이라 불려 현재 많은 심리학자에 의해 지지를 받고 있다.

카피 · 캡트 범죄

매스미디어가 범죄에 미치는 영향은 이외에도 지적되고 있고 「카피 · 캡트범죄」라 불리고 있다. 카피 · 캡트란 말은 영어의 이미테이션을 의미하는 속어이다. 하스켈과 야브론스키에 의하면 폭력적 사회병질인격자는 마음에 품고 있는 폭력적인 환상을 정리하는 글이나 역사적 자료를 찾고자 한다.

많은 경우 그런 가공의 저서를 봐도 어떤 영향도 없으나 곡해하여 범죄를 실행하는 모델의 역할을 하는 경우도 있다. 특히 구체적인 범죄의 수단은 미디어에서 모방될 가능성이 높다. 예를 들어 헬리콥터에 의한 탈옥이나 러시안 룰렛과 같은 영화의 영향도 지적되고 있다. 또 소년갱의 행동패턴도 텔레비전이나 영화의 영향을 강하게 받고 있다.

이외에도 미디어가 특정의 범죄자를 칭찬하거나 미화하는 것에 의해 범죄에 대한 관심을 높인다는 주장도 있다. 이런 주장을 받아 미국의 36개 주에서 범죄자가 자신의 범죄를 저술해서 보석을 받는 것을 금지하는 법률을 시행하고 있다. 또 이 중 몇 개 주에서는 이런 저서에 의한 수입을 제3자에 위탁하여 피해자를 보상하는 데 사용하는 경우도 있다.

2) 포르노그라피와 범죄

종래 「매스미디어와 범죄」 연구에는 주로 폭력에 관한 매스미디어와 범죄의 관련성이 논의되어 왔다. 하지만 최근의 미국에서는 더 나아가 포르노그라피와 범죄의 연관성이 주목되고 있다. 이런 문제에 대한 관심이 높아진 것은 「번디사건」의 영향이다. 번디는 워싱턴주, 오리온주, 플로리다주 등 5개 주에서 23건의 강간살인을 일으켜 기소돼 1979년 유죄가 확정돼 사형이 선고되었다. 이처럼 성범죄를 계속 반복하는 원인에 대해 번디 스스로 포르노그라피의 영향이라 진술해 양자의 관련성이 주목되게 되었다. 단 포르노그라피와 범죄의 관련성은 이처럼 주목을 받기 전부터 포르노의 규제문제 등 항상 논의되어 왔다.

예를 들어 1968년에 발간된 「미법무성포르노그라피에 관한 위원회」의 최종보고서는 일정한 공격행동과 포르노그라피간의 인과관계를 인정했다. 최근에는 슈렛츠가 「미디어, 범죄 및 형사사법」에서 숫자적으로 정해진 것이 아니고 여성에 대한 성적 폭행의 묘사가 사회적으로 악영향을 준다는 증거는 증가하고 있다고 진술했다. 하지만 포르노그라피와 범죄의 관련성을 긍정하는 이런 견해에 대해 반대론도 강하게 주장되고 있다. 예컨대 연방법무성의 보고서 내용에는 데이터의 분석방법에 문제가 있는 것이다. 1970년에 대통령직속 위원회가 낸 결론에 반대해 위원회 내부에도 반대론이 있었다.

또 덴마크에선 1967년과 1969년에 포르노그라피의 규제가 대폭 완화되었으나 그 후에도 성범죄에 관한 대폭적인 변화는 보이지 않았다. 포르노그라피와 범죄의 관련성을 긍정하는 의견은 포르노그라피를 구제해야 한다는 보수주의의 대두와 그 시기가 일치되나 포르노그라피의 음란성은 시대에 따라 변화한다. 오늘날에도 포르노그라피에 대한 해석이 분분한 측면이 있음을 고려하면 포괄적인 규제론에는 근거가 부족하다고 말할 수 있다.

3) 「매스미디어와 범죄」 연구의 평가

이제까지 「매스미디어와 범죄」연구에서 양자간에 일정한 상관관계가 존재함은 인정되고 있다. 단, 그런 관계를 인정해도 매스미디어가 범죄의 원인이 된다는 것은 별개이다. 예를 들어 리드는 미국에서 남성보다 여성쪽이 텔레비전의 시청시간이 길어도 여성범죄가 남성범죄보다 적은 것과 성인보다 소년 쪽이 텔레비전 시청 기간이 적은데도 재산범의 태반이 소년에 의해 실행되는 것을 설명할 수 없는 것이 아닌가 지적했다.

또 마크베스는 폭력적인 텔레비전 프로를 본 모든 자가 범죄를 저지르지 않는다는 것에서 텔레비전에서 학습한 공격행동을 실제 행동으로 옮기는가 아닌가는 다른 요인에 의한 것이라 주장하고 있다. 이런 견해를 지지하는 형태도 1988년 발간된 연방사법협회의 조사결과에도 양자의 인과관계는 불분명하다가 결론지었다. 또 윌슨과 한스테인도 텔레비전과 범죄의 인과관계를 증명할 수 없다고 지적하고 있다.

4) 기타 범죄보도의 범죄

범죄와 매스미디어의 관계를 논하는 데는 범죄원인으로서의 매스미디어란 관점 이외에 범죄보도의 범죄의 문제에 대해서도 논의할 필요가 있다. 오늘날 일본에선 매스미디어의 사회적 영향은 극히 강해 「제4의 권력」이라 불린다. 이 때문에 전달된 보도는 보도된 사람의 인권을 침해할 위험성이 크다. 하지만 한국의 범죄보도에는 범죄가 확정될 때까지 피고인은 무죄라는 전제가 무시되고 선정적이고 흥미중심의 보도가 적지 않다. 이런 문제의식은 유럽에도 많이 있고 보도의 방법이나 규제방법이 활발하게 논의되었다. 매스미디어의 규제는 언론보도의 자유나 국민의 알권리 등 기본적 인권의 제한과 연결되는 문제지만 안이한 규제는 삼가되어야 한다. 하지만 「제4의 권력」이라고까지 불리는 강력한 매스미디어의 권력남용을 두둔할 필요는 없으며 보다 구체적인 대응이 필요하다.

전쟁과 범죄

전쟁이 범죄의 발생에 일정한 영향을 미치는가? 「전쟁과 범죄」에 대해 에쿠스나의 「오스트리아의 전쟁과 범죄」와 리브만의 「독일의 전쟁과 범죄」등 중요한 연구들이 1차대전 이후 집중적으로 이루어졌다. 이중 에스쿠나는 1914년부터 1923년의 10년 간의 오스트리아의 범죄상황을 조사했다. 그는 전시·전후를 4기로 나누어 국민의 심리적 경향과 범죄의 동향을 논의했다. ① 전쟁초기: 국민의 대다수 는 사기가 고양돼 범죄수는 급격히 감소한다. ② 의무수용기: 개전당초의 흥분이 사라지고 포기의 심정으로 의무를 수행할 뿐이다. 하지만 소년은 의무감이 희박해 소년 범죄가 증가하기 시작한다. ③ 피폐기: 전황이 불리해지고 패전에 대한 불안과 물질적인 빈곤이 생긴다. 이 시기가 되면 소년·성인범죄가 증가한다. ④ 붕괴기: 정치·군사·경제 등 여러 측면에서 파경이 생겨 기존의 가치관이 붕괴돼 범죄가 폭발적으로 증가한다. 전쟁 중에는 소년, 여성, 화이트칼라 범죄가 늘어난다고 한다. 이중 소년범죄의 증가는 양친의 감시가 약해져 소년의 행동범위가 넓어져 비행에 접촉하는 기회가 증가하기 때문이라고 설명한다. 또 여성에 대해서는 남성의 감소에 의한 범죄기회의 증가가 화이트칼라에 대해선 전시의 경제통제법규의 엄격화에 의한 위반행위 증가가 주원인이라 말해진다. 이제까지의 「전쟁과 범죄」연구의 성과는 각국의 시대나 전황에 따라 크게 다르다. 이 때문에 「전쟁과 범죄」의 관련에서 이야기하는 것보다 현재는 다른 요인을 이용해 설명을 시도하는 쪽이 적당할 것이라는 주장이 강하다. 그리고 2차대전후 이 주제에 관한 연구는 급속히 감소했다.

4. 자연환경과 범죄

자연환경이란 사람들의 인위적인 조작에 의해 영향을 거의 받지 않으며, 우리 인간에게 직·간접적으로 영향을 주는 제반환영을 말하며, 기상, 기후, 지세, 경관, 그리고 낮과 밤의 움직임이 여기에 포함된다. 이러한 자연환경이 사람들의 의식구조, 심리상태와 행동양식에 직접적으로 또는 간접적으로 영향을 미친다는 것은 다 아는 사실이다. 더운 여름철에 기상예보에 불쾌지수를 발표하는 것은 이러한 영향의 단적인 예라고 할 수 있다. 자연환경이 범죄행동에 미치는 영향은 활발한 연구가 이루어지고 있는 것은 아니지만 자연환경과 범죄의 관계는 다음과 같은 두 가지 방향으로 고찰될 수 있다.

자연환경이 범죄에 미치는 직접적인 영향에 관한 것이고, 또 하나는 자연환경의 간접적 영향에 관한 것이다. 다음은 자연관경과 범죄의 관계에 대한 다양한 연구결과를 살펴보고자 한다. 낮과 밤은 사람들의 일상생활에 가장 보편적으로 영향을 미치는 자연환경으로서 낮과 밤의 어느 시각에 범죄발생률이 높은가가 고찰될 수 있을 것이다. 일반적으로 대인범죄는 저녁 늦은 시간부터 밤 사이에 많이 발생하는데 그 이유는 하루의 일과를 마치고 사적인 대인관계가 이루어지는 시기이며, 타인의 눈을 피할 수 있는 익명성이 보장되고, 합리적이고 이성적인 판단력이 흐려지기 쉬운 시간으로 범죄은닉과 도주의 기회에서 유리한 것도 한가지 이유가 될 것이다.

무엇보다도 야간이 인간의 심리적 특징에 영향을 미치는 것은 경계심이라는 집단무의식을 가지고 있기 때문이라고 할 것이다. 이렇게 외부의 침입에 민감하게 하는 경계심은 원시적인 인간을 상상해 보면 쉽게 이해가 갈 것이다. 수렵을 주로 했던 원시시대는 방어공간이 되는 곳이 없고 주로 동굴이 야지에서 움막의 형태로 생활을 하였을 것이다. 그러므로 밤에는 다른 맹수의 침입을 받아 신체적 상해나 심하면 죽임을 당하였을 수도 있었을 것이다. 또 맹수뿐만 아니라 다른 인간들의 약탈행동도 주로 야음을 틈타서 이루어졌을 것이라는 것을 쉽게 짐작이 가는 일이다.

다른 동물들이 어둠이 깔리는 야간에는 극도의 경계를 하는 것과 마찬가지로 인간도 밤은 경계를 하게 되는 집단무의식이 생겨났을 것으로 진화심리학자들은 주장하고 있다. 따라서 밝은 대낮이라면 쉽게 넘어갈 수 있는 문제도 야간에는 쉽게 흥분하고 갈등을 야기하여 폭행이나 살인 등의 대인범죄가 발생할 가능성이 많은 것이다.

다음은 계절적 요인과 범죄와의 관계를 보면 다음과 같다. 우리 나라는 봄, 여름, 가을, 겨울의 4계가 가장 뚜렷한 나라 중에 하나다. 우리의 사계절은 그 만큼 일상생활방식을 크게 구분하는 요인이 되기도 한다. 그리하여 4계절과 범죄와의 관계에 관한 고찰은 범죄학상 가장 널리 행해져 왔는데 이에 관한 그간의 연구결과는 대체로 다음과 같다. 즉 대인범죄는 여름철에 높은 편이고 대물범죄는 겨울철에 높은 편이다. 이처럼 범죄율에 일정한 리듬이 발견되는데 이것을 범죄의 계절적 리듬이라고 한다. 이러한 계절적 현상의 원인에 대해서 여러 가지로 설명이 된다.

그러나 계절이라는 단일적 요인보다는 다른 사회학적 요인과 생물학적 요인을 동시에 고려하는 것이 타당할 것이다. 즉, 겨울에 재산범죄율이 높은 것은 겨울은 사람들의 경제적 활동에 많은 영향을 미치므로 수입률이 그만큼 낮아지고 대신에 생활비는 증가하기 때문일 것이다. 또 여름철에 대인범죄가 더 높은 이유는 사람들의 외부활동의 시간과 빈도가 증가하고, 동시에 더위와 습도 등으로 불쾌지수가 높아 신경질적이고 화를 잘 내며, 외부자극에 민감하며, 공격적 충동의 발산가능성이 증가하기 때문인 것으로 설명될 수 있을 것이다.

그리고 여름철에 성 관련 범죄가 증가하는 이유는 봄부터 시작되는 성적 활력이 증대됨에 따른 계절적 위기라는 것이 크게 작용한 결과라고 할 것이다. 이러한 계절적 요인과 범죄는 기회성 범죄를 잘 설명할 수 있으나 전문적이고 상습적인 범죄의 경우는 별로 적용되지 않는다는 것이고, 최근 경제발전의 영향으로 자연환경적 영향이 점차 감소하고 있다고 할 것이다.

다음은 기후와 범죄의 관계를 알아보고자 한다. 기후, 즉 기온의 온·냉에 따라 범죄양상이 달라지는가의 문제로 일반적으로 더운 지방에서는 대인범죄의 비율이 높고, 추운 지방은 재산범죄의 비율이 높다고 한다. 이것은 일찍이 꾀뜨레가 범죄의 기온법칙(thermatic law of crime)이라고 불렀으며, 드게리는 프랑스에서 추운 북부지방은 대인범죄와 재산범죄의 비율이 100:181.5이고, 더운 남부지방은 100:48.8의 비율로 큰 차이가 있음을 발견하였다. 이것은 다른 국가에서도 비슷한 결과들이 보인다. 기후 중 고온과 저기압은 특히 범죄성과 관련이 있다.

이른바 불쾌지수라는 것은 건조도로 계산하는데 여름철은 불쾌지수의 상승으로 각종 범죄가 많이 발생하는 것으로 보이는데 이것을 「짜증범죄」라고도 불린다. 기후의 이상으로 특이한 정신적 반응을 나타내는 예로 열대성정신반응이상과 팬의 영향이다. 전자의 증상은 두통, 피로증, 불면, 억울성 기분을 나타내는 현상을 말하며 다른 사람들과 사소한 문제로 충돌하는 경우가 많아 살인과 같은 범죄를 저지를 가능성이 많으며, 푄은 일종의 열대성 기압을 말하는데 이것의 영향은 무관심, 감정의 흥분성, 작업량감퇴, 식욕부진, 수면장애, 권태, 두통의 증상을 나타내는데, 이때 자살, 교통사고, 강간, 노출증 등의 범죄현상에 영향을 미치게 된다.

한편 날씨와 범죄의 관계란 날씨의 흐림과 맑음, 눈과 비, 바람의 상태가 범죄에 미치는 영향을 말한다. 대체적으로 범죄는 맑은 날에 더 발생하고 만월의 밤보다는 칠흑 같은 어두운 밤에 더 많이 발생하는 것으로 보인다. 그러나 맑은 날, 흐린 날, 비나 눈이 내린 날의 평상일수와 비교한 구체적인 연구결과가 없기 때문에 분명한 관련성은 없다.

1) 지리적 요인과 범죄

지리적 요인과 범죄의 관련성은 옛날부터 지적되어 왔다. 예컨대, 게리는 프랑스의 범죄통계를 기초로 적도에서 떨어지면 떨어질수록 재산범이 증가하고 가까울수록 인신범죄가 증가한다고 했다. 또 독일의 아산펜플그나 미국의 서덜랜드의 연구에서도 범죄의 발생률에는 지역격차가 존재한다고 보도되었다. 단 이들 보고는 게리와 같은 결론을 이끌어낸 것은 아니었다.

2) 시간적 요인과 범죄

시간적 요인과 범죄에선 계절적 변동에 의한 범죄감소의 변화추세가 주목을 끌었다. 예전에 재산범죄는 겨울에 많고 인신범죄와 성범죄는 여름에 많다고 보고되어 왔다. 또 이런 경향의 요인으로 연말에 경제적으로 궁핍한 사람이 재산범죄를 저지르는 빈곤자가 많은 반면 여름에는 야외활동이 늘어나 개방적 기분과 노출이 많은 복장이 상해 등의 인신범죄나 강간 등의 성범죄를 유발한다고 생각하였다. 다른 한편 시각과 범죄의 관계에는 공갈이나 협박이 많은 경우 낮에 이루어지는 반면 그 외 폭력범죄는 밤에 많이 발생한다고 말한다. 또 성범죄에는 강제외설이 낮에 발생하는 경우가 많고 강간은 초저녁부터 심야에 걸쳐 발생하는 경우가 높다.

3) 기후적 요인과 범죄

기후와 범죄의 관련성에선 인신범죄·재산범죄는 맑은 날에 가장 많이 발생하고 흐린 날에 적다. 이에 비해 비 오는 날에는 범죄는 적다. 또 펜현상과 범죄의 관련성을 지적해 이 현상이 사람의 생리적, 심리적 상태에 변화(감정의 흥분, 환상, 알코올에 의한 저항력의 저하 등)를 불러일으켜 경우에 따라서 범죄에 영향을 미친다고 하였다. 자연환경이 주민의 생활양식, 경제, 풍속, 관습 등을 제약하는 것은 당연하나 오늘날 자연환경과 범죄를 직접 연결하는 것은 곤란하다.

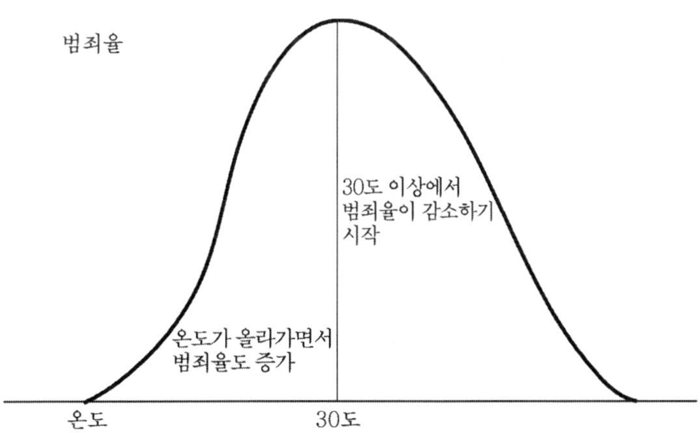

〈그림 12-1〉 온도와 범죄 사이의 관계

그보다 지리적 기후적 조건에서 제한된 경제형태나 그 외 사회적 모든 요인이 범죄현상에 일정한 역할을 이루고 있음을 이해해야 한다. 또 시간적 요인에 대해서도 자연환경보다도 현대사회의 시간계획이 오히려 더 영향을 준다고 생각한다. 자연환경과 범죄를 조사하면 일정한 연관성이 보일지도 모른다. 하지만 그런 자연환경론이 어떻게 범죄에 영향을 주는가에 대한 원인론적 규명은 확실치 않다. 또 앞으로도 이런 문제가 실증되리라는 기대는 할 수 없다. 이 때문에 오늘날 범죄학에선 「자연환경과 범죄」연구에 관심을 가지고 있는 학자는 적다. 오히려 「자연환경과 범죄」의 관계는 자연환경이 인간의 정신구조에 주는 영향에 대해 검토해야 할 것으로 생각된다.

제 3 부

피해자학

제13장　범죄의 피해자와 피해자학

제 13 장

피해자와 피해자학

제 1 절 피해자학의 기본이론

종래의 범죄학은 오직 범죄자에 초점을 맞춰 범죄현상이나 범죄원인을 고찰했다. 하지만 이런 고찰방법은 단편적인 것이고 이것만으로 범죄실태를 규명할 수 없어 범죄의 피해자에 주목해야 할 필요가 있다는 주장이 있다. 그것이 바로 피해자학이다.

1. 피해자학의 시발점

피해자학은 비교적 최근에 생긴 새로운 학문이다. 그 단서는 서구에선 1950년대에 찾을 수 있고, 일본에선 1960년대, 한국에선 1990년대부터 관심을 모으기 시작했다. 한국에선 당초 피해자학은 형법학자를 중심으로 범죄피해자구조제도에 관한 연구가 주류를 이루었으나 차츰 범죄학자를 중심으로 범죄촉발의 원인으로서 피해자에 중점을 둔 연구가 이루어지고 있다. 특히 검찰청이 중심이 되어 피해자지원센터가 경북김천과 구미, 대전광역시에 설치되는 등 범죄피해자에 대한 관심이 차츰 늘어나고 있다.

〈그림 13-1〉 피해자지원센터

1) 범죄 피해자학과 일반피해자학

이제까지 피해자학의 성격을 두고 크게 2가지 입장이 있다. 하나는 피해자학을 범죄학의 한 분야로 보고 오직 범죄의 피해를 연구대상으로 하는 입장(범죄피해자학)이고, 다른 것은 피해자학의 독립성을 강조하는 것으로 범죄 이외에도 연구대상으로 포괄적인 입장(일반피해자학)이다. 범죄원인의 새로운 접근방법적이라는 색채가 강했던 피해자학 초창기에는 전자의 입장이 주류였다. 하지만 근년에는 후자의 입장이 우세해져 관심영역이 늘어나고 있다. 또 최근에는 다양화되어 가는 피해에 대한 조사결과를 포함한 피해자학 그 자체의 체계화가 목적이 되어있다. 따라서 현재에는 피해자학(被害者學)이란 「범죄 불법행위를 원인으로 하는 피해의 연구」를 가리키는 것으로 이해할 수 있다. 1992년에 설립된 한국피해자학회도 설립에서도 비슷한 개념의 통용되고 있다. 단 이하에서의 기술은 범죄학에 대응하는 범죄피해자학을 중심으로 고찰을 진행해 간다.

2) 현대 피해자학의 3유형

오늘날 피해자학은 카멘에 의하면 연구대상이나 사상기반에 의해 3

가지 입장으로 나눌 수 있다. ① 보수파 피해자학 ② 자유주의 피해자학 ③ 급진주의 피해자학이 그것이다.

(1) 보수파 피해자학

보수파 피해자학은 주로 가두범죄를 연구대상으로 한다. 또 보수파의 사상기반은 자기 책임의 철저화이다. 따라서 범죄의 방지나 범죄에 대한 구제는 기본적으로 개인부담으로 이루어져야 한다고 하였다. 세금에 의해 피해자의 피해를 보완해 피해자에게 서비스를 공급하는 프로그램은 「큰 정부」에서의 고복지(高福祉) 고부담(高負擔)의 생각이고 그러한 정책도입을 반대한다. 보수파는 형사사법시스템을 피해자의 응보감정을 채워주기 위한 응보주의를 보증하는 시스템으로 보고 있다.

(2) 자유주의 피해자학

자유주의 피해자학은 피해자학의 연구대상을 가두범죄 한정치 않고 기업의 간부나 고급관료에 의한 위법행위로 생기는 범죄피해에까지 확대한다. 자유주의파의 사상기반은 「법 앞에 평등한 보호」이다. 따라서 이 피해자학은 피해자는 어떤 종류의 피해에 관계없이 공평한 원조를 받을 자격이 있다고 생각한다. 자유주의파는 피해자 구제를 위한 정부의 원조프로그램의 결함부분을 채우기 위한 복지적 관점에서 피해자 구제의 안전망을 확장해야 한다고 주장했다.

따라서 피해자를 피해를 입기 전 상태로 돌리기 위해 손해배상기금의 공적인 조성에 기초를 둔 범죄피해보험 rape crisis center 혹은 학대받은 여성의 피난장소 등이 준비되어야 한다. 이런 자유주의적 이념의 배경에는 페미니즘 운동의 융성이 존재하고 있다.

(3) 급진주의 피해자학

급진주의 피해자학은 피해자학의 연구대상을 범죄의 피해자에 한정치 않는다. 즉 공해, 근로재해, 허위광고, 경찰이나 그 외 공공기관에 의한 권력남용 등에 의한 피해자도 연구대상으로 해야 한다고 주장한다. 이런 입장에선 피해자는 특정의 개인이 아니고 노동자, 소수민족, 소비자, 주민 또는 영세기업 등 자연인이 아닌 경우도 상정되어 있다. 급진주의적 피해자학에 의하면 이제까지 피해자학이 문제화한 것은 폭력, 절도, 성적착취 등이나 이것들은 그 유해성에 다른 논의의 여지가 없는 것뿐이다. 오히려 피해자학이 문제화할 것은 빈곤, 영양실조, 혹은 불평등한 부의 배분 등이다. 급진주의 피해자학은 형사사법시스템은 권력자의 이익을 지키기 위한 것으로 부정의 근원은 사회구조 자체라고 이야기하고 있다.

형사정책에서의 피해자에 대한 대응의 역사적 변화

형사정책에서 피해자에 대한 대응의 역사에서 세퍼는 다음 세 단계로 시대를 구분했다. 제1기는 「피해자의 황금시대」로서 혈투(부족간의 복수)가 인정된 고대이다. 그 후 형사책임과 민사책임의 분화가 진행돼 처벌권이 국가에 이행돼 가는 중에 피해자에 대한 배려는 약화되었다. 제2기는 「피해자의 쇠퇴시대」이다. 이 시대는 길게 이어져 형사사법 시스템에서 피해자는 이른바 방치된 채 있었다. 즉 형사사법 시스템에서는 범죄자의 갱생·사회복귀가 가장 중시돼 피해자를 돌보는 일(care)에 대해서 관심이 없었다. 하지만 1960년 전후에서 이런 상황을 비판하는 목소리가 높아져 제3기의 「피해자의 부활시대」에 돌입했다. 또 이 「부활시대」는 3가지로 다시 나눌 수 있다. ① 피해자학적 관점에서 구미 각국이 범죄보상제도를 도입해 피해자구제에 눈을 돌린 제1단계(1960년대-1970년대) ② 형사절차에서 피해자의 권리문제가 제기된 제2단계(1980년대) ③ 범죄자처우의 상황에서 피해자의 관점이 적극적으로 논의되고 있는 제3단계(1990년대)가 그것이다.

2. 초기의 피해자학이론

종래의 범죄학이 범죄자의 범죄현상에 주목해 범죄이론을 내세운 것처럼 피해자학도 피해자와 피해현상에 주목해 피해자학이론을 구축했다. 피해자학이론은 피해자학 초창기에 피해자학의 주창자들과 그 계승자에 의해 제창된 초기(1960년대-1970년대)의 이론과 현재(1980년대 이후)의 이론으로 그 성질을 달리한다. 여기서는 피해자학이론을 초기와 현재로 나눠 고찰해 보고 싶다. 피해자학의 초창기에 그 기초를 세운 것은 헨티히(Hans. von Hentig), 멘델손(B. Mendelsohn), 엘렌버거(H. Ellenberger), 울프강(M. Wolfgang), 세퍼(Stepen. Schafer) 및 스파크스(Richard Sparks) 등이었다. 그들은 그때까지 논의된 적이 거의 없던 피해자문제에 정면으로 들어가 그 후 피해자학 발전에 크게 기여했다.

1) 헨티히의 「범죄이중주」설

헨티히

미국에 망명한 독일인 범죄학자 헨티히는 「범죄자와 그 피해자」를 써 피해자에 관한 과학적인 연구의 필요성을 주장했다. 이 책은 범죄학에 관한 저서였으나 제4장(전체의 약 6분의 1을 차지함)에서 범죄발생의 요인으로 피해자의 역할에 대해 설명했다. 이 책에서 헨티히는 우선 「범죄이중주(犯罪二重奏, *The Duet Frame of Crime*)」란 가설을 제창했다. 이것은 범죄를 행위자(doer)와 수인자(suffer)의 상호관계로 파악하였다. 여기에는 범죄의 실태를 알기 위해 범죄자만이 아닌 피해자에도 주목해 그 특성을 추출해 유형화를 모색할 필요성이 지적되었다. 「피해자는 어떤 의미에서 범죄자를 촉발한다」는 헨티히의 유명한 말이다.

또 헨티히는 일반적 특성(연령, 성별, 정신장애 등)이나 정신·심리적 특성(성격, 심리상태 등)에 의해 피해를 입을 가능성이 다르다고 주장했다. 여기에는 피해를 당하기 쉬운 일반적 특성으로 약자, 여성, 정신장애자, 이민자, 소수민족이 있고 정신·심리적 특징으로 조울성, 강한 욕구, 고독감, 폭군, 궁핍 등을 들 수 있다. 헨티히는 이런 특성 중에서 피해자가 선천적으로 갖추고 있는 것으로 「생래성피해자설(born victim)」의 존재를 강하게 주장했다.

또 헨티히는 「침묵하는 피해자와 싸우는 피해자」란 가설을 세웠다. 이 중 전자의 예로 사기로 피해를 입은 자는 사회적 평가가 내려가는 것을 염려해 피해를 공개하지 않는 자를 말한다. 이런 피해자는 범죄자의 좋은 표적이 되기 쉽다. 이에 비해 후자는 예컨대 범죄자에 대해 방어할 목적으로 반격을 하여 역으로 부상당하거나 사망하는 피해자이다. 이 「투쟁하는 피해자」는 저항하기 때문에 한층 심각한 피해를 입을 가능성이 있다.

2) 멘델손의 「피해자 유책성」설

멘델손

이스라엘의 변호사였던 멘델손은 피해자의 문제에 생물학, 심리학, 혹은 사회학 등 다각적으로 연구할 필요성을 제기하였다.

(1) 피해자학의 제창

멘델손은 이처럼 피해자를 다각적으로 연구하는 학문을 「피해자학」이라 부를 것을 제창했다. 멘델손의 피해자학에 관한 업적은 상당히 많으나 각국의 법제도나 사회정세 등에 의해 다른 피해화현상을 실증적으로 연구하기 위한 다음과 같이 3가지를 제창했다. ① 피해자학의 문헌을 수집하는 도서관창설 ② 피해자의 심리적 또는 신체적 피해를 치료하기 위한 크리닉센터의 개설 ③ 세계적 수준에서 피해자에 관한 문제를 토의하기 위한 국제회의의 실현 등이다. 또 맨델손은 이외에도 「피해성」, 「피해자의 유책성」이란 가설을 주장한 것으로 널리 알려져 있다.

(2) 「피해(수용)성」설

피해(수용)성의 이론은 피해자에는 피해 입기 쉬운 소질이나 환경이 갖추어져 있다고 주장하였다. 또 맨델손은 가해자와 피해자간의 생물학적, 심리학적 혹은 사회학적 우열을 「피해수용의 잠재성」이라 불러 성차, 체격차, 심리적 부담이나 사회적 지위 차이 등이 범죄를 용이하게 한다고 하였다.

(3) 「피해자의 유책성」설

피해자의 유책성의 이론에는 범죄의 책임을 가해자만이 아닌 피해자에도 돌아가는 경우가 있다고 하였다. 맨델손은 피해자의 책임을 5가지 유형으로 분류했다. ① 전혀 책임 없는 피해자(이상적인 피해자) : 예로 지나가던 살인마의 피해자 등이 그 예이다. ② 유책성이 적은 피해자(무지에 의한 피해자) : 일반적으로 범죄다발지역의 장소에서 범죄자와 조우하는 피해자 등이다. ③ 가해자와 비슷한 정도에 유책한 피해자 (자발적 피해자) : 예를 들어 동반자살이나 안락사의 피해자 등이다. ④ 가해자보다도 책임 있는(유책한)피해자(도발적 혹은 부주의에 의한 피해자) : 예컨대 가해자를 도발해 상해를 받은 피해자나 교통법규를 무시해 교통사고를 당한 피해자 등이다. ⑤ 가장 유책한 피해자(공격적인 피해자) : 예를 들어 정당방위의 목적으로 상대방을 공격하는 자 등이 그 예이다.

맨델손은 이런 분류에 의한 형사재판에서 피해자의 신청 등을 인정해 오판할 가능성을 감소시켜 적절한 형량이 가능하다고 이야기하였다.

이외에도 맨델손은 형사상의 대립자이론을 주장했다. 여기선 범죄현상에서 가해자와 피해자를 대립하는 존재로 파악해 양자의 상관관계에 의해 적절히 범죄현상을 설명하였다. 종래의 범죄원인론이나 범죄대책이 가해자인 범죄자에 초점을 맞춰 피해자를 제외한 범죄현상을 파악하는 점을 비판하였다. 맨델손은 가해자와 피해자의 상관관계를 4가지로 분류했다. ① 피해자가 가해행위의 원인인 경우(자초위기에 의한 상해 등) ② 피해자가 가해행위의 구실이 된 경우(협박 등) ③ 피해자가 가해행위에 동의한 경우(동의살인 등) ④ 피해자가 가해행위를 입는 것이 우연일 경우(지나가던 살인마에 의한 피해 등)

3) 엘랜버거의 잠재적 피해자설

정신의학자 엘렌버거는 그의 논문 「범죄자와 피해자의 심리학적 관계」에서 범죄학자가 범죄원인을 탐구하는 것과 같이 피해원인에 대해 연구 할 필요가 있다고 주장을 전개했다.

엘렌버거는 범죄자와 피해자의 관계에 대해 다음과 같이 3가지를 지적했다. ① 범죄자는 다른 쪽의 피해자가 될 수 있다. ② 범죄자가 동시에 피해자이기도 하다. ③ 범죄자의 심층심리가 범죄를 유발해 피해를 발생시키는 것이 있다. 이들 지적은 전술의 헨티히가 제창한 행위자와 수인자의 관계를 심리학적 관점에서 접근해 수정한 것이다. 이런 접근방법을 기초하여 「잠재적 피해자」설이 제창되었다.

이것은 헨티히와 같이 연령, 직업, 정신상태, 사회적·신체적 상태에 의해 피해를 입을 가능성이 다르다 주장한 것이다. 특히 엘렌버거의 학설에서 피해자 중에는 무의식적으로 피해를 유발함으로 인해 다시 피해자가 될 가능성이 높은 「누적(累積) 피해자」라 불리는 자가 존재한다는 것에 주목할 수 있다. 또 엘렌버거에 의하면 가해자와 피해자간에는 다음 3가지 특수관계가 존재하는 경우가 있다고 지적되었다. ① 신경증적 관계(프로이트의 오이디푸스콤플렉스 개념을 응용한 것으로 이성의 부모에 대해 굴절된 애정을 기초로 한 심리적인 관계를 가리킨다. 예컨대 존속살인 등) ② 심리학적 관계(체질적·기질적으로 상반된 자가 연결돼 있는 관계이다. 예컨대 과잉 살인 ③ 유전학·생물학적 관계(유전·생물학적으로 유사한 자끼리 연결된 관계로 예로 알코올중독, 부부 사이에 발생한 학대 등이 좋은 예이다)

4) 울프강의 「피해자유발」설

미국의 범죄학자 울프강은 「살인죄의 패턴」에서 피해자유발의 이론을 정교하게 공식화했다. 피해자유발이란 피해자가 직접적이고 적극적으로 범죄를 유발시키는 것을 말한다. 울프강에 의하면 피해자유발의

울프강

구체적 사례로 피해자가 먼저 살상능력이 있는 무기를 보이거나 사용하거나 하고 대화 중 상대를 치는 폭력을 써 상대방의 반격을 받아 사망하는 경우를 들 수 있다. 울프강은 경찰통계를 이용해 조사한 결과 표본추출한 588건의 살인사건 중 150(26%)건이 피해자유발의 사례였다고 보고했다. 이런 조사결과에서 울프강은 헨티히의 주장을 지지, 피해자가 범죄결정요인의 하나라는 결론을 이끌었다.

5) 세퍼의 「기능적 책임」설

맨델손의 피해자학 이론을 계승한 것이 미국의 범죄학자 세퍼였다. 세퍼는 미국에서 한발 빨리 피해자학을 다루어 「기능적 책임」설을 제창했다. 이 이론은 맨델손의 「피해자 유책성」설을 발전시킨 것으로 범죄발생에 주어진 책임을 기준으로 피해자를 7가지로 분류했다. ① 무관계한 피해자 ② 도발적 피해자 ③ 유발적 피해자 ④ 생물학적으로 결여된 피해자 ⑤ 사회학적으로 결여된 피해자 ⑥ 스스로 피해를 초래하는 피해자 ⑦ 정치적 피해자 등이 그것이다. 세퍼에 의한 이런 피해자의 유형화는 맨델손과 같이 범죄의 발생에 대해 피해자측에 책임을 돌리는 경우를 지적한 것이다.

6) 스파크스의 「피해자화」설

스파크스는 피해자학의 이론으로 중요하게 생각하는 피해자화과정의 특징으로 다음과 같이 6가지를 들었다. ① 유발(precipitation) ② 촉진화(facilitation) ③ 취약성(vulnerability) ④ 기회(opportunity) ⑤ 매력(attractiveness) ⑥ 무벌성(impunity)이 그것이다.

(1) 유발

대인폭력범죄에는 피해자 측이 유발하는 경우가 있다. 특히 가해자와 피해자가 면식이 있는 경우나 친한 경우에는 피해자측에 범죄를 유발하는 원인이 존재하는 가능성이 높다(예로 아내가 남편의 폭력으로 남편을 살해하는 경우).

(2) 촉진화

피해자 자신은 범죄의 일부를 적극적으로 행하지 않아도 집 열쇠를 분실하는 등 부주의 혹은 무의식중에 스스로 위험한 상황에 빠져 범죄 발생을 부르는 경우가 있다.

(3) 취약성

피해자는 스스로를 위험에 빠지게 하는 행동은 하지 않는다. 해도 신체적 혹은 정신적으로 허약한 등 스스로 갖고 있는 취약성 때문에 결과적으로 스스로 위험에 빠지게 하는 경우이다.

(4) 기회

범죄가 발생하는가 하지 않는가는 범죄가 생길 기회가 있는가 없는가에 크게 좌우된다. 야간외출 등 특정행동 양식 등을 취하는 여부에 따라 범죄 피해가능성이 크게 변한다.

(5) 매력

예컨대 범죄자에 의해 접근하기 쉬운가 아닌가 혹은 감시가 미치지 않는 곳 등 범죄자에 있어 범죄를 행하기 쉬운 경우가 있다.

(6) 무벌성

피해를 경찰에 넘기거나 공식화 할 가능성이 적은 자는 범죄의 피해를 입기 쉽다.

7) 지명성이론

이제까지는 초기 피해자학이론과 같은 관점에서 일본에서 제창된 것으로 「지명성(指名性)이론」이 있다. 지명성의 이론이란 범죄자가 범죄를 실행하는데 착실히 대상을 결정하는 이론을 말한다. 이제까지 조사에는 피해자의 복장이나 언행 에서 범죄자의 눈에 띈 자가 피해를 입기 쉽다고 지적이 있다. 또 범죄의 실행이 가능한 장소에 있는 자를 지명할 가능성이 높다는 이론이다.

8) 초기의 피해자학 이론에 대한 비판

이처럼 유럽에는 1940년대 후반에서 1970년대에 걸쳐 피해자학이론은 여러 이론이 제기되어 피해자학의 기초를 세웠다. 하지만 이들 이론에 대한 비판도 있다. 첫째, 초기 피해자학이론은 그 의도는 제쳐두고 결과적으로 범죄원인을 피해자에서 구해 피해자의 책임을 가혹하게 추구한 것은 아닌가? 전술한 것처럼 초기 피해자학이론은 범죄의 원인을 피해자에 구해 그 책임을 피해자에 귀속시키는 일면을 가지고 있다. 형식적으로 「범죄자와 피해자의 상호관계가 범죄를 낳는다」라고 주장된 경우도 실질적으론 피해자를 비판하는 경향이 보인다. 즉 범죄의 발생에는 피해자가 일정한 역할을 한다고 생각한 것이다.

하지만 이런 생각은 「피해자반성」으로 이어질 위험이 있음을 부정할 수 없다. 또 일부 피해자학이론이 전제로 한 「범죄에 적극적인 역할을 하는 피해자」란 존재는 관념적으로 도출한 것에 불과한 것이 아닌가? 1980년대에 피해조사가 활발하게 이루어짐에 따라 범죄발생에는 피해자가 적극적인 역할을 한다는 전제는 현실과 일치하지 않음이 차례로 밝혀지고 있다. 이 때문에 실증적 근거 없이 피해자를 궁지에 밀어 넣은 초기 피해자학이론은 비난을 받게 되었다. 또 범죄의 원인을 피해자에서 구해 이것을 비난하는 것은 범죄자의 책임을 경감하거나 범죄행위를 합리화하는 것으로 이어질 가능성조차 있다는 비판이 높다.

둘째, 초기 피해자학이론은 피해자의 유전적 혹은 생물학적 요소를 중시하는 한편, 피해자에 대한 편견과 경시가 보이는 것은 아닌가? 우선 초기 피해자학이론은 피해자에 유전적·생물학적으로 피해자가 될 소질이 겸비되어 있다는 주장이 많다. 특히 「생래성 피해자」란 개념 자체가 범죄생물학의 원류인 롬브로조의 「생래성 범죄자설」에 영향을 받은 것일 것이다. 이런 주장은 범죄생물학과 수평적인 관계에 세운 「생물학적 피해자학」이라 할 수 있으나 가계연구나 쌍생아 연구와 같이 실증적 근거를 가진 것이 없다. 또 초기 피해자학이론에는 여성경시가 보인다는 지적이 있다. 예컨대 강간의 피해자에 대해 피해자 측에도 문제가 있다는 주장이 간간이 제기되었다. 이런 주장에 대해 페미니스트를 중심으로 「남성사회의 중심에 기초한 주장이다」 「여성에 대한 차별이나 편견을 기초로 하고 있어 또 새로운 차별이나 편견을 조장한다」 등의 비판이 이어졌다.

셋째, 초기 피해자학이론은 피해자와 범죄자의 대립관계란 단순한 구조로 범죄현상을 파악하려 한 것이 아닌가? 범죄가 발생한 경우에 그 책임을 누구에게 돌리는가는 극히 어려운 문제이다. 그럼에도 불구하고 「범죄자」와 「피해자」란 단순한 꼬리표를 붙여 양자를 완전히 분리해 범죄란 사상(事象)을 이해하려 한 시도는 무리한 시도가 아닐 수 없다. 이 때문에 이제까지의 범죄자와 피해자의 「흑 대 백」이란 고정관념적인 절대적·형식적 구별이 부정되고 이른바 「회색 대 회색」이란 상대적인 구분이 오히려 설득력이 있기에 초기의 피해자이론은 비판을 받고 있다.

3. 최근의 피해자학 이론

초기의 피해자학 이론에 대한 비판이나 피해조사에 있어 확실해진 피해자의 실태를 포함해 1980년대 중반 이후 새로운 피해자학이론이 전개되었다. 여기선 ① 생활양식이론 ② 일상활동이론 ③ 동일집단이론 ④ 제2차피해자화·제3차피해자화이론에 대해 개관해 보기로 한다.

1) 생활양식이론

생활양식이론(life style theory)이란 범죄와 접촉할 가능성이 높은 생활양식을 취하고 있는 자가 범죄피해를 입기 쉽다는 이론이다. 여기서 말하는 라이프스타일은 일상생활 중에 관습화된 활동을 말한다. 구체적으로 ① 자신의 직업적 업무와 관련된 활동(통근·노동 등) ② 학교생활에 관한 활동(통학·수업·그룹활동 등) ③ 가정생활에 관한 활동(가사·육아 등) 및 ④ 레저활동이 포함된다. 이런 라이프스타일은 사람마다 각기 다르나 이런 생활양식의 차이가 범죄의 피해자가 될 가능성의 차이가 되어 나타나는 경우가 있다고 생각한 것이다. 종래 범죄이론이 범죄자에 주목해 범죄현상을 설명한 것에 비해 이 이론은 피해자 자체의 분석에 중점을 두었다고 평할 수 있다.

생활양식이론은 힌데랑(M. Hindelang), 갓프래드슨(M. Gottfredson) 및 가로팔로(J. Garofalo)가 1978에 쓴 「인신범죄의 피해자」에서 보다 명확한 형태로 제창되어 1980년대에 지지가 확산되었다. 생활양식이론은 범죄가 그 피해자의 행동과 무관계, 무질서하게 발생하지 않는다는 것을 강조한다. 바꿔 말하면 피해자의 라이프스타일이 잠재적인 범죄자와의 접촉의 양과 질을 결정하는데 큰 역할을 해 피해를 입을 가능성을 좌우한다는 것이다.

특히 야간에 인적이 드문 공간을 지나는 경우가 많은 자, 또 가족이외의 자와 지내는 시간이 많은 자는 피해를 입을 가능성이 크다. 이런 생활양식이론의 주장은 공식적인 범죄통계를 기초로 한 조사에서 일반적으로 지지된다. 즉 이들 통계자료는 피해자가 될 위험이 혼자 살고, 소년과의 교제, 심야외출, 도시의 생활 등에 의해 증가하는 것을 지적하고 있다. 즉 외부활동을 줄이고 야간외출을 삼가고 농촌으로 이사하는 것만으로 범죄의 피해자가 될 위험을 감소할 수 있다 한다.

2) 일상활동이론

일상활동이론은 피해자의 라이프스타일 외에 범죄자의 라이프스타일도 포함해서 범죄가 발생한 원인을 파악한다. 이 이론은 펠슨(M. Felson)과 코엔(L. Cohen)의 「사회변화와 범죄발생률의 경향 : 일상활동적 접근」이라는 논문에서 제기했다. 여기서는 범죄는 ① 잠재적인 범죄자의 존재 ② 적당한 범죄표적의 존재 ③ 감시자의 부재 등 3요소가 겹친 경우에 발생한다고 하고 있다. 펠슨 등은 범죄가 실행된 기회는 일상생활에 다수 존재하고 있어 그 중 범죄표적인 피해자나 재물이 무방비상태로 방치된 경우에 범죄가 발생하는 것이 아닌가라는 문제의식에서 연구가 행해졌다.

구체적으로 펠슨 등은 미국의 범죄통계에서 1947년부터 1974년까지의 범죄율의 변화와 이런 변화와 라이프스타일의 변화관계를 검토한 것이다. 검토결과 그들은 1960년대 이후 라이프스타일의 변화로 ① 청소년 인구증가 ② 휴대하기 쉬운 소형 가전제품의 보급 ③ 맞벌이 가정의 증가와 전통적 사회연대의 약화 등이 1960년대 이후 범죄증가에 기여했다고 결론지었다. 즉 라이프스타일이론이 주로 피해자의 라이프스타일에 주목한 것에 비해 일상활동이론은 범죄자와 피해자 양자의 일상적인 라이프스타일이 공통된 것을 지적하고 그 변화가 범죄증가로 이어진다고 설명하였다.

따라서 이 이론은 범죄발생을 범죄자와 피해자의 상호관계에서 찾는 경향이 강하나 피해자화의 관점에서는 다음과 같은 것이 범죄발생요인으로 중요시된다. ① 가족에서 떨어져 야간에 외출한다. ② 고가 장신구를 부착하고 다닌다. ③ 상점 등의 감시체제가 취약하다. 펠슨 등은 범죄예방책으로 범죄기회의 감소를 위해서 라이프스타일의 개선을 주장하였다.

3) 동일집단이론

라이프스타일 이론에서 파생한 또 다른 하나의 이론으로 동일집단이론이 있다. 이 이론은 가해자인 범죄자와 피해자는 비슷한 가치관을 가진 그룹에 속해 있어 같은 특성을 가지고 있다고 지적한다. 전술한 것처럼 이 이론은 실증적인 조사에서도 확인되었다. 예를 들어 싱거는 미국의 필라델피아에서 행해진 코호트 연구에서 폭행피해자의 다수가 다른 사건에서 가해자인 것이 확인되었다고 보고되었다. 또 로릿센, 샘프슨 및 라우브는 자기보고식 연구에서 비행소년과 피해자간에 상관관계가 존재한다고 지적했다. 이런 동일집단이론은 범죄자와 피해자를 다른 범주로 나눈 것은 무의미하고 범죄자가 될 수 있는 환경은 모든 사람의 인생에 있어 존재한다고 설명한다.

울프강의 제2차 및 제3차피해자화의 개념
오늘날 「제2차 피해자화」와 「제3차 피해자화」는 전술한 의미보다 더 넓게 이용되고 있다. 이에 대해 미국의 범죄자학자 울프강은 개인수준의 피해자화를 제1차 피해자화, 조직규모의 피해자화를 제2차 피해자화, 사회제도나 질서의 피해자화를 제3차 피해자화라고 설명하였다. 전술의 「제2차·제3차 피해자화」개념이 피해자가 시간의 경과에서 범죄 이외에서 간접적인 피해를 입는 점에 착안한 것에 대해 울프강의 「제2차·제3차 피해자화」개념은 하나의 범죄가 직접 피해자만이 아닌 간접적으로 그 피해자가 속한 조직이나 범죄가 발생한 사회전체에 피해를 미치는 점을 지적한 것이다.

4) 제2차 피해자화·제3차 피해자화론

초기 피해자학의 대상으로서의 피해자는 범죄에 있어 직접적으로 피해를 입은 자에 한정되었다. 하지만 피해자학이 문제가 되는 피해자화는 이런 직접적인 피해에 그치지 않고 간접적인 것도 포함되지 않는가란 주장이 1980년대 중반부터 높아졌다. 이러한 문제의식에서 제기된 것이 바로 「제2차 피해자화」, 「제3차 피해자화」이다.

(1) 제2차 피해자화

이 중 「제2차 피해자화」는 형사사법기관 등의 배려가 부족한 대응에 의해 피해자의 범죄피해를 재차 유발하게 한다고 지적했다. 범죄조사나 형사재판에는 사실의 추구를 중시하고 피해자에 대한 배려가 부족하다. 특히 성범죄에는 그 피해자의 이성관계 등 사생활이 노출되어 피해자의 인권이 침해될 가능성이 농후하다. 최근 일본, 유럽, 미국뿐 아니라 한국에서도 형사절차에 있어 피해자와 인권보호문제가 화두에 오르고 있는 배경도 이런 이유에서이다.

(2) 제3차 피해자화

이처럼 제1차와 제2차 피해자화보다 더 심리적으로나 정신적으로 힘든 피해자에 대한 적절한 대응이 되지 않고 방치하면 피해자는 재차 자기 파멸적인 길로 가는 경우가 적지 않다. 이런 현상이 「제3차 피해자화」라 부르는 것이다. 재판에서 유죄판결이 확정된 것에 의해 사건은 하나의 해결이라고 생각하는 경우가 많다. 하지만 그런 일반적인 인식과는 달리 피해자의 마음의 상처는 치료되지 않고 계속 남는다. 강간 피해자의 경우 이런 제3차 피해자화를 「second rape」라 부른다. 미국에선 이런 강간 피해자에 대한 치료를 목적으로 한 강간위기센터(crisis center)에서 카운슬링이나 전화에 의한 정보제공 등 적극적인 활동을 하고 있다.

5) 범죄자와 피해자의 상호작용이론

범죄란 일반적으로 범죄자와 피해자 사이에 일어나는 상대적인 개념을 전제로 하는 이론이다. 그러므로 어떤 의미에서는 피해자의 완전한 무책과 유책이란 개념은 있을 수 없을 것이다. 오히려 범죄자와 피해자의 상호작용과정에서 발생하는 것이라고 할 것이다. 이러한 상호작용이라는 개념을 도입한 셍스탁(Sengstock)은 사회적 상호작용이론에서 지금까지의 범죄이론에서 간과했던 피해자요인을 부각시키고자 하였다. 지금까지의 전통적 범죄이론은 범죄발생에 있어서 가해자 요인에만 주목하였지만 이 관점은 범죄자와 피해자의 상호작용적 요인을 고려하고 있다는 것이 중요한 특징이다.

그러므로 범죄란 일반적으로 피해자와 가해자간의 상호작용의 형태를 포함하고 있기 때문에 피해자의 과장된 행동이나 위축된 행동이 범죄피해의 가능성을 증가 혹은 감소시키기도 하며, 이러한 관점에서 피해자학자들은 범죄란 가해자와 피해자의 상호작용의 결과임을 강조한다. 예컨대 가정폭력의 경우에 가정에서 반복되는 폭행은 가해자가 피해자의 행동을 통제하기 위한 것으로 이해될 수 있다. 가정폭력의 발생과정은 다음과 같이 4가지의 단계, 즉 자극, 인지, 조작, 완료로 나누어 볼 수 있다. 가정폭력은 최초에 부부 또는 부모와 자식간의 상호자극이 원인이 되어 발생하며, 이때 가해자가 피해자의 행동을 권위에 대한 도전으로 인지하고, 피해자에 대하여 폭력적인 방법을 동원하여 통제하고 권위에 대한 도전을 파괴시키므로 사건을 종결한다.

특히 셍스탁은 아래 그림에서 보는 바와 같이 사회적 상호작용에 관한 세 가지 모형을 제시하였다.

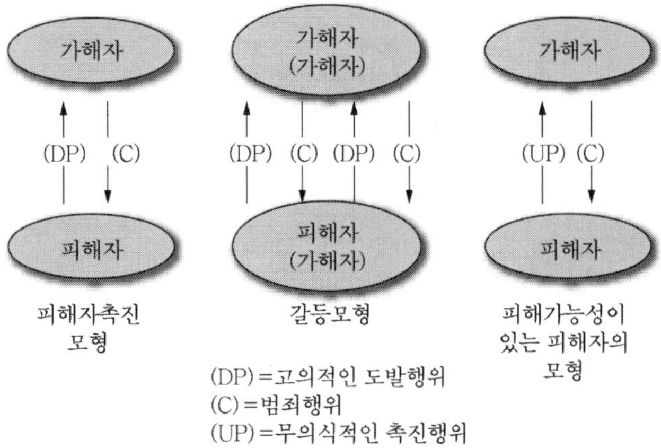

〈그림 13-2〉 수정된 사회적 상호작용 모형

첫 번째 모형은 피해자가 가해자로 하여금 범죄를 저지르도록 유도하는 전통적인 피해자 촉진형이다. 피해자는 가해자에 대하여 고의적으로 도발행위를 함으로써 가해자로 하여금 공격을 시도하도록 유혹하는 계산된 행동을 하게 되어 피해를 자발적으로 초래한다. 이러한 과정은 상대적으로 짧은 기간 동안이나 비교적 긴 시간 동안 이루어질 수도 있다. 이 모형에서는 피해자가 범죄발생에 있어서 책임이 분명히 존재하는 경우이다.

두 번째 모형은 갈등모형이라고 할 수 있는데 가해자와 피해자는 보다 긴 기간 동안에 걸쳐 사회적 상호작용을 하다가 범죄발생과정 중에 서로에게 피해를 입힘으로써 양자가 가해자와 피해자의 역할을 번갈아 담당하는 경우에 해당되는 경우이다.

세 번째 모형은 범죄인과관계에 있어서 피해가능성이 있는 모형으로써 이러한 경우 피해자가 범죄발생에 있어서 비중 있는 역할을 하지 않은 경우를 말한다. 이러한 관점에서 피해자는 자신이 알지 못하는 가운데 가해자가 고무되는 일련의 행동과 관련되어 피해를 당할 수 있다. 세 번째 모형과 나머지 두 모형과의 차이점은 피해자가 유발상황을 의도하지 않았거나 그러한 사실자체를 인식하지 못하는 가운데 범죄가 이루어진다는 것이다.

제 2 절 범죄피해의 실태

범죄학이 범죄자의 특징을 규명한 것처럼 피해자학은 피해자의 특징을 찾으려 했다. 종래 일반적으로 「피해자」의 이미지는 「고령」 「여성」 및 「사회적 약자」가 떠오른다. 하지만 영미에서 범죄피해의 실태조사에 의하면 이러한 과거 이미지가 현실의 범죄피해자와 일치되지 않는다는 것이 밝혀졌다.

1. 범죄피해조사

과거 범죄실태를 파악하기 위한 범죄통계가 있어 왔다. 하지만 공식범죄통계에 잡히지 않는 「암수(暗數)」가 존재한다는 것은 예전부터 주지의 사실이었다. 공식통계만으로 정확한 범죄실태를 파악할 수 없다는 한계가 지적되어 왔다. 이런 상황을 타개하기 위해 미국에서 1970년대부터 영국에선 1980년대부터 범죄피해조사가 실시되게 되었다. 이 일련의 대규모 피해조사는 암수조사가 주목적이었으나 점차 피해실태의 해명에 중점이 옮겨졌다. 바꿔 말하면 피해조사는 양적 조사에서 질적 조사로 발전했다고 할 수 있다.

1) 미국의 피해조사

미국에서 범죄피해조사가 실시된 계기가 된 것은 1967년에 공표된 대통령자문위원회에 의한 범죄피해의 전국조사 보고였다. 이 조사는 전미의 일반인을 대상으로 범죄피해 경험을 조사한 것이다. 조사보고에선 피해자가 경찰에 신고하지 않는 경우가 많아 미국의 범죄피해자수는 예상보다 훨씬 많다는 사실이 밝혀졌다. 이런 보고를 받고 범죄피해실태를 보다 정확히 파악하기 위한 조사의 필요성을 인식하게 되었다. 1973년부터 연방국세조사부가 연방사법성 사법통계국과 협력하여 「전미범죄조사(NCS)」를 매년 실시하게 되었다. 이 통계는 피해조사의 내용으로 명확히 하기 위하여 1990년에 명칭이 「전미범죄피해조사」로 변경되었다. 최근엔 조사규모를 확대해 전미의 약 4만8,000세대의 12세 이상의 약 9만7,000명을 대상으로 피해실태가 조사되었다.

2) 영국의 피해조사

영국에선 1980년대를 거치면서 대처수상이 이끄는 보수당정권이 범죄증가를 우려하여 「법과 질서」 캠페인을 전개해 경찰력강화, 엄벌화 등의 정책을 실시했다. 하지만 이런 정도의 범죄대책에 대해 「범죄증가는 시민에게 정신적 쇼크(moral panic)를 주는데 지나지 않는다」란 비판이 급진주의 범죄학자 등에 의해서 제창되었다. 이런 상황하에서 범죄실태를 정확히 파악하기 위해 영국 내무성은 1983년에 「전영국 범죄조사」를 실시했다. 조사는 16세 이상의 약 1만 명을 대상으로 범죄피해 경험을 면접조사 형식으로 이루어졌다. 그 결과 공식통계에 나타나지 않은 많은 범죄가 존재한다는 사실이 밝혀졌다. 그 후 전영국범죄피해조사(BCS)는 오늘날까지 수차에 걸쳐 실시되어 범죄피해 실태파악에 중요한 역할을 하고 있으며 영국의 형사사조에 강한 영향을 미쳤다.

3) 일본의 피해조사

미국의 NCVS나 영국의 BCS는 일반시민이 많은 범죄에 둘러싸여 있는 실태를 밝혀 피해자의 입장에서의 관점이 범죄학 연구에서도 필요함을 인식시켜 피해자학이 비약적으로 발전하는 계기가 되었다. NCVS나 BCS처럼 대규모 조사는 쉽게 실시할 수 없지만 일본에서는 「도시방범연구센터」에 의한 범죄피해자 발생실태에 관한 조사와 1992년부터 약 3년에 걸쳐 「범죄피해자 실태조사연구회」에 의한 전국규모의 범죄피해자 실태조사가 행해져 1996년에 「범죄피해자연구」로 발간되었다.

4) 한국의 피해조사

국내의 범죄피해조사는 한국형사정책연구원에서 1991년 '서울의 범죄피해에 관한 조사연구'라는 이름으로 처음으로 시작되었고, 1994년부터는 전국규모의 조사로 발전하여 매 3년마다 실시되어 왔다. 그러나 국내에서 매 3년마다 실시되어왔던 기존의 범죄피해조사는 표본규모, 표집방법, 측정도구(특히, 범죄피해선별질문)의 타당성 등에 있어 문제점이 제기되었고, 한국형사정책연구원에서는 2009년 통계적으로 타당한 표집방법 및 표본규모를 확보하고, 범죄피해의 보고율을 늘리며,개별적 사건의 피해양상에 관한 상세정보를 파악하는 것을 개편의 주요 목표로 설정하고, 기존의 범죄피해조사의 조사내용과 조사방법을 전면적으로 재설계하였다. 그리고 이러한 재설계과정을 통해 범죄피해조사는 통계청으로부터 [전국범죄피해조사]라는 국가승인통계명칭과 승인번호 '제40301호'를 획득하게 되었다(김은경외, 2009:46). 2009년 통계청으로부터 국가승인통계로 지정되면서 범죄피해조사는 기존의 3년에서 2년주기로 정례적으로 실시하는 것으로 변화되었다(김지선·홍영오, 2011. 30).

2. 범죄피해자의 특징

일련의 피해조사에 의해 이제까지 밝혀지지 않은 피해자의 특징이 밝혀졌다. 밝혀진 구체적 피해자 특징으로는 성별, 연령, 사회적 지위 및 인종이 주목할 만하다.

1) 성별

피해조사의 데이터에 의하면 성별은 범죄피해자를 특정 짓는 중요한 요소 중에 하나이다. 예를 들어 미국 NCVS에 의하면 강도나 폭행피해자의 경우 남성이 여성의 약 2배였다. 단 과거 15년 간 폭행범죄의 피해자가 될 위험성은 남성의 경우 20% 감소했으나 여성은 거의 같은 수준이 유지되고 있다. 이것은 여성에 대한 무기를 사용치 않는 형태의 강도가 증가한 것이 주원인으로 생각된다. 또 강간에 대해서는 피해자의 대부분이 여성이나 매년 약 7,500명의 남성이 강간 피해자가 되는 경우가 있다고 추산된다.

한국의 전국범죄피해조사(2010년)에 따르면 재산범죄 피해자의 성별로는 남자 47.5%, 여자 52.5%로 여자의 비율이 상대적으로 높았다. 범죄유형별로는 사기는 남자 50.2%, 여자 49.8%로 거의 차이가 없었으며, 절도 는 남자 45.0%, 여자 55.0%로 여자의 비율이 상대적으로 높았다. 폭력범죄는 전체적으로는 여자(67.4%)가 남자(32.6%)에 비해 피해율이 더 높은 것으로 나타났다. 범죄유형별로는 성폭력(85.3%), 강도(58.0%), 폭행 및 상해(58.5%), 협박 및 괴롭힘(92.9%) 등 모든 유형에서 여자가 남자보다 피해를 많이 당했다(김지선 · 홍영오, 2011).

2) 연령

피해조사에 의하면 피해자가 될 위험성은 고령자보다 저연령층이 높다. 미국 NCVS의 데이터에 의하면 피해자가 될 위험성은 10대 후반부터 높아져 25세 경에 급격히 감소한다. 연령과 피해자화의 상관관계는 소년들이 가지고 있는 라이프스타일과의 관련에서 나온다. 예컨대 심야시간까지 외출이나 비행소년과의 교제는 소년들의 비행가능성을 높일 뿐 아니라 피해를 입을 위험도 그 만큼 높아지게 된다. 범죄피해자중 전체 75%이상은 20세 이상의 범죄자에 의해 위해(危害)를 입는데 비해 12세부터 19세까지의 소년피해자의 경우 64%가 또래나이의 범죄자에 의해 피해를 받았다. 또 미국에서는 학교 내 범죄가 많이 발생하는데 이러한 상황이 소년들의 피해위험성을 한층 높이고 있다. 예를 들어 미국에서는 매년 전 폭력범죄의 9%가 학교 내에서 발생한다. 여기에는 약 6만 건의 강도, 4만 건의 폭행, 2,000건의 강간이 포함되어 있다.

한국의 경우 전국범죄피해조사(2010년)에 따르면 연령대별로는 재산범죄 전체로는 30대의 비율이 24.6%로 가장 높았고, 그 다음으로는 40대 21.6%, 10대 17.5%, 50대 13.2%, 20대 13.1%의 순이었다. 범죄유형별로는 사기는 30대의 비율이 25.8%로 가장 높았고, 40대 21.2%, 20대 16.3%의 순으로 경제력이 미약한 10대와 60대 이상이 상대적으로 적었다. 이에 비해 절도는 10대의 비율이 27.4%로 가장 높았고, 30대 23.5%, 40대 22.1%의 순으로 나타나 10대의 절도피해에 대한 대책수립이 필요함을 시사한다. 한편, 전체폭력피해자 중 10대의 비율이 24.9%로 가장 높았고, 그 다음으로 20대(21.1%), 30대(18.3%), 60대(12.6%)의 순이다. 범죄유형별로는 성폭력피해자는 20대가 52.1%를 차지하여 절반을 넘었고, 그 다음은 30대(19.3%), 40대(12.9%)의 순이었다. 강도피해자는 10대의 비율이 40.3%로 가장 높았고, 60대(19.1%), 50대(17.3%)의 순으로 상대적으로 10대와 고령층의 비율이 높았다. 폭행 및 상해의 피해자는 30대(30.4%), 10대(20.8%), 20대(14.8%)의 순이었고, 협박 및 괴롭힘의 피해자은 30대(26.6%), 20대(24.2%), 10대(15.9%)의 순이었다.

3) 사회적 지위

피해조사결과 빈곤층에 피해자의 역할이 높음이 밝혀졌다. 예컨대 미국 NCVS는 연간소득 7,500달러 이하의 자가 범죄피해를 입을 가능성이 극히 높다는 것을 시사한다. 이 원인은 미국의 경우 빈곤층이 범죄다발지역에 거주하고 있기 때문인 것으로 생각된다. 단 여기서 문제가 되는 것은 강도, 폭행, 강간 등 폭력범죄의 피해자에 대해서이다. 또 같은 연령대 혹은 같은 인종간의 경우 경제적으로 빈곤한자 쪽이 피해를 입기 쉽다. 여기에서 재산범의 경우 고소득층이 피해자가 될 위험성이 높다. 이점에서 절도범은 범죄실행시 대상을 주의 깊게 선택하기 때문인 것으로 추측된다. 사회적 지위나 피해자의 관련성에서는 결혼이 주는 영향이 주목된다. 미국 NCVS에 의하면 기혼자는 미혼자에 비해 피해자가 될 위험성이 낮다. 단 이 결과는 결혼에 의한 영향보다도 성별이나 연령에서 설명해야 할 문제이기도 하다.

한국의 경우를 보면, 전국범죄피해조사(2010년)에 따르면 사회경제적 특성 중 피해자의 혼인상태별로는 재산범죄 전체적으로 기혼에 배우자가 있는 경우의 비율이 56.8%로 가장 높았으며, 이 경향은 사기 59.3%, 절도 54.5%로 범죄유형에 관계없었다. 피해자의 학력수준을 보면 재산범죄 전체적으로 고등학교 출신의 비율이 39.6%로 가장 높았고, 다음은 4년제 이상의 대학출신 24.1%, 중학교 출신 12.6%, 4년제 미만의 대학출신 11.8% 순이었다. 범죄유형별로 보면, 사기피해는 고등학교 출신 33.0%, 4년제 이상의 대학 출신 24.6%, 4년제 미만의 대학출신 13.4%, 중학교 출신 13.1%의 순이었고, 절도피해 는 고등학교 출신이 45.8%로 거의 절반정도를 차지하였고, 다음으로 4년제 이상의 대학 출신 23.6%, 중학교 출신 12.1%, 4년제 미만의 대학출신 10.3%의 순이었다. 재산범죄 피해자의 직업유형을 살펴보면, 재산범죄 전체로는 학생의 비율이 21.4%로 가장 많았고, 전업주부 19.0%, 서비스판매직 18.0%, 사무직 13.9%, 관리자전문가 및 관련종사자 9.2%의 순으로 나타났다.

범죄유형별로 살펴보면 사기피해의 경우 전업주부의 비율이 18.7%로 가장 높았고, 서비스판매직 17.2%, 사무직 16.9%, 관리자전문가 및 관련종사자 15.0%, 학생 10.6%의 순이었고, 절도피해의 경우에는 학생의 비율이 31.6%로 가장 높았고, 그 다음으로는 전업주부 19.3%, 서비스판매직 18.6%, 사무직 11.1%의 순이었다. 이는 전업주부의 경우 사기피해뿐만 아니라 절도피해도 많이 당하고 있으므로 이에 대한 예방대책이 시급하고, 또한 학생들의 절도피해를 예방하기 위한 조치가 시급함을 시사한다.

한편, 폭력범죄 피해의 경우 혼인상태별로 살펴본 결과, 폭력범죄 전체적으로는 미혼의 비율이 51.3%로 가장 높았고, 기혼이면서 배우자가 있는 경우가 31.5%, 기혼이나 배우자가 없는 경우는 17.2%였다. 이 경향은 범죄유형에 관련없이 유사하였다. 최종학력의 경우 폭력범죄 전체적으로는 고등학교 출신이 32.0%로 가장 많았고, 4년제 이상의 대학교 출신 21.7%, 중학교 출신 19.7%, 4년제 미만의 대학 출신 15.0%의 순이었다. 범죄유형별로는 성폭력피해자는 4년제 대학교 이상이 39.7%로 가장 많았고, 4년제 대학 미만이 30.9%, 고등학교 출신이 23.7%로 학력이 높을수록 피해율이 높았다. 강도의 경우, 중학교 출신(34.2%), 고등학교 출신(34.1%), 4년제 이상의 대학교 출신(13.7%)의 순이었다. 폭행 및 상해의 피해자는 고등학교 출신(37.7%), 4년제 미만의 대학교 출신(19.4%), 4년제 이상의 대학교 출신(16.4%)의 순이었다. 협박 및 괴롭힘의 피해자는 4년제 이상의 대학교 출신(32.6%), 고등학교 출신(23.1%), 중학교 출신 (20.6%)의 순이었다. 마지막으로 직업을 살펴보면, 폭력범죄 전체적으로는 학생의 비율이 31.8%로 가장 높았고, 서비스판매직(23.2%), 사무직(15.7%)의 순이었다. 범죄유형별로는 성폭력피해자는 사무직(38.4%)과 학생(30.9%), 강도피해자는 학생(40.3%)과 서비스 판매직(30.8%), 폭행 및 상해피해자는 학생(23.1%)과 서비스판매직(19.2%), 협박및 괴롭힘 피해자는 학생(29.8%)과 사무직(23.3%)의 순이었다. 이처럼 폭력범죄의 피해도 학생들의 비율이 높은 것으로 나타난 결과와 더불어 앞에서 살펴본 재산범죄 중 절도에서도 학생의 비율이 높은 결과는 학생들의 범죄피해를 예방하기 위한 조치들이 시급함을 시사한다.

4) 인종

피해조사에서는 인종에 따라 피해자가 될 위험성이 다르다는 사실이 밝혀졌다. 미국의 NCVS에 의하면 타 인종과 비교하여 흑인은 폭력범죄의 피해자가 될 위험성이 높다. 예컨대 흑인이 강도 피해자가 될 위험성은 백인에 비해 약 두 배가 높다. 또 1987년의 미국질병관리센터의 조사에 의하면 흑인남성이 살인의 피해자가 될 위험성은 흑인여성과 비교해 4.8배, 백인남성과는 7.7배, 백인여성과는 21.9배 높았다. 최근분석에서는 흑인에 대한 범죄는 백인에 대한 범죄에 비해 범죄의 형태나 무기의 사용 등의 점에서 흉악화되는 특징을 가지고 있다는 지적도 있다.

3. 피해자의 사회생태학

피해조사 결과로 피해자의 생태학적 특징에 대해 많은 사실들이 밝혀지고 있음을 주목할 필요가 있다.

1) 시간

예를 들어 미국에서는 NCVS의 자료에 의하면 범죄의 대부분이 오후 6시부터 오전 6시 사이에 발생하는 것으로 밝혀졌다. 낮 시간대에 발생할 확률이 높은 범죄는 날치기나 소매치기 등의 피해자에게 직접 접촉하는 절도범에 한정되어 있다. 폭력 범죄에 대해서도 야간에 발생하는 경우가 높았다. 또 폭력범죄에 대해서는 오후 6시 이전에 발생하는 것보다 오후 6시 이후에 발생하는 쪽이 보다 포악한 양상을 띠고 있었다. 예컨대 중대한 폭행·상해는 야간에 많으나 무기를 사용치 않는 형태의 강도는 낮 시간대에 많았다.

한국의 경우 전국범죄피해조사(2010년)에 따르면, 사건발생 시간은 개인의 재산범죄피해 전체로는 오후(15시~18시)의 비율이 22.7%로 가장 높았고, 낮에 발생했지만 시간은 모르는 경우 21.3%, 한낮(12시~15시) 11.6%, 저녁(18시~21시) 8.4%의 순이었다. 범죄유형별로는 사기의 경우는 낮에 발생했지만 시간은 모르는 경우가 26.7%로 가장 높았고, 오후(15시~18시) 25.8%, 오전(09시~12시) 10.8%, 한낮(12시~15시) 9.5%의 순이었고, 절도의 경우는 오후(15시~18시)가 20.1%로 가장 높았고, 낮에 발생했지만 시간은 모르는 경우 16.6%, 한낮(12시~15시) 13.5%, 저녁(18시~21시) 9.9%의 순이었다. 절도의 경우는 주로 집밖에서 활동하는 오후시간대(12시~18시)의 피해발생율이 50.1%로 거의 절반을 차지하였다. 한편, 개인의 폭력범죄피해 전체로는 밤(21시~24시)의 비율이 15.4%로 가장 높았고, 저녁(18시~21시) 13.4%, 오후(15~18시) 13.2%, 한낮(12시~15시) 12.8%, 심야(24시03시) 10.9%의 순이었다. 범죄유형별로는 성폭력의 경우는 심야(24시03시)의 비율이 23.3%로 가장 높았고, 밤(21시~24시) 18.4%, 아침(09시~12시) 18.1%, 새벽(03시~06시) 9.1%의 순으로 나타났다. 즉 성폭력피해는 저녁 9시부터 새벽 3시까지 거의 40%이상 일어났다. 강도의 경우는 한낮(12시~15시)의 비율이 16.8%로 가장 높았고, 낮에 발생했지만 시간을 모르는 경우 16.4%, 오후(15시~18시) 14.2%, 아침(06시~09시) 12.5%의 순으로 나타났다. 낮에 발생한 비율이 47.4%나 되어 거의 절반 가까이가 낮에 발생하였다. 폭행 및 상해의 경우는 오후(15~18시)의 비율이 20.7%로 가장 높았고, 저녁(18시~21시) 19.2%, 한낮(12시~15시) 16.4%, 심야(24시~03시) 13.4%의 순으로 나타났다. 낮에 발생한 비율이 40.2%, 밤 또는 심야의 비율이 47.2%로 낮과 밤 또는 심야의 비율이 거의 절반정도 되었다. 협박 및 괴롭힘의 경우는 밤(21시~24시)의 비율이 41.3%로 가장 높았고, 저녁(18시~21시) 22.8%, 밤에 발생했지만 시간을 모르는 경우가 8.2%로 나타나 거의 저녁이후 밤에 발생한 것으로 나타났다.

2) 장소

많은 범죄에 대해 도로, 공원 혹은 평지 등 공공장소에서 많이 일어난다. 비교적 가택 내에서 일어나는 범죄는 무기를 사용치 않고 발생하는 폭행이나 강간이었다. 단 이런 범죄의 대다수도 공공장소에서 발생하고 있다. 또 거주지역도 피해자가 될 위험성에 많은 영향을 주는 요소이다. 도시의 중심부에 거주하는 자는 교외에 거주하는 자에 비해 강도나 폭행의 피해를 입을 위험성이 높다. 전자가 범죄의 피해자가 될 위험성은 후자에 비교해 약 2배가량 높았다.

한국의 경우, 전국범죄피해조사(2010년)에 따르면 개인의 재산범죄의 사건발생지역과 거주지역과의 동일성 여부를 알아본 결과 '잘 모르겠다'는 응답을 제외하고 사건발생지역과 거주지역이 동일한 경우가 66.0%였고, 동일하지 않은 경우는 34.0%로 나타나 대부분사건발생지역과 거주지역이 동일하였다. 이를 범죄유형별로 살펴보면, 사기범죄의 경우 사건발생지역과 거주지역이 동일한 경우가 62.1%, 절도범죄의 경우 69.4%로 대부분 사건발생지역과 거주지역이 동일하였다. 구체적인 재산범죄 피해 장소로는 집의 비율이 33.4%로 가장 높았고 그 다음으로는 근무하는 직장 15.2%, 학교 14.4%, 공공기관 및 상업지역 13.8%, 주택가 및 이면도로 9.9%의 순으로 나타났다. 범죄유형별 살펴보면 사기의 경우 집의 비율이 49.0%로 가장 높았고 그 다음으로는 근무하는 직장 23.2%, 공공기관 및 상업지역 16.0%의 순으로 나타났고, 절도의 경우에는 학교의 비율이 24.6%로 가장 높았고, 그 다음으로는 집 19.7%, 주택가 및 이면도로 17.7%, 근무하는 직장 8.2%, 주차장 7.3%, 야외, 거리, 대중교통시설 등의경우 7.2%의 순으로 나타났다. 이와 같이 사기범죄피해의 경우 집과 직장에서 발생하는 경우가 70% 이상을 차지한 것으로 나타났으며 절도범죄피해의 경우에는 학교에서 발생하는 경우가 가장 많았고 그 다음으로 집, 주택가 및 이면도로의 순으로 나타났다.

한편, 폭력범죄에서 사건발생 지역과 거주지역과의 동일성 여부를 살펴본 결과, 전체폭력범죄 및 기타사건에서 66.2%는 동일하다고 응답하였다. 범죄유형별로는 성폭력범죄는 60.4%, 강도 86.1%, 폭행 및 상해 44.4%가 동일했으며 사례가 많지는 않지만 협박 및 괴롭힘은 모두가 동일하였다. 사건발생 장소를 살펴본 결과, 폭력범죄 전체적으로는 주택가 및 이면도로의 비율이 전체의 26.8%로 가장 높았고, 그 다음은 야외 · 거리 · 산야 · 대중교통시설 등(23.4%), 공공기관 및 상업지역(12.8%), 근무하는 직장(11.6%), 학교(10.5%), 집(8.3%)의 순으로 나타났다. 구체적으로는 대규모아파는 단지 주변, 사무실 또는 업무장소, 도로상에서의 순이었다. 범죄유형별로는 성폭력은 야외 · 거리 · 산야 · 대중교통시설 등(38.4%), 주택가 및 이면도로(27.5%), 집(12.4%)의 순이었고, 구체적인 장소로는 우리집, 다세대 또는 연립주택주변, 도로상, 교통시설 내부의 순이었다. 강도는 주택가 및 이면도로(31.7%), 야외 · 거리 · 산야 · 대중교통시설 등(17.0%), 학교(15.2%), 공공기관 및 상업지역(14.6%)의 순이었고, 구체적인 장소로는 대규모아파트단지 주변이 가장 많았다. 폭행 및 상해의 경우에는 야외 · 거리 · 산야 · 대중교통시설 등(22.0%), 근무하는 직장(20.9%), 공공기관 및 상업지역(19.2%), 주택가 및 이면도로(17.7%)의 순이었고, 구체적인 장소로는 사무실 또는 업무장소, 유원지 등 체육시설 순이었다. 협박 및 괴롭힘은 주택가 및 이면도로에서 거의 절반정도는 46.2% 발생했고, 다음은 주차장(20.3%), 야외 · 거리 · 산야 · 대중교통시설 등(13.8%)의 순이었으며, 구체적으로는 대규모아파트단지 주변이 가장 많았다.

3) 가족

미국 NCVS에 의하면 전미 9,500만 세대 중 약 25%가 가족 중에 적어도 1명이 과거 1년 간 범죄피해를 입었다. 이것은 1970년대의 31%란 수치와 비교하면 감소하였다. 1980년대 이후는 거의 같은 수준이다. NCVS에 의하면 가장 피해를 입기 쉬운 것은 서부도시에 거주하는 고소득의 흑인이었다. 여기에 비해 가장 피해를 입기 어려운 것은 북동부의 농촌에 거주하는 빈곤층 백인이었으며, 이들은 재산범죄의 피해자가 될 위험성이 가장 낮았다. 또 미국의 최근 인구이동이나 가족구성의 변화가 피해자가 되는 가정의 패턴을 바꾸고 있다. 예컨대 급속한 현대화의 결과 교외나 농촌의 인구가 증가하고 도시인구가 감소하고 있다. 또 핵가족화나 독신자의 증가에 의해 가정구성원의 인구가 감소하고 있다.

4. 피해조사의 영향

미국 연방통계국의 계산에 의하면 현재 미국에서 일생에 한번이상 폭력범죄의 피해자가 될 가능성은 83%(3번 이상은 25%)에 달한다. 또 절도 등 재산범의 피해자가 될 가능성은 99%(3번 이상은 87%)라 추정되었다. 범죄학이 범죄자의 특징을 찾는 것처럼 피해자학은 피해자의 특징을 찾으려 하였다. 일련의 피해조사가 종래의 피해자상에 큰 수정을 가하게 했다. 종래 일반적으로 「피해자」의 이미지로서 신체적, 사회적인 약자가 상정된다. 그 구체적인 예로 「고령」, 「여성」 및 「사회적 약자」를 들 수 있다.

하지만 영미에 범죄피해 실태조사가 활발하게 진행됨에 따라 이런 이미지가 실제 피해조사와 일치하지 않는다는 것이 밝혀졌다. 영미의 피해조사에서는 일반적으로 피해자가 되기 쉬운 요소는 ① 남성 ② 30대미만 ③ 독신 ④ 야간 ⑤ 다량의 음주 등을 들 수 있다. 또 범죄피해자의 대부분은 동시에 가장 범죄자가 되기 쉽다고 지적 받는 요소(남성, 저연령, 빈곤, 유색인종 등)를 함께 가지고 있다.

제 3 절 피해자학의 전망

이제까지 살펴본 것처럼 1950년대에 유행한 피해자학은 또 피해자유책론으로서의 색채를 가지고 있는 면이 있다. 그러므로 피해자학은 피해자구제와 직결되지 않는가 비판을 받고 있으나 오늘날에는 피해자·가해자 상호작용론으로 변화하고 있다. 또 1970년대 이후는 피해자구제의 측면이 급속히 발전한 시대라면 1980년대는 형사절차상 피해자 지위의 문제, 1990년대의 경우 범죄자처우에 있어서 피해자의 관점의 문제에 대한 논의가 활발하였다. 피해자학은 국제적으로나 국내적으로 착실히 발전하고 있다는 평가를 받고 있다. 최근 피해자학을 연구하고 있는 학자들은 새로운 관점에서 피해자의 문제를 다루고 있다.

1. 범죄에 대한 불안감

현실의 범죄피해는 한정된 수를 경험하나 실제로는 더 많은 사람이 범죄의 피해를 입을 것이라는 불안감을 가지고 생활하고 있다. 유럽의 범죄학이나 피해자학에서는 이런 실제의 피해경험에 그치지 않고 많은 학자들이 범죄의 발생에 대한 공포심을 「범죄에 대한 불안감(fear of crime)」이라 부르고 높은 관심을 보이고 있다.

1) 범죄에 대한 불안감의 의미

범죄에 대한 불안감(두려움)은 다양하게 정의되고 있지만 보편적으로 시민이 느끼는 바 자신이 특정한 범죄의 피해자가 될 확률이나 가능성에 대한 추정 또는 범죄나 안전에 대한 막연한 두려움의 추정으로 정의내릴 수 있다. 여기서 전자의 특정범죄의 피해자가 될 가능성의 추정을 “Specific fear” 또는 “Generalized fear”라고 한다. 하지만 어떠한 형태이든 범죄에 대한 불안감(두려움)은 자신이 범죄피해자가 될 확률을 추정하는 것으로서, 이는 자신이 범죄피해자가 되는 것에 대한 불안과 걱정의 정도를 나타내는 것으로 개념화할 수 있을 것이다(박철현, 2005: 53).

미국에서는 범죄에 대한 불안감은 범죄의 증가와 함께 과거 30년 간 급격히 높아졌다. 하지만 이 범죄에 대한 불안감은 실제의 범죄통계나 피해자 실태조사의 결과 이상으로 확산되어 있다. 예를 들어 스코간(W. Skogan)과 맥스필(M. Maxpil)은 「범죄에 대한 대응」에서 미국인의 약 반수가 범죄불안감을 품고 있으나 실제 범죄피해를 입는 것은 6% 전후에 지나지 않다고 지적했다. 일반적으로 범죄에 대한 불안감은 여성 쪽이 더 높다. 여기에 비해 실제 피해는 남성이 높다. 또 연령별로 보면 실제 범죄의 피해가능성은 고령층이 가장 낫다. 그러나 그들은 범죄불안감을 강하게 품고 있는 경우가 많다.

2) 범죄에 대한 불안감의 원인

그러면 실제 피해를 입을 가능성과 주관적인 면에서의 불안감 사이에 큰 차이가 생기는 원인은 어디에 있는가? 이 점에 대해 2가지가 지적될 수 있다 하나는 매스미디어의 범죄보도의 영향으로 생각된다. 오늘날 범죄피해를 직접 입지 않아도 그 실태를 매스미디어를 통해 간접적으로 알 수 있다. 때문에 범죄증가와 흉악화를 선정적으로 보도하는 매스미디어의 태도가 범죄피해에 대한 불안감을 심어주게 된다. 또 하나는 이런 범죄증가와 흉악화에 대한 보도는 정신적인 쇼크를 일으켜 「법과 질서」 정책을 정당화되는 근거로 이용되는 측면도 지적할 수 있다.

3) 범죄에 대한 불안감의 대책

범죄에 대한 불안감은 시민생활에 여러 영향을 미친다. 예를 들어 현실에서 범죄피해에 대한 불안감을 가진 사람들은 여행이나 외출을 줄이거나 혼자 외출하는 것을 삼가는 등의 행동을 하게 된다. 또 불안감이 깊으면 경찰을 비롯하여 형사법기관에 대한 신뢰가 약해진다. 따라서 이런 현상을 막기 위해 ① 정확한 범죄피해실태를 파악하기 위해 범죄피해조사를 활성화해야 한다. ② 범죄정보를 정확히 전달하여 특이한 범죄사건 등에 대한 과도한 보도를 자제하도록 한다. ③ 범죄예방책을 마련하여 실제 범죄피해의 가능성을 감소시키는 활동이 필요하다.

2. 새로운 범죄유형의 피해자

오늘날 사회현상의 혼란과 더불어 범죄현상도 새로운 움직임이 보이고 있음을 주목할 필요가 있다. 피해자학을 연구하는 학자들은 이런 새로운 범죄현상을 피해자학적인 관점에서 다시 고찰할 필요가 있다. 새로운 범죄의 피해자는 구체적으로 다음과 같은 것을 들 수 있다.

1) 기업범죄 피해자

기업범죄는 통상기업활동에 부수되어 행하여지는 경우가 많고 그 실태를 파악하는 것이 곤란해 「적발할 수 없는 범죄」의 전형이 되어 왔다. 하지만 오늘날에는 기업범죄가 광범히 하게 많은 피해를 발생시키고 있음이 지적되었다. 구체적으로 기업범죄의 피해자로는 소비자와 노동자만이 아니라 일반시민이 포함된다.

이외 공공사업의 입찰의 경우 담합에 가담하지 않은 기업이나 사업의 발주처인 중앙정부나 지방자치제 등의 공공단체도 피해자가 된다. 또 기업범죄의 피해는 재산상의 피해에 그치지 않고 생명과 신체에 대한 중대한 위험을 가져와 자유주의 시장경제제도나 증권제도에의 신뢰에도 치명적인 영향을 입힌다. 이처럼 기업범죄는 광범위하고 중대한 피해를 주기 때문에 최근 기업범죄의 중요성이 인정되어 기업에 대한 엄격한 형법의 적용 등을 포함한 적절한 대책이 모색될 필요가 있다.

2) 아동학대 피해자

유럽에서 「가정 내 폭력」의 경우 주로 남편이 처자에 대한 폭력을 휘두르는 것을 말한다. 특히 미국에서 가정 내 폭력은 큰 사회문제로 받아들여져 높은 관심을 모으고 있다. 미국에서 매년 약 150만 명의 아이가 양친에게 폭력 등의 학대를 받고 있는 지적이 있다. 특히 오늘날 부모가 자식을 성적으로 학대하는 것이 중대한 문제로 지적되고 있다. 미국에서 양친에게 성적학대를 받는 아이의 수는 1976년에는 만 명 중 한명 꼴이었다.

그러나 오늘날은 약 만명에 100명의 아이가 부모에게 성적학대를 받고 있다. 이런 학대경험은 아이가 성장 한 후에도 마음의 상처로 계속 남아 정신장애 등을 일으킬 수도 있다. 이 때문에 아동학대를 금하는 법률의 제정이나 캠페인활동, 부모에 대한 상담 등 여러 가지 아동학대 방지활동이 이루어지고 있다. 또 피해를 입은 아이의 치료도 필요하다. 한국의 경우에도 가정폭력의 문제가 최근 이슈로 등장하고 있다.

3) 음주운전 피해자

음주운전의 피해자는 음주운전이 원인으로 발생한 교통사고의 피해자를 말한다. 여기서 「교통사고」란 단어를 사용한 것처럼 많은 경우 음주운전에 의한 보행자 등이 장해를 입고, 혹은 생명을 잃는 것도 「사고」로 취급되어 사회적으로 강한 비난을 받지 않는 경우가 많다. 또 법률적으로도 도로교통법위반으로 취급하여 살인죄가 되는 경우는 극히 드물다. 하지만 음주운전의 피해자는 많은 경우 가해자와 관계없이 실질적으로는 살인마의 피해자와 다를 바 없다. 때문에 미국에서 음주운전의 피해자나 그 유족들은 「일상적으로 가장 빈번히 일어나는 폭력적 범죄」라 하며 음주운전자에 대한 엄중한 제재와 엄벌을 요구한다. 일본에선 자동차 손해 배상제도가 실시되어 음주운전의 피해자가 아무런 보상도 못하는 경우는 거의 없다.

하지만 유족이 충분히 납득할 수 있는 대응이 법적으로 되어 있지 않고 피해자 감정이 풀리지 않는 경우는 많다. 따라서 일본에서 음주운전 피해자에 대한 보상과 함께 음주운전의 엄중한 제재와 적절한 법적 대응이 이루어지고 있는 추세이다. 음주운전자에 대한 강력한 처벌은 전세계적인 현상으로 한국의 경우에도 경찰에 의한 음주운전단속과 음주운전자에 대한 강력한 처벌을 통해 음주운전을 예방하고자 노력하고 있다.

4) 강간 피해자

강간죄에 대해 이제까지 가해자는 남성, 피해자는 여성으로 한정된다고 생각되어 왔다. 하지만 페미니스트운동이 높아지는 등의 배경으로 여성이 남성에 행하는 강간이나 동성간의 강간도 있을 수 있다라는 주장이 차츰 증가하고 있다. 유럽의 형법의 규정에도 새로운 강간형태와 규제형태를 개정하는 작업이 진행되고 있다. 또 종래의 유럽의 판례는 부부간에는 강간은 성립되지 않고 따라서 남편은 처에 대해 강간 가해자가 되지 않는다고 생각되었다. 하지만 종례의 판례도 남성을 불합리하게 보호하는 것이란 비판이 있어 변경되었다. 즉 영국이나 미국의 많은 주는 부부간의 강간죄 성립을 면제하는 규정이 차례로 폐지되고 있는 추세이다.

5) 매스미디어의 피해자

범죄보도에 대한 사회관심이 매우 높다. 이 때문에 신문이다 TV를 시작으로 매스미디어의 범죄보도는 증가하고 있다. 이런 매스미디어에 대해 유죄판결을 받기 전 피의자나 피고인을 범죄자로 취급하고 있음에도 비판 없이 일정한 배려도 없이 피해자에 대해서 실명이나 사진을 크게 보도하는 경우가 비일비재하다. 또 피해자의 프라이버시를 침해하는 내용의 보도도 적지 않다. 이 때문에 피해자의 인권을 보호하려는 필요성이 주장되어 미국에서 전미피해자원조기구(NOVA)가 보도윤리

조항을 작성, 매스미디어에 대해 한계를 지키는 보도를 요구하고 있다. 일본에선 1989년 일어난 「여고생 콘크리트 매장 살인사건」에서 피해자의 실명과 사진이 보도되어 피해자나 가족의 사생활의 침해를 최소화하는 보도방법을 둘러싸고 매스미디어의 피해자 문제가 클로즈업되었다. 이런 문제는 오늘날에도 근본적 개선책은 없이 자행되고 있다. 언론기관의 자체적인 노력이나 근본적인 개선책은 부족한 실정이다. 한국의 경우에도 범죄보도의 선정성과 경쟁적인 보도로 인하여 범죄피의자 및 범죄피해자의 개인정보와 얼굴사진이 여과 없이 보도되는 경우가 많이 있다.

6) 기타 피해자

이외에도 ① 정신장애 범죄자의 피해자 ② 고령자학대의 피해자 ③ 집단따돌림의 피해자, ④ 환경범죄의 피해자 등에 대한 실태파악과 적절한 대응의 필요성이 주장되고 있다. 이처럼 새로운 피해자를 연구대상으로 확대하는 경우 요구되는 것은 피해자학의 연구영역이 확대되는 것이 아닌 사회구조의 변화에 새로운 범죄현상이 탄생되는 것이 그 원인이다. 따라서 피해자학의 연구대상은 사회의 변화에 병행하여 이후에도 확대를 계속할 필요가 있다고 생각한다. 더구나 대구지하철 방화사건의 범죄자는 정신장애형 범죄의 대표적인 예라고 할 수 있다. 정신장애 범죄자의 피해자는 범죄자와 개인적 원한이나 특별한 동기없이 피해를 입는 경우가 많고, 방화, 살인의 경우 선량한 많은 시민들이 범죄피해자가 될 수 있다는 점에서 많은 관심과 형사정책적인 연구가 필요하다고 생각한다.

3. 비판피해자학

이제가지 피해자학은 이론과 실천의 양면에서 착실한 발전을 이뤄왔다. 하지만 이후에도 피해자학이 비판 없이 전개되지는 않을 것이다.

1970년대 이후 범죄학이 새로운 범죄학이나 급진주의 범죄학에 의한 비판에 대응해가면서 발전을 해온 것처럼 피해자학도 항상 논의와 논쟁이 이루어지는 중에 발전되어야 할 것이다. 이 점에서 1990년대를 맞이할 즈음에 활성화된 「비판 피해자학」의 제언에도 경청할 가치가 있다.

비판피해자학도 비판사회학과 비판범죄학에서 그 뿌리를 찾을 수 있다. 비판피해자학은 계급투쟁 또는 사회구조적 모순이 아니라, 보다 미시적 레벨의 상징적 상호작용(symbolic interactionism), 즉 개인과 개인 사이의 상호작용에 주목한다. 인간은 타인과 교섭하는 일상 속에서 언어처럼 공통적으로 이해할 수 있는 상징을 통한 상호작용 속에서 자신과 타자에 대한 인식을 형성한다. 즉, 주체로서의 나와 객관화된 나(타인의 눈에 보이는 나) 사이의 변증법적 상호작용을 통하여 자아가 형성된다는 것이다. 급진 좌파 현실주의(radical left realism)의 실증주의적 성취로부터 영향받은 계열과 페미니즘운동의 개념적 방법론적 성취에 기초하여 발전한 계열이 모두 비판피해자학에 포함될 수 있다.

전자는 사회적 상호작용 속에서 누가 타인에게 범죄자 또는 피해자의 낙인을 부여할 권력을 가지는지, 그 낙인의 부여, 예컨대 피해자화를 인정하기 위하여 의미 있는 요소는 무엇인지를 문제 삼는다. 영국에서 실시된 최초의 범죄실태조사(British Crime Survey)에서 밝혀진 것처럼, 대부분의 약탈적 범죄가 돈 많은 부르주아계층을 대상으로 발생하는 것이 아니라, 가해자와 마찬가지로 가장 빈곤한 계층의 사회구성원에 향해진 것이라는 사실이 이들의 급진 좌파 이론에 기초를 제공하였다.

그렇지만 이들은 어째서 특정한 사회적 관계 속에서 파악된 피해자 개념이 다른 시대 또는 정치 · 사회적 환경이 다른 곳에서도 통용될 수 있는지에 관하여 충분히 설명하지 못한다는 등의 비판을 받는다. 이에 비하여 후자는 똑같이 사회적 상호작용이론을 수용하면서도, 강간, 성희롱, 가정폭력 또는 아동학대처럼 종전에 경시되던 영역의 중요성을 재조명하였다. 그들은 또한 일종의 사회적 계급처럼 피해자화의 과정과 피해자화 양상에 영향을 미치는 요소로서 가부장제에 주목하였다 (Dignan, 2004: 33-35; Walklate, 1990: 39; 김용세, 2012: 147에서 재인용).

제 4 부

미래의 범죄학

제 14 장

범죄학의 전망

제 1 절 혼미에서의 탈출

1. 범죄학의 혼미

인간은 왜 범죄를 저지르는 것일까? 이것은 범죄학의 영원한 주제라 해도 좋을 만큼 롬브로조의 범죄인류학파나 라까사뉴의 리용환경학파 이래로 시대를 넘어 다양한 연구와 논의가 끊임없이 진행되어 왔다. 예전에는 「유전인가 환경인가」란 양자택일적 논의가 주류를 이루었으나 현재는 양자를 종합적으로 고찰하는 견해가 뿌리를 내렸다. 이러한 범죄원인연구는 이제까지 인접과학의 도움을 받으면서 계속되어 발전되어 왔다. 그리고 많은 귀중한 주장과 이론이 탄생하여 범죄원인 규명에 기여했다. 이처럼 범죄원인을 탐구하여 이론을 구축하는 시도는 활발하게 진행되어 왔으나 1970년대를 맞이하면서 암운이 드리워졌다.

그 이유는 낙인이론의 대두와 의료모델의 쇠퇴이다. 이 중 전자는 범죄는 본래 존재하는 것이 아니고 형사사법기관이나 사회가 낙인을 붙여 범죄가 된다고 생각하였다. 즉 범죄자란 꼬리표를 붙이는 쪽과 규정당하는 측과의 상호작용을 중시했다. 그리고 이런 생각에서 종래처럼 범죄자 개인에 대한 원인규명을 넌센스라고 주장하였다. 이 이론은 사법기관이나 사회가 범죄자를 만드는 과정에 초점을 맞춰 범죄자 규정의 방법에 문제가 있다고 주장했다.

다른 한편 후자는 범죄자를 이른바 「환자」로 파악하는 범죄자 처우모델이나 환자를 치료하기 위해서 그 원인의 연구가 불가결하다라는 범죄원인론과 친화성을 가지고 있다. 1970년대 의료모델 효과에 대한 의문과 인권침해의 우려가 급속히 높아져 의료모델이 쇠퇴하고, 동시에 이제까지의 범죄원인을 추구하는 시도는 쇠락의 길로 접어들게 되었다. 즉 범죄학은 혼미기에 들어가게 되었다.

2. 혼미에서의 탈출

범죄학은 이렇게 혼미기에 접어들었으나 1980년대 중반부터 재활성화되어 과거의 위세를 되찾고 있다. 이렇게 범죄학이 활성화하게 된 이유를 다음 3가지로 설명 가능하다 ① 새로운 범죄생물학 대두로 범죄원인론에 새로운 활로를 찾게 되었다는 점이다. 새로운 범죄생물학은 종래의 범죄생물학에 대하여 비판을 가하면서 유전학적 관점의 연구가 감소하고 대신 생화학이나 신경생리학적 관점에서 범죄의 원인을 규명하고자 노력한 점이 주목을 모았다. 또 이런 새로운 범죄생물학의 대두가 촉발되어 범죄심리학이나 범죄사회학의 영역에 있어서도 활발한 진전을 보이고 있다. ② 새로운 관점에서 범죄학에 접근하는 움직임이 범죄학에 많은 자극을 주었다는 점이다. 예컨대 페미니스트범죄학은 종래 범죄학이 인류의 절반인 여성의 존재를 경시한 점을 지적해 여성을 고려한 범죄학의 구축 필요성을 제기하였다. 또 환경범죄학은 이제까지 중시되지 않았던 범죄예방에 초점을 맞추는 연구를 전개하고 있다. ③ 신구범죄학이 새로운 형태로 대해 많은 논의가 전개되었다는 점이다. 1980년대에 들어와 영미에서 환경범죄학, 사회생물학적 범죄학 등 실증적 연구나 자료를 포함해 범죄상황을 현실적인 범죄대책으로 검토하는 우파 리얼리즘 범죄학의 움직임이 주목을 받고 있다. 한편 급진주의 범죄학도 범죄의 실태에 대한 논의의 필요성을 인식하여 좌파 리얼리즘으로 변모하였다. 이러한 신구범죄학의 최근 움직임은 종래와 다른 논쟁을 일으켜 범죄학의 활성화를 도모하고 있다.

3. 범죄원인론의 통합시도

혼미기에서의 탈출을 목표로 한 범죄학의 움직임으로 하나 더 주목받을 만한 것이 범죄생물학, 범죄심리학 및 범죄사회학을 유기적으로 통합하려는 시도이다. 오늘날은 범죄원인을 유전과 환경의 상호작용이라 생각한다. 이 때문에 최근에는 범죄생물학, 범죄사회학, 범죄심리학이 각각 별개의 범죄원인론을 논하지 않고 삼자가 함께 문제를 다룰 필요성이 주장되었다. 예를 들어 범죄생물학, 범죄심리학에서의 통합시도와 범죄사회학에서의 통합시도를 나누어 소개하고자 한다.

1) 범죄생물학 · 범죄심리학의 통합시도

범죄원인론의 통합을 목표로 하는 시도는 생물학, 심리학적 연구방법에서 주장되고 있다. 여기에는 과거의 범죄생물학이나 범죄생물학의 유전결정론적 측면에 대한 반성의 의도가 내포되어 있다. 단 사회학적 접근과의 통합에 의하여 유전결정론이나 우생사상(優生思想)과 필연적으로 결별되는 것이 아니고 항상 경계가 필요한 것은 변함이 없다.

(1) 제퍼리의 견해

1977년부터 1978년에 걸쳐 미국 범죄학회의 회장 거낸 제퍼리(R. Jeffery)는 범죄생물학과 범죄예방론의 결합을 주장하였다. 과거의 범죄예방론에서는 주로 환경설계를 고안하여 범죄기회를 감소시키는 것이 목적이었다. 이에 대해 제퍼리는 생물학적 지식을 응용하면 새로운 범죄예방책을 도출할 수 있음을 지적하였다. 구체적으로 태아에 주는 영향을 고려한 임신중의 산모에 대한 강한 충격을 대비하기 위해 영양공급, 스트레스 등을 배려하거나 출산 후에 유아의 영양에 신경 쓰는 것, 또 유아기의 야뇨증, 폭력, 불장난, 가출, 학교의 무단결석 등의 문제에 조기 대비를 하는 것이 중요한 범죄예방책이라 할 수 있다. 이러한 제퍼리의 범죄생물학적 범죄예방론은 비논리적인 것으로 받아들여졌다. 또 급진범죄학자도 이런 주장을 「과학성이 없는 주장이다」라고 비판하였다. 하지만 제퍼리의 주장은 범죄예방론의 새로운 발전에 크게 기여하여 최근 다시 주목을 받고 있다.

(2) 윌슨과 헤른스테인의 견해

또 윌슨(J .Q. Wilson) 헤른스테인(R. Hernstein)은 「범죄와 인간의 본성」에서 범죄생물학, 범죄심리학과 범죄사회학의 통합을 주장해 범죄학계에 큰 반향을 불러일으켰다. 윌슨과 해른스테인은 합리적 선택이론과 같이 범죄는 범죄에 의해 얻는 이익과 손해를 비교한 후 범죄를 실행여부를 결정한다고 생각하였다. 단, 윌슨과 헤른스테인은 범죄를 실행할지 말지의 선택은 생물학적 요인이나 심리학적 요인이 큰 영향을 미친다고 보았다. 예를 들어 지능이 낮은 것, 중간정도의 체형, 범죄자의 자손, 충동성이 강한 것, 외향성, 혹은 자율신경계통이 자극에 민감한 반응과 같은 생물학적 요소는 범죄실행의 선택에 밀접히 연결되어 있다고 주장하였다. 즉 일정한 생물학적 특성이 있다고 반드시 범죄자가 되지는 않지만 다른 조건과 맞으면 범죄를 할 가능성이 높다고 주장한 것이다.

윌슨과 헤른스테인은 가정생활의 불안정, 학교 부적응, 혹은 비행소년의 하위문화에 속함 등의 환경요인도 범죄성에 큰 영향을 끼친다고 한다. 그리고 범죄를 방지하는 것은 엄격한 처벌보다 가정의 안정과 교육이라 주장한다. 이런 주장에 대해 생물학적 요인이 너무 강조되고 환경적 요인을 경시하고 있다는 비판이 있다. 하지만 이들의 주장이 생물학적인 요인과 환경요인을 통합하는 새로운 시도를 제시했다는 의의는 적지 않다고 생각한다.

2) 범죄사회학에서의 통합시도

범죄원인론의 통합시도로서 주목해야 하는 것은 「인생역정(life course)」에 착안한 사회학적 접근방법의 움직임이다. 범죄학 분야에도 이러한 관점의 연구가 이루어져 다음 2가지가 밝혀졌다. ⓐ 범죄요인은 다종다양하고 각각의 범죄요인의 영향차이도 사람에 따라 다르다는 점이다. ⓑ 범죄자가 범죄를 하는 요인은 개인의 성장과 함께 변화한다. 이것을 설명하기 위해 우리는 각각 다른 인생경로를 살고 있으며 누구와도 똑같이 않다는 점에 주목할 필요가 있다. 이런 사실을 포함한 범죄학이론은 life course이론이라 명명되었으며 1990년 초부터 주목을 끌게 되었다. 여기에서는 각각의 사람의 인생경로 차이에 영향을 주는 것으로 사회학적 요소만이 아닌 생물학적 요소나 심리학적 요소도 고려되고 있다.

(1) 종단적 연구

범죄학의 영역에서 life course에 주목하는 계기를 준 것은 영미에서 활발히 이루어진 종단적 연구이다. 종단적 연구는 무작위로 유출한 피험자군에 대해 아동, 소년기부터 성인 후까지의 장기간, 수년에 걸쳐 자기보고식 조사나 심리테스트 등을 계속 실시해 피험자군 중에서 범죄·비행을 저지른 자와 저지르지 않는 자간에 유의미한 차이가 존재하는 요인을 추출함으로써 범죄·비행의 원인을 방지하고자 하는 장대한 시도이다. 이런 연구의 기원은 1930년대 미국에서 실시한 그릭부부의 연구를 들 수 있다. 그릭부부의 연구는 사회학적 요인만이 아닌 생물학적 요인이나 심리학적 요인도 중시하여 시카고학파를 중심으로 범죄사회학이 융성기를 맞이한 미국에서 높은 평가를 받지 못하고 그 후 오랜 기간 동안 잊혀졌다. 하지만 1960년대 지금까지의 범죄사회학의 한계를 인식하게 되어 적지만 약간의 종단적 연구가 실시되게 되었다. 그리고 30년 이상 지난 지금 드디어 그 성과가 축적되어 미국·영국에서 큰 주목을 모으게 되었다.

(2) 패링턴의 비행발달연구

종단적 연구 중에서 가장 주목받는 것이 영국 켐브리지 대학 범죄학 연구소가 중심이 되어 실시하고 있는 「비행발달」의 연구이다. 패링턴(D. Farrington) 등은 1953년에 런던에 태어난 500명의 남성을 대상으로 10세 시점부터 32세까지의 사이에 8회에 걸쳐 자기보고조소, 심층면접 및 심리검사 등을 실시해 상습범죄자가 범죄를 하게 되는 요인을 분석했다. 이런 연구 결과로 패링턴은 다음과 같은 7가지를 지적했다.

(a) 유아기에 다음과 같은 조건에 해당하는 자는 10대의 반사회적 행위나 성인 후의 범죄가능성이 높다고 생각되어진다. ① 가정이 경제적으로 빈곤하다. ② 부・형에 범죄경력이 있다. ③ 양친의 아동에 대한 감시기능이 결여되어 있다. ④ 학업성적이 낮다. ⑤ 퇴학경향이 보인다. ⑥ 정직하지 않다. ⑦ 공격성이 강하다. ⑧ 과잉활동성이다. ⑨ 충동성이 강하다. ⑩ 주의결핍 장애가 보인다.

(b) 범죄성을 가진 아이는 물건, 흥분 혹은 동료 중에 지위(status)에 대한 욕구가 범죄의 동기나 촉진요소가 된다.

(c) 일상생활의 여러 일이 아이의 행동에 영향을 준다. 예컨대 세심함이나 감시등의 가정교육은 사회적 학습과정을 통해 범죄에 대한 아이의 자기억제력을 높인다. 역으로 반사회적인 양친의 가정에서 같은 과정을 통해 범죄 경향성을 높이게 된다.

(d) 구체적인 상황에서 범죄를 행할지 말지의 판단은 손해와 이익의 비교에 의한다. 단 손해와 이익의 평가는 주관적이고 사람에 따라 다르다. 예를 들어 충동적인 소년은 근시안적인 이익밖에 관심이 없어 그 후 체포되어 형벌을 받을 가능성이 높아도 범죄를 저지르기 쉽다.

(e) life course의 한 기간에서 범죄를 할 요인이 있어도, 다른 시기에는 영향을 주지 않는 것도 있다. 예컨대 신경과민, 소극적 태도 혹은 친구가 적은 것은 유아기와 소년기에는 마이너스(-)로 작용되나 성인 후에는 플러스(+)요인으로 작용한다.

(f) 성인의 범죄는 외적요소와 내적 요소로 예측가능하다. 외적 요소

에는 폭력적 행동, 체포경력, 유죄경력 등이 있다. 여기에 대해 내적 요소에는 정신장애, 신경과민, 사회적 고립 등이 있다. 패링턴의 이론은 life course 중에서 여러 가지 경험이 행동선택의 방향이나 흐름을 결정지을 수 있다고 제시하고 있다. 특히 유아기의 경험이 그 후의 범죄경력에 큰 영향을 남긴다는 점을 강조하고 있다. 이 때문에 패링턴의 비행발달이론은 유력한 life course 이론의 하나로서 주목을 받고 있다.

(3) 샘프슨과 라우브의 단계적 성장이론

인생경로의 여러 장면에서 인간을 범죄로 이끄는 요소는 각기 다르다는 주장은 미국의 샘프슨(R. Sampson)과 라우브(J. Raub)의 단계적 성장이론에서도 나타난다. 샘프슨과 라우브는 「범죄의 생성」에서 비행경험이 있는 남성 500명과 비행경험이 없는 남성 500명을 대상으로 유아기부터 40대까지를 조사한 그릭부부와 셀던의 조사자료를 컴퓨터를 이용 재분석하여 다음과 같은 결론을 도출했다.

(a) 비행을 한 아이들에는 가정, 학교, 동료 간에 문제를 갖고 있는 자가 많다. 이 점에서는 범죄의 원인을 사회적 통제의 결여에서 구한 사회적 통제이론의 주장은 맞다.

(b) 단, 범죄자가 성인이 될 때까지 상습적 범죄기록이 누적되면 그것을 막을 수 있는 것이 없다는 사회적 통제이론의 주장은 틀리다. 성인의 상습범죄자를 범죄에서 벗어나게 하는 것은 가능하고, 그 때문에 중요한 전환점(turning point)이 2가지 있다. 그것은 바로 결혼과 취직이다.

(c) 과거의 경력을 알고 있으면서 이해를 해주는 배우자나 기회를 주려하는 고용주의 존재는 건전한 사회(즉 사회자본)를 건설하는데 도움이 된다. 사회자본이란 생활을 유지하기 위하여 필요한 개인이나 사회제도와의 적극적인 관계를 지칭하는 통제이론의 사회적 유대와 거의 같은 의미이다.

(d) 따라서 비행소년이나 범죄자를 형사사법기관에서 처리하는 것이 그들의 범죄성에 직접적인 영향을 주지 않는다. 하지만 형사사법기관에서 의한 처리를 경험함에 의해 결혼이나 취직의 가능성이 낮아지면 그

들의 범죄경력을 촉진하는 방향으로 작용하게 된다. 이런 샘프슨과 라우브의 주장에 대해 다음과 같은 의문이 지적되고 있다는 점도 유의해 볼 필요가 있다. ㉠ 왜 소년기에 비행경력에서 멀어지는 사람이 있는가? ㉡ 결혼이나 취직에 성공한 사람과 성공하지 못한 사람의 차이는 어디에 있는가? ㉢ 실제로 사회자본이 결여되어 있는데 왜 범죄를 저지르지 않는 사람이 있는가? 하지만 이들의 이론이 범죄나 범죄자를 범행의 시점만이 아닌 장기간의 인생경로의 관점에서 고찰하였다는 점에서 높은 평가를 받고 있다. 한국의 범죄학에도 중요한 시사점을 주고 있다고 생각된다.

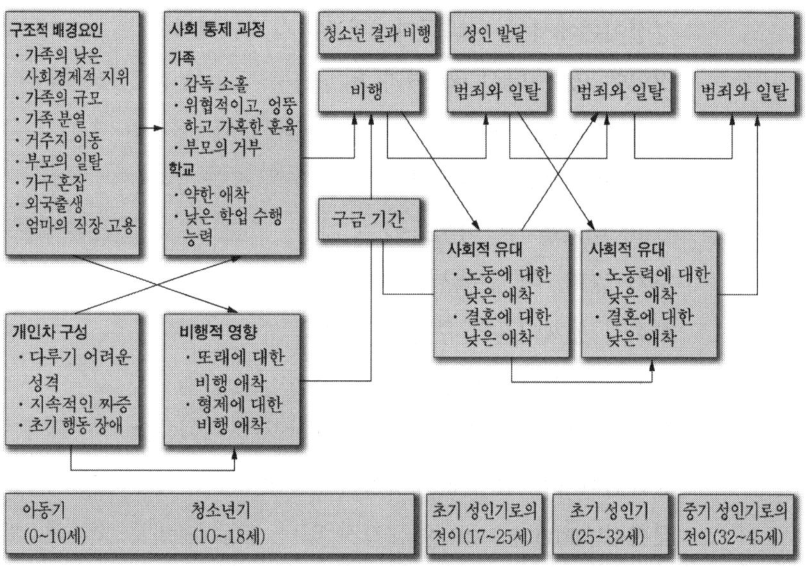

출처 : Robert Sampson and John Laub, *Crime in the Making: Pathways and Turning Points through Life* (Cambridge, MA: Harvard University Press, 1993), pp. 244-245.

〈그림 14-1〉 샘슨과 라웁의 연령-등급이론

4. 범죄원인의 복잡함

범죄학에서 이처럼 통합의 시도가 과감히 모색되고 활성화되고 있으나, 실제로 각각의 범죄자가 범죄를 저지르는 메커니즘을 완전히 해명했느냐 하면 그렇지도 않다. 또 범죄원인을 설명할 수 없는 것도 많다는 점도 부정할 수 없다. 바꾸어 말하면 행동과학이 진보되었다고는 하나 정상적인 사람의 행동메커니즘도 명확히 규명되는 수준까지 발전하지 않았는데도 불구하고 「일탈자의 행동은 좋지 않다」고 말하고 있는 것일지도 모른다. 만약 범죄학이 발전단계에 도달해 있다면 세계적으로 현저히 범죄감소가 나타날 것이다.

범죄학은 혼미 상태를 완전히 벗어나지 못하고 있는 것은 사실이다. 또 범죄가 생물학적 요인, 심리학적 요인 및 사회학적 요인에 의해 발생한다고 해도 구체적인 범죄사건을 복수의 요인으로 분석하여 각각의 요인을 개별적으로 파악하는 것으로 범죄가 왜 발생하는가를 설명할 수 없다. 오히려 각각의 요인을 분석할 때 범죄의 본질을 읽어버릴 가능성마저 있다. 범죄는 각각의 범죄요인의 단순한 더하기가 아닌 수많은 요인이 복잡하게 합쳐져서 상호작용을 통하여 증폭된 결과이다.

바꾸어 말하면 하나의 범죄는 그것을 유발한 복수 요인의 총합이상의 현상이 되어 나타나는 것이다. 범죄의 원인연구가 어려운 것은 이런 사실에 기인한다고 말할 수 있다. 따라서 범죄원인의 연구에서는 각각의 범죄요인을 고찰하는 미시적 관점과 동시에 복수의 범죄요인의 상호작용을 검토하는 거시적 관점도 불가결하다. 혼미기에서의 탈출을 목표로 하는 미래의 범죄학이론이나 범죄원인론에서는 이런 문제의식을 전제로 발전되지 않으면 안 된다고 생각한다.

제 2 절 21세기 범죄학의 전망

1. 형사정책을 포괄한 범죄학

범죄학에서 형사정책을 사정권에 포괄하는 이론이 필요하다는 것은 오늘날 거의 의견이 일치하고 있다. 이런 관점은 특히 낙인이론이나 통제이론의 대두에 의해 명확히 인식되게 되었다. 즉 낙인이론은 범죄가 개인에 대한 범죄원인의 규명을 그만두고 형사사법기관이 범죄자에 대한 평가과정에 초점에 맞춰 평가하는 방법을 문제삼았다. 이 이론은 범죄행동의 분석에 맞추어 형사사법기관의 집행과정을 문제시하였다는 점에서 참신한 면이 있다.

또 통제이론의 문제는 「왜 범죄를 저질렀는가」가 아닌 「왜 범죄를 저지르지 않은 것인가」라고 생각해서 범죄를 저지르지 않는 통제메커니즘의 탐구를 중시했다. 이 이론은 인간을 누구나 범죄를 저지를 가능성이 있다는 전제에서 사람들이 가진 범죄잠재력을 어떻게 통제하는가에 중점을 두었다는 점에서 낙인이론과 함께 형사정책을 포괄하는 범죄학의 구축을 목적으로 한 것이라 평가를 받는다. 단, 이들 이론이 염두에 둔 형사정책은 또 추상적인 수준에서 머물러 있다. 이에 대해 미래의 범죄학에서는 보다 구체적인 형사정책을 포괄할 필요가 있다. 특히 범죄예방론의 시각은 이후의 범죄학에 있어 불가결하다고 생각된다.

2. 범죄예방론

오늘날 유럽의 형사사조를 볼 때 1970년대의 「사회복귀사상 후퇴의 시대」, 1980년대의 「의료모델에 대한 정의모델 우위의 시대」를 걸쳐

1990년대는 「범죄예방론의 시대」라고 말할 수 있다. 이런 범죄예방론의 대두의 근간에는 종래의 형사사법제도의 범죄증감에 미치는 역할은 극히 적고, 특히 범죄발생 이후 범죄자를 처우하는 제도는 넌센스라는 발상이다. 범죄학이나 피해자학의 관점에서 봐도 범죄의 방지와 피해발생의 저지야말로 가장 중요한 과제이다. 오늘날의 범죄예방론은 범죄실행 후에 형사사법기관이 범죄자를 처리하는 시스템에서 커뮤니티를 기반으로 범죄실행 그 자체를 사전에 방지하는 시스템에 대한 전환을 주장하고 있다.

1) 범죄예방론

여기에서 말하는 범죄예방의 개념에 대해서 크게 3가지의 접근이 가능하다. 첫째, 「상징적 범죄예방론」의 접근으로 범죄발생을 저지하는 물리적인 환경을 만들어 범죄를 예방하려 한다. 구체적으로 ① 주택에서의 예방기기 설치 ② 공공장소에 감시카메라 설치 ③ 공항에서의 소지품검사를 들 수 있다. 둘째, 「커뮤니티 범죄예방론」의 접근으로 범죄를 예방하려 하였다. 구체적으로 ① 지역사회의 조직화 ② 이웃방범조직의 창설 ③ 지역사회의 문제해결 등을 들 수 있다. 셋째, 「지역사회 경찰활동(community policing)」의 접근으로 경찰이 시민과의 밀접한 관계를 유지하면서 지역사회와의 협력을 통하여 범죄를 예방하려 하였다. 구체적으로 ① 경찰관에 의한 지역순찰 ② 민원처리위원회 강화 ③ 여성, 소수민족의 경찰관채용확대 등을 들 수 있다.

2) 범죄예방론의 평가

범죄예방론에 대해서 범죄예방에 도움이 된다. 혹은 형사사법의 비용감소로 연결된다는 등의 긍정적인 평가가 있다. 하지만 한편으로는 결국 범죄는 시간적, 장소적으로 전이할 뿐 범죄의 감소로 이어지는 가란 의문의 목소리도 있는 것이 사실이다. 또 치안활동이라는 국가의 책임을 지역사회로 전가시키는 것이라는 비판도 있다. 이런 범죄예방론의 대두 배경에는 유럽에서의 피해자학이나 환경범죄자학의 발전을 포함하려는 노력의 결과이다. 특히 「생활양식이론」「일상활동이론」「동일집단이론」 등은 피해자의 일상생활의 방식, 생활환경이 범죄에 조우하는 기회를 많이 또는 적게 하고 있다는 점을 지적한 것이다. 이제까지 범죄학이론이 어디까지나 범죄자에 주목한 것에 비해 상기의 모든 이론은 피해자측의 일상생활실태에까지 폭을 넓혀 범죄자와 피해자의 야자의 움직임을 역동적으로 파악하려고 하였다. 이런 점에서 동적인 접근이라 할 수 있다. 지진이나 화재의 대책을 생각할 때 「재해에 강한 사회」를 건설하려는 것처럼 형사정책상에서도 「범죄에 강한 사회」의 건설이 목표가 되어야 한다. 범죄원인을 탐구하는 목적은 최종적으로 범죄방지이다. 따라서 이런 범죄예방을 전제로 한 것이야말로 범죄학의 가치는 더욱 높아질 수 있다.

제 3 절 범죄학의 활성화방안

이제까지 막대한 노력을 기울였음에도 불구하고 범죄학의 과제는 해결되지 않았다. 또 애석하게도 가까운 시일 내에 해결될 전망도 없다. 따라서 범죄학은 「인간은 왜 범죄를 저지르는가?」 혹은 「어떻게 범죄(피해자)를 예방할까?」란 문제에 답하기 위해 여러 관점에서 다양한 연구를 부단히 계속해야 한다. 미래의 범죄학에서는 다음과 같은 것들에 관심을 두고 발달되어야 할 것이다.

1. 철저한 리얼리즘

우리가 가장 먼저 염두에 두어야 할 것은 가능한 현실과 밀접한 연구를 해야 한다는 점이다. 범죄는 우리주변에서 일상적으로 일어나고 신문이나 방송을 통해 범죄보도가 없는 날이 거의 없다. 따라서 범죄학의 연구대상은 살아 있는 실체이며 우리 주의에 있다고 말해도 과언이 아니다. 그럼에도 불구하고 이런 현실에서 눈을 돌린 채 관념적 논의를 중시하는 것은 범죄의 실태를 이해하는데 하등의 가치도 없다고 해도 과언이 아니다. 끊임없는 관심과 강한 문제의식을 가지고 접근해야만 범죄의 실태가 현실적으로 다가오는 것이다. 철저한 리얼리즘이야말로 범죄학의 보편적 원리이다.

2. 편견의 배제

여기서 강조하고 싶은 점은 범죄자에 대한 편견·차별을 없애야 한다는 것이다. 범죄는 우리와 동떨어진 것이 아니다. 범죄자는 우리와 무언가 다른 사람이 아니고 피해자도 범죄 피해를 입는 것을 예상치 않았던 사람들이다. 따라서 이런 범죄자와 피해자에 의해 만들어지는 범죄라는 현상도 당연히 우리의 일상세계에서 일어나는 것이라는 사실이다. 종래의 범죄학 학설 중에는 롬브로조를 시작으로 범죄자에 대한 편견이나 차별에 근거한 이론이 적지 않다. 범죄는 범죄자와 같은 눈높이에서 파악할 때 그 실태를 보다 정확히 이해할 수 있다. 범죄자에 대한 편견이나 차별은 범죄학에서 배제해야 할 요소이다.

3. 상식에서의 탈피

진부한 범죄학의 「상식」에 현혹되어서는 안 된다. 범죄학은 인접 모든 과학의 지식을 구사해 범죄의 실태와 원인을 탐구하고 있다. 따라서 이런 인접과학의 진보에 의해 발전을 이루는 한편, 어제까지의 상식이 완전히 바뀔 가능성이 있다. 범죄학은 「침체기」라는 지적을 받기도 한다. 이런 지적은 혼미상황을 떨쳐버리지 못한 범죄학의 일면을 엿보이게 하는 것이다. 현재의 유럽의 범죄학의 동향을 바라보면 오늘날에도 범죄학은 미지의 분야에 계속 도전하는 역동성을 잃지 않았다. 범죄학에 있어서 적대적인 상식은 존재하지 않는다. 오히려 상식에 흔들리지 않고 종래의 논의를 뒤엎는 자세야말로 범죄학 연구에 필요한 것이 아닐까?

「달의 마력」과 범죄

범죄학이 「미지의 분야에 도전하는 역동성」을 가지고 있는 것을 제시하는 한 가지 예로 「달의 마력」의 가설을 소개하고 싶다. 예부터 달과 정신병은 깊은 연관이 있다고 하였다. 실제 「지킬과 하이드」의 모델인 하이드는 법원에서 달에 의한 정신이상을 호소, 무죄를 주장했다. 런던의 면도날 잭이나 보스턴의 교살마에 대해서도 달의 영향을 지적하는 보고가 있을 정도이다. 미국의 정신과 의사 리버는 3,895건에 달하는 살인사건을 조사해 만월시에 피크를 나타내는 것을 확인하였다. 여기에서 리바는 달과 범죄간에 무슨 인과관계가 존재하는 것은 아닌가라고 생각해 「바이오타이드(Bio-Tide) 이론」제창했다. 이 이론은 인체는 지구가 천체에서 받는 것과 같은 영향을 받고 바다의 만조처럼 바이오타이드도 올라갔다 내려갔다가 하여 달의 지구에 대한 인력의 영향이 만월과 신월 때 최대가 되므로 지구표면과 같이 80%의 수분으로 구성된 인체도 달의 인력 영향을 받아 인체의 액체균형이 무너져 생체조직이 긴장하고 신경이 흥분해 공격행동을 하는 자가 나온다고 주장했다. 물론 바이오타이드 이론은 과학적 검증이 부족한 하나의 가설에 불과하다. 하지만 8,100톤의 중량을 가지고 지구에서 약 38만km 떨어진 궤도를 도는 달을 보고 범죄에 대한 영향을 상상하는 자세야말로 범죄학에 있어서 필요하다고 생각한다.

제 15 장

범죄예방론

제 1 절 범죄예방의 정의와 분류

1. 범죄예방의 정의

범죄예방은 학자에 따라 개념규정이 상이한 포괄적인 개념으로서 범죄가 발생하기 전의 시점에 관심을 기울이고, 잠재적 범죄자의 범행욕구에 초점을 맞추기보다는 범죄기회를 감소시키는 것에 중점을 두고 있다. 호우와 클라크(Hough, Clarke) 등은 범죄예방이 매우 신축적인 개념이어서 "형법에 의해 범죄로서 규정된 사건의 발생을 줄이려는 모든 활동을 포함하는 매우 포괄적인 개념"이라고 정의하였다. 또 에이커스와 사가린(Akers & Sagarin)은 범죄예방을 법적 처벌의 위협이나 적용 이전에 혹은 그 대신에 범죄를 예측하여 취하는 행동으로 정의하였다. 미국의 국립범죄예방연구소는 범죄예방의 개념을 "범죄의 위험을 예측, 인식, 평가하여 이를 근절시키거나 감소시키기 위한 사전활동"으로서 정의하고 있다. 또 더 나아가서 그린버거와 윌리엄스(Greenberg, Rohe & Williams)는 범죄예방을 범죄와 범죄에 대한 두려움을 감소시키기 위하여 고안된 행위를 수반하게 되는 것으로 보는 견해도 있다.

이렇듯 범죄예방은 오랫동안 범죄정책목표의 하나로 간주되어 왔음에도 불구하고 다소 모호한 개념을 가지고 있다. 그렇다고 해서 명확한 개념 설정이 반드시 필요한 것은 아니다. 그것은 범죄예방이 무엇이건 간에 대한 인식에는 별 문제가 없기 때문이며, 또한 범죄예방의 구체적 활동 및 내용이 시대에 따라 변화하는 데에도 기인한다. 그런데 형사사법기관의 전통적인 목표인 일반예방과 특별예방은 기본적으로 억압적인 것이며 범죄가 이미 발생한 이후의 범죄예방에 주된 관심을 기울이고 있다. 범죄예방개념은 범죄발생 이전에 행위를 예방하기 위한 노력에 관심을 갖고 있으나, 일반예방과 특별예방의 개념은 범죄가 이미 발생한 이후의 범죄예방을 중심으로 다루고 있다. 또 일부 학자들(Hastings & Melchers)은 범죄예방의 개념을 범죄예방이 지향하는 바에 따라 잠재적 범죄자에 대한 범죄예방과 잠재적 피해자에 대한 범죄예방으로 구분하기도 한다. 잠재적 범죄자에 대한 활동은 체포의 위험을 증가시키는 것이다. 최근에 제기된 상황적 범죄예방이론에서는 잠재적 피해자를 대상으로 한 범죄예방활동을 제시하고 있다. 이는 범죄예방교육과 환경설계 등을 통하여 범죄기회를 감소시킴으로써 이루어진다. 랩(Lab)은 범죄예방을 '실제의 범죄발생과 범죄에 대한 공중의 두려움을 줄이는 사전활동으로 규정하고 있다. 이는 실질적으로 범죄발생을 줄이려는 사전노력이기도 하고 심리적인 측면에서 안전성의 확보, 범죄에 대한 두려움으로부터의 해방이기도 하다.

범죄예방은 '범죄적 기회를 감소시키려는 사전활동이며, 범죄에 관련된 환경적 기회를 제거하는 직접적 통제활동'이라고 정의할 수 있을 것이다. 범죄가 저질러지는 요소를 범죄욕구, 범죄기술, 범죄기회로 구분할 경우, 범죄예방은 범죄욕구나 범죄기술에 대한 예방이 아니라 범죄기회를 감소시키려는 활동이라고 할 수 있다.

2. 범죄예방의 분류

범죄예방을 사회적 접근, 상황적 접근, 지역사회에 근거한 접근의 3가지의 접근방식으로 구분하여 설명할 수 있다.

첫째, 사회적 범죄예방은 범죄의 근본원인과 개인들이 범죄를 저지르는 성향 등을 직접 다루려는 대책들로서 일반대중이나 위험에 처한 특정집단 등을 대상으로 할 수 있다. 사회적 범죄예방정책은 주택, 고용, 교육, 청소년 보건 등의 광범위한 사회정책에 흡수되어 범죄에도 영향을 끼치게 된다. 이는 기본적으로 장기적인 프로그램적 접근이라는 특징을 갖는 반면, 범죄에 끼치는 직접적인 영향을 평가하는 데에는 어려움이 존재한다.

둘째, 상황적 범죄예방은 주로 범죄를 저지르게 되는 기회를 감소시키려는 데에 주된 관심을 갖는다. 이러한 접근방법은 특정유형의 범죄가 비교적 체계적이며 영구적으로 일어나게 되는 환경을 관리하고 디자인하거나 조정하는 것들을 포함하는 대책들로 구성되며, 범죄기회를 감소시키고 잠재적 범죄자들에 의해 인식되는 검거의 위험성을 증대시키기 위한 것이다.

셋째, 지역사회에 근거한 범죄예방은 위의 두 가지 접근방식들에 근거하고 또 그들을 결합하여 지역사회적인 맥락에 위치시킴으로써 그 이상의 것을 만들어 내려는 접근이다. 지역사회에 기반을 둔 범죄예방에는 다양한 방법이 시도되어 왔는데 그 중에서도 두 가지의 광범위한 접근방법이 있다. 하나는 도시계획의 측면, 즉 주택정책을 통한 범죄예방이고 다른 하나는 지역개발을 통한 것이다. 이 두 방식 모두 지역사회의 쇠퇴를 역전시키고 지역사회의 환경 및 생활에 대한 지역사회의 통제력을 증대시키는 데에 관심을 지니고 있다. 단적으로, 지역사회에 바탕을 둔 범죄예방은 사회적 대책과 상황적 대책을 포용하여 결합함으로써 이 두 가지 대책의 합 이상의 것을 만들어 내려는 것이다.

그리고 블랜팅햄과 파우스트(Brantingham & Faust : 1976)는 범죄예방의 개념을 질병예방의 공중보건모델과 유사하게 일차, 이차, 삼차 예방의 세 가지로 구분하였다.

첫째, 1차 범죄예방의 궁극적인 목표는 범죄행위를 촉진시키거나 기회를 제공하는 사회·물리적 환경조건들을 변화시키는 것이다. 일차예방에 해당되는 방법으로는 시민들에 대한 범죄예방교육활동, 범행기회 감소를 위한 위험요소조사, 경계, 범죄와 사고예방을 위한 취약요소에 대한 환경설계, 이웃상호감시 등이 그 방법이다. 이웃상호감시는 해당부대의 전구성원 모두가 스스로 조직에 대해 통제할 수 있는 능력을 향상시키고, 잠재적 범죄자에게 범죄실행의 의도를 억제하고 실행자에 대한 검거의 위험을 높이기 위한 방법이다.

둘째, 2차 범죄예방은 범죄유발환경에 있는 잠재적 범죄자를 조기에 발견하고 비합법적 행위가 발생하기 이전에 예방하려는 것이다. 이차범죄예방활동은 범죄유발의 가능성이 높은 환경과 범죄실행의 가능성이 높은 개인을 대상으로 하므로, 이들 환경 및 개인과 많이 접촉하는 잠재적 범죄자와 잠재적 피해자에게 주로 의존하는 방법이다. 이차예방은 범죄율이 높거나 높을 것으로 예상되는 사고취약지역과 대상에 초점을 맞춘다.

셋째, 3차 범죄예방은 "실제 범죄자를 대상으로 하는 것이며 범죄자들이 더 이상 범죄를 저지르지 않도록 하기 위한 활동을 의미한다."고 정의하였다. 즉 교정기관에서 실행하고 있는 처벌이나 치료를 통한 교정활동을 삼차예방의 중요한 목표로 보았다. 따라서 삼차예방활동의 대부분은 형사사법기관이 담당하는 것이라고 볼 수 있다.

제 2 절 범죄예방의 기초이론

범죄예방에 관한 이론은 아직 체계화되어 있다고 할 수는 없다. 그러나 범죄학의 궁극적인 관심이 범죄의 감소와 예방이라는 측면에서 볼 때 모든 범죄학이론은 그 자체에 범죄예방에 관한 이론을 내포하고 있다. 특히 범죄원인에 관한 이론에서는 더욱 그러한 특성이 부각된다. 즉, 범죄의 원인을 밝히려는 시도는 범죄원인을 제거함으로써 범죄를 감소시키고 예방하여 나아가 범죄가 없는 사회를 지향하려는 의도가 있는 것이다. 이러한 범죄예방에 대한 이론적 논의는 범죄학이나 형법학의 기초이론에 근거를 두고 있다. 이는 범죄의 원인을 무엇으로 보며, 범죄자를 어떻게 볼 것인가 하는 기본적 물음에 근거하고 있는 것이다. 즉 범죄자는 자유의지를 갖고 있는가? 그렇지 아니한가? 범죄를 인간에 내재한 성향에 의한 것으로 보는가? 또는 인간 외부의 환경에 의한 것으로 보는가? 범죄는 합리적으로 계산된 행위인가? 아니면 충동적 행동의 산물인가의 논쟁 역시 범죄예방에 관한 논의에서 기초적인 문제로 남아 있다. 이러한 맥락을 바탕으로 범죄예방에 관한 이론을 형사법적 이론인 억제이론, 심리학적 이론에 바탕을 둔 치료 및 갱생이론, 사회학적 범죄이론에 바탕을 둔 상황적 범죄예방이론, 피해자학적 범죄예방이론, 사회발전을 통한 범죄예방이론을 중심으로 살펴보고자 한다.

1. 제지이론

이 이론의 관점은 18세기에 전개된 고전학파의 범죄이론을 바탕으로 하며, 처벌의 억제효과를 강조하여 범죄예방을 시도하려는 논의이다. 즉 범죄행위에 대한 국가의 강력한 처벌을 통하여 범죄를 억제하려는 것이다. 제지이론에서는 인간의 자유의지와 도덕적 책임감을 강조하며, 범죄자는 자신의 행동을 실행에 옮기기 이전에 합리적으로 결정하고 행동하는 존재로 파악하고 있다. 즉 즐거움을 극대화하고, 고통을 극소화하려는 속성을 갖고 있는 인간을 전제한다. 개인은 자유의지에 의하여 범죄를 저지른다.

즉 범죄를 할 것인가/하지 말 것인가를 스스로 선택하고 행동한다. 따라서 범죄를 저지를 것인가의 여부는 전적으로 개인 스스로의 책임이지 결코 사회의 책임이 아니다. 그러므로 국가는 범죄를 저지른 사람을 처벌함으로써 그 대가를 받게 하고, 이러한 처벌을 통하여 미래의 범죄를 예방하려는 것이다. 범죄자와 일반인들로 하여금 국가의 처벌을 두려워하게 만들어 범죄를 저지르지 못하게 하려는 것이다.

제지이론에서는 범죄자보다는 범죄행위 그 자체에 관심을 갖고 있다. 즉 범죄자가 범죄를 저지르게 되는 동기나 원인, 사회적 환경 등에는 관심이 없고, 범죄에 대한 적절한 처벌에 초점을 두고 있다. 따라서 제지이론에서는 범죄행위에 대한 제재가 주요 관심이다. 이는 응보주의적 입장에서 범죄에 대한 사후의 처벌과 범죄억제를 위한 적절한 처벌이 문제시된다. 즉 처벌에는 범죄에 대한 사회의 응보 및 다시 범죄를 저지르지 못하게 하기 위한 범죄억제효과가 고려되어야 한다는 것이다.

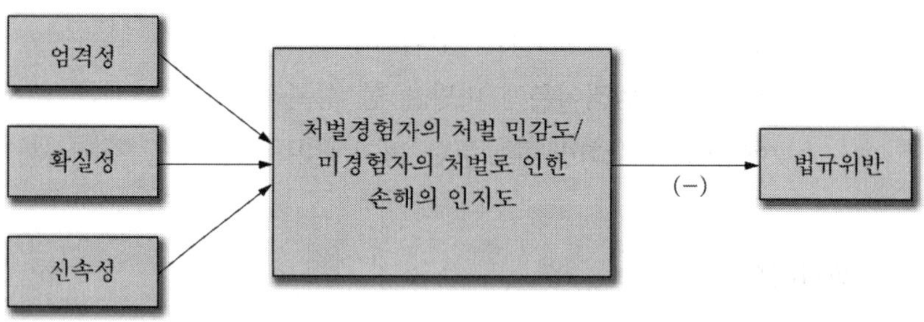

〈그림 15-1〉 제지이론의 인과구조

그림에서 보는 바와 같이 처벌을 통한 범죄억제를 효과적으로 하기 위해서는 처벌의 엄격성, 확실성, 신속성이 요구된다.

첫째, 처벌의 엄격성은 수감기간이나 벌금액의 정도와 같은 처벌의 가혹성내지 강도에 관한 것이다. 제지이론은 처벌이 엄하면 엄할수록 법규위반율은 낮아질 것으로 가정한다. 일부연구에서 처벌의 수준이 높아질수록 범죄행동의 통제가능성은 높아진다고 하였다. 제지이론은 체포와 기소, 제재를 받을 가능성이 높을수록 법규위반율이 낮아질 것으로 가정한다.

둘째, 처벌의 신속성은 즉각적인 처벌, 즉 법규를 위반하는 것과 처벌을 받는 시점 사이의 시간적 관계에 관한 것을 말한다. 제지이론은 처벌이 신속하면 할수록 법규위반율이 낮아질 것으로 가정한다. 이 가정에서 내포하고 있는 이론적 논리는 명확한 것은 아니나 즉각적인 처벌이 시민들로 하여금 처벌에 대한 주관적 인식을 높여줄 것이라고 보는 것이다. 그러나 신속성의 범죄억제효과를 지지하는 경험적 연구는 거의 없고, 단지 위에서 설명한 두 가지 요인(엄격성, 확실성)과 상호작용할 때 그 효과가 있는 것으로 보인다.

셋째, 처벌의 확실성이란 국가기관은 범죄에 대하여 범죄자를 확실하게 처벌하며, 죄질에 상당한 엄격한 처벌을 말한다. 처벌에 의한 범죄억제는 두 유형으로 구분된다. 즉 일반예방효과와 특별예방효과이다. 범죄에 대한 처벌의 확실성에 의하여 일반예방효과(general deterrence effect)가 나타난다. 이는 범죄행위에 대한 국가의 확실한 처벌이 잠재적 범죄자로 하여금 범죄를 저지르지 못하게 하는 효과이다. 즉 법을 위반하면 어김없이 처벌된다는 것을 일반시민에게 보여줌으로써 그들의 범죄를 예방하려는 것이다.

처벌의 범죄억제효과에는 몇몇 연구에서 그 효과가 검증되기도 하였지만 제지이론은 다음과 같은 점에서 비판을 받고 있다. 경험적 연구를 통하여 처벌의 확실성은 범죄억제에 긍정적 영향을 주는 것으로 밝혀지고 있으나 처벌의 엄격성에 의한 범죄예방효과는 확실하지 않은 것으로 나타났다. 처벌의 엄격성의 범죄억제효과는 특히 사형제도에 대한 논의를 통하여 첨예하게 나타났다.

처벌의 엄벌성의 범죄억제효과를 인정하는 이들은 사형제도의 존속에 찬성하고 반대론자는 사형제도의 폐지를 주장하고 있다. 제지이론에 대한 많은 비판이 제기되고 있지만 강력범죄의 증가, 재범현상의 증가 등의 범죄현상에 대하여 처벌을 강화함으로써 범죄에 대응하려는 경향은 여전히 효과적인 예방전략이라고 할 수 있다. 특히 최근 미국을 비롯한 선진국에서 형사사법에 있어서 신보수주의화 경향으로 인하여 처벌의 강화를 통한 범죄예방이 새로운 주목을 받고 있다.

2. 치료 및 갱생이론

이 관점은 19세기에 전개된 것으로서 베이컨의 경험론, 다윈의 생물학적 진화론, 콩트의 실증주의, 롬브로조 등의 결정론적 인간관에 바탕을 두고 있다. 이 이론에서는 기본적으로 범죄자를 생물학적, 심리학적 결함이 있는 인간으로 보고 있다. 이러한 결함이 정상인과 다른 속성을 갖게 하고 결국 범죄자가 되게 한다는 것이다. 따라서 이 관점은 범죄자가 정상인과 다른 생물학적 내지 심리적 특성을 갖고 있는가가 관심이 대상이며 이러한 특성을 찾아내고 치료하고 교정하는 것이 주목적이다. 의사가 환자의 질병부위를 진단하고 치료하듯이 범죄자의 개인내적 특성을 발견하고 치료하는 것이다.

심리치료(psychological therapy)란 단순히 증상을 제거하는 의료치료(medical treatment)와는 달리 개인의 성장이나 사회적 대처기술을 돕는 것을 말한다. 이러한 맥락에서 갱생(rehabilitation)의 의미는 장애를 가진 사람에게 사회적 재통합을 위해 장애기능의 회복과 보충을 돕는 것을 말하며 범죄적 측면에서 갱생은 재범을 하지 않도록 도와주는 것이 포함된 의미를 가진다. 그러므로 치료 및 갱생의 일차적 목적은 재범을 방지하는 데 있다. 치료 및 갱생이론은 실증주의적 관점의 전통을 이어받고 있는 범죄에 관한 생물학적 이론과 심리학적 이론에 바탕을 두고 있다.

이 관점을 따르는 학자들은 범죄행위보다는 범죄자에 초점을 두고 범죄자의 속성에 대한 연구를 통한 치료에 중점을 두고 있다. 이 이론은 범죄를 개인의 책임이 아니라 사회의 책임으로 인식하였으며, 사회가 범죄문제를 적극적으로 해결하여야 한다고 파악하였다. 즉 범죄현상을 사회의 책임으로 봄으로써, 범죄예방에서 사회의 역할을 강조하였다. 처벌에 의한 범죄억제효과를 아주 미약한 것으로 평가하고, 범죄자의 치료와 갱생활동을 통한 범죄예방을 강조하였다.

3. 사회발달이론

범죄예방에 관한 새로운 전략의 일환으로 호킨스와 웨이스(Hawkins and Weis)의 사회적 발전모델은 미국에서 청소년범죄에 대처하기 위한 장기적 전략으로서 통합적 접근방법으로 제시되었다. 이 이론은 통제이론과 문화학습이론의 통합에 기초하고 있다. 즉 통제이론이 사회적 통제가 약화되면 범죄율이 높아지고 사회적 유대감이나 통제가 강화될 때 범죄는 감소한다는 이론이다. 또 문화학습이론은 또래와 지역사회의 역할을 강조하는 이론이다. 사회의 해체가 범죄의 위험을 높이는 역할을 한다는 점을 강조한다. 사회적 발전이론은 부모에 대한 애착의 발달이 학교에 대한 애착을 증가시키고, 나아가서 학업에 몰두하게 되고, 이를 통해서 법규준수와 같은 관습적 행동에 몰입하게 된다는 점을 제안하였다. 즉, 사회적 발전모델은 범죄의 원인을 인간의 내재적 속성으로 파악하는 생물학적 · 심리학적 관점과는 달리 사회학적 범죄이론에서는 범죄의 원인을 개인과 환경과의 상호작용에서 찾고 있다. 인간은 자신의 주어진 환경에 의하여 개인의 태도 및 행동양식, 성격이 결정된다는 입장을 취하고 있다. 따라서 범죄원인으로서 범죄자의 내재적 성향보다는 범죄자의 사회적 환경을 강조한다. 그림에서 보는 바와 같이 적절한 개입과 사회적 유대강화가 건전한 또래와의 교제를 강화시키고 이것이 준법행동을 이끌게 된다.

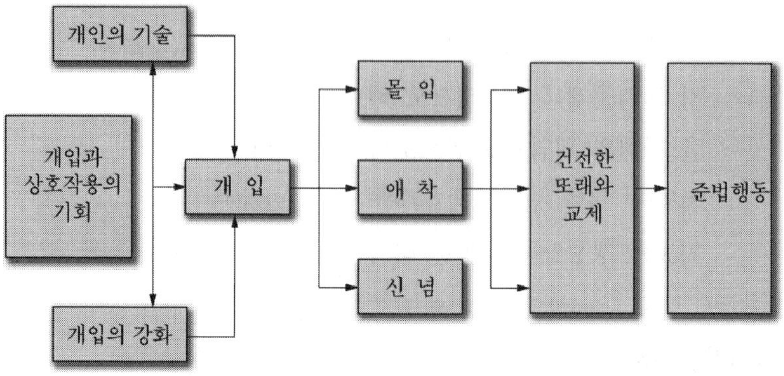

출처 : David Hawkin and Denise Lishner, "Etiology and Prevention of Antisocial Behavior in Chidren and Adolescents," p. 268.

〈그림 15-2〉 사회적 발달모델

이러한 견해에서 범죄를 유발하는 사회적 환경으로서 주로 빈곤과 불평등, 사회적 차별 등을 주목한다. 빈곤, 사회구조의 해체, 공동체의 약화, 사회통제의 약화, 사회적 · 경제적 상황의 약화, 심리적 박탈감 등의 환경은 그와 같은 환경 속에서 생활하는 개인으로 하여금 범죄를 유발케 할 가능성이 높다는 것이다. 따라서 범죄를 유발할 수 있는 사회적 환경을 개선해야 범죄예방이 근본적으로 가능하다고 보고 있다.

사회발전을 통한 범죄예방은 전반적인 사회발전, 즉 경제력, 사회적, 문화적 환경의 발전과 연결되어야 하고, 막대한 인적 · 물적 자원이 필요하다. 따라서 개인이나 소규모의 조직체에 의하여 수행될 수는 없으며 국가가 사회전체에 의하여 시도될 수 있을 것이다. 위와 같은 이유로 사회발전을 통한 범죄예방정책은 범죄문제를 근본적으로 해결할 것 같으면서도 현실적으로 실천에 옮기기에는 많은 어려움을 갖고 있다고 할 수 있다. 그러나 이웃 간의 유대감을 통한 범죄예방은 인위적인 사회환경의 변화 없이도 범죄예방을 할 수 있다는 점에서 지역사회의 유대강화를 위한 여러 가지 사회적 활동이 필요할 것이다.

4. 상황적 범죄예방 이론

이 관점은 범죄의 기회를 감소함으로써 범죄를 예방하자는 논의로서 합리적 선택이론, 생태학적 이론, 일상활동이론, 피해자학 등에 기초하고 있다. 이 이론에서는 억제이론과 같이 인간의 자유의지, 공리주의적 인간관, 합리적 선택 등에 근거한 범죄관을 전제로 한다.

상황적 범죄예방이론에서는 범죄의 자기책임성이 강조되며, 인간은 주어진 조건에서 손해를 줄이고 이익을 최대한 추구하려는 합리적 선택을 통하여 행동한다는 공리주의적 이론의 바탕 위에서 범죄행위를 분석한다. 범죄결정과정이 완전한 합리성이라고 할 수 없지만, 제한된 영역 내에서 자기 나름대로의 합리적 선택을 한다. 따라서 상황적 범죄예방전략은 범죄에 취약한 특정목표를 회피시키기 위하여 잠재적 범죄자에게 접근가능성이 없음을 확신시키는 전략이다. 이 이론은 만약 범죄자의 동기가 적절한 목표물에 접근하기 불가능하다면 범죄피해는 피할 수 있음을 강조한다. 그래서 사람들이 자신의 집에 보안장비를 설치하거나 경비원을 고용하였을 때 잠재적 범죄자들에게 이익보다는 비용을 훨씬 높다는 메시지를 강력하게 전할 수 있기 때문이다.

생태이론에서 뉴만(Newman)은 '방어공간'(defensible space)개념을 제시하면서 주택건축에 범죄예방을 고려할 것을 주장하였는데, 그는 공공주택의 건축에서 공동체의 익명성을 줄이고 범죄자의 침입 및 도주로를 차단하며, 순찰 및 감시를 용이하게 하는 주택설계를 통하여 범죄를 예방할 것을 제시하였다. 또한 제퍼리(Jeffery, 1971)도 '환경설계를 통한 범죄예방'(Crime Prevention Through Environment Design)개념을 제시하였는데, 그는 물리적 환경, 주택설계, 주민참여, 경찰활동 등의 요소를 종합적으로 고려하여 주택 및 도시설계를 함으로써, 지역사회, 우범지역, 주택지역, 교육기관 등을 범죄로부터 예방하고 범죄에 대한 두려움을 제거시키려는 관점이다. 즉 이 관점에 따르면 보안체계, 잠금

장치, 조명이 밝은 가로등설치, 이웃감시순찰 등과 같은 메커니즘은 범죄기회를 감소시킬 수 있다고 본다. 즉 범죄발생을 용이하게 하는 환경을 파악하고 개선하여 범죄발생을 줄이려는 것이다.

상황적 범죄예방이론은 치료 및 갱생이론이나 사회발전을 통한 범죄예방이론에서 보는 것과 같이 범죄자를 고정된 성향을 가진 존재라고 보지 않고, 오히려 가변적인 상황적 요인, 즉 범죄환경과 기회조건에 따라 행동하는 역동적인 존재로 본다. 상황적 범죄예방이론에서는 구체적 범죄 발생양상의 분석(상세한 범죄조건, 범죄수법 등), 범죄자의 의사결정과정, 범죄예방프로그램 및 예방장치의 제시 등이 주요연구대상이다. 상황적 예방이론은 먼저 정밀한 범죄분석을 바탕으로 한다. 범죄의 동기, 범죄조건, 범죄기회, 범죄의 결과 등의 범죄에 대한 구체적인 정보를 확보하는 것이다. 이러한 분석을 바탕으로 구체적 상황에서 구체적인 범죄예방활동을 할 수 있는 것이다.

상황적 범죄예방활동은 근본적인 범죄원인을 제거하지는 못하지만, 어느 정도의 범죄예방은 가능하다. 그러나 이러한 낙관적 견해에 대한 비판이 시도되었는데, 그것이 바로 '전이효과'(displacement effect)이다. 즉 범죄목표물을 막는 행위는 결코 범죄를 예방하지 못하고, 다른 유형이나, 다른 시간, 다른 장소에서의 범죄행위로 전이된다는 것이다. 개인적인 측면에서 범죄는 예방된다고 하더라도, 사회 전체적인 측면에서는 범죄는 줄어드는 것이 아니다. 그러나 전이의 효과와 반대로 클라크와 와이스버그(Clarke and Weisberg)의 주장대로 이른바 '이익의 확산효과'(diffusion of benefit)도 기대해 볼 수 있다. 이는 전이효과와 반대로 상황적 범죄예방의 효과가 지역적으로 확산된다는 것이다. 즉 한 지역의 범죄예방활동이 다른 지역의 범죄예방에도 긍정적 영향을 미치며, 다른 지역의 범죄감소에도 영향이 확산되는 이점이 있다는 견해이다. 결국은 범죄자에게 체포의 두려움을 증가시키고 이러한 두려움의 지속이 범죄행동에 의지를 약화시켜 범행을 포기하게 하는 확산효과를 기대해 볼 수 있다.

16가지 상황적 범죄 예방 기술

노력 증대

1. 표적 견고화(파괴 방지장치, 자동차 핸들 부착 열쇠, 방탄 창문)
2. 접근 통제(주차장 바리케이드 설치, 담장 설치, 아파트 입구에 전화 설치)
3. 위반자 피하기(버스정류장 인력 배치, 숙박 지역 지정, 거리 폐쇄)
4. 범죄 촉진을 통제(신용카드에 사진 부착, 발신자번호 통지 서비스, 총소지 통제)

위험 증대

5. 출입 통제(자동 티케 출입, 수하물 장치, 상품 태그 표시)
6. 공식 감시(열람 설치, 과속 카메라, 경비원)
7. 고용인에 의한 감시(주문・지급전화 지역 설치, 주차안내원, CCTV 설치)
8. 자연 감시(방어 공간, 거리 조명, 택시운전사 표시)

보상 감소

9. 표적 제거(자동차 라디오 제거, 여성 은신처 대피, 카드식 공중전화)
10 재물 확인(재물 표시, 운전면허증, 가축에 브랜드 표시)
11. 범죄 유혹 감소(성을 표시하지 않은 전화번호부, 뒷길 주차)
12. 이익 제거(잉크 태그 표시, 자동차 라디오 일련번호, 낙서 제거)

죄책감・수치심 유발

13. 규칙 실시(규약, 세관신고, 호텔 등록)
14. 도덕적 비난 강화(상점 절도는 범죄라는 문구, 거리속도 표시, 음주운전 방지 문구)
15. 위반 통제(음주연령법, 점화연동장치, 서버 중재)
16. 순응 촉진(도서관 검색기, 화장실 자동세척기, 쓰레기통 설치)

출처 : Ronald Clarke and Ross Homel, "A Revised Classification of Situation Crime Prevention Techniques," in *Crime Prevention at a Crossroads*, ed Steve Lab(Cincinnati : Anderson, 1997), p. 4.

제 3 절 새로운 범죄예방전략의 모색

1. 지역사회경찰활동

1) 개념과 출현배경

(1) 개념

지역사회 경찰활동에 대한 정의 혹은 설명은 다양하기는 하지만 일반적으로 그 개념은 다음과 같이 정의되고 있다.

"지역사회 경찰활동이란 전술이 아니라 철학이다. 이것은 지역사회의 뚜렷한 요구와 필요에도 대응하는 한편 범죄, 무질서, 그리고 범죄에 대한 공포를 줄이기 위해 고안된 경찰활동을 위한 적극적이고 분권적인 접근이다. 지역사회 경찰활동은 존재하고 있는 문제들을 살피고 그 문제들에 깔려 있는 원인을 측정하며 그러한 문제들에 대한 해결책들을 개발하면서 전체적으로 경찰의 책임을 검토하는 것이다."

따라서 지역사회 경찰활동은 지역사회 문제를 제기하고 삶의 질을 증진시키기 위하여 경찰과 시민간의 관계를 개선시키도록 제안되고 있는 철학이라고 할 수 있다.

이와 같은 지역사회 경찰활동은 문제지향적 경찰활동(problem-oriented policing), 지역사회 문제지향적 경찰활동(community problem-oriented policing), 이웃지향적 경찰활동(neighborhood-oriented policing), 목표지향적 경찰활동(target-oriented policing), 경찰 지역 대표자(police area representatives), 시민지향적 경찰 법집행(citizen-oriented police enforcement), 시험적 경찰활동 구역(experimental policing district), 이웃 도보순찰(neighborhood foot patrol), 지역사회 도보순찰(community foot patrol) 등 많은 유사개념이 있다. 비록 이러한 개념들을 어떤 특

정의 환경에 적용시키는 데는 환경의 특징에 따라서 다양할 수 있지만 이러한 모든 개념들은 동일한 것으로 생각해도 무방하다.

지역사회 경찰활동의 개념은 적어도 다음의 네 가지 의미를 가지고 있다. 그것은 첫째, 이념적 체제(ideological system)이다. 둘째, 지역사회 경찰활동은 프로그램적(programmatic)이다. 셋째, 지역사회 경찰활동은 실용적(pragmatic)이다. 넷째, 지역사회 경찰활동은 일련의 프로그램적 요소 및 조직적 구조(organizational structures)이다.

(2) 출현배경

1960년대 후반 미국 경찰지도자, 정부관리, 그리고 학계와 사회에서는 경찰이 가장 효과적인 방법으로 임무를 수행을 하고 있는가에 대한 관심을 가지기 시작했다. 그래서 무작위 자동차순찰, 긴급대응전략, 일상적인 범죄수사, 그리고 전통적 범죄분석의 효과성에 대하여 논의했다. 일반 국민들은 경찰이 그들의 목적을 달성하고 있는가에 대해 알고 싶어했다. 1967년 법집행 및 사법행정에 관한 대통령위원회(President's Commission on Law Enforcement and Administration of Justice)에서는 경찰활동에 대해 여러 가지 측면을 조사하고 ① 경찰관의 자질, ② 경찰관의 대비와 훈련의 질, ③ 법집행기관들의 관리구조, ④ 경찰과 지역사회가 관련 맺고 있는 방식, ⑤ 경찰이 지역사회에 서비스를 공급해 주는 방식, ⑥ 경찰이 자신들의 책임을 규정하고 있는 방식에 있어서 중요한 변화가 있어야 한다고 했다.

1968년 시민 무질서에 관한 위원회(National Commission on Civil Disorders)와 폭력의 원인과 예방에 관한 위원회(National Commission on the Causes and Prevention of Violence)에서는 1960년대의 폭동과 시민 무질서를 몰고 온 환경들에 대한 조사를 실시했다. 그들의 조사에 따르면, 경찰들은 ① 효과적인 조직에 대해 관심을 거의 기울이지 않는다. ② 경찰 배치방법을 효과적으로 점검하지 않는다. ③ 지역사회의 문제와 관심에 적절한 주의를 표명하지 않는다. ④ 내부적 편견에 대한 적절한 조사가 없었다. ⑤ 시민 무질서에 대처할 예방적이거나 혹은 덜 강압적인 방법에 대한 심각한 고려를 하지 않았다. ⑥ 폭력에 대처할 대체방법을 연구하지 않았다고 지적한 바 있다.

여기서 시사하고 있는 것은 경찰이 지역사회와의 열린 대화의 장을 마련해야 하고, 포괄적이며 광범위한 서비스를 제공해야 하며, 기존의 경찰조직구조와 방법들을 재점검해야 한다는 것이다. 그 당시 시민들은 경찰이 사회변화에 적절히 대응하지 못하고 있어 불안을 느끼고 있었다. 따라서 1960년대 후반부터 1970년대 초반에 걸친 범죄와의 전쟁에 시민참여가 중요한 열쇠라는 것을 인식하게 되었다. 경찰활동은 지역사회와 공감하고, 최신기술을 이용하며, 그리고 중요한 것은 이 모든 것을 기존의 책임과 조화를 시키는 그러한 접근방법을 적용하지 않으면 안 되었다. 그러나 경찰의 오랜 전통 속에서 새롭고 여론에 민감한 그러한 철학을 통합시키는 것은 결코 쉬운 일이 아니었을 것이다. 그러나 범죄예방의 효과성이라는 대세를 위해서 새로운 철학에 경찰이 동참하는 것은 당연한 순리였을 것이다. 현재는 한국의 경찰조직에도 지역사회경찰활동의 개념을 도입하고 이것을 경찰활동에 적극 활용하기 위해 많은 노력을 하고 있는 실정에 있다.

2) 지역사회경찰활동의 특징

전통적 경찰활동의 특징은 엄격하고 공식적이며 그리고 내부문제에 초점을 두고 있다. 전통적인 경찰활동체제를 유지하고 있는 경찰기관들은 범죄의 원인을 규명하기보다는 범죄자를 체포하는데 더욱 관심을 가지고 있다. 경찰의 범죄대처능력에 대한 한계가 여러 측면에서 제기됨에 따라 1970년대에 들어와 지역사회에 기반을 둔 범죄예방활동의 필요성이 제기되게 되었다. 이는 경찰인력의 제한으로 인해 늘어만 가는 범죄문제에 효율적으로 대처하는 데에 많은 어려움이 제기되었고, 민간자원을 활용하여 공동으로 대처하는 경우에 범죄의 실질적 감소와 비용의 절감이라는 측면에서 큰 효과를 얻을 수 있다는 인식에서 비롯된다.

지역사회와 경찰이 협력하여 범죄예방활동에 주력하게 되면 지역사회의 범죄에 대한 비공식적 사회통제 능력을 향상시키고, 지역사회 위주의 경찰활동을 통해 지역주민의 자발적인 협조를 이끌어낼 수 있을 것이다. 이러한 측면에서 지역사회에 기반을 둔 범죄예방활동이 다양하게 시도되었다. 경찰의 측면에서 이러한 활동은 경찰-지역사회관계(PCR) 개선활동, 지역사회 경찰활동의 강화와 도보순찰의 도입 등의 형태로 나타나게 되었다.

먼저 지역사회 경찰활동(community policing)에서는 범죄대처보다는 지역사회의 치안유지에 집중하고, 경찰의 협력자로서의 시민과 긴밀한 유대를 맺고, 지역사회 문제에 책임을 갖는 자치단체의 관계부처와 긴밀한 협조관계를 갖는다.

이러한 지역사회 경찰활동은 여러 가지 측면에서 전통적인 경찰활동과 다른 특징을 갖는다. 우선 경찰을 보는 시각에 있어 전통적인 경찰활동에서는 경찰활동 법집행에 책임을 지는 정부기관으로 보는데 반해, 지역사회 경찰활동에서는 경찰과 마찬가지로 모든 시민이 범죄방지의 의무를 갖는 것으로 보고 경찰관은 범죄방지에 전적으로 노력을 기울이는 사람으로 본다. 경찰의 역할에 있어 전통적인 경찰활동에서는 범죄를 해결하는데 중점을 두었지만, 지역사회 경찰활동에서는 보다 포괄적인 문제해결의 접근방법을 취한다. 경찰의 업무평가방식에 있어서도 전통적인 경찰활동에서는 수사와 체포비율에 의하여 경찰을 평가하였지만, 지역사회 경찰활동에서는 범죄와 무질서가 얼마나 적은가에 의해 평가한다. 업무의 우선순위에 있어서도 전통적인 경찰활동에서는 범죄 폭력의 퇴치에 중점을 두었으나, 지역사회 경찰활동에서는 범죄와 폭력 이외에도 지역사회 질서를 문란케 하는 요인의 해결에 업무의 최우선 순위를 두고 있다. 전통적인 경찰활동에서는 특히 주로 다루는 것이 사건이었던 반면에, 지역사회 경찰활동에서는 시민의 문제와 관심을 주로 다루게 한다. 또 전통적인 경찰활동에서는 반응시간(response time)이 얼마나 짧은 가로 효율성을 보지만, 지역사회 경찰에서 대중과의 협조관계로 경찰업무의 효율성을 평가한다. 전통적인 경찰활동은 고도로 집중화된 조직구조를 갖고, 법과 규범에 의해 지배되며 법을 준수하는 책임을 갖지만, 지역사회 경찰활동에서는 지역사회의 요구에 부응하는 분권화된 경찰의 능력에 강조를 둔다. 경찰과 기타 공공부서와의 관계에 있어 전통적인 경찰활동에서는 우선순위로 인해 가끔 갈등을 빚기도 하였으나, 지역사회 경찰활동에서의 경찰은 삶의 질을 높이려는 책임을 갖는 여러 부서들 가운데 하나로서 다른 부서와 협조하게 되는 것이다.

지역사회 경찰활동은 범죄신고를 증대시켰으며, 범죄의 공포를 감소시켰고, 경찰권에 대한 시민의 신뢰와 감정을 증대시켰고, 경찰의 직무만족을 증대시켰으며, 목표로 정한 범죄들을 감소시키는데 효과를 나타냈다. 따라서 지역사회 경찰은 그들을 봉사하는 시민의 일부로 간주한다. 그들은 범죄와 무질서를 제거하기 위하여 적극적으로 활동한다. 지역사회 경찰활동은 시민의 문제와 관심사에 초점을 두고 있는 것이다.

3) 관련 기초연구

(1) 순찰활동에 관한 연구

경찰 업무가운데 순찰활동은 가장 중요한 부분을 차지하고 또 가장 가시적인 일이기 때문에 순찰기능의 문제와 그 효과에 대한 이해를 돕기 위해 행해진 연구가 많았다. 따라서 지역사회 경찰활동의 출현에 공헌한 중요한 연구 프로젝트를 살펴보도록 한다.

① 범죄예방순찰

본래 범죄예방순찰의 원리는 런던수도경찰국에서 유래되었다. 여기에서의 초기 목표는 잠재적 법위반자들에 대한 억제에 있었으며 경찰업무는 봉사요청에 주로 반응하는 것이었다. 그러나 종래의 경찰전략에 문제를 제시한 가장 중요한 연구는 경찰재단의 후원 하에 캔자스시의 미주리경찰국(KCDP)에서 1972년에 행해진 방범순찰연구이다. 이 연구는 캔자스시 경찰국의 남부 순찰분대에서 실행한 것으로 정규적인 방범순찰의 세 유형의 통제집단을 비교하여 연구를 하였다.

1집단의 '반응적(reactive) 순찰구역'에서는 경찰들이 방범순찰을 전혀 하지 않고 단지 시민들의 도움 요청에 대응해서만 그 구역에 들어갔다. 이러한 전략의 의도는 그 순찰구역에서 경찰들의 가시성을 실질적으로 줄여보고자 하는 것이었다.

2집단의 '적극적(proactive) 순찰구역'에서는 보통 수준보다 2, 3배 많은 경찰관을 배치시켰다. 이것은 만일 방범순찰이 실제로 범죄를 막는다면 적극적인 순찰구역에서의 범죄는 실질적으로 줄어들 것이라는 것을 전제로 하였다.

3집단의 '통제(control) 순찰구역'에서는 한 순찰차에 한 명의 경찰관이 타고 순찰하는 정규적인 수준의 순찰이 행해졌다. 1년 동안의 자료분석에 따르면 세 가지 형태의 순찰구역에서 일어난 범죄사건의 정도와 경찰서비스에 대한 시민들이 태도, 범죄에 대한 시민들의 공포, 경찰의 출동시간, 혹은 경찰의 출동시간에 대한 시민들의 만족도 등에 있어 큰 차이가 없다는 것이다.

이 연구의 결과는 방범순찰을 하는 것이 그 목적을 제대로 이행하고 있지 못할 뿐더러 비생산적이라는 것을 시사하고 있다. 이것은 순찰경찰관이 불필요하다는 것을 말해주는 것이 아니라 그보다는 범죄에 대한 무작위 순찰의 효과와 시민들의 태도에 대한 기존의 생각이 잘못된 것일 수도 있다는 것이다. 이것은 경찰이 기존의 순찰과정을 유지하거나 이를 확장시킴으로써 돈과 시간을 낭비하고 있다는 것을 말해 준다.

② 출동시간

캔자스시 경찰국의 방범순찰연구에서는 경찰관들이 출동시간도 검토되었다. 전통적으로 출동시간은 경찰관이 시민들의 지원요청에 반응하는 시간으로 광범위하게 정의되고 있다. 기본적으로 출동시간이 짧으면 범인을 검거할 수 있는 기회가 더 많아진다고 생각되었다. 또한 더 빠르게 출동하는 것은 경찰이 더욱 능률적이라는 것을 말해 주며, 또한 경찰서비스에 대한 시민의 만족도를 높여줄 것이라 가정했다.

결론부터 말하자면 출동시간과 시민의 태도가 이 세 가지 실험구역에서 큰 차이가 없다는 것이 밝혀졌다. 이 연구가 시사하는 바는 단지 출동시간이 빠르다는 개념보다는 거리, 속도, 지역, 경찰관의 태도, 그리고 경찰을 부른 시민의 행동 등 복합적인 요소에 의해 결정되는 것으로 보인다. 이러한 출동시간에 관한 기본적 결과는 어떠한 새로운 대체적인 순찰계획도 경찰관이 신고에 즉각 출동할 수 있다는 것이 확실히 해야 할 필요가 있게 된 것이다.

중범죄의 경우 빠른 출동시간이 본질적으로 보다 나은 결과를 초래할 수 있으리라 생각했지만 이 연구결과로 이러한 생각은 분명치 않게 되었다. 시민들의 만족도 문제에 있어서 이 연구로 인해 시민을 만족시키는 주요 결정요소는 시민이 경찰에 대해 갖고 있는 인식과 출동시간에 대한 기대감이다. 출동하는데 소요된 시간보다는 시민들이 출동하리라 예상하고 있던 시간과 실제로 경찰이 나타난 시간이 맞아떨어지는가하는 점이 더 중요한 것으로 보인다. 빠른 출동시간이 중범죄를 효과적으로 처리하지도 못할 뿐더러 시민의 만족감을 직접적으로 증대시키지도 못하였기 때문에 이 연구는 다른 경찰전략을 탐구하기 위한 기틀을 마련해 주었다고 할 수 있다.

③ 선별적 경찰대응

예전부터 경찰에의 신고전화는 생명을 위협하는 상황을 제외하고는 받은 순서대로 처리되어 왔다. 물론 그 신고에 따라 즉각적 조치가 취해지기는 했다. 차별적 경찰반응은 각 신고전화는 경찰반응을 "즉각적으로 필요로 하는가"에 따른 차등적 우선순위에 따라 결정되어야 한다는 것을 의미한다. 방범순찰과 출동시간 연구를 통해 신고를 더욱 유동적인 방법으로 처리할 수 있다는 것을 인식하고 신고를 처리하는 대안적 방법인 차별적 경찰반응을 마련했다. 차별적 경찰반응은 운용하는데 필요한 자원과 전문기술을 조화시키는 자원 및 시간의 적절한 운용을 위한 계획이다. 이렇게 함으로써 신고에 대처에 융통성을 보장할 수 있을 뿐 아니라 지역사회가 필요로 하는 것에 더욱 잘 반응하고 경찰조직 운영상의 능률을 향상시키는데 도움을 주며, 이는 지역사회에 대한 봉사와 행정업무 뿐 아니라 범죄예방과 수사와 같은 범죄에 초점을 둔 활동을 할 수 있는 시간을 더 많이 보장해 주는 장점을 가지고 있다.

차별적 경찰반응은 시간관리의 전략이므로 이를 실행하면 순찰경찰관들이 지역사회의 다른 업무를 수행하고 문제해결을 할 시간을 더욱 많이 가지게 된다. 그러므로 차별적 경찰반응은 시민들의 요구와 필요에 더욱 잘 반응하도록 하며 경찰인력을 더욱 효율적으로 사용할 수 있도록 할 뿐 아니라 시민의 만족도를 상승시켜 주는데 이 모든 요소가 지역사회 경찰활동을 위한 노력에서 중요한 것이다.

④ 1인순찰 대 2인순찰

많은 순찰경찰관들의 민감한 문제는 순찰차에 한 명의 경찰관이 탑승해야 하는가 혹은 두 명의 경찰관이 탑승해야 하는가의 문제이다. 이 논쟁에서 가장 일반적인 문제는 경찰관의 안전이 핵심이다. 두 명의 경찰관이 타고 있는 순찰차가 위험한 상황에서 더 안전하다고 믿어졌다. 경찰관이 두 명 타고 있는 순찰차는 비용이 더욱 많이 소요되는데 그것은 많은 신고의 경우 한 명의 경찰관만으로도 충분히 문제를 해결할 수 있다는 것이다. 그러므로 나머지 경찰은 필요가 없으므로 자원의 낭비라는 것이다.

캘리포니아의 샌디에고에서 행해진 연구 결과에 의하면, 비용, 처리되는 신고의 수, 검거율, 출동시간, 행정업무 처리 등의 요소를 기준으로 볼 때 1인 일조의 순찰 조가 2인 일조의 경우보다 훨씬 효율적이며 효과적이었다는 것이다. 1인 일조 그리고 2인 일조의 순찰조는 모두 거의 같은 정도로 공격을 당하지만 2인 일조의 순찰조가 1인 일조의 경우보다 체포시 범인들의 반항, 경찰관에 대한 공격, 위험한 사건에 연구되는 경우가 더 많았다. 이 연구결과 1인 일조 순찰조를 편성하는 것이 경찰관 안전에 있어서 더욱 효과적이라는 결론을 지지하게 되었다.

⑤ 전문화된 순찰

순찰요원들의 업무를 보다 효과적으로 수행하기 위해 다양한 순찰형태가 시도되었다. 이러한 다양한 모델들에 일관된 공통목적은 봉사요철에 효과적으로 대처하고, 범죄를 통제하며, 순찰시간이 아닌 시간을 생산적으로 활용한다는 점이다. 이러한 실험을 전문화된 순찰이라고 한다. 전문화된 순찰의 평가결과 업무수행의 효과는 향상되지 않았으나, 인력사용 면의 효율성은 일반적으로 향상된 것으로 나타났다 이러한 성공은 전문화된 순찰을 재정의하여 그 효과 또한 높이려는 시도가 적극적으로 진행되었다.

4) 연구결과의 시사점

지역사회경찰활동에 대한 여러 가지 연구결과를 요약하고 그것의 한국의 경찰조직에 적용하기 위한 시사점을 정리하면 다음과 같다.

(1) 무작위 혹은 중점순찰이 범죄예방에 효과적인 것은 아니다.
(2) 경찰관들은 실제로 중요한 일에 투입되는 시간보다 잡무에 투입되는 시간이 많다.
(3) 시민의 신고에 빨리 대처한다고 해서 범인검거 가능성이 높아지는 것은 아니다.
(4) 경찰에 대한 시민들의 만족도를 결정짓는 것은 얼마나 빨리 반응을 보이는 것이 아니라 시민들이 예상하고 있던 반응시간을 맞추어 주는가 하는 것이다.
(5) 차별적 경찰출동과 같은 신고관리계획은 시민의 안전을 위협하지 않고도 경찰활동의 능률성과 효과성을 높일 수 있다.
(6) 순찰요원들을 잘 배치하려면 환경적인 요인과 시간, 계절, 장소에 따라 달라지는 시민들의 신고를 잘 분석해야 한다.
(7) 1인 일조식 순찰대는 2인 일조보다 매우 효율적이고, 1인 일조 순찰시에 경찰관이 더 많은 위험에 처하지는 않는다.
(8) 전문화된 순찰 즉 독특한 순찰인원 배치계획은 특수한 상황이나 문제에 대처하는 데 유용하다.

비록 지역사회 경찰활동이 만병통치약은 아닐지라도 이러한 모든 시사점을 한국경찰조직에 적용하는 것도 가능할 것으로 생각된다.

일례로 천안 동남경찰서의 경우, 여성·아동 상담시설에 종사하는 직원들이 가정폭력이나 성폭력 가해자들로부터 안심하고 업무에 전념할 수 있도록 관내 파출소와의 '한달음 시스템' 구축과 경찰관이 지역주민을 직접 만나 이야기를 듣는 '온마을 112순찰'을 시행 중에 있으며, 이러한 지역사회 경찰활동 프로그램은 2013년 상반기 치안종합성과평가에서 '국민중심 지역경찰 활동' 평가 부문에서 1위로 선정되기도 하였다.

2. 문제지향적 예방활동

1) 개념

문제지향경찰활동(Problem-Oriented Policing)은 미국의 골드스테인(H. Goldstein)이 1979년에 경찰활동의 새로운 접근방법으로서 도입할 것을 주장하면서 많은 관심을 일으켰다. 그는 특정사건과 지역사회문제의 증상에 대응하기보다는 시민불편의 근본원인을 찾아내어 제거해야 한다고 주장했다. 이것은 브라운(W. Brown)이 제시한 "경찰기능의 평가"에서 영향을 받았다.

브라운은 경찰이 절도사건자체에 반응하는 경향이 있다고 지적하면서 더 효과적인 전략은 절도를 문제로서 정의하고, 절도문제의 대응전략을 고안해야 한다고 주장했다. 여기서의 문제는 단 하나의 사건이라기보다는 비슷하고 관련되며 빈발하는 사건의 집합이며, 실질적인 지역사회관심거리가 되고, 경찰업무의 대상을 의미한다. 군범죄와 관련하여 생각해 보면, 탈영을 그 자체의 사건에 한정하여 생각할 것이 아니라 탈영을 하나의 문제로 인식하고 문제의 근본원인을 발견하여 제거하는 것이 경찰과 관련지휘관, 참모부서의 임무라는 것이다.

경찰분야의 선구자인 골드스테인(Goldstein)은 ① 지역사회문제의 인식, ② 문제의 본질에 대한 체계적인 조사, ③ 각 문제에서 지역사회의 이해관계분석, ④ 현경찰대응의 평가, ⑤ 정형화된 해결책의 제한 없는 탐색, ⑥ 해결책집행에서 창의력발휘, ⑦ 해결책의 효과성 평가 등의 활동을 하는 기관을 POP를 실행하는 기관으로 정의한다. 따라서 문제지향경찰활동은 범죄사건을 모아서 관련성을 검토하는 분석기능을 중요시하며 그 범죄사건의 근원적인 문제는 무엇인가를 생각해 보는 것이다.

즉 표면적인 증상보다는 문제에 초점을 둔다는 관념은 범죄예방과도 가까운 개념이며 경찰활동의 새로운 철학이라고 볼 수 있는 것이다. 아울러 이러한 기능을 활성화시키기 위해서 군 조직에서 획일적인 수직적 의사소통보다는 수평적 의사전달을 권장하고, 권한을 하위제대에 치대한 분산시킴으로써 창의력을 발휘하도록 유도하는 것이다. 부대의 문제에 대한 대응에 있어서도 다른 부서와의 공동대응과 협조관계를 강조하며 사법처리이외의 다양한 대응을 고려한다.

2) 사건중심 경찰활동과의 차이점

사건중심의 경찰활동(COP)과 문제중심경찰활동(POP)은 둘 다 현안문제의 근본원인에 대한 대응방안을 모색함으로써 범죄를 방지하려는 전략이다. COP 뿐 아니라 순찰과 형사업무로 특징 되는 전통적 수사활동은 수동적인 전략이며, 지역사회의 요구와 반응에 따라 대응한다. 그러나 합동활동(Team policing)과 POP는 주도권과 의사결정권한이 중간관리층 혹은 하위층이 행사하므로 이러한 두 가지 전략은 적극적인 측면이 있다.

어떤 학자들은 Team policing과 전통적인 순찰은 유형이 같고, COP는 전통적인 관례의 틀 내에 있는 것으로 보기도 한다. 또한 발전순서에 있어서 전통적인 경찰활동이 Team Policing과 POP를 통하여 COP로 순차적으로 발전한 것도 아니라고 한다. 오늘날 미국에서 이러한 4가지 접근의 요소들이 혼재되어 나타날 것이다.

POP는 COP와 다른 원칙에 바탕을 두고 있지만 서로 보완적이다.

POP는 COP철학을 실행하는 전략이다. POP는 범죄와 무질서의 빈발에 대한 근본원인을 조사하는 것을 지지한다. 문제해결모델 즉 SARA 모델은 문제인식(Scanning), 문제분석(Analysis), 대응(Response), 평가(Assessment)를 적용하여 사건을 해결하려고 한다는 점에서 COP보다 분석적이고 연구적이다. COP와 POP의 통합은 미래의 경찰활동에 있어서 가장 좋은 철학이 될 것으로 생각된다.

3) 기본원칙

현 경찰활동의 한계에서 지적했듯이 기존의 경찰활동은 사건을 중점적으로 다루고 근원적인 문제에 대처하는 것은 아니었다. 따라서 문제지향예방활동의 첫 번째 단계는 문제가 표면적으로 명백하게 나타나는 징표가 바로 사건이라는 것을 인정하면서 단순히 사건을 다루는 것을 넘어서는 것이다. 문제지향예방활동은 문제를 일으키는 상황과 요소들을 인지하고 사건에 대한 더 깊은 관심을 가지는 것을 필요로 한다. 몇몇 뛰어난 지휘관이나 경찰수사관 혹은 특별한 부서나 기능을 담당하는 경찰이나 다른 부서의 모든 간부들은 이러한 임무에 기여해야 한다.

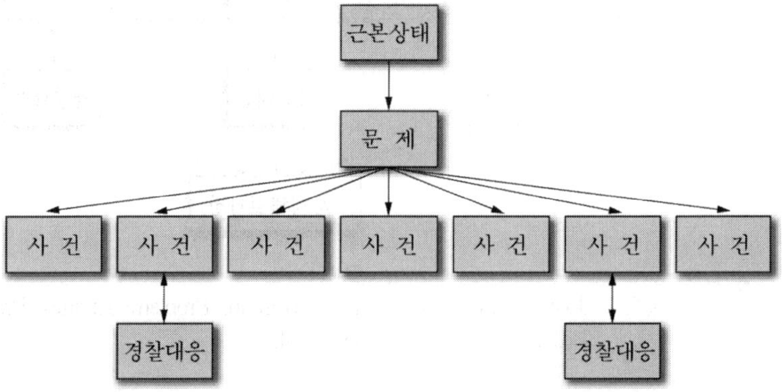

출처 : John E. Eck and William Spelman, Problem-Solving: Problem-Oriented Policing in Newport News, 1987, p. 4.

〈그림 15-3〉 사건중심활동모델

〈그림 15-3〉은 사건위주의 수사활동(incident-driven policing) 사건을 어떻게 다루는 가를 나타내고 있다. 이러한 임시방편적인 해결은 중요하지만 한계점을 지니고 있다. 경찰과 지휘관은 사건을 일으키는 근본상태를 방치하기 때문에 그러한 사건들은 재발할 가능성이 높다.

문제지향적 예방전략을 가진 경찰은 아래 〈그림 15-4〉에서 기술된 대로 대응할 것이다. 경찰이나 지휘관은 문제의 명확히 파악하기 위해서 다른 소식통으로부터 얻은 정보를 사건해결을 위해서 사용한다. 이러한 정보를 이용한 사건해결이 성공적일수록 사건은 더욱 적어질 수 있다. 일어난 표면적인 사건들은 그다지 중요하지 않을 수도 있는 것이며, 근원적인 문제가 중요한 것이다. 이러한 근원적인 문제가 해결된다면 그러한 사건들은 미래에 중지될 수 있는 것이기 때문이다.

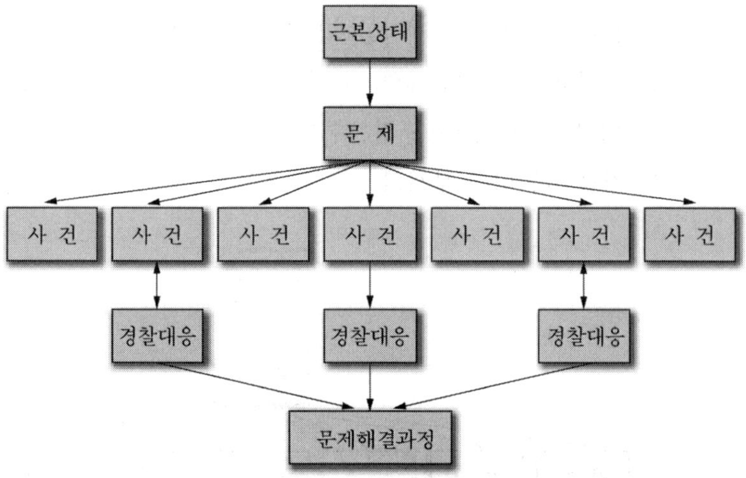

출처 : John E. Eck and William Spelman, Problem-Solving: Problem-Oriented Policing in Newport, 1987, p. 4.

〈그림 15-4〉 문제지향적 활동

이러한 모델 하에서 경찰과 지휘관이 부대의 문제를 다루는 5가지의 해결방안을 제시하면 다음과 같다. 그것은 ① 문제를 완전히 제거하는 것, ② 문제로부터 야기된 사건을 축소하는 것, ③ 사건의 심각성을 축소하는 것, ④ 사건을 더 잘 다루는 방법을 설계하는 것, ⑤ 문제를 전혀 고려하지 않는 것 등이다. 문제지향경찰활동은 지역사회경찰활동과 맥을 같이 한다고 할 수 있는데, 경찰활동에 치료적 지역사회모델(medical community)과 비슷하다.

의사(경찰, 담당참모)는 문제를 인식하기 위해서 환자(관할부대)와 대화한다. 때대로 그 해결책은 전적으로 환자(관할부대)에 달려 있다. 또 어떤 경우에는 의사(경찰, 담당참모)와 환자(관할부대)의 공동노력이 요구되기도 하고, 어떤 경우에는 의사(경찰, 담당참모)만이 문제를 풀 수 있다. 어느 경우에 문제는 고질병(변화 불가능한 요소)이기 때문에 고칠 수 없다는 것을 받아들여야 한다.

4) 사라(SARA)모델

문제지향예방활동은 기존의 사고예방활동에 대안적 접근을 하려는 것이다. 이것은 범죄에 대한 현 대응의 한계점을 시인함으로부터 시작된다. 해당지휘관과 참모, 경찰은 사건을 야기하는 근본상태(underlying circumstances)에 대응하기 위해서 문제파악, 문제분석을 통하여 문제지향예방활동을 구체화할 수 있다. 문제에 대응하는 대안적 방법들이 예전부터 유용한 것으로 인정되어 왔지만 그것을 상대적으로 덜 이용해 왔다.

문제지향경찰활동은 세 가지 주요주제에 중점을 두는 경찰운영으로 20년 연구의 성과물이다. 그러한 3가지 주체는 ① 순찰과 형사의 시간을 소비하도록 하고, 사건들을 일으키는 근본상태에 대처함으로써 효과성의 증진, ② 문제를 주의 깊게 연구하며 혁신적 해결책을 발전시키는 현장경찰관의 전문성과 창조성에 의존, ③ 경찰이 시민의 요구에 대응하고 있다는 것을 확인시키기 위해 시민들과의 긴밀한 관계유지이다. 이러한 전략은 조사(scanning), 분석(analysis), 대응(response), 평가(assessment)로 다음과 같이 4가지로 구성된다.

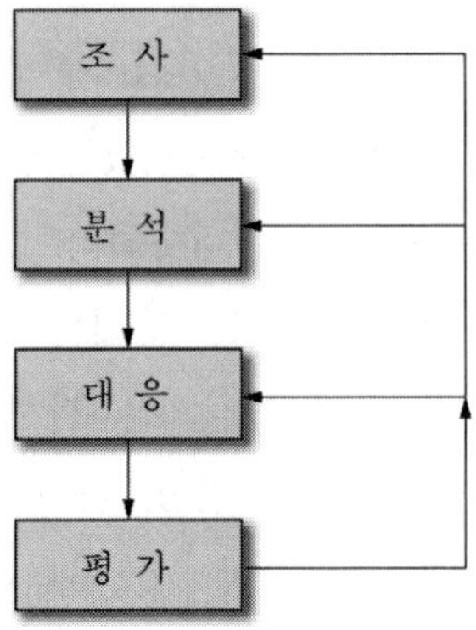

출처 : William Spelman and John E. Eck, Newport News tests problem-oriented policing, 1987, p .4.

〈그림 15-5〉 문제해결과정(A Problem-Solving Process)

(1) 문제파악(Scanning): 조사

첫째, 문제를 파악하기 위해서는 우선적으로 문제의 의미를 명확하게 정의하는 것이 필요하다. 문제(problem)는 단 한 건의 사건이라기보다는 유사한 관련성이 있고, 자주 일어나는 사건들의 집합(group), 지역사회의 실질적인 관심, 경찰이 관장하는 업무라고 정의된다.

둘째, 문제의 인식주체로는 관련부대, 관련참모(인사, 감찰, 군종 등) 담당수사관의 공동노력으로 성립된다. 부대의 문제를 파악하는 업무는 소속부대의 의견을 종합하고 수렴하는 경찰의 의지와 능력, 지식과 전문성에 달려 있어 상당히 까다롭고 어려운 문제이다.

경찰의 범죄관련 첩보는 방대한 양의 사건들을 다루기 때문에 부대에서 드러나기 전에 문제를 인식할 수 있도록 하며, 범죄의 발생가능성과 범죄유형을 어느 정도 가능하게 하는데 도움이 된다.

셋째, 여러 가지 문제들로부터 우선순위에 따라 선택하는 것이다.

조사과정에서 수많은 문제들이 많은 관계로 모든 문제를 조사한다는 것은 가용인력의 한계성 때문에 몇 가지 우선순위가 부여되어야 한다. 어떤 문제에 가장 높은 우선순위를 두어야 하는가에 대한 고려가 필요하다.

(2) 문제분석(Analysis) : 자료분석

효과적인 대응방안을 모색하기 위해서는 문제의 인식과 분석이 필요하다. 문제들은 여러 가지 차이점에도 불구하고 문제해결과정은 몇 가지 공통되는 단계가 있다.

첫째, 문제가 일단 정해지면 분석에서의 첫 번째 단계는 어떠한 정보가 필요한가를 결정하는 것이다. 이것은 과거의 관점에 구애받지 않고 폭넓게 조사되어야 한다.

둘째로, 정보의 원천에 관한 것이다. 정보원이 어디에 있느냐에 따라 문제해결에 필요한 정보를 얻을 수 있다.

셋째, 조사는 정확해야 한다. 정보는 타당성이 확보될 수 있도록 정확성을 기하고 객관적으로 수집되지 않는다면 가치를 상실한다.

넷째, 충분한 조사가 이루어졌는가 확인하는 것이다. 문제의 조사분석이 포괄적인가, 충분한 깊이로 실행되었는가를 알아보는 것은 필수적이다.

(3) 대응(Response) : 대안탐색

최근에 범죄를 예방한다는 목표 하에서 많은 노력들이 있어 왔다. 이 중에서 상황적 접근(situational approach)방법은 사람을 변화시킨다는 환경을 변화시키는 것을 강조하고 특정범죄와 특정지역에 중점을 두어야 할 필요성을 중요시한다. 특정문제에 대응해야 할 경우 범죄의 대상물은 강화하거나 제거하고, 범죄의 이익을 축소하며, 감시를 강화하는 접근을 우선시한다. 이러한 상황적 접근들은 문제지향경찰활동이 산출하려는 유형의 대응방안 마련에 큰 도움이 될 것이다.

SARA모델의 세 번째 단계인 대응단계는 문제에 대한 창조적이고 정형화된 해결책을 찾는 것이다. 범죄자의 처벌이 문제에 대한 유일한 대응인 것으로 생각되는 경우도 있다. 이럴 경우 문제를 철저하게 분석하고 잠재적 대응을 고려한 후에 처벌이 효과적인 해결책이라면 그러한 접근방법을 견지해야 한다. 그러나 처벌이 가장 효과적인 해결책이 아니라면 다른 대응이 검토되어야 한다.

(4) 평가(Assessment) : 대안평가

범죄문제에 대한 대응의 효과성을 향상시키는 것은 문제인식과 분석, 대안탐색, 대안의 집행에 관한 전 과정과 관련된다는 것을 명심해야 하고 실행된 대안에 대한 평가절차가 마련되어야 한다. 대안의 실행이 투입되는 단계부터 효과성에 대한 명확한 의미를 부여해야 한다. 효과성 평가는 상대적으로 쉬운 것도 있지만 또 어려운 것도 있다.

각 문제에 대한 대응평가는 다음과 같은 요소들 즉 ① 문제의 명확한 이해, ② 문제를 다루려는데 있어서 특정이해관계의 인정과 우선순위, ③ 목표의 도달범위를 결정하기 위해 사용하는 방법, ④ 기대성과에 관한 현실적 평가, ⑤ 단기적 효과와 장기적 효과의 상대적 중요도, ⑥ 대응의 합법성과 공정성의 명확한 이해 등을 필요로 한다. 범죄문제에 대한 대처의 효과성의 평가는 차후의 대안선택에 반드시 반영되어야 한다.

5) 깨어진 유리창 이론

(1) 기본개념

윌슨과 캘링(Wilson & Kelling)이 주창한 깨어진 유리창이론(Broken Windows Theory)의 주요 가정은 지역 사회내의 사회적, 물리적 무질서는 범죄와 직접적인 인과관계가 있다는 것에서 출발한다. 깨어진 창 이론에 의하면 지역사회내 쓰레기 투기, 교통법규위반, 노상방뇨, 노숙자, 창녀들의 활동 등과 같은 기초 질서위반행위가 계속 그냥 방치되면 지역사회를 통제하는 비공식적 통제능력이 약화되고 이로 인해 시민들의 범죄에 대한 두려움은 더욱 증가되게 된다.

범죄에 대한 두려움이 증가됨으로써 외부와의 접촉 또는 야간에 외출을 기피하거나, 무리지어 노는 청소년들을 의도적으로 피하거나, 또는 자신들이 위험하다고 생각하는 특정 지역에 전혀 접근하지 않는 등 자신들의 일상생활에 많은 변화를 주게 되며, 이러한 생활 변화는 자신이 거주하는 지역사회에 대한 무관심이 더욱 증가되는 결과로 이어지며, 이는 지역 사회 내에 더 심각한 기초 질서 위반행위들이나 경범죄가 빈번하게 발생하게 된다.

이러한 기초 질서 위반행위들이나 경범죄가 빈번하게 발생하고 통제되지 않는 지역사회는 궁극적으로 시민들의 생활의 바탕이 되는 지역사회로서의 기능을 상실하게 되고 황폐화되게 된다. 결국 범죄행위에 대한 지역 사회의 통제 능력 상실로 인해 범죄를 저지르고도 잡히지 않는다는 인식이 지역 사회에 만연하게 됨으로 인해 잠재적 범죄자들이 더 많이 지역 사회에서 생기거나, 외부로부터 유입되며 이는 마약, 강도, 살인 등과 같은 더 심각한 범죄로 이어지게 된다.

따라서 경찰의 기초질서 예방활동을 외면하고 중한 범죄 중심의 경찰활동과 범죄가 발생한 후 경찰이 사후에 대처하는 전통적 경찰활동은 범죄를 예방하고 줄이는데 있어서는 비효율적이라 비판하고 새로운 대안으로 경찰은 범죄의 근본 원인이 되는 지역사회 내의 사회적, 물리적 무질서 예방과 기초질서 위반행위 단속에 더 많은 노력을 기울여야 한다고 주장했다.

윌슨과 켈링(Wilson & Kelling)의 깨어진 창 이론(Broken Window Theory)의 이론적 바탕이 된 실험은 1969년 스탠포드 대학의 심리학자인 짐바도(Philip Zimbardo)에 의해 행해졌다. 짐바도 교수는 지역 사회내의 통제와 법의식이 강하고 부유한 지역인 캘리포니아의 팔로 알토지역(Palo Alto area)과 이와는 반대로 지역 사회내의 통제와 법의식이 상대적으로 미흡하고 빈민가 지역인 블롱크스(Bronx street)의 거리에 번호판이 떨어지고 본네트가 열려진 차를 각각 주차시켜, 이것이 각 지역 주민들의 기물파손행동에 어떤 영향을 미치는지 조사하였다.

지역 사회내의 통제와 법의식이 상대적으로 미흡한 Bronx의 거리에 주차된 차는 10분도 지나지 않아 지역 주민들에 의해 차량이 손상되기 시작했고 차량 부품들은 뜯겨져 나가기 시작했다. 이와는 반대로 지역

사회내의 통제와 법의식이 강한 캘리포니아의 Palo Alto의 거리에 주차된 차는 1주일 이상 아무런 손상을 입지 않았다.

짐바도(Zimbardo)는 통제되지 않는 파괴 행위가 Palo Alto의 주민들의 태도 변화에 어떤 영향을 주는지 조사하기 위해 일부러 큰 망치로 차량을 부수기 시작했다. 얼마 지나지 않아 Palo Alto의 지역 주민들도 함께 차량을 부수고 손상시키기 시작했다. 실험의 결과는 지역에 상관없이 인간의 공격적 행동 또는 범죄행위는 지역 사회내의 무질서와 관련이 있음을 입증시켰다.

(2) 이론의 시사점

윌슨과 켈링(Wilson & Kelling)의 "깨어진 창 이론"은 강력범 중심의 전통적인 경찰 역할에 대한 효율성에 많은 의문점을 제시하였으며, 기초질서유지와 범죄예방 활동이 지역주민들의 삶의 질을 향상시킬 수 있는 경찰활동(Quality of life policing)과 같은 새로운 경찰역할상의 정립에 상당히 많은 기여를 하였다.

첫째, 지역사회내 범죄발생의 징후가 되는 기초 질서 위반 행위나 무질서를 경찰이 적극적으로(또는 공격적으로) 단속함으로써 범죄를 효과적으로 예방하고 줄일 수 있다고 주장하였다. 적극적이고 공격적인 경찰활동은 경찰관들이 지역 주민들에게 적대적이거나, 폭력적인 것을 의미하는 것이 아니라, 수상한 행동을 하는 사람을 수사하거나, 교통위반행위 등에 대한 단속을 지속적이고 적극적으로 활동함을 의미한다.

둘째, 범죄를 예방하는데 비공식적 지역 사회 규범과 지역 사회 주민들의 범죄 예방활동에 참여시키는 협력치안이다. 범죄 통제에 초점을 둔 전통적 경찰 활동에서는 시민들은 범죄 발생시 신고만 하는 수동적인 입장이었지만, 기초질서유지를 위한 경찰 활동에서는 시민들의 자발적인 참여와 협조가 교통사고예방, 절도 등 범죄예방과 사건 해결에 매우 중요한 역할을 한다.

윌슨과 캘링은 무규범 상태나 사회해체는 다양한 사회문제를 야기한다는 것이다. 사회관계의 해체는 가정, 학교, 교회 등과 같은 비공식적 사회집단의 통제력을 약화시키며, 이는 사회구성원의 일탈과 범죄 등을 증가시킨다. 이러한 일탈과 범죄의 증가는 구성원에게 불안과 공포를 증가시켜 비공식적 시회통제의 약화를 가중시킨다는 점을 강조하였다. 즉 두려움은 주민들을 고립시키고, 그러한 고립은 비공식적 사회통제를 더욱 약화시켜 지역사회의 문제에 더욱 무관심하게 하고 이웃 간의 관계를 더욱 소원케 하여 결국 통제할 수 없을 정도의 일탈 및 범죄를 발생시키게 된다는 것이다.

현대사회의 사회구조가 복잡해지면서 가족이나 이웃, 친구와 같은 일차집단이 약화되어 통제기능이 공식적인 기구에 집중되고 지역사회의 해체현상이 두드러지게 나타난 결과 비공식적 사회통제의 중요성이 강조되고 있다. 다시 말하면 사회가 커지고 복잡해질수록 경찰과 같은 공식적인 통제기구의 역할이 증대되고 비공식적인 사회통제는 약화되어 지역사회는 자신의 구성원에 대하여 통제를 행사할 능력을 상실하게 된다.

그러나 공식적인 사회통제수단 역시 인력 및 조직, 재원의 부족으로 인해 범죄를 통제할 수 있는 능력이 제한되어 있다. 그 결과 시민단체 등 지역사회의 비공식 사회통제의 부활 없이는 효과적인 교통단속활동을 수행하는 것이 불가능하다. 주민에 의한 비공식적 사회통제는 공식적인 사회통제의 한계를 보완하고 지역사회의 범죄와 교통사고를 감소시키는 수단을 제공한다.

따라서 경찰활동을 통한 공식적 통제와 지역사회에 의한 비공식적 통제는 상호보완적인 관계라고 보아야 할 것이다. 비공식적 사회통제의 형성과정은 지역주민간에 활발한 사회적 상호작용을 통해 친근감이 나타나고, 이러한 친근감을 통하여 행동규범을 공유하는 집단이 형성되게 되며 이러한 규범을 공유한 집단이 서로의 안전에 대하여 공동의 노력을 기울이겠다는 합의가 이루어지면 이에 대한 신뢰와 책임의식을 바탕으로 하여 비공식적 사회통제가 이루어진다고 볼 수 있다.

비공식적 사회통제전략의 주된 목표는 잠재적 교통법규위반자나 범죄자의 인식전환이다. 이웃주민간의 활발한 상호작용을 의미하는 비공식적 통제와 주민 상호간의 신뢰감이 강한 지역에서 잠재적 범죄자는 자신의 행동의 가시성이나 잠재적 목격자의 존재로 인해 범죄 실행을 주저하게 된다. 그러므로 가시성 범죄자는 다른 곳에서 범죄를 저지르거나 범죄를 포기하게 되는 것이다.[2] 비공식 사회통제전략의 전제조건은 사회적 상호작용과 규범을 공유하는 사회집단의 형성이 요구되며 서로의 안전에 대한 책임을 갖는 상호신뢰와 의지에 의존한다는 것이다. 그러므로 집단적이고 자발적인 주민의 참여가 매우 중요하다.

3. 범죄통제전략의 새로운 방향모색

1) 범행동기의 억제

(1) 친사회적(prosocial) · 비범죄적(noncriminal) 행위기회와 이익의 증대

① 사회문제접근법

통상적으로 우리는 범죄의 원인을 사회환경적 요인에서 찾고자 하는 경향이 많은데, 이는 특정한 사회환경이 범죄를 유발한다고 보는 것이다. 따라서 범죄를 예방하기 위해서는 바로 이러한 범죄를 유발하는 사회환경 또는 사회문제를 해소함으로써 가능해질 수 있다는 것이다. 이러한 범죄예방활동을 우리는 지역사회범죄예방(community crime-prevention)이라고 한다. 이와 같은 사회문제에 기초한 개입은 청소년여가활동, 범죄에 초점을 맞춘 지역사회모임, 물리적환경의 개선 등이 주로 활용되고 있다. 그런데 범죄예방을 위한 사회문제지향적 접근은 대체로 청소년들을 주요 대상으로 하고 있다는 사실이며, 따라서 그 프로그램도 대부분이 청소년들에 초점을 맞춘 체육활동, 사교모임, 문맹퇴치, 약물교육, 그리고 이러한 목표를 성취하기 위한 교육활동 등의 형태로 이루어

2) James Q. Wilson & Richard Heddnstein, "Crime & Human Nature : The Definitive Study of the Causes of Crime"(NY : Touchstone Book, 1985), pp. 307-310.

지고 있다.

사회문제를 해결함으로써 범죄문제를 해결할 수 있다는 이러한 주장이 상당한 반향을 불러일으킨 것은 사실이지만 실제 경험적 연구결과는 그렇게 긍정적인 증거를 내놓지 못한 것으로 알려지고 있다. 예를 들어, Eisenhower 재단의 지역사회범죄예방프로그램의 경우도 범죄문제를 해결하는 데 있어서 사회복지나 범죄원인의 특성을 강조하는 사회문제해결중심의 프로그램보다는 범행기회를 축소하는 데 특성을 둔 프로그램이 더 효과적이라는 사실을 밝히고 있다.

그러나 모든 사회문제지향의 프로그램이 성공적이지 못한 것은 아니다. 예를 들어, 네덜란드의 헤이그에서 비행 전 단계의 청소년(predelinquent youth)에게 부모와 자녀관계, 학교, 대인관계, 여가시간 그리고 형법문제 등에 관한 프로그램을 실시하여 추적조사한 결과 가족 간 대화, 학교출석률 그리고 결과적인 비행률에 긍정적인 영향을 미친 것으로 조사되기도 하였다.

사실 사회문제지향의 범죄예방이 긍정적일 수도 있고, 기대에 부응하지 못할 수도 있으나, 비교집단과 통제집단의 비교가 불가능하다든 가 추적조사의 기간도 충분치 못한 실정이어서 정확하고 결정적인 결론이나 평가를 할 수는 없다. 그러나 대체로 사회복지적 접근이 단기적인 이익은 보여줄 수 있을지 모르지만 장기적으로는 별로 효과적이지 못한 것으로 받아들여지고 있다.

② 취업과 재정지원

많은 학자들이 경제와 범죄를 논의할 때 빈곤과 범죄, 경기와 범죄, 직업과 범죄, 그리고 실업과 범죄 등의 관련성의 밝히려고 한다. 지금까지의 연구결과는 대부분 실업과 범죄 그리고 실업과 재범률 사이에는 가능한 연계성이 있는 것으로 보고 있다. 이러한 주장에 근거하여 우리도 갱생보호회의 직업보도협의회에서 출소자들에게 취업을 알선하려고 노력하고 있다. 더불어 교도소에서도 교도작업 등을 통하여 출소 후의 생활정착금을 마련할 수 있도록 배려하고 있으며, 갱생보호위원회에서도 출소자들에게 정착자금이나 취업훈련 및 알선에 심혈을 기울이고 있다.

한편 이와 같은 이차적 범죄, 재범의 방지를 위해서 출소자들에게 취업을 알선하거나 재정적 지원을 하는 것만이 아니다. 1960년대 미국에서 존슨 대통령이 범죄의 퇴치를 위해서 빈곤과의 전쟁(war on poverty)을 선포한 것도 바로 이 빈곤과 범죄의 상관성, 즉 실업 등으로 빈곤해지면 생존을 위해서 범죄를 할 수밖에 없기 때문에 실업문제를 해결하는 등 빈곤을 퇴치한다면 범죄도 예방될 수 있다고 본 것이 취업알선과 재정적 지원을 통해서 범죄를 예방할 수 있다는 것을 암시해 준다.

그러나 이러한 프로그램의 효과에 대해서는 논란의 여지가 상당히 남아 있다. Rossi 등은 출소자들이 직장을 구할 때까지 금전적 지원을 제공했던 프로그램에 대한 평가연구(transitional aid research project)에서 직장을 구한 출소자일수록 장래 체포율이 훨씬 낮았다고 평가하였다. 유사한 프로그램으로서 출소자들의 지역사회적응을 돕기 위해서 출소자에게 취업알선 서비스와 금전적 자원을 제공하였던 LIFE, 즉 '출소자를 위한 생활보험'(living insurance for exoffenders)의 경우 금전적 지원은 재범률을 낮추는 데 상당한 공헌을 한 것으로 나타났다. 또한 보호관찰대상자에 대한 취업지도프로그램(probation employment guidance program)도 긍정적인 결과를 가져온 것으로 알려지고 있다. 이처럼 재정적 지원에 대한 평가는 상반된 결과를 보여주고 있지만, 취업알선이나 직업훈련은 크게 성공적이지 못한 것으로 알려지고 있다.

출소자에게 금전적 지원을 하는 것이 그가 직장을 구하고 비범죄적 생활형태를 가질 수 있을 정도로는 재범을 연기할 수는 있을지 모르지만 장기적으로는 크게 성공적이라고 말하기가 쉽지 않다. 이 점에 있어서는 출소자에 대한 직업훈련은 더욱 부정적이다. 즉, 출소자에게 금전적 지원을 하고 취업을 알선하거나 직업훈련을 시키는 등의 노력이 '재범률의 저하'라는 궁극적인 목표에는 크게 영향을 미치지 못한 것으로 평가할 수 있기 때문이다. 이처럼 부정적인 평가를 할 수밖에 없는 이유 중의 하나는 이들 프로그램이 주로 직업훈련이나 직장생활 등에는 관심이 전혀 없고 범죄적 목표에 더 많은 관심을 쏟는 상습적 누범자들에게 적용되고 있기 때문이라고 할 수 있다.

아무튼 이러한 사회문제나 취업 등의 방법으로 범죄를 예방하고자 하는 모형은 아직은 크게 그 유용성을 보여주지 못하고 있는데, 그것은 빈곤, 교육 그리고 취업 등과 같은 사회적 요소들이 범죄와 비행의 원인으로 과대포장되고 있기 때문이다.

③ 범죄비용(cost of crime)의 증대

몇 해 전 노벨경제학상을 수상한 백커(Garry Becker)는 범죄를 경제학적 관점에서 설명하면서 범죄가 발생하는, 즉 공급되는 이유를 범죄의 비용과 편익이라는 측면에서 설명한 바 있다. 그는 범죄가 발생하는 것은 범죄비용이 범죄편익보다 적기 때문이며, 여기서 말하는 범죄비용이란 바로 체포의 가능성 또는 확률과 처벌의 강도 및 기타 사회경제적 비용으로 보아서, 범죄를 억제하거나 예방하기 위해서는 따라서 범죄자는 누구나 반드시 체포되며, 체포된 범죄자에 대해서는 엄중한 처벌이 가해지며, 더불어 형벌 이외의 기타 사회경제적인 비용이 부과되어야 한다고 주장하였다.

그러나 여기서 우리가 형사정책적인 차원에서 범죄에 대한 비용을 증대시킬 수 있는 것은 범죄자에 대한 체포의 가능성과 확률을 높이는 것과 체포된 범죄자에 대한 처벌을 강화하는 것이다. 여기에다 체포된 범죄자에 대한 처벌을 신속하게 할수록 처벌의 효과가 더 크다는 사실을 가미하여 이를 우리는 억제 또는 제지(deterrence)라고 한다. 바로 이러한 가정에 기초하여 대부분의 국가에서도 처벌을 통한 범죄비용의 증대와 이를 통한 범죄억제를 형사정책의 기초로 삼고 있다.

그러나 범죄억제나 제지이론에 대해서는 이미 앞부분에서 자세하게 기술하였기 때문에 여기서 다시 거론할 필요는 없다. 다만 범죄억제가 사실은 범죄비용의 증대에 기초하고 있다는 점만을 밝혀두고, 범죄비용의 증대는 대체로 체포의 가능성과 형벌강도의 증대를 중심으로 이루어지고 있기 때문에 이 두 가지 점에 대해서만 간략하게 짚고 넘어가고자 한다.

실제로 구금률과 유죄확정률이 높은 곳이 낮은 곳에 비해 범죄가 적었다는 공식범죄통계나 피해자조사보고도 있었으며, 범죄율과 형사제재 가능성은 상호인과관계의 개연성이 있음이 밝혀지기도 하였다. 그런데 문제는 이처럼 체포의 확률을 증대시킴으로써 일반시민에게 그것이 상당한 부담으로 작용할 수도 있지만 안타깝게도 이들 일반시민에 의한 범죄는 극히 미미한 정도에 지나지 않으며 절대다수의 강력범죄를 범하는 것은 습관적·직업적 범죄자라는 사실이다. 즉 이들에게는 체포가능성의 증대라는 것이 아무런 영향을 미치지 못한다는 것이다. 그래서 실제로 체포확률이나 가능성을 2배로 증대시킨 결과 자동차절도는 적지 않은 정도로 줄어들었으나 강력범죄인 강도의 경우는 단지 1%도 안 되는 정도만이 줄었다는 연구결과가 보고되기도 하였다.

특정 범죄행위에 대한 처벌을 강화함으로써 범죄비용을 증대시키고 따라서 범죄를 억제하고 예방할 수 있다는 주장도 논란의 여지를 남기고 있다. 음주운전에 대한 처벌을 강화하였으나 음주와 관련된 교통사고는 크게 변하지 않았으나, 음주운전자에 대한 체포율을 끌어올린 결과, 처벌의 강도가 범죄비용의 증대와 그로 인한 범죄의 억제에 어느 정도 영향을 미치는가를 분석하기 위해서는 체포의 위험성을 높이는 것이 범죄비용을 증대시키고 억제효과를 증대시키는건가를 분석할 때와 마찬가지로 범죄자 개인의 특성을 고려하여야만 할 것이다. 여기서도 마찬가지로 아마추어범죄나 이를 범하는 일반시민에게는 처벌의 강화가 상당한 범죄비용이 되고 억제작용을 할 수 있으나 전문적 직업범죄자에게는 별다른 의미가 없다는 것이다.

결론적으로, 형벌의 가능성 또는 확실성과 형벌의 강도를 높임으로써 범죄의 비용을 증대시킬 수 있는가라는 물음에 대한 대답은 형벌의 확실성과 강도를 받아들이는 개인에 따라 달라진다는 것이다. 따라서 처벌의 확실성과 처벌의 강도를 증대시키는 것이 대부분의 평범한 사람들에게는 상당한 영향을 미칠 수 있으나, 우리 사회의 강력범죄의 대부분을 범하는 직업적·전문적 범죄자들에게는 거의 영향을 미치지 못한다는 사실을 염두에 둘 필요가 있을 것이다. 범죄예방의 문제는 발생범죄를 수사하는 것보다 훨씬 어렵고 난해한 문제임에는 틀림없다고 생각한다. 그러나 발생범죄를 해결하는데 소요되는 비용(피해자의 육체적·정신적 고통까지 포함)을 감안한다면 범죄예방이 가장 지혜로운 방법이다.

참고문헌

곽대경(2001). “경찰수사를 위한 범죄심리연구의 활용방안”, 한국경찰학회보 3호.

국립과학수사연구소(2000). 『범죄심리학적분석(Ⅰ)』.

국립과학수사연구소(2001). 『범죄심리학적분석(Ⅱ)』.

권준수(2000). “사건관련전위의 임상적 적용”, 수면-정신생리 1(1), pp. 36-46.

김명선·조상수·권준수(2000). “즉각적 재인기억과 지연 재인기억이 사건관련 전에 미치는 영향, 인지과학 제 11권 12월호, pp. 83-93.

김민지(2004). “미국 연쇄살인범죄의 특징 및 대책”, 한국범죄심리학회 추계학술대회자료집, 한국법심리학회.

김상균(2005). 『폭력의 심리학』, 서울 : 한국학술정보.

김상균(2009). 『범죄심리학』, 서울 : 청목출판사.

김상균·신석환(2010). 『교정학개론』, 서울 : 청목출판사.

김용화(2002). “한국의 살인범 프로파일링모형에 과한 연구”, 박사학위논문, 동국대학교대학원.

김원배(2004). “공포의 전형, 유영철을 분석한다”, 수사연구 2004년 9월호.

김종률(2002). 『수사심리학』, 서울 : 학지사.

김현택(2003). “특정 응용 프로그램 시동관련 뇌파 측정 및 분석”, 고려대학교 실험연구논문.

노성원(2003). “충동성과 사건유발전위의 관계에 대한 연구”, 한양대학교 석사학위 논문.

래리 시겔, 이민식 외 6인 역(2008), 범죄학:이론과유형(제9판), Cengage Learning.

박광배(1995). 『법심리학』, 서울 : 정민사.

박승위 역(1994). 『사회문제론』, 윌리엄즈와 맥쉐인 저, 서울 : 민영사.

박시룡·이병훈 역(1994). 『사회생물학Ⅰ』, 윌슨 에드워드 저, 서울 : 민음사.

브루스 핑크, 맹정현 역(2002). 『라캉과 정신의학』, 서울 : 민음사.

서울지방검찰청(1994). 『소위 지존파사건 및 온보현사건수사백서』.

서울지방경찰청(2004.·11). 『유영철연쇄살인사건수사백서』.

아이윈, 사라손(2001). 김은정 외 역, 『이상심리학』, 서울 : 학지사.

이경재 역(1996). 『범죄학 입문』, 펠프레이 저, 서울 : 길안사.

이상안(1991). 『범죄경제학』, 서울 : 박영사.

이상현(2004). 『범죄심리학(제3판)』, 서울 : 박영사.

이웅혁(2005). “연쇄살인범에 대한 범죄심리학적 분석”, 경찰학연구 제8호.

이은영(2005). 『살인중독』, 서울 : 월간조선사.

이현수(1989). 『성격과 개인차의 심리학』, 서울 : 우성문화사.

임금섭(2003). “몽타주를 사용한 합치판단 과제에서 거짓말할 때 나타나는 ERP 특성”, 고려대학교석사학위 논문.

임준태(2003). "강력범죄에서의 범인상추정기법도입에 관한 연구", 치안논총 제19집.
정진복(1999). "단어와 그림의 정서가에 대한 사건관련전위", 고려대학교 박사학위 논문.
존 더글러스 외, 이종인 역(1999). 『마음의 사냥꾼』, 서울 : 김영사.
홍성열(2000). 『범죄심리학』, 서울 : 학지사.
Archer, J.(1994). Male Violence, New York: Routledge.
Bashore, T. R., & Rapp, P. E(1993). Are there alternatives to traditional polygraph procedures? Psychological Bulletin, pp. 113, 3-22.
Berkowitz, L.(1989). "The frustration-aggression hypothesis: examination and reformulation," Psychological Bulletin, No. 106.
Carreti, L., Iglesias, J., & Garcia, T.(1997). A study on the emotional processing of visual through ERP. Brain Cognition, 34, pp. 207-217.
Christiansen, K. O. (1977). "A Preliminary Study of Criminality among Twins" in Sarnoff A. Mednick and Karl O. Chritiansen, eds., Biosocial Bases of Criminal Behavior, New York: Gardner Press.
Chung, G, Tucker, D. M., West, P., Potts, G. F., Iiotti, M., Luu, P., & Hartry, A.(1996). Emotional expectancy activity associated with an emotional bias in interpreting life events Psychophysiology, 33, pp. 218-233.
Claus, C. & L. Lidberg(1999). "Serial murder as a 'Schahriar syndrome'" The Journal of Forensic Psychiatry", Vol.10, No.2, pp. 427-435.
Cohen, A. K.(1966), Deviance and control. Englewood Cliffs, N.J. :Prentice-Hall.
Conklin, J. E.(1997). Criminology, Boston: Allyn & Bacon.
Daly, M. and M. Wilson(1990). "Killing the competition: female/female and male/male homicide," Human Nature, No. 1.
Dolan, J. T., & Fuselier, D.(1989). A guide for first responders to hostage situation. FBI Law Enforce Bulletin.
Donohue, W., Ramesh, C., Kaufmann, G., Smith, R.(1991). Crisis barganing in intense conflict situations. International Journal of Group Tensions, 21, 133-145.
Downing, L.(2004). "On the limits of sexual ethics:The phenomenology of autaassassinophilia", Sexual & Culture, Vol.8, No.1, pp. 3-17.
Engelhard, I. M., & Merckelbach, H.(2003). The guilty knowledge test and the modified stroop task in detection of deception: an exploratory study. Psychol Rep. Apr;92(2), pp. 683-91.
Farrington, D. H. (1991), "Early predictors of adolescent aggression and adult violence," Violence and Victims, Vol. 4.
Farwell, L. A., Donchin, E.(1991). The truth will out: Interrogative polygraphy(lie detection) with event-related potntials. Psychophysiology 28, pp. 531-547.
Felson, R. B.(1978). "Aggression as impression management," Social Psychology, No.

41.
Fishbein, D. H.(1990). "Biological perspectives in criminology," Criminology, Vol. 28.
Friedman D.(1990). Cognitive event-related potential components during continuous recognition memory for pictures. Psychophysiology, 27, pp.136-148.
Furedy, J. J., & Heslegrave, R. J(1988). Validity of the lie detector: A psychophysiological perspective. Criminal Justice and Behavior, 15, 219-246.
Fuselier, D.(1986). A practical overview of hostage negotiations. FBI Law Enforce Bulletin, 56(11), 1-11.
Gottfredson, M. R. and T. Hirsch(1990). A General Theory of Crime, Stanford, Calif.: Stanford Universty Press.
Grasmick, H. G. and Bursick(1990). Conscience Significant others, and Rational Choice : Extending the Deterrence Model, Law and Society vol 24, pp. 837-861.
Hira S, & Matsuda T.(1998). Contingent negative variation in the detection of deception task using a serial presentation of pictures. Shinrigaku Kenkyu. Jun;69(2), pp.149-155.
Jackson, J. & D. Bekerian(2000). 『Offender Profiling』, Egland:John Wiley & Son Ltd.
Jeffery, C. R.(1990). Ciminology: An interdisciplinary approach, Englewood Cliffs, New Jersey : Prentice Hall.
Johnson, R. J.(1986). A triarchic model of P300 amplitude. Psychophysiology, 23, pp. 367-384.
Lang, P. J.(1998). A bio-informational theory of emotional imagery. Psychophysiology, 16(6), pp. 495-511.
Mawson, A. R.(1987). Transient Criminality, N.Y.: A division of Greenwood Press, Inc.
McCord, W.(1993). Psychopathy, New York: Free Press.
McMains, M. J., Mullins, W. C.(2001). Crisis negotiations ; Managing critical incidents and hostage situation in law enforcement and corrections. Anderson Publishing.
Mednick, S. A.(1987). The cause of crime : New biological approach, Cambridge : Cambridge Univ. Press.
Megargee, E. I.(1963). "Undercontrolled and Overcontrolled Persornality Types in Extreme Antisocial Aggression", Psychological Monographs, 3(63).
Meier, R. F.(1996). Crime and Socirty, New York : Allyn and Bacon.
Mitchell, E.(1997). "The aetiology of serial murder:towards an integrated model", M.Phil., Univ. Cambrige.
Noesner, G. W.(1999). Negotiation concepts for commanders. FBI Law Enforce Bulletin, 68, 6-14.

Noesner, G. W., and Webster, M.(1997). Crisis intervention : Using active listening skills in negotiation. FBI Law Enforce Bulletin, 66(8), 12-13.

Pakhomou, S.(2004). "Serial killers:offender's relationship to the victim and selected demographics", Int., Jr. of police science & management, vol.6, no.4.

Pepinsky, H. E(1984). Myths that cause crime, Washington D.C. : Seven Locks Press.

Promish, D. & D. Lester(1999). "Classifing serial killer", Forensic Science International No.105, pp. 155-159.

Quay, H. C.(1987), Intelligence, Handbook of Juvenile Delinquency, Wiley: New York.

Ray W. J. & Oathes D.(2003). Brain imaging techniques. International Journal of Clinical and Experimental Hypnosis. Apr;51. No.2, pp. 97-104.

Reiss, A. J. and Jeffery(1993). A. R, Understanding and Preventing Violence, Washington:National Academy Press.

Rogan, R. G.(1995). Language intensity : Testing a content-based metric. Communtion Reports, 8, 128-144.

Rogan, R. G.(1999). F. I. R. E: A communication- based approach for understanding crisis negotiation. In O. Adang and E. Giebels(Eds), To save lives : Proceedings of the first European conference on hostage negotiations. Amsterdam : Elsevier.

Rogers, J. W.(1977). Why are you not a criminal?, New Jersey: Prentice-Hall.

Rosenfeld, J. P.(1995). Alternative views of Bashore and Rapp's(1993) "Alternatives to traditional polygraphy": A critique. Psychological Bulletin, 117, pp. 159-166.

Saxe, L., Dougherty, D., & Cross, T.(1991). The validity of polygraph testing. American Psychologist, 40, 355-366.

Seymour, T. L., Seifert, C. M., Shafto, M. G., & Mosmann, A. L.(2000). Using response time measures to assess "guilty knowledge" Journal of Applied Psychology. Vol. 85, No. 1, 30-37.

Silberman, M.(1976). Toward a Theory of Criminal Deterrence, American Sociological Review, 41, 442-61.

Soothill, K. & B. Fransis, et.al.(2000). "Sex offender:Specialsts, Generalists-or both?", Brit. journal Criminology, Vol.40, pp. 56-67.

Steffen, D. O. & E. Kringlen(1976). "A Norwegian Twin Study of Criminality," British Journal of Criminalogy Vol. 16.

Strasburg, P. A.(1978). Violent Delinquents : A Report to the Ford Foundation from the vera Institute of justice, New York : Monarch.

Strentz, T.(1995). The cyclic crisis negotiation time line. Law and Order, 71-76.

Taylor, P. J.(2002). A partial order scalogram analysis of communication behavior in crisis negotiation with the prediction of outcome. International Journal of Conflict Management, 13, 4-37.

Turvey, B. E.(1999). 『Criminal Profiling』, San Diego:Academic Press.

Tyler, T.(1990). Why People Obey the Law, Yale Univ..

Walters, G. D.(1992). "A Meta-Analysis of the Gene-Crime Relationship," Criminology Vol. 30.

Webster, M. C.(1998). Conflict management : The second generation. RCMP Gazette 60, 60-66.

Welsh, W. N. and A. Gorden(1991). "Cognitive Mediators of Aggression" Criminal Justice and Behavior, 18.

Whitman, T. & D. Akutagawa(2004). "Riddles in serial murder: A synthesis", Aggression and Violent Behavior, No.9, pp. 693-703.

Wilson, J. Q. and R. J. Herrnstein(1985). Crime and Human Nature, Simon & Schuster, New York.

Wolfgang, M. E. & Ferracuti. F.(1993). The subculture of violence (London: Tavistock. 1967), Blackburn, R. The Psychology of Criminal Conduct: Theory, Research, and Practice N. Y: John wiley & Son.

Yochelson, S. & S. Samenow(1976). The Criminal Personality: Vol.1: A Profile for Change, New York: Jacson Aronson.

Yokota, K., Iwami, H., Watanabe, K., Fujita G., and Watanab, S.(2004). High risk factors of hostage barricade incidents in Japanese sample. Journal of Investigative P sychology and Offender Profiling, 1(2), 139-151.

Zamble, E. and V. L. Quinsey(1996). The Criminal Recidivism Process, Cambridge University.

Zamble, E. and V. L.(1996). Quinsey, The Criminal Recidivism Process, Cambridge University.

警察聽(2004). 平成15年の犯罪情勢 http://www.npa.go.jp/toukei/index.htm.

高島學司(1995). 『犯罪學の方法 序說』, 京都 : 世界出版社.

渡辺昭一・横田架英子.(2004). 人質立てこもり事件における心理學 渡辺昭一(編), 捜査心理學, 74-88, 北大路出版.

相川充(2000). 『人付き合いの技術-社會的スキルの心理學』, サイエンス社.

上出弘之・伊藤隆二(1982). 『亂暴なふどま』, 東京:多動性のふども, 福村出版.

收原美紀・渡辺昭一(1999). 人質立てこもり事件における心理學の役割 경찰학논집 52(7), 131-149.

千輪浩(1977). 『社會心理學』, 東京 : 誠信書房.

클레어 파야츠코브스카, 김복태 역(2003). 『성도착』, 서울:이제북스.

横田架英子, 渡辺昭一・渡邊和美(2002). 人質立てこもり事件の結末に影響する要因-狀況要

因 が意思決定に與える影響について犯罪心理學研究, 40(1), 21-33.

横田架英子・岩見廣一. (2003). 人質立てこもり事件における心理學(3) 月刊警察バリアント, 240, 38-41.

찾아보기

(ㅇ)

[저자 소개]

〈김 상 균〉
창원대학교 법학과/동대학원졸업(법학석사)
고려대학교대학원 심리학과졸업(심리학석사)
동국대학교대학원 경찰행정학과졸업(형사학박사)
육군3사관학교 교수
국가인권위원회 조사담당관
국제민간조사학회 회장
한국범죄심리학회 부회장
한국경찰학회 연구이사
한국공안행정학회 이사
충남경찰청자문위원장
범죄피해자지원센터 상담위원
국방부군무원 교정직시험 감수위원
현재 백석대학교 법정학부 교수

〈주요저서 및 논문〉
『범죄학원론』(양서원, 2004)
『폭력의 심리학』(한국학술정보, 2006)
『한국사회와 범죄』(청목출판사, 2008)
『교정학개론』(공저, 청목출판사, 2009)
『범죄심리학(신판)』(청목출판사, 2023)
"연쇄살인범의 심리학적 특성에 관한 연구"외 30여편의 논문발표

범죄학

2024년 1월 1일 초판인쇄
2024년 1월 5일 초판발행

저 자 김 상 균
발행인 유 성 열
발행처 **청 목 사**
서울특별시 영등포구 신길로 40길 20
전화 (02) 849-6157, 833-6091
FAX (02) 849-0817
등록 제318-2005-000030호

파본은 바꾸어 드립니다. 값 32,000원

http : //www.chongmok.co.kr

ISBN 979-11-5908-053-1(93350)